中共江西省委党校 江西行政学院科研资政工程文库

兴赣策论（七）

XINGGANCELUN

主　编／曾志刚
副主编／黄样兴　徐祖荣

江西人民出版社
Jiangxi People's Publishing House
全国百佳出版社

图书在版编目（CIP）数据

兴赣策论. 七 / 曾志刚主编. -- 南昌 ： 江西人民出版社， 2020.6

ISBN 978-7-210-12273-9

Ⅰ. ①兴… Ⅱ. ①曾… Ⅲ. ①区域经济发展 - 研究报告 - 江西②社会发展 - 研究报告 - 江西 Ⅳ. ①F127.56

中国版本图书馆CIP数据核字（2020）第097192号

兴赣策论. 七
曾志刚　主编
责任编辑：邓丽红
封面设计：同异文化传媒
出　　版：江西人民出版社
发　　行：各地新华书店
地　　址：江西省南昌市三经路47号附1号
编辑部电话：0791-86898702
发行部电话：0791-86898815
邮　　编：330006
网　　址：www.jxpph.com
E-mail：jxpph@tom.com　web@jxpph.com
2020年6月第1版　2020年6月第1次印刷
开　　本：787毫米 × 1092毫米　1/16
印　　张：24
字　　数：350 千字
ISBN 978-7-210-12273-9
赣版权登字-01-2020-232

定　　价：78.00元
承 印 厂：南昌市红星印刷有限公司

目 录

关于进一步提升江西城市文化品位的思考与建议

——以南昌、吉安为例

黄样兴　贺志公　王仕国　徐春林　谢乾丰　陈桢楠

【摘要】 城市文化品位是由一个城市的文化形态、文化品质、文化地位、文化影响力综合呈现出来的一种城市状态。提升城市文化品位，对于打造城市品牌、提升城市软实力和长远竞争力、增强市民的归属感和幸福感、推动城市的经济社会发展具有重要意义。江西省在提升城市文化品位方面做了很多工作，但仍存在改进空间。基于对长沙经验的借鉴，通过对南昌和吉安两地提升城市文化品位的思考，本文提出提升城市文化品位的一系列原则以及具体的路径方法，具有现实指导价值。

文化是一个城市的灵魂，是城市建设的核心要素和根本方向。提升城市的文化品位可以从根本上提升一个城市的软实力，从而提升城市的凝聚力、吸引力、扩张力，在提升城市魅力的同时，为城市发展注入和增强内生动力。近年来，江西省各大城市在提升文化品位上做了大量的工作，也取得了显著效果，但仍有进一步提升的空间。为了给江西省提升城市文化品位献计献策，省委党校成立了专门的调研组，在考察长沙经验的基础上，提出了提升城市文化品位的思考与建议。城市文化都独具个性，每个城市的文化品位提升都有自己独特的要求和路径，在此我们对南昌和吉安两市的思考分上下篇阐述。

上篇 关于进一步提升南昌城市文化品位的思考与建议

作为江西省的省会城市，南昌市的文化品位提升不仅对南昌的文化发展有着重要意义，而且对全省其他城市也有着强大的辐射和带动作用。因而，南昌市的城市文化提升显得十分重要。近年来，南昌在提升文化品位上做了大量的工作，也取得了显著效果，但仍有进一步提升的空间。我们在调查研究的基础上进行分析总结，提出了一些建议。

一、提升城市文化品位的重要意义

当今，由功能城市向文化城市转型成为世界潮流和城市发展的方向。城市的吸引力和凝聚力主要体现在是否具有广阔的文化空间、领先的思想观念、浓郁的人文氛围和完整清晰的历史文脉。因此，推进城市建设，必须强化城市的文化传承功能，在提升城市文化品位上下功夫，打造高品位的城市文化。高品位的城市文化表现为：兼具民族地域特色和国际意蕴的强健有力的城市文化精神；具有鲜明个性又体现世界风范的城市文化形象；拥有高品质的文化设施，高层次的文化艺术产品，高格调的文化娱乐活动，高辐射的文化传播系统，高效率的文化管理机制；既有文化修养又有全球意识的城市市民。具有高品位城市文化的城市具有强大的凝聚力、竞争力、辐射力和引领力，从而为城市经济及各方面的发展提供强有力的精神动力和智力支持，是城市经济社会可持续发展的重要保障，在城市发展中具有重要意义。

1. 提升城市文化品位能增强城市的影响力

文化是城市的灵魂，体现着城市的风格和形象。城市文化是城市的名片，城市文化所形成的影响力常常超越城市本身。城市文化是一种以城市为载体的文化形态，是城市的生动写照。没有文化的城市是没有灵魂的城市。世界上的城市是千差万别的，根本的差别就在于城市文化的不同。世界上著名的都市，都有高品位的、甚至是独特的城市文化做支撑，如故宫对于北京、大本钟对于伦敦、埃菲尔铁塔对于巴黎。

2. 提升城市文化品位能增强城市的凝聚力

每个城市由于历史发展、地理位置及经济水平各不相同，城市文化的内容和形式千差万别。但是，一个城市只要有了自己的文化形象，就能充分发挥城市文化的凝聚力和感染力，就能培养一种团结向上的地域精神。人是群居的，是属于社会和一定地域的，个人的自身物质和精神状态有着强烈的集体和地域归属感，丰厚的城市文化能够使市民增强对城市的认同感。

3. 提升城市文化品位能促进城市的全面进步

先进的城市文化是城市现代化进程中不可忽视的重要部分。极具魅力的城市文化能够产生强大的影响力和凝聚力，吸引各方面的人才到这里安家落户，城市的竞争说到底是人才的竞争，人在城市发展的各种因素中起着决定性作用。在建设城市文化的过程中，市民素质、文化设施、城市道路、城市广场、城市雕塑等城市文化的载体都将成为包括经济在内的城市各项事业全面进步的重要基础。

二、长沙市提升城市文化品位的举措及其启示

长沙市和南昌市是毗邻的省会城市，有许多相似之处，如二者都是中部省会城市，都是国家历史文化名城。长沙市近年来在提升文化城市方面成效显著，有许多做法对南昌很有启示性。其举措和启示概括起来，主要有如下四个方面。

1. 大战略驱动

长沙高屋建瓴地制定了文化发展规划，作为长沙文化发展的内生动能。一是融入国家宏观战略。积极抢抓战略机遇、对接政策平台，长沙先后跻身公共转型升级试点、扶持实体书店试点、扩大文化消费试点等国家级平台，积极站位“东亚文化之都”。2018 年长沙成功正式入选联合国教科文

组织“创意城市网络”,成为我国首个获评世界“媒体艺术之都”称号的城市。长沙通过多项举措站在了国家格局的前沿，立于世界舞台上。同时，长沙通过服务文化强省战略、紧扣长沙发展战略，驱动长沙文化的大发展。

2. 大项目支撑

文化建设中的大项目，是提升城市文化品位的新支点。在公共设施上，长沙用大项目“改天换地”。近年来长沙先后建成开放了滨江文化园“三馆一厅”（图书馆、博物馆、规划展示馆、音乐厅）、梅溪湖国际文化艺术中心水稻博物馆、青铜博物馆、李自健美术馆、谢子龙影像艺术中心等标志性项目，它们极大地提升了长沙的文化品位。在文化产业上，长沙有大项目“顶天立地”。近年来，长沙从文化旅游产业供给侧入手，推进文旅综合体项目建设，进一步打造文化旅游新地标、新品牌。近年来，建成开放了炭河古城、新华联铜官窑古镇、华谊兄弟电影小镇等。这些文旅项目，吸引了大量游客，大大提升了长沙的知名度和美誉度。

3. 大融合互动

近年来，长沙把融合创新作为文化发展的核心理念。一是适应“文化产业化、产业文化化”的形势，促进文化与旅游、文化与会展的融合。二是促进产城融合，发挥文化的吸纳集聚作用，以文化要素、文产项目、文创企业为核心,推动文化产业与城市建设功能的融合、空间整合,打造了“两带、三圈、四极”,“五城、六廊、十园”的产城融合格局。三是运用技术手段，坚持“互联网+”思维，运用大数据、云计算、物联网等新技术、新手段，改造传统文化产业，壮大文化产业态。

4. 大格局联动

长沙把协调联动作为文化发展的重要途径，主要体现在，打破事业产业界限，推动公共文化“五送五进”、全民艺术普及工程，深化文化产馆免费开放、“群文湘军”五百行动，放大公共文化边际效应；培植国际行动漫游戏展、阳光娱乐节等，增强产业市场反哺能力，做到文化事业与产业的良性互动。

5. 大智慧更新

大智慧更新主要体现在改造长沙老城区上。如何提升、改造老城区的过程中保留老城区的文化历来是个难题。许多城市在老城区的改造中造成了传统文化的大量破坏和无法挽回的损失。长沙为此提出了老城区改造的“有机更新”法。“有机更新”法的具体内容是：坚持一个理念——“以人民为中心的城市可持续发展理念”，实现一个目标——“让老百姓更具幸福感，让老城区更有长沙味”，坚持“五性”原则——坚持生活的宜居性、风貌的完整性、历史的原真性、文化的地域性、街区的活力性。生活的宜居性，即突出解决“危积漏”、厨房、厕所等实际问题，大力整治脏乱差，让居民居住更舒适。风貌的完整性，即对房屋单体建筑形态、色彩风格、使用功能进行深入研究，尽可能保留建筑原有风貌；深入挖掘不同年代、结构和外形建筑之间的内在联系，达到“和而不同”。历史的原真性，即尊重街区现状，保留街巷肌理，保留历史建筑的原真状态。文化的地域性，即充分挖掘老城区的历史街区、历史地段、历史建筑、历史故事，留住城市文脉，传承历史文化。街区的活力性，即通过党建引领，引导居民、社会组织、企业等多方参与更新，形成共建共管共治共享的治理体系，迸发街区活力。在具体方法上，采取四个做法：补短，从宜居性出发，对老城区范围内市政设施、房屋功能、生活配套进行全面完善，对居民房屋内外功能全面更新，补齐民生短板；精点，围绕片区内历史文物、优秀建筑、文化记忆所在处进行节点精心打造，凸显长沙特色；优线，即老城区内历史步道和其他主次街巷，对沿线建筑风貌、交通微循环、景观绿化等进行梳理提质，优化街巷肌理；活片，即通过片区内建筑、配套设施及社区管理的更新，集聚人气、彰显文脉、激发片区发展活力。

6. 大政策支持

在制定文化发展方略的基础上，还要制定相应的文化政策。长沙市在制定城市文化战略的基础上，制定了一系列政策保障其落实。首先是通过资金投入和政策扶持等方式，鼓励文艺创作和文化团体。2013 年以来，长沙先后扶持文艺创作项目 351 个，扶持金额突破 1000 万元，17 件作品入围国家艺术基金项目。其中，2013 年电视剧《毛泽东》荣获中宣部第十三届精神文明建设“五个一工程”奖，2017 年儿童文学作品《蒲公英嫁女儿》获第十届全国优秀儿童文学奖，2018 年长篇报告文学《乡村国是》获第七届鲁迅文学奖。在公共服务上，从2016年起，长沙市政府每年安排2000万元的社会化购买专项资金，推动政府向社会力量购买公共文化服务，扶持民办博物馆8家、实体书店36家、非遗传习所14家，组建了“长沙人艺”系列10个民营文艺团体，积极探索艺术生产服务“民办公助”新模式，让社会力量成为公共文化建设的新主体和生力军。扶持发展了李自健美术馆、谢子龙影像馆等一批社会文化机构，注册登记文化志愿者3万余人，形成群众文化群众办的繁荣局面。

三、南昌市提升城市文化品位的资源依托

南昌市作为全国历史文化名城，蕴含着丰富的文化资源——卓越的红色文化资源、深厚的古色文化资源、独特的绿色文化资源，构成了南昌独特的文化景观，我们从大体概括出了南昌的十大文化景观，这些资源是南昌市提升文化品位的重要依托。

1. 滕王阁文化资源

滕王阁临赣江而立，因王勃的《滕王阁序》而闻名，是“江南三大名楼”之一，也是南昌市的地标。这是南昌市当前最著名的文化景观，也是南昌文化最闪亮的名片，南昌应该充分利用这一文化资源，提升自己的文化品位。

2. 海昏侯国遗址文化资源

海昏侯墓是汉废帝刘贺的墓葬，位于江西省南昌市新建区大塘坪乡观西村，是中国发现的面积最大、保存最好、内涵最丰富的汉代列侯等级墓葬，2015年入选中国十大考古新发现。海昏侯国遗址公园位于江西省南昌市，致力于打造成国家级考古遗址公园，建设西汉海昏侯古墓展馆、汉代文化遗址公园等约2万平方米。这将是南昌市最具潜力的文化名片。

3. 八一起义纪念馆等红色文化资源

南昌是八一起义打响的地方，是中国人民解放军的诞生地，在中国的红色文化中具有非常崇高的地位，也一直是南昌的靓丽名片。八一起义纪念馆、纪念塔是其形象代表。另外，新建县原拖拉机修配厂和南昌陆军学院“将军楼”是邓小平同志劳动和生活过的地方。近几年，南昌市先后对“小

平车间”和“将军楼”进行了维修，兴建了“小平小道纪念馆”、“小平广场”和“小平纪念林”，现已成为南昌市红色旅游一个新的重要资源。

4. 绳金塔民俗文化资源

建于唐末的绳金塔是南昌市现存的唯一一座高层古建筑，它是南昌悠久历史和文化的一个标志。南昌市先后投入大量资金对其主体进行维修，同时按照传统历史风貌兴建了塔下寺、民俗村、文庙、戏台。近年来在绳金塔公园举办了三届绳金塔金秋经贸文化节，对于凝聚人气、带动商机、促进南昌市的对外开放和经济发展起到了独特的作用。这是南昌市最具民俗特色和参与性的文化资源。

5. 古村落文化资源

安义罗田、水南、京台古村群是江西省第一批省级历史文化名村，近两年注入大量资金整治开发，已经形成集休闲、旅游、民俗等为一体的文化胜地。新建区的汪山土库是一座始建于清朝道光年间、占地 108 亩、规模宏大、建筑精美的官宦豪宅，民间有“江南小朝廷”之称。2003 年以来，市区财政拨款计划筹建“中国府第文化博物馆”，目前已基本完工。

6. 李渡烧酒作坊遗址文化资源

它是目前我国发现的时代最早、遗迹最全、遗物最多、延续时间最长，且富有鲜明地方特色的古代烧酒作坊遗址，该遗址的发掘被评为“2002 年度全国十大考古发现”之一，现已是全国重点文物保护单位和中国食品文化遗产。南昌市已筹建“李渡酒文化博物馆”。

7. 八大山人文化资源

八大山人是我国明末清初杰出画家，八大山人纪念馆是我国第一座古代画家纪念馆，现在已扩展为梅湖景区。这是南昌一个极具影响力的文化品牌。

8. 赣剧、南昌采茶戏等戏曲文化资源

赣剧、南昌采茶戏是具有鲜明特色和一定影响的艺术，是南昌历史文化的重要组成部分。

9. 万寿宫文化资源

万寿宫作为祀奉许真君的祠宇，至今已有 1600 多年的悠久历史，饱经历史沧桑，并由南昌而至全省，由本省而至全国，由境内而至境外，由国内而至国外，逐渐发展壮大，扩衍繁盛，蔚为大观，形成广布大地的万寿宫网络。万寿宫成为江西历史文化的重要载体，受到国内外赣籍人士的高度重视，也引起海内外各层人士的密切关注，是凝聚南昌和江西精神的重要文化载体。

10. 王阳明文化资源

明代大儒王阳明与南昌有深厚的渊源，以王阳明与南昌为核心，可以打造一张很具影响力的儒学文化名片。可以扩展到包括位于南昌二中生活区内的澹台灭明墓（为纪念孔子学生澹台灭明来昌而建）、位于南湖路34号的杏花楼（明代宁王朱宸濠为娄妃所建）。

另外，位于八一公园内的百花洲、“贡院井”、“苏圃春蔬”（南宋时期名士苏云卿隐居之所）等都是南昌市珍贵的文化资源，值得深入挖掘利用。

四、提升江西城市文化品位的基本原则

城市文化品位的提升是个系统工程，这个系统工程必须遵循基本的原则，才能理清思路，有效推进。

1. 坚持历史与现代相统一的原则

历史是城市的脉络，文化是城市的灵魂。历史文化是现代文明发展的根基，现代文明则是历史文化的延续和发展。在江西各城市文化品位的提升过程中，首先要充分挖掘和利用其独特丰富的历史文化；同时又要面向现代，创造新的文化内涵，从而使每一个城市既有深厚的文化底蕴，又有超前的现代意识，成为古老与现代的完美结合。当前，江西的大部分城市在历史文化的挖掘和利用上，做得不够充分，许多优秀的历史文化没有受到重视，没有得到充分的挖掘和利用；同时，面对现代文明，创造性也有待加强。去年的世界VR大会在南昌召开，引发了“为什么是南昌”的疑问，这从一个侧面可以看出，江西、南昌在世人的眼中是不够现代的。南昌应继续做大一批现代文化项目，让高端文化在南昌的存在成为“新常态”，并引领江西其他城市的文化提升。

2. 坚持本土性和世界性相统一的原则

越是民族的，越是世界的。江西在城市文化建设中，必须立足于体现江西本地区的城市文化特色，保持江西自己的城市文化个性，在此基础上，又要面向世界，吸收人类文明的一切优秀成果来丰富、提升自己。江西的许多城市在文化建设中，本土性特色不够鲜明，比如赣派建筑中的建筑要素很少在江西的城市建设和美化中得到体现，江西的艺术如赣剧、南昌采茶戏、赣南采茶戏也没有成为全国响亮的文化品牌。没有自己的地域特色，文化很难具有全国性和世界性的影响。

3. 坚持主导性与多元化相统一的原则

任何一个城市都有自己的城市精神，这个精神是每个城市必须坚持的主导性内容，在主导性内容的支配下，又要多元发展。没有主导性的城市文化是杂乱的，而没有多元性的城市文化则是单薄的。江西的城市，都应该首先树立其主导性的文化形象。如南昌城市文化的主导性，建立在红色、古色、绿色三色交融的文化形象。绿色的基础、古色的底蕴、红色的特性是南昌文化建设的主导性内涵。在此基础上，每个城市都应多元发展，增强文化的丰富性，只有这样才能形成高品位的城市文化。

4. 功能建设与文化建设相统一的原则

在城市实用功能设施的建设中，应注入文化内涵，每一个城市的功能设施都成为文化的载体。如建筑物、道路的命名、公交车站、甚至连垃圾桶，都可以注入文化内涵，使其成为功能与审美的统一体，让城市富于诗意。目前，江西省的许多城市，建筑、道路等实用设施文化内涵相对缺乏，需要提升。如南昌市的道路命名，以前主要用江西名人命名，很有文化底蕴，现在的命名比较杂乱，文化底蕴相对不足。

五、进一步提升南昌城市文化品位的途径

近年来，南昌市采取了多项措施提升城市文化品位。从大的方面来看，2006 年修建的赣文化长廊、近些年的绳金塔、滕王阁、八大山人、八一广场、万寿宫的改造。2018 年，南昌市城乡规划局编制的《南昌市城区街道立面

风貌控制规划及设计导则》，为南昌市的文化发展作了详细的规划，具有重要的指导性，对打造“文化南昌”具有重要意义。从小的方面来看，乌巢书屋、正在打造的全国话剧“第三城”和绳金塔“夜经济”等。这些举措大大提升了南昌市的文化品位。但是，南昌市在城市文化上，和周边省会城市相比，和广大市民的需要相比，仍然有很大的提升空间，具体体现在三个方面：一是地标性景观少，文化底蕴挖掘不够。二是城市文化艺术氛围不浓、高雅艺术普及率不高。三是旧城改造破坏较为严重，历史文化遗迹保护不够，影响了南昌的“南昌味”。南昌要打造“文化南昌”还有进一步提升的空间。提升的方向是围绕着广大市民的文化需求来展开。具体来说就是城市文化建设达到三个目标：一是基本的文化消费有保障，二是多元的文化需求有选择，三是高雅的文化需求有供给。提升南昌文化品位，也就围绕这三方面展开。

1. 制定南昌城市文化发展的新战略

文化战略是对文化发展的总体规划，是文化发展的内生动力和基本保障，对城市文化的发展起着引领、鼓励和支持的作用。文化战略的制定决定着城市文化发展的方向和将达到的高度。因此文化战略的制定，一定要高起点、高标准、高品位，为此要有国际视野、前瞻眼光和宏观思维。具体地说，文化战略的制定，首先要立足国际视野。南昌的水文化丰富而具特色，可以打造具有国际影响的“世界水都”；同时，南昌也可参与“东亚文化之都”等具有国际性的都市荣誉的评选。长沙城市文化建设的经验之一，就是立足国际视野来制定发展战略。如参评“东亚文化之都”（2017年获选），打造“媒体艺术之都”（2018年获评）。其次，对接国家文化发展战略，紧扣国家文化发展战略来制定。2017年中共中央办公厅、国务院办公厅发布的《国家“十三五”时期文化发展改革规划纲要》的要求，如加大对具有示范性、引领性作用原创精品的扶持力度，加强网络文化产品创作生产、完善公共文化网络、加快发展文化产业等，都可以成为南昌制定文化发展战略的指南。南昌可以把做成全国示范基地的标准来规划，从而做到高起点、高品位。长沙近年来先后跻身全国公共文化标准化示范、文化与科技融合示范、上网服务行业转型升级试点、扶持实体书店试点、扩大文化消费试点等国家级平台。这些都是对标国家文化发展战略取得的成果，值得我们学习和借鉴。其三，南昌的文化发展战略还要服务江西文化强省战略，紧扣南昌发展的整体来规划。作为省会城市，南昌市城市文化发展战略的制定，还应放在全省文化建设的总框架下来要求，使其具有对全省的辐射功能。如培育“文化赣军”、推动“赣文化”的研究与宣传等。同时，还要考虑南昌整体发展的要求，成为南昌市发展的强大助力。

2. 建设一批大项目，塑造南昌的“文化地标”

文化是一座城市的灵魂，“文化地标”则是这个灵魂的外化物和可视符号，是城市的“文化名片”，是城市品位的浓缩，能展示城市的独特魅力。具有鲜明个性、富有文化内涵的“文化地标”，能极大地提升一个城市的文化品位，如澳大利亚的悉尼歌剧院、上海的东方明珠等。长沙近年来文化品位的大幅度提升很大程度上就得益于一些大项目的建设。南昌在大项目的建设上，数量较少，品位不高，很难成为南昌市的“文化地标”。长期以来，南昌市的“文化地标”是八一起义纪念塔、纪念馆，其他的则很难给人留下深刻印象。这一方面给人单一感，好像南昌只有红色文化；同时也给人落后的印象，似乎南昌没有现代化的追求。因此，南昌亟待建造一批大项目，建立体现南昌文化底蕴和文化特色及文化追求的“文化地标”，打造南昌城市文化发展的新支点。要立足于南昌市十大文化资源，从古色、红色和现代文化三方面建设或提升文化项目。海昏侯遗址公园亟待早日建成；滕王阁、八大山人等文化符号还有待继续提升；八一起义纪念塔和纪念馆的文化属性还可进一步加强；另外，还要建一批满足南昌人现代追求的高规格、高品位文化场馆，如音乐厅、歌剧院等。

3. 完善基础文化设施，奠定提升文化品位的基础

城市是文化的容器，基础文化设施是这个容器的具体载体。图书馆、博物馆、艺术馆、科技馆、影剧院、体育场、文化馆、群艺馆、公园、广场，甚至路牌，都是城市文化的重要载体，它像人体的细胞一样，成为城市文化的基本要素。南昌市在这些基础文化设施上，还需要进一步做好规划，加大投入。为此，要做到图书馆、美术馆、博物馆、乡镇文化站等都免费向市民开放；多建公园、休闲广场等，为广大市民的文化活动提供场所。

4.“有机更新”老城区，留住南昌味

提升城市文化品位，在某种程度上，就体现在保护和加强城市的历史记忆上。因为历史文化是无法复制的文化要素，具有唯一性和排他性，它是城市文化品格和个性形成的根本基石。南昌在改造老城区上做了大量的工作，也取得了不错的效果。但是，也存在一些问题。一是拆得过多，留得过少，在一定程度上破坏了老城区的文化味；二是在改造老城区的过程中很少打造出如成都“宽窄巷”那样的文化精品。因此，改进老城区的改造方法十分重要。长沙在老城区的改造中提出的“有机更新”法值得我们学习。

5.打造一批文艺精品，传播城市文化形象

在很多城市，有些特色文艺演出成为该城市的象征，如上海的上海之春音乐会、厦门的钢琴节等。有些文艺节目，如湖南长沙的电视娱乐节目，吸引了大批观众，成了全国著名的娱乐类节目，增强了长沙的知名度。南昌近年来在打造文艺精品中取得了不少成绩，如打造的南昌国际军乐，影响很大，但文艺精品还需要进一步增加、提升。南昌可以将极富地方特色的南昌采茶戏打造出一批精品加以推广；同时，南昌作为江西省的省会，可以将江西著名的文化——傩文化表演、赣剧表演以及红色歌舞剧《八子参军》《我的红军哥》等打造成文艺精品向全国推广。这些文艺精品可以从“软文化”的角度大幅度提升南昌的文化品位。

6.提高市民素质，塑造城市文化提升的主体

市民是城市的主人，是城市文化承载的主体。每一个市民，都是行动着的城市文化。因此，提高市民的文化品位十分重要。政府首先要大力宣传《公民建设道德纲要》，加强公民道德教育，提高广大市民的道德素养。当前在南昌市很多单位开设的“道德讲堂”，是一种很好的形式，要继续坚持，落到实处。其次，要加强制度管理，规范市民行为，培养市民的文明意识。最后，要增加面向广大市民的文艺演出，提高广大市民的审美素养。

下篇　关于进一步提升吉安城市文化品位的思考与建议

吉安是赣文化发源地之一，是赣文化三大支柱之一，也是红色基因和红色文化的主要发源地之一，同时有着丰富的绿色文化。可以说，吉安是江西省城市文化较丰富的城市之一。吉安的文化建设和城市品位，也在近年来得到高度重视并取得了较大成就。但是，仍有提升空间。

一、吉安市城市文化建设情况概述

（一）吉安城市文化概况

吉安古称庐陵、吉州，元朝初年取“吉泰民安”之意而改称吉安。吉安是一座具有悠久历史和厚重文化的城市：从历史沿革视域看，吉安在秦始皇二十六年（公元前 221 年），就设置了庐陵县，距今已有 2240 年，是江西建制最早的古郡之一。从历史文化视域看，吉安是赣文化发源地之一，也是赣文化三大支柱之一，自古以来就是人文渊源之地，孕育了自成一系的江右庐陵文化,素有“金庐陵”“江南望郡”“山水福地”“文章节义之邦”“状元之乡”“才子之乡”等美誉。从红色文化视域看，吉安是红色基因和红色文化的主要发源地之一。井冈山革命根据地，是我国第一个红色革命根据地,并由此开创了我们党领导工农红军和人民群众走“农村包围城市”“武装夺取政权”的革命之路。从生态文化视域看，吉安生态环境优美，全市森林覆盖率达 66%，井冈林海翠竹蜚声中外，乡村古樟劲柏星罗棋布。武功山十万亩高山草甸绵延于 1800 米高山之巅,为江南一绝;青原山、万安湖、遂川茶园等，为广大市民提供了可动可静、可快可慢的生活与休闲体验。可以说，吉安自然生态环境既有“山水画”，也有“田园诗”。

吉安，既有源远流长的庐陵文化，也有无可比拟的自然生态资源，更有厚重绵长的红色文化。红、绿、古三种文化与资源交相辉映、叠彩纷呈。

（二）吉安城市文化建设现状

在城市建设和改造中，吉安始终坚持科学规划优先原则，以红绿古三种文化作为城市文化主基调，作为彰显吉安城市魅力的主色彩。

1. 以庐陵文化生态公园为平台，综合凸显吉安红绿古文化

为综合展现吉安红绿古特色资源和文化，吉安市委、市政府于2000年开始谋划在吉州区城北、赣江之滨建设庐陵文化生态公园。该公园主要利用螺子山山体及其附近的滞洪区为建设用地，总面积约4000亩，2009年开工建设，2011年建成开园，同年被江西省旅游局评为“江西省十大新旅游景区”，2012年获批为国家4A级景区。2014年，庐陵文化生态公园纳入江西省重要湿地名录。庐陵文化生态公园，分为庐陵文化展示区——主要集中展示吉安地区古代文化和先贤及红色文化，庐陵湖景观区——主要以自然生态、自然水体为特色，生态景观区——以山地自然景观、植被、湿地为主，综合休闲娱乐区——主要以休闲、娱乐、餐饮为主，滨江景观区——主要以滨江景色为主，商务度假区——以商务、度假、休闲、餐饮、娱乐为主。整个公园以庐陵文化作为贯穿全园的精神主线，以绿色为基调，以红色和古色为骨架。

2. 以后河百里绿廊为腰带，集中凸显吉安城市水环文化

按照环境改造与产业发展相结合、生态与文化相结合、湿地与园林相结合的理念，定位于“小桥流水、庐陵人家，民俗风情、江南园林，环‘8’畅游、绿廊人行，凸显人文、秀美家园”，全力打造中心城区重要生态廊道，以提升城市环境品质，保护古后河水体水质，为市民户外休闲提供场所，吉安市委、市政府于2002年启动后河综合治理改造工程。目前，该工程已基本完工，实现了水清岸绿、活水环绕、绿道相连、生态优美、人文荟萃、环境和谐的建设目标，重现“此地风光半苏州”的古后河历史风貌。目前，后河百里绿廊成为贯穿吉安市中心城区的绿色画廊、金色腰带和“绿肺”。

3. 以儒林里和人文谷为窗口，重点凸显吉安古街市井文化

儒林里老街区位于吉州区文山街道仓口社区，这里曾经是吉安城区居民集中、商贾繁华的古街坊，随着时代的变迁，该街区逐渐成了棚户区。“最老的危房区、最破旧的棚户区、最多困难群众的聚集区，同时也是市民最有记忆的老街区。”为改善棚户区居民住房条件，留下庐陵人市井生活记忆，2012年7月，仓口棚户区改造暨儒林里特色古街项目启动，占地面积30亩。

按照“修旧如旧、建新如故”理念，经过近5年建设，儒林里特色古街正式建成。如今,儒林里古街区华丽蝶变为独具特色的古街区,已成为集商业、休闲、景观等为一体的多功能街区。

庐陵人文谷位于吉安市城南，古后河绿廊“8”字形回旋中心和后河金腰带中心。该项目是在省委、省政府“发展升级、小康提速、绿色崛起、实干兴赣”十六字战略方针及大力发展文化产业的精神指导下，以及在吉安市委、市政府“山水庐陵”、“三山一江”旅游发展战略的指引下投资兴建的。总建筑面积约35万平方米,投资规模15亿元。项目按“文化+旅游、文化+商业、文化+旅居、文化+产业、文化+科技”的理念而设计兴建，目前，该项目基本建成，成为500多万吉安人寻找城市记忆、50多万在外吉安人寄寓乡愁的吉安首个人文旅游风情小镇。它不仅体现了吉安对庐陵文化的传承与发展，而且对提升吉安城市形象做出了积极贡献。

4. 以赣江百里风光带为主线，集中凸显吉安城市生态文明

吉安市位于江西省中西部，赣江中游。境内水系发达，河流发育良好，赣江流经吉安市264千米，占千里赣江35%，吉安段流域面积为26251.7平方公里，占赣江流域总面积的32.8%。为积极推进生态文明试验区建设，打造美丽中国“江西样板”吉安模式，吉安市正大力打造赣江百里风光带。赣江百里风光带南起泰和县，北至新干县，经吉安县、吉安市区、吉水县、北至峡江水利枢纽大坝，全长约100公里，规划面积604.31平方公里。该项目将依托赣江黄金水道，借力红色旅游和休闲度假热，大力发展以吉安市区为中心，串联辐射周边县区的旅游网络，带动周边地块开发和产业升级。项目建成后，不仅会成为吉安城市经济发展的重要发力点，而且将大大提升吉安城市的生态环境质量和生态文明建设水平。

5. 以创建全国文明城市为契机，全面提升吉安市民综合素质

城市，因文明而美丽；人民，因城市而骄傲。2017年11月17日，是吉安城市发展史上具有里程碑意义的一天。这一天，吉安捧回了当今中国城市荣誉中含金量最高的奖项——“全国文明城市”奖牌。群众是城市的主人，也是文明城市创建的主体。吉安市自从启动全国文明城市创建活动以来，在广大党员干部的引领示范带动下，广大市民自觉行动起来，从自

我做起、从点滴做起，例如主动参与打扫和维护环境卫生活动、自觉遵守交通规则、积极参与各种志愿活动，全面响应与践行吉安市委、市政府“创文”号召，以自我示范大众，演绎了许许多多感人至深的故事。正是无数个他们的加入，凝聚起了吉安创建全国文明城市的强大力量。文明似水，润物无声；文明如光，启人心智。随着全市“创文”活动的不断深入，广大市民的文明素质大幅提升，例如，全市志愿服务者由2015年的3.5万余人扩大到2017年的60.2万余人，各项志愿服务指标连续3年居全省前列，参与文明创建志愿服务1.2万余场次，帮助群众办实事3.4万余件，切实形成了“奉献大爱、善行吉安”新态势。

二、吉安市城市文化建设的路径

（一）坚持科学规划

地方特色文化是一个地方在历史发展过程中逐步积淀下来的精神财富，是地方的血脉与灵魂，也是该地方区别于其他地方的个性特征，对地方经济社会发展发挥着重大推动作用。吉安市在城市建设和改造中，始终秉持科学规划的工作理念，全面把庐陵文化融汇于城乡建设规划之中——不论是城乡总体规划还是单项规划，精心绘制吉安市中心城区以及各县（市、区）发展蓝图，这不仅是吉安经济社会科学发展的基础和前提，而且对今后吉安文化产业高质量发展，也具有十分重要的意义。

（二）注重因地制宜

吉安拥有丰富的地方文化。在城市文化建设以及乡村振兴战略实践中，吉安市中心城区以及各县（市、区）城市建设始终注重因地制宜的建设或改造原则，突出地方特色文化，确保各地方文化百花齐放百花争艳，即建设与凸显“以庐陵文化为本、红色文化为魂、生态文化为体、书院文化为骨、宗教文化为气、古村落文化为脉、考古文化为纬”的地域文化。一是根据各县（市、区）历史文化特点，确定各自文化建设和发展定位。例如吉安县以民族英雄文天祥和以吉州窑历史遗迹遗存为基础，结合地方历史文化传统，科学规划与制定集中展现具有浓郁吉安县特色文化的城市建设总体战略。井冈山市则主打红色文化品牌。二是谋划地方文化载体，规划建造文化主题园区。例如谋划以庐陵文化、红色文化、考古文化和田园休闲文化为主要内容的各类主题公园，重点打造各具特色的文化旅游休闲区。

（三）强化市民素质

文化既包括物质文化，也包括人文文化。其体现在城市建设风貌上的主要是物质文化，体现在市民身上的主要是人文文化。市民是城市的主体，市民素质的高低决定着城市文明的水平。因此，提升城市文化品位，不但要建设具有文化神韵的城市风貌，也需要不断提高市民的整体文化素质。吉安市始终强调城市建设与提升市民素质“同时做”“两手抓”的工作原则和理念。一方面通过健全体制机制、加强组织领导、保证资金投入、落实激励措施等制度方式，把提升市民的文明素质和文化品位纳入正常轨道。另一方面不断加大资金投入力度，加强公众文化基础设施建设，广泛开展群众文化活动，在全面培养和建设一支高素质的文化人才队伍的基础上，通过多途径、多形式、多层次的文化活动，不断引领、培育和提升全体市民的文明素养。

（四）突出民生问题

城市建设和发展的宗旨是为了给广大市民一个优美舒适的居住环境。在破解诸如城市经济发展与历史文化保护、城市建设改造与市民居住环境、千篇一律的钢筋混凝土建筑与凸显地域文化血脉等城市建设和发展疑难问题时，吉安市始终秉承城市建设与市民安居工程相结合相促进的原则，一方面深入挖掘、整合地方历史文化资源，采取发展与保护并重原则，以保护促发展、以发展促保护，融地方特色文化于城乡建设之中，形成有利于古物古迹保护的和谐地理环境与地域文化氛围。另一方面在新城区建设过程中，以庐陵建筑风格精心设计、打造一批标志性建筑，彰显了地方文化特色，凸现了城市个性。在旧城改造过程中，按照修旧如旧、合理创新的思路，还原了吉安城市老街原貌，延续了城市文脉。在城市文化项目建设过程中，坚持在开发利用中保护、在市场交流中传承的原则，建成了一批具有本地文化标识的公园广场，体现了城市的人文关怀，增加了城市魅力，从而确保城市建设与广大市民安居两不误、两促进。

三、提升城市文化品位的思考

（一）提升城市文化品位必须避免的误区

1. 城市建设模式趋同化

城市建设的目的在于不断提升城市品位，一座城市就是一道风景，城市建设不能把自身特色淹没。在当前城市建设中，“千城一面”是许多城市建设和发展过程中的硬伤：一样的火柴盒式的高楼大厦，一样的柏油马路，一样的人文景观，一样的城市色彩……“南方北方一个样、大城小城一个样”，大多数城市没有自己的个性和特色。在城市建设中，只有保持具有民族风格和地域特色的城市风貌，才能真正提升城市的品位。

2. 历史文化遗迹忽视化

历史文化遗迹是城市历史传统、地域风貌和民族特色的体现，是一个城市所特有的文化韵味，是城市生命历程的见证。伴随着经济的发展、科技的进步和城市化进程的加快，城市发展不断面临着“新”“旧”之间的矛盾和冲突，拆除真遗迹、建设假古董的城建行为不断上演。然而，正因为历史不断前进，精心呵护城市历史文化遗产，留住城市记忆才更有意义。在改造旧城、建设新城的时候，不能认为凡现代的新的就是好的，老的旧的就应该拆除，其根本原因就在于城市历史与文化不能被割裂。

3. 城市精神塑造简单化

城市精神是城市发展的理念，其核心是一座城市民族文化和区域文化传承所蕴含的思想和素质。从外观上看，城市精神体现了一种风格或形象；从本质上说，城市精神特指市民所拥有的气质和禀赋，体现了城市民众的价值追求、审美意识和信仰操守。城市精神不是一朝一夕就能形成，而是在漫长的历史演进中逐渐形成的。它真实反映了城市社会发展水平和文明程度，也突出反映了城市相应的品位。目前，一些城市热衷于搞“形象工程”，盲目追求“标志性建筑”的数量，实际上是重经济发展，轻人文精神；重建设规模，轻整体协调；重表面文章，轻实际效果。这些都是忽视城市精神塑造和培育的表现，是不利于城市品位提升的。

（二）提升城市文化品位的路径

1. 提升城市规划的科学性

城市规划是城市发展建设的指南和蓝图。城市的发展是连续的，任何一个城市的规划设计都必须合理，不能无序发展。提升规划的科学性，要立足于以人为本的理念，综合考虑城市的文化建设、空间布局和经济发展，力争提高城市的环境效益、社会效益和经济效益。首先，必须加强对历史文化资源的保护。当前，不少地方城市建设走入思维误区：城市建设，就是要建设高楼大厦乃至地标，就是要拆除老建筑旧街道……但是，历史文化遗产是一种无形资产，可以与经济进行联姻，促进城市经济发展，并给城市居民带来精神享受。其次，城市布局必须合理规范。这涉及城市的改造、扩建和新建，无论是哪一方面，都应该从城市实际情况出发，运用现代城市规划和设计原理和方法，充分考虑城市空间的人文、社会和心理等各种要素，对它们进行优化组合，做到城市建设和城市发展协调一致。第三，科学的城市规划，必须要与城市经济发展相得益彰。高品质的城市建设格调，既能为城市经济发展发挥积极的促进作用，又能为城市自身发展创造良好的环境，从而形成城市品位提高与城市经济发展的良性循环，进而带动本地区经济腾飞。

2. 提升城市生态的宜居性

生态文明建设是中国特色社会主义事业“五位一体”总体布局的重要一极。生态文明观的核心是“人与自然协调发展”，具体到城市建设实践，就是城市的生态环境建设必须体现城市的生态文化品位。城市生态文化品位的提升是为了实现更适宜人居的目的。城市，让生活更美好，是世界城市化发展过程中的一根主线。提升城市生态宜居性的关键在于解决城市的空气、水等方面的污染，增加城市的绿地面积，让城市与自然和谐相处。

3. 提升城市文化的品位度

文化是城市之根，是城市发展的灵魂。论及发达城市时，除了它们良好的硬件设施之外，印入人们脑海中的是这些城市独具特色的人文环境和城市风格。在经济日益发达的现代社会，只要有资金，城市就可以建设得很漂亮，在短期内也可能会在经济、物质财富或交通上占据优势，但如果缺乏文化内涵，城市的长远发展就会暗淡无光。一个城市的发展只有传承它所固有的特色，吸取其历史和文化的营养而不断塑造和美化自己，才会彰显城市独特的品位，才能与众不同。

4. 提升城市景观的特色性

进入一个城市，映入眼帘的首先是城市的建筑、绿地、公园、城市雕塑等外观，这些外观构成了城市景观。城市景观往往是和城市的经济社会发展程度以及物质文明、精神文明的建设水平息息相关。城市中的每一个建筑物都是影响城市景观的细节，并可能影响到城市的整体形象。城市景观和城市性质与规模是相一致的，例如进入历史文化名城西安，一树一木、一砖一瓦、一街一园，都透着浓郁的古都气息。高品位的城市景观，不仅仅意味着城市有美丽的公园、优秀的公共建筑，最关键的是城市的整个环境乃至细节都应是美的。

5. 提升城市市民的文明度

人是城市品位中最活跃的因素，是最能体现城市品位的关键要素。市民品位和城市品位是相互影响相互促进的：城市环境由人创造，反过来高品位的城市环境也会塑造好品位的市民。市民品位的高低取决于市民政治素质、道德素质、文化素质、身体素质和心理素质的好坏。任何一个城市，市民素质都和本地区的经济基础息息相关，经济发展水平决定教育发展速度、城市文化设施水准、民众的物质生活和文化生活质量等等。提升城市品位就必须提高市民文明素质，用市民文明素质彰显城市品位。

城市文化品位不仅事关城市形象，而且关乎着城市的综合竞争力，影响城市未来的前途命运。城市品位的提升，不是一蹴而就的事情，它涉及城市文化、精神、建筑、环境等多方面的因素。任何一个城市，只有找到其核心价值，凸显其文化个性，才能真正提升该城市文化品位。

推进江西制造业高质量发展研究

吴志远　刘超勇　邹家骏　吴志强

【摘要】 制造业是经济发展大厦的四梁八柱,是筑牢高质量发展的“压舱石”。本文认为，可以将赣江新区和“中国稀金谷”作为样板地区，重点推进制造业高质量发展。应当全面贯彻新发展理念、夯实体制机制保障、抓住国家政策机遇、强化企业主体责任、明确步骤与时间节点、加大政策与经验研究力度，力求在实践中不断开拓江西制造业高质量发展新模式、新路径，由此发挥制造业对江西“作示范、勇争先”的支撑作用。

制造业是立国之本、强国之基，是实施创新驱动发展战略的主战场，也是供给侧结构性改革的重点领域。从中央到地方，经济工作部署均无一例外地高度关注甚至聚焦于“制造业高质量发展”。2018 年底中央经济工作会议确立的 2019 年七大重点工作中，“推动制造业高质量发展”位列首位。“推动制造业高质量发展”位列习近平总书记视察江西重要讲话中的中部地区崛起工作 8 点意见之首,而“推进经济高质量发展”(其中涵盖“聚焦主导产业，加快培育新兴产业，改造提升传统产业”等具体要求)则位列习近平总书记对江西工作提出的“5 个推进”之首。刘奇书记在 2019 年 8 月 26 日召开的江西省工业强省推进大会上提到要“加快推动工业高质量跨越式发展，矢志不渝重塑‘江西制造’辉煌”。易炼红省长在 2019 年 1 月 27 日所做的《政府工作报告》中则提出将“推动制造业整体跃升”作为年度重点经济工作任务。

坚持以打造制造业高质量发展园区为“龙头工程”,深入挖掘内部潜力、广泛争取各方支持，奋力推进江西制造业高质量发展。

一、推进江西制造业高质量发展的必要性

我国地域辽阔，各地区发展阶段与发展水平不一，因此制造业高质量发展具有显著的区域特征，也就是说，我国各地区制造业高质量发展的特点乃至规律性并不完全一致，而可能呈现出多样性、多元化图景。中部地区是全国重要先进制造业中心，制造业高质量发展必将对江西在中部地区崛起中勇争先具有重要的支撑性意义，江西制造业亟待在中部地区这个我国重要先进制造业中心进行高起点、高水平定位。江西理应在制造业高质量发展上勇于探索、有所作为。

2019 年 5 月，习近平总书记对江西工作提出了“在加快革命老区高质量发展上作示范、在推动中部地区崛起上勇争先”的目标定位。江西制造业应率先顺应这一目标要求，以全省之力、以非常之功，扛起责任，全面构建江西制造业高质量发展新格局，以制造业领域“作示范、勇争先”带动江西整体“作示范、勇争先”，并为制造业高质量发展这一国家战略提供欠发达省份试验样本和示范。

近年来，江西制造业与发达省份和中部地区其他省份相比仍有一定差距。课题组分析了近几年江苏、山东、广东、河南、浙江、湖北、福建、安徽、湖南及江西 10 省份制造业发展情况，发现江西制造业“主营业务收入”“营业利润”“出口交货值”“实收资本”“国家资本”和“外商资本”等指标值在 10 省份中都始终居于或接近末位,这与江西曾经的“制造辉煌”相差甚远。

由此可以得出几个判断 :（1）江西制造业总量不足、运行效率不高与盈利能力不强的问题依然较为突出，出口竞争力和国际市场开拓能力亟待提升。（2）制造业资本金规模相对不足的状况势必影响江西省制造业整体产能规模扩张、发展后劲、风险缓释能力、研发能力等的提升，而国家资本规模的不足还将可能影响江西省国有制造业企业的混合所有制改革以及国有资本布局的优化调整。（3）资本金规模不足还意味着江西省制造业投

资环境亟待改善，诸多细分行业“招大引强”的“瓶颈”亟待突破，尤其是要通过建立外商投资环境优化专项工作机制，全面优化江西省营商环境，并以此为契机，拓展新时代江西开放型经济新空间。

曾几何时，“江西制造”经历过无比的辉煌和荣耀，新中国第一架飞机、第一辆军用摩托车、第一辆轮式拖拉机、第一批海防导弹、赣新彩电、华意冰箱、凤凰照相机，等等，都是历史的明证。

再创“江西制造”辉煌已成为当前和今后较长时期全省各界一致的奋斗方向。有必要在历史与现实的比较中发现问题及其根源，汲取历史经验与教训，探寻具有江西特色的制造业发展规律，并充分利用“后发优势”，高标准、高起点规划江西制造业发展模式，并全面系统、科学务实地设计江西制造业高质量发展的政策框架，力求在实践中不断开拓江西制造业高质量发展新模式、新路径，由此发挥制造业对江西“作示范、勇争先”的支撑作用以及在“全国重要先进制造业中心”即中部地区发展中的示范引领作用。

二、江西制造业高质量发展的总体设想

坚持“渐进”“特色”发展之路，聚焦空间与产业。“渐进”“特色”是江西省实现制造业高质量发展的现实路径，具体体现在聚焦“空间”与“产业”两方面。其中，“空间”不宜以行政区（含多个行政区）为单元，而应以产业园区为单元，由此实现“空间”与“产业”的高度匹配，并将江西省制造业高质量发展与若干重点产业发展紧密结合起来。结合实际，可考虑将赣江新区和“中国稀金谷”作为样板地区，重点推进制造业高质量发展，并总结出赣江新区和“中国稀金谷”制造业高质量发展的一般经验，为全省推进制造业高质量跨越式发展提供借鉴。

（一）以赣江新区和“中国稀金谷”作为样板地区，重点推进制造业高质量发展

1. 以赣江新区为样板地区的两点考虑

（1）作为国家级新区，赣江新区本身就应以承担国家重大发展和改革

开放战略任务为初心使命。2019年，国家发改委组织召开的第五次国家级新区工作经验交流会暨新区工作推动会明确提出，新区要在稳定当前经济运行、应对中美贸易摩擦中发挥压舱石作用，要在深化改革、扩大开放方面发挥率先带头作用，要在新时代高质量发展上发挥引领示范作用。

（2）赣江新区包括两个国家级开发区（南昌经济技术开发区、九江共青城高新技术产业开发区）、两个省级开发区（南昌临空经济区、永修云山经济开发区）和中国（南昌）中医药科创城等产业园区，其中纺织服装·共青城高新技术产业园区以及有机硅·永修云山经济开发区被列入国家新型工业化产业示范基地。自2016年6月获批以来，赣江新区紧紧围绕"全省改革创新的强大引擎和对外开放的靓丽窗口"的定位以及"一年打基础、三年成规模、五年大发展"的目标，充分释放作为国家重大改革发展功能平台的政策红利，着力在深化改革创新、产业转型升级、城乡融合发展、扩大对外开放、生态文明建设上奋勇争先，相继获得国家绿色金融改革创新试验区、国家大众创业万众创新示范基地、国家级人力资源服务产业园等靓丽的"国字号"名片。2017年、2018年，连续两年主要经济指标增速位居19个国家级新区"第一方阵"。目前，赣江新区是中部地区第二、全国第十八个国家级新区，是江西的"特区"和江西经济高质量发展的强大引擎，在中部地区具有较广泛的知名度和影响力。近年来，赣江新区在打造长江中游新型城镇化示范区、中部地区先进制造业基地、内陆地区重要开放高地以及美丽中国"江西样板"先行区等方面积极探索，初步探索出一批可复制、可推广的"赣江经验"。

2. 赣江新区制造业高质量发展的基础条件

经过三年的发展，赣江新区改革创新取得新的进展，已具备制造业高质量发展的诸多有利条件。

（1）科技创新彰显新成效。2019年赣江新区R&D经费投入强度预计达3.04%，远高于全省平均水平；全年新增高新技术企业113家；引进国字号人才9人。

（2）绿色金融创新取得新成果。近年来，以赣江新区为主战场的江西绿色金融总得分排名及其政策推动领域得分排名始终居于全国前列；推出了全国首个绿色市政债。

（3）重大创新平台实现新发展。依托国家双创示范基地，入选省“双千计划”首批引进类项目18个；中国科学院中药国家大科学装置预研中心等平台加紧推进，道地药材认证标准检测中心等平台即将正式入驻。

（4）体制机制相对完善。2019年5月的重大体制改革本身就意味着“创建”活动的启动。同时，新区汇集了新区管委会与南昌、九江两市丰富的资源和业态，可发挥集中三地力量办大事的优势，发展的韧性和潜力不容低估。

（5）产业结构基础相对较好。新区制造业涵盖了传统制造业和战略性新兴制造业，也是航空、电子信息、装备制造、中医药、新能源及新材料等江西省优势产业的重要承载基地。

（6）制造业成长态势好、潜力足。经开组团作为新区体量最大的板块，第二产业增加值增长率在200余家国家级经开区中始终居于较高水平。南昌临空经济区、综保区现有体量不大，但它必将为新区长远发展注入直接的新动能，这是江西省其他经济板块无法比拟的。

（二）“中国稀金谷”制造业高质量发展的基础条件

该区域涵盖“一核、两区”空间格局，“一核”即赣州高新技术产业开发区（国家级），“两区”即赣州经济技术开发区（国家级）和龙南经济技术开发区（国家级）。目前，“中国稀金谷”制造业高质量发展已明确了战略定位和高端规划，并构建了高位推动工作机制。

“中国稀金谷”制造业高质量发展的基础条件如下：

（1）主导产业特色十分鲜明。“中国稀金谷”已形成从探采选冶、产品应用到检测检验、研发设计较完整产业链，成为国家稀土和钨新材料高新技术产业化基地、稀有金属新材料国家新型工业化产业示范基地、国家生态工业示范园区，是国内最大的稀土和钨产品加工基地，正朝着具有世界影响力和知名度的稀土稀有金属高新技术产业集聚区的发展方向迈进。

（2）创新发展能力逐步增强。创新平台聚集态势喜人，“中国稀金谷”已设立3个院士工作站、入驻7家全国知名科研机构，中国科学院与江西省即将在赣州共建稀土研究院。产学研合作走向深入，与长春应化所、欧科院等国内国际顶级科研院所签订了战略合作协议。此外，赣南稀土和钨新材料应用产业发展还被科技部纳入“十三五”国家科技创新规划。

（3）营商环境建设“两手”齐抓。李克强总理到赣州视察调研时强调，“对赣南老区的支持，别的地方不能攀比”。除《国务院关于支持赣南等原中央苏区振兴发展的若干意见》中相关政策外，赣州还享受西部大开发、罗霄山片区扶贫开发、海西经济区、贫困县IPO上市绿色通道等含金量非常高的政策，赣州成为“老区中的特区”。昌赣深、渝长厦两条高铁在赣州交汇并加快建设，即将深度融入长珠闽和海西经济区2小时经济圈。目前，赣州正在深入推进“放管服”改革，市本级行政审批事项精减至全省最少。

三、江西制造业高质量发展的总体要求

（一）全面贯彻新发展理念

结合江西实际，坚持“一园一策”，明晰制造业园区高质量发展的任务、目标及步骤，探索制定制造业高质量发展样板园区“高质量”发展的分阶段、具有动态特征的评价指标体系，科学确定评价组织、程序和方法。

紧紧抓住“创新发展”这个“牛鼻子”，坚持多维比较，探索创新发展新模式、新路径、新机制，编制符合当地实际的创新驱动实施方案。

紧紧抓住“协调发展”这个关键，研究我国、江西省生产力布局历史与特点，密切关注江西省区域协调发展格局与趋势，摸清产业与要素供给规模与结构状况。

紧紧抓住“开放发展”这个动力，主动融入共建“一带一路”，积极参与长江中游城市群建设、中部地区崛起和长江经济带发展，全面对接长三角一体化、粤港澳大湾区建设，充分利用区位优势，积极承接新兴制造业产业转移，培育发展先进制造产业集群。尤其要加强与中部省份的协调联动，健全完善中部地区崛起联席会、中部博览会等平台和长江中游地区省际协商合作机制，加快与中部地区省份的铁路、公路、航空、港口等交通基础设施的互联互通，促进信息共享、联合创新、产业协作、标准对接，实现优势互补、合作共赢，着力推动江西成为引领中部地区、在全国具有

较大影响力的制造业高质量发展基地。

（二）夯实体制机制保障

推进江西制造业高质量发展的基础和关键就在于体制机制革新，为此，要关注以下三方面：

要全面理顺制造业园区与所在（或所涉及）管辖区域之间行政与要素管理权划分与界定，确保制造业园区具有先行先试以及资源配置优先权。

要进一步理顺制造业园区内政府与市场的关系，深化放管服改革，用价值法则规范制造业园区内经济活动；要进一步健全制造业园区内政府、社会与市场各自内部关系，确保制造业园区政府、社会与市场经济主体各自高效运转。

要在上述基础上，持续深入探索出江西制造业创新发展体制机制，结合国内外已有实践，征求各方意见建议，组织专家科学论证，严格政策设计程序，探索以市场为导向、以企业为主体，产学研协同创新的体制机制的具体化、多元化、高效率的实现形式。

（三）紧紧抓住国家政策机遇

密切关注世界技术革命和产业变革动态，密切关注国家产业发展政策变化与趋势，紧紧抓住制造业发展的政策机遇，获取政策红利。比如，2019 年 8 月 31 日国务院金融稳定发展委员会第七次会议就提出“要充分挖掘投资需求潜力，探索建立投资项目激励机制，支持愿意干事创业、敢于担当、有较好发展潜力的地区和领域加快发展”的要求。通过挖掘内部潜力抓住这一机遇，对推动江西省制造业高质量发展具有重要现实意义，也是推动金融更好地服务于实体经济的一个重要探索。再比如，要密切关注中央提出的“稳投资”要求及相关的财政政策指引，对接江西省制造业高质量发展的方向与要求，力争将江西省制造业高质量发展行动密切嵌入我国积极财政政策。

（四）强化企业主体责任

制造业园区是高效率的创新生态系统，其主旋律就是创新创造与高质量发展，而“企业是创新的主体”已成为各界的普遍共识，所以，推进江西制造业高质量发展要始终全面体现企业主体责任、展现企业积极作为，企业是最富活力的主体。要通过“互联网+”“双创”“军民融合发展”等方式努力培育江西大中小企业融通发展大格局，强化企业群体在制造业创新驱动、社会责任等领域的作用。为进一步强化企业主体责任，制造业园区行政系统要积极作为，培优制造业高质量发展生态和营商环境。

（五）明确步骤与时间节点

制造业园区要统筹推进“稳增长、促改革、调结构、防风险、抓创建”等各项工作。要充分发挥社会主义“集中力量办大事”的制度优势，明确任务及时间节点，切实压实责任，形成工作合力。制造业高质量发展既要发挥先进典型的积极引领作用，更要抓住契机不断检视自我、改善优化、创新创造。本报告中重点关注的赣江新区和“中国稀金谷”极具发展前景，但也面临着不少压力和困难，应以时不我待的作风推进创建工作，力争通过5年时间分阶段、分目标、分任务快速有序地推进创建工作，最终形成一个主导产业特色鲜明、产业创新支撑能力强、资源环境友好、政策完备灵活、具有江西特色、符合江西实际且在国内外具有一定影响力的现代化制造业体系。

（六）加大政策与经验研究力度

制造业高质量发展是一个创新探索过程，没有直接现成的做法与经验可循，要始终坚持“一区一案”，不搞“拿来主义”。要围绕制造业高质量发展这一主题，解析国内外制造业发展过程，梳理国内外经验与教训，准确把握制造业高质量发展的趋势、内涵及其要求，进一步探求这一基本趋势与规律在江西这个中部省份的具体发展形态与要求。为此，必须在制造业高质量发展过程中率先创建一个高水平的产业经济与政策研究机构，健全“大脑”，全力研判政策背景与趋势，积极探索制造业园区“先行先试”的具体路径与模式。

四、赣江新区制造业高质量发展分析

（一）全面科学把握赣江新区制造业的质量状况，为推进赣江新区制造业高质量发展提供依据

1. 创新驱动能力不足

一是产业创新竞争力存在较大差距。赛迪智库研究报告显示，2017 年，在 19 个国家级新区中，赣江新区产业创新竞争力虽排第 9 位，但得分仅为 55.09 分，远低于排名第一的浦东新区（99.75 分）、排名第二的湘江新区（90.95 分）以及排名第三的滨海新区（86.94 分）。二是企业研发实力远低于其他国家级新区。2019 年，赣江新区高新技术企业仅有 263 家，而湘江新区在 2018 年有 800 家，滨海新区和浦东新区在 2017 年就分别高达 1632 家和 1711 家。2019 年赣江新区省级以上研发平台仅有 31 个，而滨海新区 2016 年国家级研发平台就有 57 个。三是新区各组团拥有独立研发机构的企业数量并不多，部分科研院所还未投入使用，已落户的科研院所推进科技成果产业化的进度仍偏慢。同时，工业设计发展滞后，新区不少企业对工业设计仍缺乏足够的认知，“国字号”工业设计主体十分稀缺，新区仅有洛客科技一家国家级工业设计中心。

2. 协调联动能力不强

一是新区各板块发展不均衡、不协调。新区发展呈现“一大四小”格局，经开组团经济规模远高于其他各板块，共青组团规模以工业增加值及增速均明显低于其他板块。二是生产性服务业仍难以适应新区制造业高质量发展要求。目前，新区工业设计、现代物流、现代金融、信息服务等生产性服务业发展规模亟待扩大，专业化水平亟待提升。

3. 开放发展步伐有待加快

一是引进外资明显乏力。2019 年 1 月至 11 月赣江新区实际利用外资金额 13.92 亿美元，与发达地区新区（2018 年，滨海新区实际利用外资 34 亿美元，浦东新区实到外资 81 亿美元）存在明显差距。二是当前外贸进出口仍面临着不少约束。例如，离岸贸易、转口贸易、跨境电商、数字贸易等新型业态发展相对缓慢，昌北机场通航便利化亟待提升，属地报关、

就近报关、关检合并、一口对外等海关业务仍需结合新区自身特点探索优化。

4. 绿色发展水平仍待提升

一是在环境信息披露、环境权益交易、风险防范化解等环节，绿色金融的运行机制还不够完善。二是在土地资源开发利用方面，存在批而未用土地总量大、工业用地产出效益低、城镇低效用地规模大等突出问题。

（二）赣江新区制造业高质量发展实现路径

赣江新区已粗具成长态势，其制造业发展质量亟待提升，迫切需要谋划一个更加系统有效的实现路径。这一路径须严格遵循制造业高质量发展的方向与规律，充分发挥市场在资源配置中的决定性作用和更好发挥政府作用，既要充分释放市场机制的活力，又要全面激发省、市及县区三级政府的工作积极性与工作协同性，聚焦发展“短板”，紧扣重点、难点领域，分类别、科学确立明确的创建目标、步骤与具体举措。具体分析如下：

1. 进一步优化“赣江新区”管理机制

“赣江新区”体制安排经历了2016年6月初建和2019年5月改革两个阶段。基于充分调动新区管委会、南昌市以及九江市三方积极性的考虑，2019年5月省委、省政府印发了《关于完善赣江新区管理体制的实施方案》，明确提出了“强化省级决策”、“优化管理层级”以及“加大省市支持”等要求。目前，新的管理体制已基本定型，为使赣江新区更加高效顺畅地运转，还须从以下三方面创新并强化管理机制建设。

（1）要切实强化“省级决策”

①要切实强化赣江新区建设领导小组工作机制（涵盖决策、协调、推动、督导、考核等方面），切实增强赣江新区建设领导小组办公室工作效能与工作执行力。

②制定2020—2022年赣江新区制造业发展统一专项行动计划，以此具体落实“省级决策”，这一专项计划要聚焦重点、突破难点，关键是要确定项目建设重点和建设时序，扎实有效推动项目建设，争取2–3年内在先进制造业体系创建上有所突破。

（2）要切实增强“组团协调”

①优化直管区和四个组团间的政策配套和工作衔接，厘清赣江新区各部门的职责权限，对接省直相关部门。

②探索招商引资项目区域合作机制，确定四个组团的招商引导目录，明确各组团招商的主导产业，引导各组团有序招商。

③允许各组团制定更加柔性的招商政策，对于引进到赣江新区的行业领军制造业企业重大项目，可在符合国家相关规定及四个组团本级财力自求平衡的前提下，自主确定项目支持政策。

④南昌市、九江市税务局与赣江新区税务局加强协调配合，在完成税收征管调查工作，纳税人跨设区市迁移后，做好后续管理服务，确保纳税人涉税业务平稳过渡。

（3）要下大力气“放管服”

①全面实施准入前国民待遇加负面清单管理制度，在外商投资准入、商事登记、企业投资项目核准等领域，放宽市场准入，收窄政府审批范围。

②进一步推进行政审批和公共服务事项进驻行政审批局服务大厅，促进审批资源整合，减少不必要的审批事项，提供行政审批事项的工作流程和办事指南，实现“一窗办理”“一站办结”。

③建立行政审批信息化平台，加快整合各部门的政务信息，实现基层行政审批和公共服务事项信息共享，对接江西政务服务网，加快线上线下审批事项受理、查询、投诉等功能互通，使审批服务模式从“最多跑一次”向“一次不跑”转变。

④建议由省财政厅、南昌市财政局、九江市财政局按 5∶2.5∶2.5 的出资比例，在赣江新区设立制造业高质量发展产业引导母基金，并在直管区和各组团设立子基金，形成“1+5”赣江新区政府引导基金框架，完善引导基金的运作模式，重点支持赣江新区基础设施建设以及传统制造业升级改造、新兴制造业的发展。

2. 着力补齐生产性服务业“短板”

（1）大力发展信息服务业

推动云计算、物联网等信息技术产业的发展，对于能够在研发、设计、管理、销售等环节推动制造业高质量发展的大数据、云计算及“互联网 +”等软件及信息服务业企业给予一定的税收减免和电价优惠。

（2）积极发展工业设计产业

积极打造省级工业设计示范基地，吸引国内外知名设计机构落户赣江新区；鼓励服装设计机构及设计师落户共青城组团，支持“鸭鸭”、“回圆”等著名服装生产企业与省内外设计院所共建服装设计中心；支持制造业龙头企业的工业设计部门与洛客科技等省内外著名设计平台合作，加快产品和设计创新，形成自主品牌。

（3）努力发展商务服务业

鼓励国内外专业资质等级高、市场信誉好的会计、审计、律师、检测、认证等商务服务企业在赣江新区设立分支机构；通过财政补贴、政府奖励、项目扶持等多种方式，培育一批咨询、管理服务、广告、会展等商务服务企业，为赣江新区制造业企业提供专业化的商务服务。

（4）加快发展现代物流业

发挥临空组团航空、水运、公路、铁路四种交通要素立体集成的交通优势，以合资等方式，与大型物流、快递公司组建以货运代理、分拣包装、装卸配送、供应链管理等功能为一体的物流基地；整合共青城服装产业贸易、快递、电商等资源，推进配送信息平台和仓储设施建设，提供门到门一体化的运输服务，将共青组团打造成区域性服装产业商贸物流中心。

3. 推动确立企业在协同创新中的主体地位

应加快落实、构建有效推动赣江新区企业成为协同创新主体的多元化、多层次的激励机制，具体可从以下几方面推进：

（1）鼓励企业加大研发投入力度

①探索建立研发投入普惠性奖励机制，省财政厅设立赣江新区企业研发费用省级财政奖励资金，省科技厅根据税务部门提供的赣江新区企业研发投入情况对企业给予一定比例的普惠性财政奖励，凡是符合标准的企业（需同时具备三个条件：在赣江新区注册，具有独立法人资格；企业开展的研发活动符合国家研发费用税前加计扣除政策所属范畴且当年享受研发费用加计扣除优惠；企业当年未享受高新技术企业所得税税收优惠）均可

享受，充分发挥财政资金对企业研发投入的引导和扶持作用。

②赣江新区还要落实好鼓励企业加大研发投入的税收优惠政策，尤其是要将中央关于提高研发费用税前加计扣除比例、放宽高新技术企业认定标准等政策宣传好、落实好。

（2）帮助企业分担技术创新风险

①积极争取将赣江新区纳入投贷联动试点，鼓励国家开发银行等国有银行江西省分行成立科技金融处专门负责投贷联动工作，争取国家开发银行等国有银行的科技创业投资平台（例如国开科创投资公司）在江西设立分支机构，满足赣江新区企业技术研发活动对资金的需求，以金融手段帮助企业分担研发风险。

②降低企业技术创新的市场风险，在赣江新区推行"技术创新产品先行先试"政策，即对于赣江新区企业的新产品、新技术和新服务，在科技成果转化使用阶段，以权威第三方检验检测报告为依据，经科技及相关领域主管部门和产品使用单位共同商定，符合条件的，列入政府采购自主创新产品目录，在政府投资项目招标采购过程中，采用单一来源采购等非招标采购方式进行首购、订购。

③建议在赣江新区推广科技保险（包括企业财险类、责任保险类、信用保证保险类和人身险类等等），由省财政厅、南昌市财政局和九江市财政局联合设立科技保险专项资金，专项用于支持赣江新区高新技术企业、科技型中小企业和研发机构参加科技保险的保费补助，按照企业实际缴纳保费的一定比例对企业进行财政补助。

④建议由省财政厅、南昌市财政局和九江市财政局联合设立科技创新引导基金，争取赣江新区内国有资本投资公司注资，吸纳赣江新区内银行及社会资金投入，支持赣江新区六大主导产业的研发平台建设、关键技术攻关、新产品开发及创新成果产业化中试生产等等。

4. 持续拓展开放发展新空间

（1）要持续深入实施招大引强

①对重大招商引资项目进行高位对接、高层推动，将赣江新区招商的主导产业纳入全省重点招商产业给予重点支持，支持赣江新区围绕主导产

业和资源优势开展精准招商。

②整合赣江新区四大组团的招商力量，组建一支懂政策、懂产业、懂技术、懂法律、懂财务的专业化招商队伍。

③在京津冀、长三角、珠三角等地区成立驻外招商联络处，围绕重点产业的关键链条、关键技术、关键环节，聚焦世界500强、国内500强、行业500强，积极邀请企业到赣江新区实地考察洽谈。

④围绕重点项目成立招商服务小组，为企业提供从注册登记，到立项、环评，再到后期的员工招聘、税收优惠等环节的“保姆式”服务；定期组织召开部门联席会议、项目推进会、银企对接会等，全力协调解决项目落地过程中遇到的问题。

（2）要持续深入推进区域内外产业协作

①建议充分利用智能制造业的优势，考虑以智能新能源汽车为切入点，与华为智能驾驶平台、百度智能汽车事业部以及德国大陆集团等人工智能平台和汽车产业巨头建立“科创飞地”，将赣江新区打造为中部地区智能新能源汽车创新和产业化高地。

②探索建立利益共享、责任共担的“区域股份合作制”，即根据赣江新区直管区和四大组团范围内可供开发的土地总量、存量税收、重大基础设施投入等经济要素，通过一定的权重系数计算各组团所占的股份比例，将赣江新区产生的经济产值按各自股份比例分别计入直管区和四大组团，以解决赣江新区各组团之间利益分配问题，充分调动各方面的积极性。

（3）要全面推进对外开放基础设施建设

①构建高效便捷的综合交通网络，推进赣江新区多式联运中心建设。第一，加密南昌至北京、香港等重要枢纽城市航班；第二，加快昌北铁路物流基地建设，推动赣欧班列开行中亚五国、中东欧等国家精品线路；第三，加快空、铁、水功能性口岸规划和申报工作，推动龙头岗综合码头国检监管区尽快投入使用；第四，重点发展光电信息、生物医药、智能装备制造、新能源与新材料、有机硅、现代轻纺空港物流，推动快递龙头企业建设区域快递物流基地，建设全国重要的航空快递转运中心。

②探索“信息互换、监管互认、执法互助”的通关改革，推行“一次

申报、一次查验、一次放行”的通关模式；实施出口和进口直通放行模式，对出境一般货物经产地检验检疫合格后，直接放行，对入境货物实行检验检疫清单管理，清单外的货物企业可自主选择口岸或目的地接受检验。

5. 积极拓展绿色发展新空间

（1）推动绿色金融理念“落地生根”

①赣江新区要尽快制定和统一环境信息披露规则、披露渠道和披露标准，建立并完善环境信息披露指标体系，将企业的环境污染、资源能耗、碳排放、行政处罚、社会责任等信息纳入指标体系，将企业的环保信息披露情况与金融支持、政策扶持等方面挂钩。

②省财政厅要综合运用财政奖补、贴息、风险补偿等手段，支持绿色信贷、绿色保险、绿色担保、绿色债券、绿色基金等产品和工具在赣江新区落地。

③完善环境权益交易市场，省生态环境厅要加快推进排污权交易管理系统及平台建设，尽快建立并完善排污权交易价格体系建设工作；鼓励金融机构为符合条件的企业提供涵盖排污权价值增信的整体授信，引入其他抵质押或担保措施，扩大企业整体授信规模。

④建立绿色金融风险防范化解机制，建立完善绿色投资风险监管体系，鼓励建立绿色信贷风险监测和评估机制，加强绿色金融产品资金使用管理。

（2）推进“节地增效”行动加快实施

赣江新区作为江西省“节地增效”工作的试点单位，在已有政策的基础上，要积极借鉴先进地区的经验，建立和完善对市场主体的激励机制。

①建立土地增值收益分配机制，例如，对于被收储后公开出让的城镇低效用地，原土地权利人可以分享一定比例的增值收益；又如，对于城镇低效用地实行土地使用权与经营权“两权”分离机制，经营权人从原土地使用权人手里租赁厂房进行改造后重新出租以获得回报，原土地权利人可以保留土地使用权并获得更高的租金收益。

②建立差别化水、电等能源价格制度，推行差别化税收（例如城镇土地使用税）征管机制，将要素配置、政策优惠与“亩产效益”综合评价结果相挂钩，激发企业“节地增效”的内生动力。

五、“中国稀金谷”制造业高质量发展分析

（一）突出“中国稀金谷”高位政策推动

建议省委、省政府向中央积极争取，将“中国稀金谷”发展纳入国家战略，由国家和江西省共同“高位”推动，发挥“集中力量办大事”的制度优势，在较短时间内聚集国家和省级政策、项目、资金、人才与创新团队等优质资源。

建议成立省政府主要领导任组长的“中国稀金谷”高质量跨越式发展工作领导小组，尽快制定领导小组议事规则和“中国稀金谷”发展任务分工及调度机制。

（二）夯实“中国稀金谷”产业组织基础

1. 深入推进“互联网 + 制造业”专项行动

尽快实现企业智能化改造全覆盖。①建议由省工信厅牵头，在工信部智能制造专家委员会的指导下，联合智能制造咨询规划机构、系统集成公司、工程服务公司、科研院所、企业服务平台等单位机构指导企业完善工业互联网设施，建立数据采集互联体系。②建议在省级工业转型升级专项资金中安排“中国稀金谷”企业智能化改造重大专项。

全力推动企业“上云”专项行动。①建议由省政府牵头并争取工信部支持，依托稀土和钨新材料领军企业以及国内云计算龙头企业，在“中国稀金谷”打造国家级稀土和钨产业云计算应用中心。②针对处于不同发展阶段的企业，制定差异化的企业“上云”引导政策。③综合运用财税金融政策培育“上云”标杆示范典型，适时总结推广。

2. 全力打造大中小企业融通发展新格局

成立大企业开放创新联盟。①由中国南方稀土集团有限公司联合若干“中国稀金谷”稀土和钨新材料龙头企业共同成立大企业开放创新联盟，吸引其余 5 家稀土集团以及全国稀土和钨新材料龙头企业加入大企业开放创新联盟，建设“中国稀金谷”大企业创新资源库线上和线下平台，征集契合大企业创新需求的优秀项目。②鼓励大企业将自身积累的全产业链资源（例如客户、专利、供应商和合作伙伴等）免费开放给初创企业，带动

中小企业实现设计研发、生产制造、市场开拓、品牌建设等领域的深度融合发展；引导中小企业凭借其深耕垂直细分领域的创新活力，以联合研发实现行业前沿技术、关键技术、共性技术的攻关突破，支撑大企业关键环节创新。

推动招大引强与创新创业“双提升”。举办中国创新创业大赛稀土和钨新材料专业赛（“中国稀金谷”专场），吸引与稀土和钨新材料及其应用相关的成长企业和初创企业参赛，鼓励这些企业报送有新思路、新突破、新产品的参赛项目。对于有意向在“中国稀金谷”落户的专业赛参赛企业，给予其招商引资政策待遇。

3. 大胆探索军民融合新模式

建立机制。①给予“中国稀金谷”在军民融合重大体制机制改革上的先行先试权，并在国家军民融合重大项目立项及资金安排上给予持续优先支持。②积极争取由中央军民融合发展委员会办公室牵头，建立帮扶机制，推动建立军队优势新材料学科团队（科研机构）与“中国稀金谷”之间的长期合作机制，尽快推动大功率稀土激光晶体、航天科工产业园、航空发动机叶片再制造等一批军民融合项目加快落地，推动高强度镁合金、工业无损检测、陆军单兵装备电池等一批军工技术实现成果转化；积极争取科技部、自然资源部、中科院的支持，协调帮助“中国稀金谷”企业将产品打入军工供应体系。③积极引导中科拓又达、诚正稀土、腾远钴业等一批具备民参军条件的企业开发可替代军工产品。④省军民融合发展委员会办公室加大统筹协调力度，积极创建军地“需求对接、资源共享”的合作机制，并尽快牵头搭建军民融合公共服务平台，促进各地军民融合人才、技术、信息、资金、品牌向“中国稀金谷”集聚。⑤省军民融合研究院要加强对“中国稀金谷”军民融合发展体制机制、标准规范和信息情报等方面的研究，及时提供高水平智力支持。⑥将“中国稀金谷”确定为省军民融合产业示范基地，并设立由省委领导牵头的定点联系制度。

示范引领。由省军民融合发展委员会办公室牵头推动“中国稀金谷”军民融合产业创新发展示范项目建设，聚焦“中国稀金谷”关键技术创新及其产业化，发布示范项目建设项目库、招投标方案与程序，并开展立项评审，严格筛选，设立若干重大示范项目，并从拟设立的“中国稀金谷”产业发展基金中划出军民融合发展专项子基金，予以重点支持。

（三）强化“中国稀金谷”创新发展动力

在加紧攻关稀土基础研究、高端化和绿色化应用研究核心前沿技术的基础上，要着力健全产学研深度融合的技术创新体系。

1. 着力推动企业成为“四个主体”

推动企业成为技术创新决策主体。建议省委、省政府向国家科技部和工信部争取，在“中国稀金谷”组建高层次、常态化的稀土和钨新材料技术创新对话、咨询制度，在研究制定稀土和钨新材料领域的国家技术创新规划、计划、政策和标准时，要保证相关专家咨询组中产业专家和企业家占较大比例，以发挥企业和企业家在稀土和钨新材料领域国家创新决策中的主体作用。

推动企业成为研发投入主体。①由省财政厅为主出资设立企业研发投入风险补偿与奖励资金池，争取财政部出资支持，赣州市财政局和赣州高新区管委会、赣州经开区管委会、龙南经开区管委会按一定比例安排配套资金，“中国稀金谷”龙头企业参与出资，对研发风险损失按一定比例进行补偿，或通过后补助的形式对研发活动达到预期目标的企业给予奖励性补助。②要落实好鼓励企业加大研发投入的税收优惠政策。③引导“中国稀金谷”企业建立研发准备金制度，由省财政厅和赣州市财政局安排预算资金，采取事前备案、事后补助的方式，对已建立研发准备金制度的企业，对其上一年度实际研发投入新增部分予以一定比例的补助。

推动企业成为科研组织主体。建议在“中国稀金谷”探索企业通过线上和线下平台精准提出技术需求并面向社会公开征集解决方案的“企业出题、能者破题”科研众包模式。

推动企业成为成果转化主体。①着力加强知识产权保护。②探索建立新技术新产品“首购首用”风险补偿机制。③积极培育负责中间阶段技术开发的企业，承接高校院所的技术原型，开展中试研发，转化为批量生产技术，投放给生产企业。④建设供企业租用的稀土和钨新材料领域高水平中试平台，省科技厅要在科技平台建设、科技项目分配等方面给予其政策倾斜。⑤鼓励科研院所与“中国稀金谷”龙头企业以“现金 + 知识产权”入股的合作模式成立合资公司，在稀土和钨新材料领域开展重大项目合作和技术成果转化。

2. 优化产学研协同创新机制

对于“中国稀金谷”企业委托给高校和科研院所的科研项目，可考虑对其项目经费使用实行“包干制”，不设科目比例限制，由科研团队自主决定项目经费的使用。

积极寻求国家相关部委及省政府相关部门在资金、用地等方面的支持，引导和鼓励国内外著名科研院所、大学在“中国稀金谷”设立科研机构。

省财政厅、科技厅和教育厅等部门要根据财政部关于科研院所科技成果转让定价不再要求资产评估的规定，尽快完善无形资产监督管理细则，以鼓励科研人员通过“转让”或“作价入股”形式在“中国稀金谷”转化科技成果。

（四）创新“中国稀金谷”金融服务体系

1. 聚焦探索核心区基础设施建设投融资机制

可考虑将赣州科创城、贡江产城融合示范带相关基础设施建设列入省级乃至国家级近期重点建设规划，建议省发改委和省财政厅建立专门工作机制，实施扁平化项目筛选、论证与评审，以省级财政资金为引导，在非标专项债发行规模以及 PPP 项目等方面给予重点倾斜支持。

省市两级财政应加大对江西银行、九江银行、赣州银行等金融机构在“中国稀金谷”核心区设立产业发展和基础设施建设基金等行动的支持。

2. 构建产业资本集聚与运行机制

积极引入和培育政府产业引导基金。①省政府牵头、赣州市政府配合，建立“高位推动、精准运行”的工作机制，积极争取国家级产业引导基金和国内各地优秀活跃的产业引导基金“入驻”“中国稀金谷”。②积极培育“中国稀金谷”政府产业引导基金。要在大力拓展政府引导基金的财政资金来源、创新政府引导基金投资方式、明晰政府与社会资本之间的责权利、建立科学的基金运营绩效考核制度、通过加大“投早投小”力度以防基金的“挤出效应”、提升市场化基金管理水平等方面进行深入实践探索。

主动对接引导各类社会资本。积极引导国有金融机构及私募股权投资基金、创业投资基金、天使投资人等社会资本投资“中国稀金谷”，对于社会资本投资的项目，省财政和赣州市财政分别给予不超过单个项目实际投资额适当比例的风险补助。

支持优势稀土和钨新材料企业上市。①积极争取《中国证监会关于发挥资本市场作用服务国家脱贫攻坚战略的意见》中相关政策的支持。②江西省《关于加快推进企业上市的若干措施》应重点支持“中国稀金谷”新材料企业。

此外，还应积极支持新材料企业进行海外并购，着力推动产融合作（知识产权质押贷款），全面优化中小企业金融生态。

（五）拓展“中国稀金谷”开放发展空间

1. 积极利用好现有资源优势与政策优势

争取国家尽快出台新一轮支持赣南等原中央苏区振兴发展的政策措施，尤其要强化在扩大开放方面的政策支持力度，并争取单独设立针对“中国稀金谷”的稀土和钨新材料及其应用领域开放政策框架。

进一步加大赣州国际陆港及赣州综保区软硬件建设力度，为“中国稀金谷”开放发展营造浓厚氛围并奠定更优的营商环境。

做好《外商投资法》实施保障工作，应突出稀土和钨新材料产业招大引强工作，尽快提前清理或修正已有规章制度中与新法相违背的或支持力度不够的部分，并做好细化配套。

2. 大力创新境内外招商模式

及时总结提炼赣县区《“中国稀金谷”稀土和钨新材料及应用产业招商政策》经验做法并在“中国稀金谷”所有区域复制推广。

聚焦稀土和钨新材料“两高两新”（高科技、高附加值、新技术、新产品）项目，瞄准央企、行业龙头企业、上市公司（例如中科三环、航天科工、海天集团、江门优美科）等重点企业，积极推广应用“重资产轻资本”、“产业链”和“三请三回”等招商模式。

3. 积极探索国内跨区域合作模式

构建跨区域稀土和钨新材料及其应用产业联盟。由省政府引导、省内外龙头企业牵头，鼓励稀土和钨新材料及其应用产业上下游企业共同组建跨区域产业联盟，致力于推进稀土新材料产业共性技术研发和产品标准体系建设。

可考虑建设跨区域稀土和钨新材料及其应用产业园。①鼓励省外园区在“中国稀金谷”建立“姐妹园”、“飞地园”、“孵化园”，推动稀土和钨新材料及其应用产业向江西转移。②鼓励省外高科技园区和高等院校、科研单位等，在共建产业园内建立孵化基地、中试基地、生产基地。

基层党建引领社区治理的项目和品牌研究

——基于江西南昌市、浙江永康市等地的实证调查分析

姚　亮　罗晓蓉　刘春春　傅李琦　傅慧平　周燕妮

【摘要】 当前，我国各地城市和农村社区的发展过程中进行了诸多的创新，而基层党建引领社区治理就是一种重要的探索和创新。基层党建引领社区治理涉及社区社会组织、社区环境、社区安全、社区文化等方面内容。课题组重点围绕基层党建引领社区社会组织和社区环境治理两个方面问题展开:一是基于江西南昌市小桔灯社会组织党建孵化中心案例，从“下好基层党建一盘棋、推进社会组织党建工作的覆盖面、激活社会组织一池水，织密社区关系一张网和打造多元城市社区治理机制”等方面探讨了其特色做法。二是基于浙江永康市端头村环境治理案例，从“赋权增能做加法、统筹协调做减法、制度融合做乘法、综合治理做除法”等方面探讨了其特色做法。从中可以发现，当前我国在基层党建引领社区治理的实践探索中，形成了一些比较具有特色的社区项目和品牌，对社区治理具有重要的指导意义。

当前，我国各地城市和农村在社区建设和发展过程中，不断创造出关于党组织引领基层社区治理的实践案例，形成了一些具有特色的项目和品牌。本课题则选取了基层党建引领社会组织、基层党建引领乡村环境治理两个项目和品牌作为切入点，并分别基于江西南昌市小桔灯社会组织党建

孵化中心和浙江永康市端头村环境治理的两个案例围绕基层党建如何引领社区治理问题展开深入的调研。在调研的过程中主要采取了座谈会、个案访谈和实地考察等研究方法，收集和掌握了丰富的第一手资料，并在此基础上形成了总报告。

一、新时代社区治理呼唤基层党建的引领

党的建设关系国家的前途和命运，关系着国家的长治久安。党的十九大提出了新时代党的建设这一新的伟大工程，为党的建设引领国家治理指明了方向。党的建设具体到基层社区中，就是要充分发挥基层党建在社区治理中的引领作用，就是在国家大政方针要求下结合社区实际状况开展的细化组织活动，这是理解新时代中国基层社会治理的理论基础和实践逻辑。社区是基层社会的基本单位，社区治理是基层治理的重要组成部分。对此，习近平总书记强调，“社区是党和政府联系、服务居民群众的‘最后一公里’”。无论是在城市社区，还是在农村社区，社区党建是社区各项工作得以顺利开展的基础和保障。新的时代条件下，以基层党建引领社区治理是加强基层党组织建设与基层社会治理现代化互动实践的创新探索，这对推进党的建设和国家的治理现代化都具有很重要的现实意义。

首先，以基层党建引领社区治理是深入推进党的建设伟大工程的重要内容。一方面，基层社区是党与广大人民群众发生直接联系的场域，将基层党组织建设下沉并融入具体的社区治理工作中，有助于发挥基层党组织的战斗堡垒作用，从而促进基层社会公共事务的处理和矛盾纠纷的化解，有助于进一步夯实党执政的群众基础。另一方面，通过基层党建引领社区治理，有助于发挥党的基层组织中蕴藏的强大能量，可以把社区党建、驻地单位党建、非公和社会组织党建等党建工作统揽起来，充分发挥基层党组织的价值引领、支持服务、凝聚骨干等作用，协调各类社会治理资源，提升党的建设伟大工程在基层的重大凝聚力。

其次，基层党建引领社区治理是深化改革基层社区治理方式的新探索。基层社区治理是社会治理体系中的前沿阵地，发挥着重要的基础作用。正

所谓“基础不牢，地动山摇”。社区党组织是党建引领社区治理所依靠的最基本、最直接的力量，也是直接参与社区治理的重要主体，它的作用发挥如何关系着基层社区治理的成效。正是依托党建构建基层治理的网络体系，社区治理得以在基层形成了以党组织为核心、以居委会为主导、以广大居民为主体，辅之以物业公司、驻地单位和各类社团组织的“一核多元”治理结构，良好地实现了纵向与横向的多重协作，解决了传统社区治理中存在网络盲区及聚焦不准的双重问题，产生了积极的、可信任的社区治理效能。实践也证明，凡是基层党建做得好的社区，社区治理的效果就好，群众的获得感、幸福感、安全感就越高。

再次，基层党建引领社区治理是破解社区治理难题的根本途径。从基层党建的角度来看，社区治理的难题主要包括三个方面：一是社区党组织科层化问题。上级党组织和政府组织为寻求经济增长与社会稳定的平衡，依靠行政权力，自上而下地实行社会再组织的过程，将各种行政性事务一级一级地传导落到最基层的社区层面，从而导致社区没有更多的人力、物力和精力来开展各种自治性事务。二是基层党建活动形式化。社区基层党组织建设目的在于密切联系群众、回应群众诉求、动员和组织群众自治，以此夯实党执政的群众基础。然而，目前出现一些基层社区党组织仅仅停留在交党费、收党费、签到、记笔记、拍照片、政治学习等形式工作上，而真正深入群众、了解群众诉求和解决群众困难的活动做得少，出现党建活动仪式化、虚化，甚至是脱离群众的现象。[①] 三是党员个体庸俗化。在基层社区中，一些党员将自己混同于一般群众，甚至个别党员为谋求一己之私，不但没有起到带头模范作用，反而起了很大的负面作用。毫无疑问，这迫切需要加强党建引领社区治理，充分做好基层党组织如何与社区治理的有机衔接，充分发挥社区的作用。

最后，基层党建引领社区治理是实现“党建＋治理”共赢的新方式。基层党建与社区治理是一个共赢联合体，两者缺一不可。在“党建需求”

---

① 魏程琳．党建引领社区社会治理的难题及出路［N］．民主与法制报，2019-01-10.

与“群众需求”精准结合的共赢目标下，社区通过党建带动群建，充分发挥基层党员的带头作用，能有效统筹治理资源。同时，结合社区的人文特点，推动党建与群建联建共建，多方共治共理，有助于切实形成基层党建与社区治理的合力。党建引领价值观、凝聚力量，能充分发挥基层党组织的指导效能，对社区和谐、多元参与产生巨大的反推作用，而党建借助基层治理的传声、发声又反过来促进群众信赖党、依靠党、加入党，为党的广泛深入发展提供强大的内生动力。

二、基层党建引领社会组织助力城市社区治理

党的十八大之后，国家越来越重视社会组织的党建工作，发挥党在社会组织中的政治领导作用。中共中央办公厅印发《关于加强社会组织党的建设工作的意见（试行）》（2015）、《关于改革社会组织管理制度促进社会组织健康有序发展的意见》（2016）、《民政部关于大力培育发展社区社会组织的意见》、《民政部关于在社会组织章程增加党的建设和社会主义核心价值观有关内容的通知》、《中国共产党支部工作条例（试行）》（2018），强调“完善领导体制”“推进社会组织党的组织和工作的有效覆盖”“加强社会组织党建工作基础保障”“加强党对社会组织工作的领导”。基层党建引领社区治理，主要体现在能够把日益丰富的社会发展力量整合为推进社区治理现代化的合力。社会组织是社会力量的组织化形式，从总体上说是一种积极健康的力量。根据民政部官网行政审批的划分，我国的社会组织一般包括社会团体、基金会、民办非企业单位、涉外组织、慈善组织五类。本文所指的社会组织主要是政府着力培育的公益慈善类、城乡社区服务类社会组织。

南昌市青云谱区三家店街道小桔灯社会组织党建孵化中心其前身是原青云谱区街办计生专干杨海兰等在2013年创建非营利社会组织——小桔灯服务社，关注人群定位在失独群体；由于紧贴基层需要，社会工作理念和方法技巧运用到位，满足群众多样化需求，服务影响力持续扩大，被评为南昌市优秀志愿者组织、社会工作示范单位、全省和全国先进基层党组

织。自成立以来，小桔灯服务社承接政府购买服务项目10个，资金105万元，长期结对帮扶95户失独家庭，年均开展活动200余场，直接受益对象达2万余人次；形成了“宜居”社区建设大讲堂、“点亮馨灯”社区妇女技能提升、“生命嘉年华”关爱失独家庭、“恋家”婚姻家庭援助、“小桔灯学苑”社区营造计划等品牌。其中，“点亮桔灯”关爱失独老人项目作为南昌市唯一一家社会服务项目参加了第六届中国慈展会的展出，成功打造了“小桔灯”品牌，实现了由公益项目品牌向机构品牌的转化。小桔灯服务社做项目产生很好的社会效益：一是政府满意。2016年被评为社工示范单位，2016年6月获全省先进基层党组织，2016年年底获全国先进基层党组织。二是同行认可度高。省内外许多社会组织来观摩，远在内蒙古、大连、浙江、安徽的，都慕名来实地察看。青云谱区委负责人发现“小桔灯”现象，提出借助社会组织的力量满足群众多样化需求；2016年11月经青云谱区民政局批准，三家店街道社会组织孵化基地成立，这是江西省第一家街道级别的社会组织孵化枢纽机构。2016年江西省委常委、南昌市委书记殷美根在基层党建述职报告中说：“在创新载体上擦亮南昌品牌。立足南昌现有优势，按照‘党建＋’的思路和方法，进一步创新党建服务和党建工作载体，着力擦亮南昌基层党建工作的小桔灯品牌。”

针对全国基层扫黑除恶过程中，发现有的社会组织因资金问题背后有来历不明的基金会在支持。全国范围强化了对社会组织监管等硬控制，如提高注册门槛等；除此之外，软约束也在探索和加强，如对社会组织负责人（法人）党建引领。南昌市很多社会组织负责人就是民主党派人士，负责人思想政治觉悟对于社会组织的发展是占首要的，对领头人的党建引领至关重要。比如，小桔灯服务社创始人现在法人代表党总支书记杨海兰，原来是社区干部，一直从事社区工作，是政府购买的7位社工岗位人员之一；在社会组织党建全覆盖要求下，2015年区里下文要求小桔灯成立党支部。当时只有3个党员，杨海兰积极要求入党，2016年被吸纳培养为预备党员，2017年转正；与此同时，“小桔灯”逐渐进入发展期，2016年被评为全省先进基层党总支。2017年成立青云谱区小桔灯社会公益创新发展中心，吸纳社会组织纷纷入驻，打造基层党建工作的“小桔灯品牌”。如，青云谱区青少年事务发展中心、以青少年的权益维护和预防青少年犯罪为主体的江西省第一家民办社会工作机构——江西洪宇社会工作服务社；以开展助学、济困扶贫、关爱弱势群体等公益活动及其他社会公益活动以儿童及青少年、老年人和家庭服务，同时进行社会工作咨询、教育和培训及公益活动策划的青云谱区阳光公益服务中心；开展社区社会组织孵化培育及志愿者队伍建设服务的青云谱区萤火虫服务社；以帮助教育改化服刑人员与刑满释放人员、吸毒人员、为青少年和特殊人群提供爱心帮教和心理帮扶的刘南爱心帮教团；以困难群体，低保户、低保边缘户、大病致困家庭、精神病家庭为服务对象的帮帮堂公益社。基层党建工作悄然嵌入社会组织。

2017 年，小桔灯服务社更名为小桔灯社会公益创新发展中心，扩大服务主体和服务项目，吸纳社会组织入驻，打造基层党建工作的“小桔灯品牌”。之后，南昌市青云谱区三家店街道小桔灯社会组织党建孵化中心成立，探索培育社会组织党组织、党务人才、党建项目、党建品牌。2018 年，小桔灯社会组织党建孵化中心入选第五届全国城市基层党建创新优秀案例。作为公益慈善类、城乡社区服务类社会组织，南昌市青云谱区三家店街道小桔灯社会组织党建孵化中心，是江西省社会组织党建实践的典型性个案，对当前仍处于摸索性前进阶段的“还没有破题”社会组织党建工作带来诸多启示。

1.“组织和工作双覆盖”：下好基层党建一盘棋

习近平总书记指出：“党的工作最坚实的力量支撑在基层，经济社会发展和民生最突出的矛盾和问题也在基层，必须把抓基层打基础作为长远之计和固本之策，丝毫不能放松。要重点加强基层党组织建设，全面提高基层党组织凝聚力和战斗力。”社会组织中建立党组织改变了社会组织的领导结构和领导方式。一是以“建、联、挂、派”等方式提供党建平台，推进社会组织中党组织的覆盖面。从全国范围看，根据社会组织不同的管理体制，建立了各具地方特色的党建管理体制。在基层党建工作方式上，当前社会组织党建较为成功的实践模式有北京的枢纽型“3 + 1”模式、江苏的“双报双推”模式、浙江的“1 + N”模式、辽宁的“协会 + 党委”模式。独立组建、联合组建、挂靠组建、临时组建、派人组建，是大多数社会组织党建比较普遍做法。小桔灯社会组织党建孵化中心采取的是这种比较普遍的模式。“建”，即单独组建支部。有3名以上正式党员的社会组织单独组建党组织,有党员但组织关系未转入的建立“兼合式”党组织;“联”，即组建联合支部。社会组织中没有党员的或者是3人以下的，与其他社会组织并在一起，建立联合支部；“挂”，即对党员少于3人、条件尚不成熟的，由社会组织党委统一兜底管理，纳入孵化中心联合党支部孵化培育；“派”，孵化中心向孵化培育的社会组织下派党建指导员，帮助培育党建人才，规范党内组织生活。针对各类人群开展服务的社会组织纷纷入驻中心形成了社会组织群，如江西洪宇社会工作服务社；青云谱区萤火虫服务社；刘南爱心帮教团；帮帮堂公益社，孵化中心通过“建、联、挂、派”等方式提供党建平台，建立三家店街道党群服务中心，不断扩大党的组织覆盖面。当一些社区工作难开展，社区党支部和居委会工作人员约请社会组织负责人一起上门做工作，取得了较好的效果。目前，青云谱区列入社会组织党委归口和兜底管理的社会组织99家，其中建立党总支的1个、独立党支部42个、联合组建党支部20个（覆盖56个社会组织），党员总人数508名，有效推动了党在社会组织中的工作覆盖。

2.“双孵化五同步”，推进社会组织党建工作的覆盖面

“双孵化五同步”,即社会组织壮大培育和社会组织党建培育“双孵化”;在登记备案时实现社会组织信息和党员信息同步采集；在成立许可时实现社会组织成立和党组织建立同步审批；在社会组织年检方面实现和党组织活动同步年检；变更或注销时实现社会组织名称和党组织名称同步变更或同步撤销。社会组织领导班子换届和党组织负责人同步调整。小桔灯社会组织党建孵化中心成立党总支，法人代表杨海兰任党总支书记；社会组织入驻小桔灯社会组织党建孵化中心孵化以后，有3个以上党员的要成立党支部；没有党员的或者是3人以下的与其他社会组织并在一起，建立联合支部。在小桔灯社会组织党建孵化中心入驻和培育的社会组织有40多家；有12家社会组织在此进行培育孵化，它们大多数是刚在民政局注册的初创型社会组织。另外，对已经注册了但没有运作的社区社会组织，小桔灯社会组织党建孵化中心一方面指导其建立党支部或联合支部，另一方面则

让其承接孵化中心的微项目，即南昌市公益创投项目中培育社会组织项目C类。通过服务业务和党建“双孵化五同步”，提升社会组织领导能力。

3.“党务促业务”：激活社会组织一池水

党的十八届三中全会提出“激发社会组织活力”，加强社会组织党建是激发社会组织活力的重要政策举措。2015年小桔灯服务社成立党支部，时有党员11人、社工18人、志愿者200余人，开始探索“党建+公益”模式。即1名党员、1名社工、2名志愿者一起上门开展个性化定制服务。一是开展个性化定制“112微服务”。连续5年，小桔灯社创中心重点关注失独家庭和空巢老人，为每户服务对象家庭安排了1名党员、1名社工、2名志愿者，利用周末时间探望、照顾老人，温暖了失独家庭。二是社区活动融入党建元素。在开展的社区活动中，服务对象往往是困难家庭、困难党员，对于这些陷入困境的家庭和党员，常常是党员志愿者服务困难家庭困难党员；这些微服务和探访服务，服务人员上门时会有意识地说，这是政府购买服务项目，这是党建项目，体现了政府的关心、党的关心。居民可能记不住某个具体的个人却记住了社区，很多受助居民说“这个社区好多活动”“还是共产党好”。三是激活党员志愿服务。充分发挥党员志愿者的先锋模范作用，每月15日通过品牌服务“邻里情党员公益日”，通过一对一或多对一的方式进行精准匹配，采用自由选择、自愿结组的服务方式，为地区老年人提供服务；通过日常志愿服务的形式，整合辖区党组织及党员的力量，打通服务群众的最后一公里。当社会组织的党员把党员的服务与自身的专业服务相结合，把党组织的活动与社会组织的宗旨使命相结合的时候，社会组织党建就能够演变为自觉自愿的行动。

4.“引领与自治相统一”：织密社区关系一张网

2015年出台的《关于加强社会组织党的建设工作的意见（试行）》明确指出：加强社会组织党建工作，要“坚持党的领导与社会组织依法自治相统一”。与党政组织、市场组织相比，社会组织具有多重独有的特征，根据莱斯特·萨拉蒙的总结，主要表现为“组织性、私立性、非利润分配性、自治性和志愿性”。自治性和志愿性是公益慈善组织运行的根本原则。社会组织的独特性决定了基层党建应摒弃传统的科层制架构和自上而下的行政命令方式，宜采取“开放式的结构”和平等协商的方式，才能实现基层的社会动员和社会整合。青云谱区三家店街道党群服务中心入驻 25 家社会组织，通过共享办公环境、活动场所，推出服务项目，服务群众。借助社会组织的力量开展社会治理、开展服务，密切了党群关系。在社区服务方面，一方面社会组织与社区联动，针对特殊人群，发挥社会组织专业优势，通过个性化定制化的专属服务，精准对接不同层次、不同人群的服务需求，实现了从便民服务到“特别定制”服务，大大提高了公共服务供给效益，也大大提升了群众对服务质量的满意度，人民群众的获得感、幸福感进一步提升。另一方面，社会组织与社区联动，社会组织提供项目经费，社区提供场地、人员和服务对象，激活了“管理因子”“服务因子”。小桔灯福彩公益金项目在前期需求调查基础上首先选中单位型社区。这类社区老党员多、困难群众多、青少年多且周五有休息；社区方面也有周五开展社区党员志愿服务日需求。这样一来，社区与社会组织需求一致，达成分工合作。社区主要是协助社会组织招募各类人员。比如，小桔灯进入社区开展活动需求是招募 20 个党员和青少年，其中要有老党员且能够讲讲革命年代的战争故事；还要筛选出 10 个社区困难家庭以供走访。入户走访时，社区干部与社会组织工作人员一起走访困难家庭，作为社会爱心人士的关心，小桔灯需要向居民解释，“我们来走访探望得益于政府购买服务项目经费”；到困难家庭看望老人，如果走访是老党员，小桔灯会向其发放笔记本以供党课记录。联动的工作方法，扩大党建有效嵌入的路径，有效激发了社会组织专业化、社会化、项目化、协作化。

5.“紧扣治理抓党建”：打造多元城市社区治理机制

基层党建设与城市社区治理深度相融，才能实现多元治理主体间有序互动、相互协调、资源互补、整合行动，打造共建共治共享的社会治理格局，形成“社会治理共同体”。一是要依托社区网格化管理，完善基层党建工作网络体系，实现社区治理逻辑与党建引领逻辑的协同。要以党建为引领，充分发挥党组织在基层社会治理中的领导核心作用，逐步实现基层社会治理结构的合理化、治理方式的科学化、治理过程的民主化。在策略选择上，既要强制，又要互惠。强制是“硬引领”。党组织通过命令的方式，强制要求社会组织建立党支部，如建立党总支、独立党支部、联合党支部，并开展党员民主生活会，实现党在社会组织中的工作覆盖；互惠是“软引领”。党组织帮助社会组织寻找资源、动员资源并获得资源，解决社会组织资源不足的问题。从 2014 年开始，小桔灯一直通过申请各层级政府公益项目做专业服务，有区级企业捐赠项目、市创投项目、福彩公益金项目、中央财政项目。通过“党建+公益”项目化支持，为社会组织及其党员带来利益，实现党组织与社会组织的功能和目标密切结合，获得社会组织对党建工作的支持；同时，社会组织在保留主打服务品牌基础上，服务业务不断扩大。比如，小桔灯在维护主要服务品牌失独家庭服务基础上，设计了孵化培育项目；而纳入其中孵化的社会组织设计了低收入家庭服务项目，拓展服务业务和范畴。二是随着“社会治理重心下移”，包括政策、人才、人力等资源服务管理资源下沉，财政投入、社区工作经费、服务群众专项经费、党建经费等必须到位。从组织生命周期看，我国大部分社会组织处于初创期和生长期，这两个时期对资源的需求比较强烈，也容易受到资源匮乏的影响。小桔灯社会组织党建孵化中心也遭遇此困境。由于党建项目中只有工作经费，没有专职书记的经费；且项目中组织口的党建经费落到社会组织的很少。项目经费只能够维持项目开展、实习社工和志愿者的活动劳务费，很难设置专职书记。而机构承接的项目经费，只能按照项目走，限制了党员活动的数量。党组织帮助社会组织寻找资源、动员资源并获得资源，为社会组织及其党员带来利益，实现党组织与社会组织的功能和目标密切结合，获得社会组织对党建工作的支持。针对社会组织资源不足的问题，通过政府购买公共服务的方式，社会组织获得更多政府让渡的职能事项；也可以通过受邀参加政策咨询会，社会组织获得更多的政策参与机会；“党建+公益”项目化支持。2019 年 6 月青云谱区“益心向党”红色创投暨“阳光驿道”微公益项目众筹会，开始持续搭建党组织领导社会组织参与基层治理的公益服务平台。这 11 个党建微公益项目涵盖了失独家庭帮扶、低保家庭关爱、垃圾分类回收等各个民生领域，台下的爱心人士根据意向，选择其中任意项目进行认筹。小桔灯社会公益创新发展中心众筹到 1 个 5.2 万微公益项目——为精神病患者困难家庭提供定制服务，上门慰问个案服务中强调,这是“‘益心向党’红色创投”优质党建公益项目，是“党建 + 公益”。三要以推进阵地建设为依托，建好用活党群服务中心，引领、服务群众。在原有社区服务中心、社区服务站基础上，整合党建和社区服务多项功能而组建的党群服务中心，既是强化党的执政根基的落脚点和着力点，又是符号建构的象征和空间覆盖的载体，还是提供社区治理服务的依托和重要抓手。总之，基层党建引领城市社区治理，需要动员、协调、整合社区治理多元主体，才能实现新时代“共建共治共享”社会治理格局。

6.“直面党建引领难题”：助推城市社区善治的实现

南昌市各个社会组织党建工作中已经涌现出不少典型。青云谱区通过建立三家店街道小桔灯社会组织党建孵化中心，通过激活党建的动力和路径，探索迈向治理的基层党建创新。通过实地调研走访，也存在一些问题需要进一步加强基层党建引领社区社会组织，从而助推城市社区善治的实现。如，在社会组织没有设置专职书记。社会组织没有专职党务工作者，基本上都是法人代表兼职做党务。比如，青云谱区购买的 7 个专职社工岗位中的 7 个专职社区都在自己的机构中兼职做党务（不愿意做社会组织党建倾向明显）。这些机构兼职党务工作者坦言，党务工作加大了社会组织工作量，具体表现在：一是党员开会存在问题。因为流动党员多，正式党员就几个，原来是要求一个月开一次会实践中行不通；现在的实际操作是 3 个月开一次支部大会。二是党员学习问题。往往是主题教育任务来了，要跟进，发在网络交流群里，通过链接自己去学习并写心得体会。如果是重大任务话,民政局下面有社会组织党委(“小桔灯”主管单位是区民政局)，会派人过来指导。一般情况下，区党委会发文件到党总支部群。比如现在不忘初心牢记使命第二批学习，在 9 月 18 日就部署了，党总支部开会、布置任务、召集学习、传达文件（上传下达),之后各支部大会“三会一课”，要由自己去完成、写材料。再比如，党建经费问题。党建项目中只有工作经费，没有专职书记的经费；且项目中组织口的党建经费落到社会组织的很少。社会组织负责人反映，项目经费只能够维持项目开展和实习社工和志愿者的活动劳务费，没法设置专职书记。而机构承接的项目经费，只能按照项目走，限制了党员活动的数量，如小组工作与党员活动挂不了钩。毫无疑问，这些问题的有效解决，可以更加地发挥基层党组织的引领力和社区社会组织的创造力，从而促进社区治理。

三、“加减乘除”打造党建引领乡村环境治理的“动力引擎”

十九届四中全会指出：“坚持和完善共建共治共享的社会治理制度”，构建以党委领导为前提的社会治理新格局。乡村作为社会治理体系中最基本的单元，是服务群众的“最后一公里”。以乡村环境治理为载体，创新党建引领途径，是探索并完善乡村治理体系、推进国家治理体系和治理能力现代化的重要基石。近年来，全国各地纷纷创新党建工作办法，通过党建引领，发挥政治领导及社会资源优势，引导和规范农村社会各主体，实现对乡村环境的有效治理。

调研组于 2019 年 8 月赶赴浙江金华永康，对该市舟山镇端头村进行实地蹲点调研。端头村地处浙江金华永康市东南方，距离市区约 23 公里，全村共 146 户，村民 398 人。近年来，端头村抓住新农村建设的发展机遇，2018 年起，经过六个月的垃圾分类工作实践，该村在村两委带领下探索出一套“收集—分类—评级—处理”的垃圾分类模式，形成一个好班子、一套好机制、一条龙服务的“三个一”工作经验。端头村以垃圾分类为切入点，先后获得“省级宜居示范村”“金华市村庄整治示范村”“ 金华市森林村庄”“永康市美丽乡村精品村”“永康市街角小品示范村”“永康市摄影家协会创作基地”等多项荣誉，并被新华社直播报道。课题组通过对其党建引领农村社会环境治理过程和做法进行总结耙梳，归纳出以下几个方面的经验启示，以资借鉴。

1. 赋权增能做“加法”，增强创新“驱动力”

第一，权力下放，激活基层党组织活力，发挥基层党组织引领作用。端头村所属永康市舟山镇，时任镇党委书记应伊娌高度重视农村社区环境整治工作，注重发挥政府引导和服务的“店小二”职责。该镇通过发挥基层民主协商效果，召开农村各类会议，提升农民公众参与效果，不断激活基层党组织自治活力。主要由镇党委赋权，并将环境整治工作交由端头村主职干部负总责，使村干部、党员、村民代表各司其职，形成合力。该村共制定10项推进工作计划，村干部、党员、村民代表各联系10户村民，层层发动共同推进垃圾分类工作。

通过召开党员会议，量化考核积分，激发党员干部先带头动起来。党员带头分户指导，要求每个党员联系户指导到位。譬如：召开村民代表会议成立垃圾分类小组，由村民代表当组长，各司其职，负责全村垃圾分类监督及指导工作；发动妇联群众，召开妇女大会，进村现场讲解指导，组织各类激励活动；召开新当选村民代表会议，部署安排农户垃圾分类工作及旧衣服酒瓶处置方法；召开村干部会，每名村两委干部总结垃圾分类经验，提出不足之处，共同商议改善提升的方法。通过“开会”，赋权村级党组织全面宣传引导村民有序开展各类工作，让垃圾分类的意识在村民心中落地生根，让每个村民牢牢掌握垃圾分类要点，知道我要分，知道该如何分。

第二，资源下沉，提升基层治理的实际效能。当前，农村社会普遍存在内生动力不足、资源配置不够的硬伤。端头村之所以能够将环境整治形成系统化的处理通道，市镇两级资源下沉起到了重要的推动作用。具体是将以往资源配置的“粗放供给”向“集约配置”转变，让资源合理高效地“下沉”，创新“资源自治”机制，全方位提升基层治理的实际效能。具体做法是通过上级政府（舟山镇党委政府）向社会购买公共服务，实现“两同步、四统一”的市场化处理运行模式。“两同步”指城市和农村同步实施垃圾处理办法，“四统一”指城市与农村同步推进市实现城乡生活垃圾“统一清扫、统一收集、统一转运和统一处理”。

从环境治理到乡村振兴，端头村还有一个“治村秘诀”，即两委干部主动向市政府各部门“要政策”“跑业务”“争项目”，让各项资源下沉进村落户，不断提升基层治理效能。2018年末，村支书和村干部主动向该市民政局、政法委、组织部、宣传部、教育局、旅游局等部门寻求发展和对接工程项目，争取市财政资源支持、土地资源审批和以工代赈等多个项目落地端头村。目前为止，端头村已承接全市中小学生关于垃圾分类教育课外培训工作。在省市县三级政府及社会各界媒体的宣传帮助下，该村已经和上海、江苏、江西等多省市形成长效联系机制，接待各级单位、高校等部门来端头村进行调研、考察。此外，端头村依托自身区位优势，厚植资源禀赋，依托永康市杨溪湿地公园，建成500米桃花大道、200米石榴大道和100米车厘子大道、柚子大道，2019年底完成村多功能服务中心建设，使端头村成为远近闻名的田园风光果园科普基地和旅游基地，此举每年为村集体经济带来可观收入，让“美丽乡村”嬗变成为“美丽经济”。

2. 统筹协调做“减法”，降低系统“负载力”

第一，加强部门协调，降低治理成本。“上面千条线，下面一根针”是基层治理的真实写照，国家税费改革以来，转移支付增多，农村治理陷入“一放就乱，一管就死”的尴尬境地。在这种情况下，要破除部门之间的“推诿扯皮”及打破“部门利益壁垒”，才是当前解决基层治理难题的重要途径。近年来，浙江省按照“千村整治、万村示范”的统一部署，避免同一项工程各部门之间“挤破头”或是“都撒手”的管理“乱象”，农村治理逐渐呈现各部门联动“弹钢琴”之势。与此同时，基层社会中存在明显的“权责利不对称分配”特征，援引着基层社会治理必须创新治理途径，倒逼各部门协调推进工作，以此达到降低行政治理成本的效果，基层治理很多时候依赖着这样的“不对称分配”特征。

第二，去行政化，为基层松绑减负。端头村的自治进程之所以呈现出一片生机勃勃景象，离不开当地政府的“无为而治”，“放权”却不“放任自流”的基层治理理念让端头村抓住新农村建设的发展机遇，顺利完成多项工作。如村口大桥和古塘大坝的重建、修建污水管网、建造村综合大楼等。端头村还在短时间内完成了道路硬化、外墙美化、村庄绿化等多项工程，实现村庄大变样。目前端头村正在做的项目之一，是和浙江某集团进行全面合作（第三方服务公司），将所有厨余垃圾被该公司回收，打包发酵处理并出售。政府在整个项目过程中，始终是一个“服务者”的角色，即向市场购买服务建成舟山镇最大的“三化处理中心”，以此解决垃圾回收效率不高的问题，并将回收垃圾做成基础肥，提升每吨垃圾的经济价值。政府甘当“店小二”为基层松绑，让基层社会“自由发挥”自身的治理活力，不断完善基层社会治理的新格局。

3. 制度融合做“乘法”，高效转化“执行力”

第一，优化制度设计，挥动考核“指挥棒”。好的制度设计是推进农村治理的重要手段。当前农村社会普遍存在内生动力不足，如何补齐农村治理内生动力不足以及主体参与力度不够的“短板”，要利用好制度设计这个有力的杠杆。在市镇各级党委政府领导下，端头村在环境治理上大有作为，实现人均日产垃圾量仅为 38 克，并形成和谐有序的干群关系，公众参与环境整治的良好局面，与该村党员干部及时从实践中总结经验、不断优化制度设计，发挥考核“指挥棒”，提升考核的“引导力”分不开。譬如在制度创新上，通过三项制度机制，形成“考核闭环”，大展考核“指挥棒”效用。一是评比奖励机制。按照“收集—分类—评级—处理”的模式，每户确定编号，分发固定编号的垃圾袋，每天对每一袋垃圾打开检查。并按照编号，记录该户分类情况，用“优良差”进行评级。对优秀户进行奖励，对较差户再次进行指导。二是保洁员分拣机制。要求保洁员做好垃圾二次分类，在村民分类的基础上，再次细化分类项目，一一分类对应进行处理，大类下面再细分为 15 类，严格按照废品属性归类、摆放，并在垃圾收集过程中严格遵守干湿分类运输规则，严防前期分类后期混合。三是“一标准二引导”机制。“一标准”是原来垃圾桶不能套村垃圾袋，村统一购买重新发放 3 只垃圾桶，一只放卫生间，一只放厨房，一只放其他垃圾；“二引导”是定期引导村民准确投放村垃圾房，上门引导检查村民垃圾分放是否准确。

第二，转化制度效能，推进治理主体和谐律动。党建引领乡村治理的内在作用机理，本质上是对农村基层党组织的权利进行重塑的过程。端头村之所以能够在短短几年内书写农村环境治理的“新篇章”，与“党建引领＋激活制度效能”是分不开的。通过党建引领各组织之间有序参与农村环境治理，避免各组织及治理主体相互之间“打架”，让制度优势转化为制度效能。如在各项制度设计中，通过优化制度设计，按照发展共同谋划、组织共同强化、事务共同协商、问题共同排解、活动共同策划、管理共同提升、职责共同承担的原则建章立制；对村内各个大小项目及共建共治共享中产生的经济、市场、社会等效益按照“谁共建，谁共治、谁共享”的原则进行效益分配。不断激发村干部群众干事创业的内在动力，最大限度转化为治理效能。目前，端头村正在集资建造一个村级“商业综合体”，工程项目由政府统一规划，建设过程则由本村村民自己参与，年终实现村集体与村民集体分红。

4. 综合治理做“除法”，消除社会“摩擦力”

第一，听取不同声音，了解群众真正需求。乡村社会具有一定的自发性、独立性和分散性，要发动农村内生力量参与乡村社会治理，必须依靠政党力量的引导和规范。端头村垃圾分类的环境治理经验，是一个以党建为引领，发挥政治资源、领导力量和社会资源的发动党员、群众共同参与环境整治的有效实践。十九届四中全会进一步明晰了基层治理新格局，即完善“党委领导、政府负责、民主协商、社会协同、公众参与、法治保障、科技支撑”的社会治理体系。其中“民主协商”是实现基层社会治理的有效形式，通过“众人的事情，众人商量”的原则，有效防范和化解基层矛盾。所以及时倾听基层和群众的心声，了解群众的真实想法和诉求，合理召开民主协商会议，是及时将矛盾纠纷化解在萌芽状态的重要途径。端头村通过各种基层民主协商会议，将村级各类中心工作、老百姓关心的工程款和项目运作及时向百姓公开，共同商讨。提升基层社会“小微权力”在行使过程中的决策水平的同时，为基层农村社会打开“安全阀门”，有效化解基层矛盾，降低行政成本。

第二，引导绿色生活方式，消除群众不良习惯。当前农村治理应聚焦在绿色可持续的发展理念上，更好地实现全民参与共享社会治理成果的目的。发挥政党功能，从治理的“绿色发展”理念出发，形成全民参与共治的内生动力，同时制定出一整套完备的援引制度体系，搭建以村组织会议、各项中心工作等载体平台，推进绿色发展理念在农村社会中落地生根。端头村村民目前已经形成自觉地爱护环境、垃圾初次分拣和回收工作的自觉习惯。该村召开大型工作会议，村民们会随手将垃圾带走，吃完的泡面，也会进行厨余垃圾、可回收垃圾两类进行详细划分并处理。譬如，在端头村村委会选举日，全村 380 多人集中在一个会场，选举结束后，地上没有一片纸屑、没有一个烟头。爱护村容环境,让公共环境也和家一样干净美丽,已经成为端头村民维护环境卫生的自觉意识。

第三,做好各项服务工作,赢得群众真心与认同。从垃圾分类到村居环境治理,市镇村各级党委领导干部“服务意识”的转变,是赢得群众认同积极参与治理的重要条件。首先,提供相关的基础设施配备,实现垃圾分类“一条龙”服务。由党委部门出资,村集体自行设计制作五个垃圾房,分别摆放在全村不同地点,实现“房前不放垃圾桶,垃圾不出门”。其次,对于除村民家庭范围之外的其他公共领域,设置小型垃圾箱,便于参观学习访问的游客及各类社会群体投放垃圾。此外,村两委积极完善垃圾回收业务,对不可回收的有害垃圾,实行“有奖回收”制度。譬如电池以旧换新、灯泡灯管换一袋食盐,激发村民参与垃圾回收行动的积极性。再次,在原有垃圾房的基础上加建钢棚,建立垃圾分拣站,雇佣两名垃圾分拣员进行垃圾“二次分拣”。此外,由镇党委负责出资,定期向端头村发放垃圾袋,并将垃圾袋细分为“可回收垃圾”“厨余垃圾”“有害垃圾”三大类,确保分类成效。按照每户规定号分别贴好标签,便于以后进行针对性指导,并制作三本登记簿。分拣员每日做好垃圾袋发放登记、废旧电池灯泡回收登记、农户垃圾分类检查记录。既方便村民垃圾分类,又形成良好的宣传效果,让村民真正享受到垃圾分类的好处。

头雁领航,雁群高飞。推进国家社会治理能力和治理体系现代化,需要打通乡村社会这最后一公里。对浙江典型乡村环境治理的端头村的案例分析,可以得出供江西农村环境治理借鉴的三点经验:第一,党建引领是农村社会治理的最重要途径,需要各级党委部门敢担当、有作为。第二,党建作用的有效发挥还需要合理、接地气的“监管机制”。第三,从垃圾分类到村环境治理再到农村社会治理,需要专业、专门的人才进行业务性指导。

四、结语

基层党建引领社区治理是推进国家治理体系和治理能力现代化的一项

重要内容，是一项系统而复杂的工程，不可能一蹴而就，需要全国各地城市和农村社区不断的探索和创新，努力寻找到适合各自的路径。具体而言，需要从以下几个方面来进行探索：从治理主体上，除了基层党组织引领社区社会组织之外，基层党组织又是如何引领社区内其他组织的，如社区法定组织、社区内企业组织等；从治理客体上，基层党建是如何社区服务、社区社会保障、社区安全和社区文化等内容的；从治理载体上看，基层党建是如何结合现代科技来促进社区治理，即科技支撑力。同时，立足于各地基层党建引领社区治理的项目和品牌的基础上，从中归纳和总结出一些具有普遍性的规律，从而为推广基层党建引领社区治理的特色项目和品牌奠定坚实的基础。

关于红色家书传颂的调查报告

江泰然　王志强　黄德锋　陈晓莉

【摘要】 2018 年以来，江西省在红色家书传颂方面取得了良好效果，彰显了时代价值，并呈现出若干特点：党员干部参与红色家书传颂热情高，红色家书传颂方式灵活多样，红色家书传颂氛围日趋浓厚，红色家书传颂得益于“红色家书”载体。当然，红色家书传颂的过程中，还存在一些问题需要改进，比如红色家书传颂可以进一步丰富多样性，红色家书传颂可以进一步增强大众性，红色家书传颂可以进一步强化创新性，红色家书传颂可以进一步突出有效性。

2018 年 3 月 24 日，中共江西省委书记刘奇在井冈山调研时，向全省党员干部推荐《红色家书——革命烈士书信选编》一书①，并发出号召：“每位同志都要认真读一读红色家书。”为了了解江西省红色家书传颂的基本情况和实际效果，并有针对性地提出进一步推动红色家书传颂的对策建议，本课题组先后走访调研了南昌、萍乡、宜春、九江、吉安等地，在充分调研的基础上，形成了本调查报告。

---

① 中国井冈山干部学院．红色家书——革命烈士书信选编．党建读物出版社，2018.

一、江西红色家书传颂的基本情况

根据本课题组在南昌、萍乡、宜春、九江、吉安等地的调研情况来看，2018 年以来，江西省在红色家书传颂方面取得了良好的效果，并呈现出了以下几个特点。

1. 党员干部参与红色家书传颂热情高

2018 年以来，江西全省各地都大力开展了极为丰富的红色家书传颂活动，得到了广大党员干部和群众的积极响应。比如中共江西省委党校将红色家书融入党校主体班教学，开展以“诵读红色家书，永葆政治本色”为主题的讨论会和“诵读红色家书、传承红色文化”主题教育活动，在党校干部教育培训中组织开展红色家书学习活动；举办全省党校行政学院系统“诵读红色家书、牢记初心使命”教学观摩活动，并把诵读红色家书作为创新党性教育教材、丰富党性锻炼形式的实际举措，把红色精神转化攻坚克难做好实际工作的精神力量，得到社会的广泛好评。

在萍乡，该市的机关学校、厂矿企业、城乡社区纷纷行动起来，近 100 场 3000 余人参加的多层次、立体式诵读活动持续开展，掀起了诵读红色家书的热潮，形成了传承红色基因、学习传统文化、讴歌改革开放和新时代辉煌成就的浓厚氛围。萍乡还在全市干部教育培训主题班中集中开展“三个一”教学模式，即举办一次红色家书集体诵读会、开展一次党性分析、开展一次读红色家书心得交流会，努力使红色家书的学习入脑入心。同时，各县（区）、各单位积极利用理论中心组学习、党日活动、支部学习日等载体，制订学习计划，组织党员干部诵读红色家书，品味红色家书背后鲜为人知的故事。在红色家书传颂活动的过程中，有党员干部在谈到传颂体会中这样写道：“一封家书，就是一堂生动的理想信念教育课。”

在南昌，该市的广大党员干部用朗诵、歌唱、情景表演等各种形式学习《红色家书》，改变了以往“你讲我听”的学习教育模式，让大家在身临其境中深切感悟“红色故事、革命精神、英雄基因”的内涵和魅力。[①]广大党员干部纷纷表示，红色家书传颂不仅仅是简单的一次朗读，其实质上还是一次将教育性、艺术性、学术性、实效性完美结合的党性教育。

2. 红色家书传颂方式灵活多样

为了进一步突出红色家书传颂的效果导向，各地纷纷创新方式方法，真正做到让红色家书入耳入心入脑。江西省各级党委（党组）理论学习中心组把学习红色家书作为重要内容，制定学习计划，列出学习专题，明确学习要求，以实际行动带动广大党员干部的学习。各级党组织还把《红色家书》作为“两学一做”学习教育常态化制度化和“不忘初心、牢记使命”主题教育的学习用书，结合实际开展多种形式的学习活动。南昌市委将红色家书纳入中心组集体学习，要求在方式上求“新”，充分发挥先进典型的带动作用，着力推动《红色家书》学习向全体党员拓展，积极运用网络信息化手段，不断提升读《红色家书》的覆盖面和影响力。与传承红色基因、弘扬八一精神结合起来，真正把读《红色家书》的成效转化为推动南昌经济社会发展的实效。吉安市各级党委（党组）理论中心组学习将《红色家书》列入学习的重要内容，制订学习计划，组织各级领导干部带头学习，并撰写心得体会或理论文章。各级党组织把《红色家书》作为“两学一做”学习教育常态化制度化和“不忘初心、牢记使命”主题教育的学习用书，通过“党员活动日”、支部学习、组织生活会等形式，开展读书论坛、书记上党课、党员谈体会等多形式的集中学习活动。吉安发布微信和客户端同步推出“红色家书”系列，通过声音和图文相结合的形式，实现了红色家书传颂的全覆盖。九江市举办了红色家书传颂的专题诵读会。在诵读会中，一封封红色家书，通过现代舞台手法，再现了革命战争时期赵一曼、夏明翰等共产党员面临的严峻形势和生死考验，充分演绎了他们的红色家书中蕴含的崇高理想信念和坚强党性。王经燕组织干部学院还精心打造了以红色家书传颂为主题的情景剧《碧血两地书》，该情景剧展现了永修籍

① 传承红色基因 牢记初心使命——南昌市开展学习《红色家书》活动综述，南昌新闻网，2018-12-27.

早期共产党人王经燕和张朝燮伉俪情深的革命故事，让现场群众从当年的“红色家书”中，感悟他们崇高的革命理想和忠贞的革命情怀。

南昌市的红色家书传颂也是多点开花，市委党校在校主体班次通过单人诵读、多人诵读、情景剧等形式，将红色家书中蕴含的家国情怀进行了真情演绎。学员们普遍表示深受教育。南昌还在城市地铁一号线精心打造了“红色家书”主题专列，“红色家书”主题专列运用声、光、电等多种手段将历史与现实串联起来，形成跨越时空的对话、直达心灵的思想碰撞，引发乘客的共鸣，这也是全国首列以“红色家书”为主题的地铁专列[①]。

3. 红色家书传颂氛围日趋浓厚

江西省是一个红色资源大省，传承红色基因有着得天独厚的优势。2018年以来，江西全省各地纷纷利用红色家书传颂这个契机，进一步激发全社会形成发扬红色传统、传承红色基因的浓厚氛围。南昌的“全民诵读红色家书”新媒体掌上读本是运用新媒体传播和技术手段，采取当下网络用户较为熟悉的“评分排名”“转发分享”的模式，将《红色家书》的“烈士生平”“家书全文”“红色故事”融入掌上读本，并通过“诵读评分”“转发接力”“助力排名”等新媒体方式吸引干部群众诵读《红色家书》。[②]据统计，“全民诵读红色家书”新媒体掌上读本线上浏览量达到近2000万人次，全国共有130万人通过《掌上读本》在线阅读红色故事、掌上诵读红色家书。

为了继承革命传统，弘扬时代主旋律，宜春市委党校在主体班坚持开展课前拉红歌活动。一是将红歌备选曲目印在《学员手册》上，方便每一位学员熟悉歌词。同时，也允许各班根据学员对象和喜好的不同，补充丰富自选曲目。二是每堂课前五分钟，全体学员起立，深情送唱红歌。在声声红歌中，学员唱有所悟、学有所获，进一步增强党性观念，牢记初心使命继续前行。三是课程设置上增加音乐鉴赏的内容，尤其突出了地方元素、

①传承红色基因 牢记初心使命——南昌市开展学习《红色家书》活动综述，南昌新闻网，2018-12-27.

②传承红色基因 牢记初心使命——南昌市开展学习《红色家书》活动综述，南昌新闻网，2018-12-27.

红歌元素，增强了教学吸引力。如，在 2019 年秋季第二批主体班首次开设了“江西民歌赏析与歌唱训练”，课堂集中呈现了一批有代表性的江西民歌和红歌。红歌教学是宜春市委党校教学内容创新的一次尝试，通过这种教学方式，既让学员通过红色歌曲加深对党的重大历史节点的记忆，更有效深入掌握和了解我们党的历史，又全面激发了学员爱国爱党、爱岗敬业、开拓进取的热情，展示出良好的精神风貌。九江市的永修县，为营造诵读《红色家书》的浓厚氛围，该县 19 个乡镇党委书记先后“晒”出自己的心得体会，广大党员干部和群众也踊跃撰写文章谈传颂体会，许多体会谈得真实、谈得感人，永修县党员吴城镇写给儿子的一封信《在灿烂的阳光下——读〈红色家书〉有感致扬天》一文就赢得了群众纷纷点赞。

4. 红色家书传颂得益于“红色家书”载体

红色家书传颂取得良好效果，也得益于“红色家书”这一载体。在这方面，江西作了一些有益的工作。比如：中国井冈山干部学院编写了《红色家书——革命烈士书信选编》一书，该书由中国井冈山干部学院与党建读物出版社共同策划组稿。所收书信主要来源于公开出版物。全书共收入 30 位革命烈士临终前写给家人或党组织的书信。同时辅以人物信息和书信相关背景故事，助益书信内涵和精神的表达。收入家书按照作者的姓氏笔画排列。这些家书展现了革命先烈对信仰的忠诚、对理想的坚守、对革命的不屈意志和生死之间的高尚人格；同时，字里行间流露出对国家和人民的厚爱，对党的深情，对亲人、爱人、子女深深的挂念。可以说，这些家书全面反映了革命者的品格和情操，既是我们学习老一辈革命家精神的媒介，又是新时期党员干部进行家庭建设的生动教材。

又比如：为贯彻习近平总书记“要把红色资源利用好、把红色传统发扬好、把红色基因传承好”的指示，响应江西省委书记刘奇关于“每一位同志都要认真读一读红色家书”的号召，贯彻落实《中共江西省委组织部关于在全省干部教育培训中开展学习〈红色家书〉的通知》精神，充分挖掘并利用好萍乡市丰富的红色资源，江西省委党建工作领导小组办公室、江西省委党史研究室、萍乡市委党建工作领导小组联合整理编印《安源红色家书》一书。安源是片红色沃土，是中国工人运动的摇篮，是中国共产党最早党校的诞生地，是秋收起义的策源地和主要爆发地。《安源红色家书》是依据史料，“收录整理了革命战争年代在萍乡地区成长或工作过的领袖、将军、烈士等革命先辈共 32 人的家书、遗言和口信。”[①] 该书作为党员干部理想信念教育、党性教育、家风家教读本，以期广大党员干部从中学习感悟革命先辈坚定的理想信仰、不屈的革命意志和崇高的家国情怀。

二、红色家书传颂的历史沉思

红色家书是最真实的中共党史和新中国史，也是最鲜活的教材，蕴含着革命先烈对理想信念的执着追求、对党绝对忠诚的赤子之心、舍生取义的崇高气节和报国为民的炽热情怀。江西各地按照省委的部署，开展了形式多样的传颂红色家书活动，重温革命历史、传承红色基因、坚定理想信念，激励更多党员干部不忘初心、继续前进。但在红色家书传颂的过程中，仍存在一些问题需要改进，值得我们思考。

1. 红色家书传颂可以进一步丰富多样性

传颂红色家书活动开展以来，得到了全省各地的高度重视，大家以饱满的热情，以多种多样的形式参与红色家书传颂活动中来，取得了明显的成效。这些传颂方式主要有举办红色家书诵读比赛、读书交流会、主题读书会、情景表演、现场模拟、撰写心得体会和党性分析材料、参观革命遗址并开展现场教学等；南昌市综合运用声、光、电等多种手段，将“红色家书”为主题搬上专列，为乘客带来了一场红色家书教育盛宴；还推出“全民诵读红色家书”新媒体掌上读本，以新型便捷的传颂方式，把学习《红色家书》活动向社会持续推广。有的地方还将《红色家书》打造成为党员干部教育培训“必修课”，有的单位把《红色家书》内容作为党员学习议事日必学内容，充分利用党员微信群、QQ 群等线上平台，及时发布《红色家书》学习内容，推动党员学习全覆盖。广大党员干部用朗诵、歌唱、情景表演等各种形式

① 中共江西省委党建工作领导小组办公室，中共江西省委党史研究室，中共萍乡市委党建工作领导小组．安源红色家书．江西人民出版社，2018：242.

学习《红色家书》，丰富了红色家书传颂的形式，有力地促进了红色家书的传播，得到了人民群众的高度赞誉。

但是，当前红色家书传颂方式主要还是以单方面表演为主，互动不够；部分传颂平台功能单一，不能充分满足群众多样化的需求。新时期，红色家书的传颂路径必须与时俱进，根据时代发展的模式和特点进行拓展，同时与网络、社会和新媒体手段相结合，丰富传播内容，贴近群众生活，符合受众需求、传颂形式多样化，比如：开发模拟以红色家书重大历史事件为背景的数字化网络资源；公共交通工具车载电视传颂红色家书，开启红色微博、红色微信和党员学习微平台等手机终端的红色家书文化平台，拍摄红色家书纪录片等形式，让广大群众通过红色家书了解更多的红色文化历史。各级政府及其相关部门也要进一步加强红色家书传颂机制建设，大力推动红色家书图书和电子出版物的创新发展，应当统筹运用传统媒体和新兴媒体，建立体验式互动性交流平台，同时强调“体验感”“参与感”，要以微博、微信、微视频、客户端以及各式各样的 App 新媒体为依托，用更贴合现代人阅读习惯的方式传颂红色家书，不断拓宽红色家书的传颂路径。

2. 红色家书的传颂可以进一步增强大众性

当前红色家书的传颂人群主要集中在机关事业单位、国有企业、党校和各大中小学校，而广大的农村、社区、非公组织等社会机构参与人群相对较少，参与力度较低，在一定程度上影响了红色家书的传颂效果，还需进一步扩大受众人群，增强其在新时代人群特别是青少年人群的影响和吸引力，使其得到更广的传颂和更多的认同。

红色家书传颂大众化，需要适合于不同的群体。要想将红色家书深入人心，成为民众自觉的追求，必须要坚持“贴近生活、贴近实际、贴近群众”的“三贴近”原则，走进农村、社区，使之成为人们喜闻乐见的文化形态。红色家书传颂的大众化要用鲜活的事例，生动的材料，通过纪念、瞻仰、慰问、走访、座谈、网络媒体、影视传媒、学校教育、红色旅游等丰富多元的形式，才能达到最佳的传颂效果，公众才能更好地认识和接受红色家书及其蕴含的精神。

红色家书传颂需要在受众中不断拓展。当前红色家书的传颂主要依靠官方发动组织宣传，红色家书虽然经典，但红色家书是在相对较远的历史节点所产生的革命文化，在吸引在现代媒介环境中的青少年群体时体现出了弱化的趋势。要用青少年愿意听、听得懂的方式讲好红色故事，这样既能增进青少年对历史的认知，又容易激发其情感、唤起其积极地参与。因此，红色家书在传颂中想要增强吸引力，那么就需要在新时代不断创新发展，结合流行文化和时兴的传播模式发挥作用，在风格上也应该不断创新，突出时代的主体和特点，弘扬红色家书的同时贴近现实，反映现代人民生活的心声。

利用各种途径，在全社会范围内营造重视红色文化、发扬革命传统的良好氛围。通过出版图书报刊、拍摄电影电视、建立红色专题网站和网上博物馆等方式，运用声、光、电等多种现代媒体技术，重现当年革命场景，升华革命传统的当代价值。尤其要加快核心自主知识产权的红色视频游戏软硬件开发系统、手机娱乐内容、红色数字音频智能搜索引擎的研发应用；搜集挖掘、疏通整理、充实完善英雄事迹，通过红色家书革命故事演练，将革命事件与英雄人物事迹凝练成鲜活生动、印象深刻的“小故事”，深刻挖掘红色家书背后的故事文化和精神力量。各类学校要举办丰富多彩的红色文化教育活动，将理论教育和实践教育相结合，通过讲座、论坛、研讨会、报告会等有效形式，以点带面、层层推进，组织校园内红色经典诵读、举办征文、演讲、书法等比赛活动，开展红色文化进校园等活动，能够得到受众人群的认同，不断增加红色家书的传颂内容和范围。

3. 红色家书传颂可以进一步强化创新性

在当今传播媒体大发展、大融合的时代背景下，充分利用互联网信息技术和融媒体传播技术，创新红色家书传颂手段，使之更加适合现代人对快节奏、便捷生活的需求。

创新传播手段扩大红色家书的影响。红色家书根植于中国共产党和中国人民的伟大革命实践，彰显了革命信仰、革命热情和奋斗精神，弘扬了社会主义核心价值观，它的继承和弘扬离不开传颂方式的更新。随着信息时代的到来，微媒体的兴起为红色家书的传颂带来了新的契机。①红色家书的传颂不再局限于一般意义上的诵读和情景表演，而要转为与信息技术相融合的“微媒体”。借助“微媒体”这一可以将声音、图像、动画相融合的、立体式的传播方式，就能够通过科技与艺术的结合，通过微博、微信等公众平台，多角度、立体化地对红色家书的革命历史进行展示，使红色家书更加容易被民众接受。互联网时代下，一些红色家书的诵读活动、情景表演等活动可以改编为短视频，让参观者“扫一扫”，就能快速详细地了解当年的革命历史，同时还可以结合人工智能技术、3D 影像技术、VR 网络虚拟现实技术等前沿科技手段，综合运用现代网络和声、光、电等方式，形成视、听、触多维体验化展示，使红色家书传颂在动态、活态传承中增强感染力和实效性。

以融媒体传播形式增强传颂红色家书的优势。所谓融媒体传播，是将报刊、广播、电影、电视、网络等传播媒介进行优势整合利用，使其在传播的功能、手段、效率等方面得以全面提升的一种信息传播模式。融媒体传播打破了信息在时间、空间上的传播局限。②融媒体传播具有实效性与时效性，拓宽了红色家书的传颂路径，能够提升传颂效率。逐步构建形成全面覆盖线上、线下的红色家书传颂网络，实现红色家书传颂的融合、互通、共享，打造红色家书融媒体传播品牌。开发新型融媒体的传颂方式，将博物馆展览与电视、网络传播相结合，将相关视音频作品上传、推送、链接至相关网站、微信公众号进行展示，持续提升红色家书的传颂效果，在一定程度上还有利于红色家书资源保护与利用。

4. 红色家书传颂可以进一步突出有效性

红色家书传颂进一步拓展了红色文化的魅力，是一种重要的文化资源和精神资源，对社会主义精神文明建设起着积极的推动作用，具有一定的社会开发价值。一方面，红色家书文化中所蕴含的理想信念和崇高革命精

① 冯丽娟 . 新时代红色文化传承的必要性与路径选择 . 边疆经济与文化，2019（5）：60.

② 邓凌月 . 发挥融媒体优势 创新红色文化传播 . 学习时报，2019-04-19.

神等，不仅在特定的时代发挥着促进革命的作用，对当今社会还有利于构建担当有为、艰苦奋斗的文化氛围；另一方面，文化产业早已成为当前社会发展中新的经济增长点，红色文化是文化产业的重要组成部分，因此，红色文化的社会开发价值也应该得到重视。我们可以将红色家书以影视剧、3D 动画、文化图书、新兴网络媒体产品等方式进行开发，化无形文化元素于有形文化产品，这既有利于传播革命精神，也能够转变为经济资源，从而使红色文化和实体产业达到融合，带来一定的经济效益，促进红色家书传颂的可持续发展。

传颂红色家书还可以与当前开展的“不忘初心，牢记使命”主题教育相结合，以党的组织生活为载体，实现红色家书传颂的常态化、制度化。如何在制度上成为可能，是解决“红色基因传承如何可能”问题的核心。一个比较有效的方式是以党的组织生活为载体，来实现红色家书传颂的常态化、制度化。党的组织生活是党的优良传统，是党内政治生活的重要内容和载体，是党组织对党员进行教育、管理和监督的重要形式。将包括红色家书的红色文化融入党的组织生活，依托党组织开展严肃而丰富的组织生活，加强党性教育，强化党员的组织观念和身份认同，有效激励党员干部传承红色基因，牢记初心使命。以党的组织生活为载体，实现红色家书传颂的常态化、制度化是红色家书传颂的内在要求和重要形式，必将有效地增强传颂红色家书的针对性和实效性，不断深化“不忘初心、牢记使命”主题教育，推动主题教育走深走实。

三、红色家书传颂的时代价值

行程万里，不忘来路；饮水思源，不忘初心。传颂红色家书不仅是对历史的尊重，也是走好中国特色社会主义道路的内在要求，彰显了中国共产党人的革命精神，使之成为实现中华民族伟大复兴的精神力量。

1. 传颂红色家书，加强道德建设

2017 年 1 月 6 日，习近平总书记在十八届中央纪委七次全会上发表重要讲话强调指出：“领导干部要不忘初心、坚守正道，必须坚定文化自信。

没有中华优秀传统文化、革命文化、社会主义先进文化的底蕴和滋养，信仰信念就难以深沉而执着。”[①] 红色家书是革命文化的重要组成部分，是革命先烈最真实情感的反映，通过家书能够清晰地感受到共产党人的初心与信仰。红色家书也是最真实的党史读物，它建构了一个个精神坐标，丰富了中国共产党精神谱系，是爱国主义教育、理想信念教育最生动的红色教材。要将红色家书融入新时代道德建设，助推社会主义核心价值观的培育和践行。习近平总书记在党的十九大报告中指出：“为了民族复兴，无数仁人志士不屈不挠、前仆后继，进行了可歌可泣的斗争。”[②] 要弘扬英烈精神、继承革命文化，把社会主义核心价值观转化为青年的情感认同和行为习惯。红色家书是社会主义核心价值体系的重要组成部分，它所蕴含的精神资源是加强公民思想道德建设的重要教材，将红色家书融入公民的思想道德建设，渗入公民思想道德教育，深入推进新时代公民道德建设，推动全民道德素质和社会文明程度达到新高度，为新时代中国特色社会主义培养合格的建设者和接班人。

2. 传颂红色家书，推动家风建设

传颂红色家书，汲取红色家风营养，进一步引领党员干部注重家庭建设，做“廉洁齐家”的表率者，不断推进全面从严治党。一个时期以来，少数党员干部特别是一些领导干部家教不严、家风不正的问题严重，已成为作风问题滋生、腐败现象蔓延的重要根源，腐蚀了党的执政根基，污浊了党内政治生态，家风建设成为当前党风廉政建设和反腐败的重要突破口。习近平总书记指出：“家风败坏往往是领导干部走向严重违纪违法的重要原因。”[③] 中国共产党是一个拥有 9000 多万名党员的世界上最大的政党，“大就要有大的样子”，如何把这支庞大的队伍管理好、建设好、监督好，始

---

① 习近平．全面贯彻落实党的十八届六中全会精神 增强全面从严治党系统性创造性实效性．新华社，2017-01-06.

② 习近平．决胜全面建成小康社会 夺取新时代中国特色社会主义伟大胜利．人民日报，2017-10-28.

③ 习近平谈治国理政，第 2 卷．外文出版社，2017：165.

终保持共产党人的先进性和纯洁性，使中国共产党成为长期执政的马克思主义政党，这必然要求我们要坚持党要管党，全面从严治党。家书是家庭的情感纽带，是家教的重要载体，也是家风的一面镜子。红色家书包含着革命先烈对家庭的深厚情感，凝结着他们对家人的思念和希望，蕴含着强烈的家国情怀，体现着他们的家风文化。革命家庭良好的家教、家风，彰显了共产党人革命本色，传承了中华民族传统美德，也引领着社会主义家庭文明建设新风尚。我们传颂红色家书，传承红色家书中所蕴含的红色家风，对于我们加强家风建设，坚决反对腐败，净化党内政治生态，推进全面从严治党具有重要意义。

3. 传颂红色家书，激发担当有为

“干事创业敢担当”是“不忘初心、牢记使命”主题教育的重要目标之一。习近平总书记强调：“干事创业敢担当，重点是教育引导广大党员干部以强烈的政治责任感和历史使命感，保持只争朝夕、奋发有为的奋斗姿态和越是艰险越向前的斗争精神，以钉钉子精神抓工作落实，努力创造经得起实践、人民、历史检验的实绩。”[①] 红色家书是一部独特、鲜活的革命史书和英雄赞歌，是一部中国共产党人不忘初心的真实记忆，高度体现了共产党人的担当精神。

敢于担当是中国共产党的优良传统和政治本色，是共产党人的鲜明品格。习近平总书记指出：“是否具有担当精神，是否能够忠诚履职、尽心尽责、勇于担责，是检验每一个领导干部身上是否真正体现了共产党人先进性和纯洁性的重要方面。”[②] 一代人有一代人的使命，一代人有一代人的担当。中国共产党自成立之日起，就勇于担当起为中国人民谋幸福、为中华民族谋复兴的光荣使命。红色家书中所蕴含的党的性质宗旨、理想信念和奋斗目标决定了共产党人必须具备敢于担当的政治品质。敢担当、勇作为，需要以红色文化为引领。我们传颂红色家书，从中感受到了革命先烈天降大

① 习近平．在“不忘初心、牢记使命”主题教育工作会议上的讲话．人民日报，2019-06-01.

② 习近平．扎实做好保持党的纯洁性各项工作．求是，2012（6）．

任的冲天干劲，脚踏实地、舍我其谁的志气，大刀阔斧、披荆斩棘的勇气和敢为人先、走在前列的胆魄，凝结着革命先烈深厚的担当情怀。红色家书，有江河奔流的家国情怀，也有以天下为己任的初心使命。红色家书中所体现出来的敢于胜利的革命风范，是我们建设社会主义的强大精神动力。在新时代，我们始终坚守把人民放在心中最高位置，面对新机遇、新挑战，以“踏石留印、抓铁有痕”的实干作风、以“功成不必在我，功成必定有我”的境界、以“钉钉子”的精神苦干、实干，担当有为，接续好我们这一代共产党人的使命，为实现中华民族伟大复兴贡献力量。

总之，2018 年以来，江西省在红色家书传颂方面取得了良好效果，彰显了时代价值，并呈现出若干个特点，如党员干部参与红色家书传颂热情高，红色家书传颂方式灵活多样，红色家书传颂氛围日趋浓厚，红色家书传颂得益于“红色家书”载体。当然，红色家书传颂的过程中，还存在一些问题需要改进，如红色家书传颂可以进一步丰富多样性，红色家书传颂可以进一步增强大众性，红色家书传颂可以进一步提升创新性，红色家书传颂可以进一步突出有效性。

优化江西法治营商环境研究

——基于赣州市法治营商环境的实地调查

舒小庆 张 涛 詹 明

【摘要】 良好的营商环境是现代经济体系的重要支撑。十九大报告提出建设现代化经济体系，强调积极营造良好的营商环境，为新时代改革开放提供重要条件。并且，对未来我国营商环境的持续改善作出重大部署。市场经济本质上是法治经济，在打造营商软环境中，法治是其中的核心因素，是营商环境的重要组成部分，打造一流营商环境必须打造良好的法治环境。课题组基于探寻如何进一步优化江西法治营商环境的思考，对赣州市法治营商环境进行实地调研。通过调研发现，赣州市在打造法治营商环境工作中，取得了积极成效，获得有益经验。

法治环境是影响一个地区经济社会发展的重要指标，是构建公平市场机制的重要基础。习近平总书记在中央全面依法治国委员会第二次会议上强调："法治是最好的营商环境"；"要用法治来规范政府和市场的边界，尊重市场经济规律，通过市场化手段，在法治框架内调整各类市场主体的利益关系。"党的十八届五中全会提出，完善法治化、国际化、便利化的营商环境，对营商环境提出了新的更高要求。《江西省国民经济和社会发展第十三个五年规划纲要》对优化投资营商环境作出重要部署，强调要进一步简政放权、转变职能，大幅减少审批事项和审批环节，着力提高行政效率和公共服务水平等。因此，应当深刻认识法治化营商环境的重要作用，进一步推进法治政府建设，营造公平有序的发展环境，促进江西在中部崛起中率先发展。为此，课题组赴江西省赣州市以“优化法治营商环境”为主题开展专题调研，通过实地走访、与职能部门座谈等方式，较为全面地、深入地了解赣州市打造法治营商环境的举措和成效。通过调研，总结赣州市在打造法治营商环境方面的创新做法、有益做法：基于调研情况，提出进一步优化法治营商环境的对策建议。

一、优化法治营商环境的重要意义

营商环境是市场主体在市场经济活动中所涉及的体制机制性因素和条件，其优劣直接影响市场主体的兴衰、生产要素的聚散、发展动力的强弱。良好的营商环境构成现代经济体系的重要支撑，经济社会的发展动力源于市场主体的活力和创造力，很大程度上取决于营商环境。党中央高度重视优化营商环境工作，2018 年 11 月 1 日，习近平总书记在民营企业座谈会上指出：“我们要不断为民营经济营造更好发展环境，帮助民营经济解决发展中的困难，支持民营企业改革发展，变压力为动力，让民营经济创新源泉充分涌流，让民营经济创造活力充分迸发”，讲话中提到“营造公平竞争环境”“完善政策执行方式”“保护企业家人身和财产安全”等内容与营商环境紧密相关。

市场经济本质上是法治经济。在营商环境中，法治是最核心的要素之一，是营商环境重要的组成部分，打造一流营商环境必须打造良好的法治环境。营商法治环境，是一地涉及营商的法律法规政策及其执行和遵守的商业经营环境，包括营商领域中的制度规则环境、政务法治环境、司法环境、信用环境和安全环境五大要素。营商法治环境的好坏，直接决定一个区域营商环境的总体质量。

2018 年 1 月，国务院常务会议首次提出，要借抓紧建立营商环境评价机制，逐步在全国推行。继而，各地各部门行动起来，抓紧探索营商环境的相关研究和评估，中央广播电视总台推出《中国城市营商环境报告 2018》；万博经济研究院联合中国财富网发布《2018 年中国营商环境指数报告》，以公开的统计数据为基础，从硬环境和软环境两个维度综合评价营商环境；粤港澳大湾区研究院发布《2018 年中国城市营商环境评价报告》，包括软环境、基础设施、商务成本、市场环境、社会服务、生态环境；中国社会科学院信息化研究中心联合北京国脉互联信息顾问有限公司推出《2018 中国营商环境评估》；全国工商联制定《2018 年营商环境评价实施方案》，其评价体系包括要素环境评价、政务环境评价、法治环境评价、市场环境评价、社会环境评价、创新环境评价六个方面。逐步对优化中国营商环境提出实践探索和评估。中国法治化营商环境的探讨和评价，更多应该反映中国问题、体现中国思路、寻求中国方案，以厘清社会主义市场经济和中国特色社会主义法治的关系。

基于一系列的理论研究和实践探索，2019 年 10 月 22 日国务院公布《优化营商环境条例》（以下简称《条例》），自 2020 年 1 月 1 日起施行。《条例》认真总结近年来我国优化营商环境的经验和做法，将实践证明行之有效、人民群众满意、市场主体支持的改革举措用法规制度固化下来，重点针对我国营商环境的突出短板和市场主体反映强烈的痛点难点堵点问题，对标国际先进水平，从完善体制机制的层面作出相应规定。明确优化营商环境工作应当坚持市场化、法治化、国际化原则，以市场主体需求为导向，以深刻转变政府职能为核心，创新体制机制、强化协同联动、完善法治保障，为各类市场主体投资兴业营造稳定、公平、透明、可预期的良好环境。通过制定专门行政法规推进市场化、法治化、国际化营商环境建设，是深化改革开放、促进公平竞争、增强市场活力和经济内生动力、推动高质量发展的重要举措。再次向全社会乃至全世界展示我国对优化营商环境的高度重视，以及持续优化营商环境的坚定意志和决心，将进一步增强各级政府以及社会各方面优化营商环境的意识，在全社会营造更加浓厚的优化营商环境的氛围，更好稳定各类市场主体预期，提振市场主体信心。这种作用更具有基础性、持久性，影响也将更加深远。

按照党中央国务院的部署，2018 年以来，江西省先后出台了加强产权保护、降成本“新 22 条”、激发优秀企业家精神等有利于民营企业发展的改革方案，着力打造政策最优、成本最低、服务最好、办事最快的“四最”

营商环境。为了更好地发挥民营经济在推进供给侧结构性改革、建设现代化经济体系、推动高质量跨越式发展中的重要作用，2019 年 1 月，江西省委、江西省人民政府出台《关于支持民营经济健康发展的若干意见》，以有效破解民营企业发展难题，支持和推动民营经济的发展，积极回应企业关切，不断增强民营企业家信心，注重政策的时效性、操作性和针对性，根据进一步营造公平竞争市场环境、降低民营企业经营成本、完善政策执行方式等八个方面内容，提出包括保障民营企业平等地位、拓宽民营资本投资领域、加大信贷投放支持力度、提升金融机构服务水平、支持民营企业技术创新、降低税费负担、完善民营企业保护机制、健全政企沟通长效机制等 30 条具体政策措施，全方位为民营经济健康发展提供强大支持，为民营企业打造“四最”营商环境助力。2019 年 6 月，又印发《优化提升营商环境十大行动方案》，涉及企业的注销、办理不动产登记和施工许可证，用水、用电、用气报装，通关提速等，从十个方面深化“放管服”改革、转变政府职能，全面优化全省营商环境，为企业发展提供更加便捷高效服务。

但是，江西省在营商环境上还存在不少突出问题和短板，与国际先进水平相比仍然有较大差距，必须在深化“放管服”改革上有更大突破、在优化营商环境上有更大进展，才能促进市场主体活力和社会创造力的持续迸发，为江西省经济社会发展提供强劲动力。

二、赣州市打造法治营商环境的主要举措

赣州市是江西的“南大门”，紧邻珠三角和闽三角，区域位置优越。下辖 20 个区县，3 个国家级经济开发区，1 个综合保税区，1 个国家级高新技术产业开发区。近年来，赣州市多管齐下、多措并举，充分发挥立法、行政、司法对改善营商环境的作用，持续推动法治营商环境的优化升级，经济社会取得良好成效。2017 年，全年地区生产总值（GDP）2524.01 亿元，比上年增长 9.5%。其中，第二产业增加值 1066.65 亿元，增长 8.5%；第三产业增加值 1112.14 亿元，增长 12.3%。非公有制经济实现增加值 1522.62 亿元，增长 9.7%，占 GDP 比重为 60.3%。

2018 年，全年地区生产总值（GDP）2807.24 亿元，比上年增长 9.3%。其中，第二产业增加值 1194.24 亿元，增长 8.9%；第三产业增加值 1272.70 亿元，增长 11.5%。非公有制经济实现增加值 1713.71 亿元，增长 9.4%，占 GDP 比重为 61.0%。这些成就的取得，与赣州市积极打造法治营商环境的行动紧密相连、密不可分。

（一）完善营商规则体系，打造公平竞争的市场环境

在良好的营商环境中，市场主体的合法权益得到平等保护，市场主体间的相互竞争得到公平对待。打造法治营商环境的首要任务是完善营商规则体系，建立起科学的、公正的和透明的规则体系，为市场主体提供公平的竞争环境。

党的十八届四中全会提出："加快完善体现权利公平、机会公平、规则公平的法律制度"；"以保护产权、维护契约、统一市场、平等交换、公平竞争、有效监管为基本导向，完善社会主义市场经济法律制度"。为此，应当进一步加强规范性文件合法性审查工作，保障市场经济主体的合法权益。

立足于此，赣州市政府法制部门积极开展规范性文件的审查和清理工作，坚决防止在规范性文件中违法增设行政许可、行政处罚、行政强制以及不利于民营经济发展的歧视性条款。2018 年 12 月，赣州市政府印发《关于开展涉及民营经济发展的规章和规范性文件清理的通知》，对有悖于平等保护原则，违反公平、开放、透明市场规则以及不利于民营经济发展的规范性文件，进行集中清理；打破"卷帘门""玻璃门""旋转门"，在市场准入、审批许可、经营运行、招投标军民融合等方面，为民营经济打造公平竞争环境。经过清理，截至 2019 年 9 月，市、县两级政府及其部门已废止规范性文件 26 件、修改规范性文件 13 件，计划废止规范性文件 3 件、修改规范性文件 11 件。与此同时，要求对涉及市场主体经济活动的行政规范性文件或地方性法规草案进行合法性审查；2018 年以来，审核涉民营经济的规范性文件 16 件，所提意见均被采纳。

（二）深化"放管服"改革，以监督倒逼政务质量提升

2015 年 5 月 12 日，李克强总理在全国推进简政放权放管结合职能转变工作电视电话会议上首次提出，"当前和今后一个时期，深化行政体制改革、转变政府职能总的要求是：简政放权、放管结合、优化服务协同推进，即'放、管、服'三管齐下"。由此，一场围绕"深化行政体制改革、转变政府职能"的"放管服"改革在全国普遍展开。立足于深化"放管服"改革，赣州市在行政审批、行政执法、行政监管和权力监督等方面推出多项创新举措，有力推动法治政府建设。

首先，创新行政审批方式，切实做到优化服务、简政便民。围绕简政便民、优化服务，赣州市整合各方资源，将审批事项归类整合，实行打包审批、集成服务。2017年12月28日，赣州市行政审批局在全省设区市中率先正式运行，24个部门的183个事项划转到赣州市行政审批局。市本级和章贡区500多个行政审批事项、与群众密切相关的300多个公共服务事项，集中在行政审批中心和市民综合服务中心办理，实现行政审批只进一扇门，群众办事只进一扇门。在全省率先推行"一窗式"受审分裂改革，实现从N个"部门窗口"到一个"政府窗口"的转变。在全省率先启动"一链办理改革"，办事人只需填写一套表单，提交一套材料；在全省率先公布取消调整申请事项，开展"最多跑一次"改革。在全省率先实施"联合图审""竣工测验合一""标准地+承诺地"三项措施，破解工程建设项目审批难题。在全省率先推出的"赣州通"，是目前全省上线事项最多、办理功能最强的市级政务服务平台。

其次，创新行政监管方式，降低市场交易的制度成本。通过推进"多证合一、一照一码"登记制度改革，整合了19个部门的39项涉企证照，实现39证合一。推进"证照分离"改革，梳理形成"证照分离"改革事项清单，按照直接取消审批、审批改为备案、实行告知承诺、优化准入服务的方式，对纳入事项进行合理优化。推进"双随机一公开"监管，一方面，将市本级随机抽查事项由192项精简调整至175项，另一方面依托江西省"双随机、一公开"行政执法监督平台，建立随机抽查事项清单3739项，检查人员入库11094人，检查对象入库256614个，开展随机检查19528次，公示执法案件8805件。进一步规范行政检查行为。探索建立行政检查监测点制度，2019年7月，设立第一批企业行政检查监测点，及时掌握行政监管部门的行政检查活动。

再次，规范行政执法，推进严格公正文明执法。根据《江西省全面推行行政执法公示制度、执法全过程记录制度、重大执法决定法制审核制度实施方案》要求，在行政执法部门全面推行行政执法“三项制度”，严格规范行政执法。同时，完善行政执法监督和行政复议机制，制止和纠正执法机关和执法人员侵犯民营企业利益的行为，积极依法处理涉及民营企业的行政争议，对行政执法行为的合法性、合理性进行审查，切实维护民营企业合法权益。

最后，建立群众监督和测评机制，以监督倒逼政务质量效率提升。2018 年《赣州市非公（民营）经济发展营商环境评价工作方案》实行，在全市启动民营经济发展环境测评。通过测评推动被评价单位转作风、提效率、优服务，有利于构建亲清新型政商关系，有利于促进非公经济健康发展。2019 年 5 月，赣州市出台《赣州市 2019 年高质量发展优化营商环境工作考评方案》，将对各县（市、区）人民政府、赣州经开区管委会和赣州蓉江新区管委会的优化营商环境工作进行综合性考核。建立“好差评”制度，办事群众可以通过窗口的评价器实时评价，也可以通过意见簿、投诉信箱提出意见建议，还可以通过网站、信件、电子邮件和微信公众号进行评价。在全市开展“请您为我找问题”专项活动，改被动接受群众投诉为主动征求问题，根据群众意见建议，有针对性地进行全面整改。

（三）充分发挥司法机关职能，为营商环境提供有力司法保障

赣州市各级公检法机关从“着力打造法治营商环境”、“加快社会信用体系建设”、“规范涉企案件办理”、“探索优化营商环境新路子”入手，依法惩治各类犯罪，维护安全稳定的社会环境，妥善化解涉企矛盾纠纷，依法保护产权，为企业尤其是民营企业公平发展营造良好法治环境和优质高效的服务环境。

首先，建立司法机关与企业的沟通—反馈机制。2019 年 1 月，赣州市中院出台《关于服务和保障民营企业发展的若干意见》，从立案、审判、执行全过程为民营企业发展、民营企业家创新创业提供司法保障。2019 年 3 月，制定《全市法院“人民法官在身边”行动工作方案》，提出企业服务全覆盖，借力行业协会、商会组织等建立企业挂点联系制度，采取“请进来”

和“走出去”相结合的方式，为企业提供法律咨询等服务。

其次，针对非公有制企业维权问题，加强组织建设。赣州市公安部门在市局及21县（区）公安局均设立非公有制企业维权服务领导小组，在法制部门设立非公有制企业维权办公室，健全自上而下的工作网络，构建起党委领导、法制部门牵头协调，各部门密切配合的工作格局，实现非公有制企业维权有人管、有人抓、有人干。再次，依法履职，保护企业合法权益。赣州市公安部门在深入开展“扫黑除恶”专项斗争基础上，对制假售假、非法经营、不正当竞争、侵犯知识产权等破坏市场经济的违法行为予以严厉打击，查处一批侵犯企业商标、专利、商业秘密以及损害企业信誉、商品声誉的案件，维护企业的合法权益。

除此，针对涉企案件，赣州市各级法院积极构建诉前调解与风险评估，妥善审理涉企案件，缩短案件办理周期，加大对涉企案件执行力度，积极参与守信联合激励和失信联合惩戒协同机制建设，及时兑现胜诉权益，保持打击拒执犯罪高压态势、灵活运用失信惩戒手段、完善综合治理执行难机制。

（四）创新法律服务方式，为企业提供优质高效的法律服务

第一，健全维权服务机制，发挥赣州市非公有制企业维权服务中心的作用。2018年12月28日，赣州市非公有制经济维权中心挂牌成立，开通了“967788”维权专线电话和电子邮箱。该中心既有组织领导，又有政策保障，成立了以市长为组长，市委常委、统战部长级相关领导为副组长的维权工作领导小组。市委、市政府联合印发《关系设立赣州市非公有制企业维权服务中心进一步优化营商环境的实施方案》，市政府印发《赣州市非公有制企业维权诉求处理办法》。2019年1—8月，中心累计接到非公企业诉求反映63件，其中，维权诉求14件，法律及部门行业咨询48件、中心提供法律服务1件。第二，拓展公共法律服务平台服务功能，强化司法公证、司法鉴定、法律援助服务。为方便企业请律师、办公证、求法援、找调解、寻鉴定、申仲裁，市司法局牵头，完善“前台统一受理、后台分流转办”的公共法律服务实体、热线、网络三大平台。在全省率先建成乡镇公共法律服务公证站，同步推进村（社区）和工业园区建设公共法律服务工作室。开辟民营企业办理公证、司法鉴定事项的“绿色通道”。第三，开展法治体检和法治宣传活动。2018 年 12 月起，市司法局与民营企业面对面开展交流，了解民营企业的法治保障状况，帮助防范法律风险，针对企业问题给予实用法律意见。目前已组织法律服务座谈 20 多次，实地走访 20 余次，开展法制讲座 4 场，为百余名民营企业进行法治体检。还组织律师、公证员、基层法律工作者开展“送法进企业”活动，向企业管理者和职工解读法律知识、提供法律咨询。

三、进一步优化法治营商环境的对策建议

优化法治营商环境是市场经济发展的本质要求，是深入推进法治政府建设的必然选择，是增强地区竞争力的内在要求。2019 年 5 月 21 日，习近平总书记在南昌主持召开推动中部地区崛起工作座谈会时谈到，“当前，中部地区崛起势头正劲，中部地区发展大有可为。要紧扣高质量发展要求，乘势而上，扎实工作，推动中部地区崛起再上新台阶”。5 月 22 日，在听取江西省委、省政府工作汇报时指出，希望江西全面贯彻落实党中央决策部署，统筹推进“五位一体”总体布局，协调推进“四个全面”战略布局，努力在加快革命老区高质量发展上作示范、在推动中部地区崛起上勇争先。如何在中部崛起中奋勇争先、脱颖而出？持续优化营商环境，是达成目标的重要选择和必由之路。

探讨优化法治化营商环境的有两种思路：一种是“在营商环境中找到法治元素”的思路，即从营商环境的基本框架出发，发掘和归纳其中与法治有关的内容和元素，以其为法治化营商环境的基本构成。这一思路最大的问题在于营商环境基本框架的高度不确定性和伸缩性，如果说营商环境泛指企业从事商事组织或经营行为的境况与条件，那么能够影响企业经营活动的各种因素实在是太多，绝不限于行政审批、市场监管、投资融资、税收贸易、合同执行和破产等方面。在法治建设尚处在进行时的当代中国，由于权力制约监督及运行机制的相对不成熟，营商环境的边界一时难以确定，会给法治元素的寻找带来相当程度的困难。另一种是“在法治环境中

找营商成分”的思路，即从法治环境的基本框架出发，思考和总结其中与企业经营和营商环境相关的营商成分，形成营商法治体系，以其为法治化营商环境之构成。营商环境的核心范畴是政府与企业、政府与市场的关系，而在政企之间，占据主动和优势地位一方的是政府，法治化营商环境能否建成，关键在于能否依法规范公权力，尤其是面向企业行使的公权力。探讨法治化营商环境的构成不妨从依法规范公权力的法治视角出发。本研究选择第二种思路，在加快政府职能转变、完善行政执法体系、推进诚信体系建设等方面下功夫。

（一）加快转变政府职能，提高依法行政水平

良好的法治营商环境，要求处理好政府与市场的关系、政府与社会的关系，政府的主要职能应当是做好宏观调控、政策制定、市场监管和公共服务等。在此基础上，应当加快转变政府职能，提高政策制定的科学性，以监督行政权力的运行、提高公共服务的效能、降低公共服务的成本。充分发挥市场在资源配置中的基础性作用，减少政府对市场资源的直接配置和对市场经济活动的直接干预。

在《中国法治政府评估报告（2018）》中，赣州市在“依法行政制度体系”建设的一级指标下得分偏低，比全国平均分低 20 分，全国排名第 86 位。依法行政的制度体系建设在整体上与其他地区相比存在差距，尤其是在规范性文件制定的科学性、合理性等方面加大工作力度。目前，国际上影响比较大、认可度比较高《全球营商环境报告》（由世界银行年度发布），通过量化评价监管法规对企业行为和经济结果产生的影响，从整体上评价营商环境，并指出改革方向，目的在于为理解和改善营商环境提供一个客观依据。赣州市应当对标世界银行出台的报告，积极探索构建适合赣州市实际的依法行政制度体系，有针对性地出台各项改革措施，为打造法治化营商环境奠定坚实的制度基础。

（二）深化行政执法改革，优化执法资源配置

优化法治营商环境，必须理顺行政执法体制，优化执法资源配置，形成监管与执法的合力。在企业不理性、行业自律与市场失灵时，政府必须履职尽责，依法行使市场监管权力，维护公平公正。行政执法者应严格遵循主体法定、职权法定、程序法定原则，厘清政府和市场之间的边界，对所有被监管者都要遵循地位平等、公平竞争、平等保护原则。在建设服务政府、法治政府的基础上，深化行政执法改革，优化执法资源配置，消除行政监管盲区。

当前，在整合行政执法队伍和推进综合执法方面，改革成效不甚明显，执法机关权责不一、执法力量较为分散、执法平台不统一等问题依然突出，尤其体现在经开区的行政执法之困。由于经开区既不是行政区，也不是单纯的经济组织，其行政执法权在现行法律法规中找不到依据，缺乏合法的权力来源。经开区在行政执法上的权责之困表现为，虽然成立综合执法等部门，但管理幅度过宽、管理权限过窄，加之直管区与非直管区存在两套不同的执行标准，造成了部分职能的缺失，无法发挥管理全区事务的职能。在执法的过程中，往往困于执法资格的欠缺，无法及时有效地制止违法行为。法律的实效和权威，在执法效率中流失。

法律的生命在于实施，法律的权威也在于实施。因此，应当持续推进综合执法改革，充实基层执法力量，推动行政执法重心下沉，打通行政执法最后一公里。同时，进一步清晰划分相关权力主体的职责，避免相互推诿行政执法职责。

（三）提升司法审执质效，强化亲商安商的司法保障

建设法治营商环境，要着力强化司法保障。通过规范涉企案件办理，规范涉案财产处置，最大限度减少办案时对企业正常生产经营活动带来负面影响；强化刑事立案、侦查、审判、执行活动的监督，严禁刑事执法司法插手经济纠纷，严禁办关系案、人情案、金钱案；健全多元商事争议解决机制，探索创新商事纠纷非诉讼调解方式方法，构建企业维权“绿色通道”；加大产权保护力度，建立产权保护协调机制，加大知识产权侵权违法行为惩治力度。

当前，一些涉企案件标的大，案情疑难复杂，利益牵扯多元化，纠纷化解难度大，审理周期较长，一定程度上增加企业运营风险；一些破产案件审理利益相关人员涉信访较多、涉稳风险点较多，对破产案件审理构成困难；一些财产保全案件当事人经常申请冻结企业基本账户，导致企业资金周转困难，面临瘫痪，使得法院陷入两难境地。因此，必须进一步提高涉企案件审判执行质效，强化“快立、快审、快结”的审判思路，缩短案件审理周期；进一步加大涉企案件的执行力度，避免法律白条；进一步推动形成完善产权保护制度，以各种方式提高破产管理人水平，推动形成法院搭建平台、破产管理人推进程序、法院严密监督的破产案件办理模式；对财产保全，既要依法保障双方合法权益，也要关注涉案企业发展的实效。充分发挥司法职能，为企业营造良好司法环境。

（四）强化非公有企业维权服务中心建设，构建维权服务网络体系

非公企业维权服务工作仍在探索和实践，各地各部门对非公企业的地位和作用认识上与新时代要求尚有差距，存在“回复百分百、落地等一等”和拖延观望的现象，主动高效办理非公企业纠纷诉求的服务意识还有待于加强。此外，目前非公维权服务工作的网格尚待延伸，各部门政务信息还未互联互通，企业诉求与办理结果之间存在一定程度的差距。这些都影响了企业诉求办理的质量和时效。

因此，应当进一步推动责任主体重视企业维权工作，将非公企业维权服务纳入营商环境评价，强化各级党委和政府依法保护企业合法权益、优化营商环境的主体意识。进一步构建维权服务体系，以互联网为依托，开展线上线下法律维权服务，一方面在将维权网络向县一级延伸，构建省、市、县三级维权服务纵向网络体系，实现非公有制企业维权服务工作全覆盖。另一方面，建立与政法部门的工作联系机制，形成责任明晰、维权高效的横向网络。

（五）高度重视“人”的作用，为优化营商环境提供持续动力

优化法治营商环境，要求领导干部把法治作为开展各项工作的基本方式，不断增强依法办事的思维，不断提高依法办事的水平，不断优化依法办事的方式。在此意义上，干部法治思维和依法办事能力，直接关系法治政府建设，关系到政府公信。政府工作人员尤其是党政主要负责人应当带头尊法学法用法，践履政府承诺，杜绝“新官要理旧账”；执法人员应当不断提升法治意识和业务能力，减少行政违法行为的发生。

赣州市拥有江西理工大学、赣南师范大学、赣南医学院等一大批高校，集聚着重要的智力资源、人才资源；同时，紧邻珠三角、闽三角，周围知名高校众多。发挥好高校智库的重要作用，可以为赣州市的发展提供智力支撑；留住高校人才资源，可以为赣州市发展提供高质量的劳动力和社会治理力量。高质量的发展离不开高质量的人才，高质量的治理离不开高质量的社会参与。赣州市应当立足自身区位优势，高度重视“人”的作用，抓紧出台一系列的吸引人才留下、鼓励人才发展的政策措施，为优化营商环境提供持续动力。

全面深化改革是经济高质量发展的动力源泉。新时代的改革开放以深层次的制度变革与法制建设为主要路径，以优化营商环境为重点。制度建设是优化营商环境的主要路径，法治建设是制度建设的高级形态。那么，优化营商环境必然与法治建设息息相关，深刻嵌入全面深化改革与全面依法治国的历史进程。

法治是最好的营商环境，在当代中国已然不仅是政策宣示，而且表现为丰富生动的制度实践。在习近平新时代中国特色社会主义思想的指导下，中国法治化营商环境建设已经形成一系列契合中国国情、展现中国风采、彰显中国气派、体现中国思路的具体制度和做法。打造一流的法治化营商环境，应遵循“科学立法，严格执法、公正司法，全民守法”的法治布局，以“放管服”改革、法治政府建设、司法体制改革、社会信用体系建设等为抓手，将营造法治化营商环境融于全面深化改革和全面依法治国的战略实施进程，推动新时代改革开放、商业发展与法治建设水乳交融、和谐共生、共同进步。

江西省“五型”政府建设研究

李才平　邓顺平　罗志强

【摘要】“五型”政府建设是全球性政府再造运动的最新实践，是政府治理体系和能力现代化的江西探索，是推进江西高质量跨越式发展的迫切需要，是全面提升政府服务质量和水平的有力抓手。当前，江西省“五型”政府建设已取得了阶段性积极成果，“五型”政府理念获得广泛认同，政府能力得以持续提升，党员干部作风得到较大改善，但也仍然存在一些有待解决的问题，需要全省各级政府进一步加大推进力度，在“赋权、下沉、增效”上下大功夫，实现“五型”政府建设从“倡导性”改革到“制度性”变革的有效转化。

一、引言

建设什么样的政府、怎样建设政府，是国家治理体系和治理能力现代化的核心议题，也是新时代政府建设面临的重大课题。省委、省政府提出“五型”政府建设，回答了江西“建设什么样的政府、怎样建设政府”的问题，明确了新时代江西政府建设的方向和要求。自刘奇书记在全省作风建设工作会议上提出整治干部队伍作风顽疾，特别是省委、省政府下发《关于加强作风建设优化发展环境的意见》以来，全省政府系统迅速行动，采取一系列有力措施推进“五型”政府建设，先后制定出台了实施方案、成立了领导小组、细化了分工安排、发布了具体文件、加强了社会监督力度，并全方位推动各相关工作的落实。省委党校课题组通过对江西省各级政府、相关企业和社区群众的走访调研发现，“五型”政府建设已成为当前各级党委政府的重要议程，也成为广大干部群众口中的“热词”。可以说，全省上下正掀起“五型”政府建设热潮，相关工作已取得初步成效。同时，我们也发现在推进“五型”政府建设进程中，还面临一些现实难题，需要进一步探索优化的思路和措施。

二、深刻认识“五型”政府建设的时代意义

作为对江西省政府建设的系统性谋划和部署安排，“五型”政府建设具有重大的理论意义和现实意义。具体来说，其意义主要涉及国际、国家、江西和政府自身四个层面。

（一）从国际层面看，“五型”政府建设是全球性“政府再造”运动的最新实践

20 世纪 70 年代末 80 年代初，伴随全球化、信息化时代的来临，传统官僚制政府既无力应付自身机构膨胀、财政开支加大的困境，也无法满足社会不断增强的公共服务需求。在此背景下，英国撒切尔内阁、美国里根政府等率先对公共部门进行“以市场化为导向”的改革以解救“政府失灵”。此后，这种改革逐步扩展到加拿大、德国、澳大利亚和新西兰等国家，掀起了轰轰烈烈的全球性的政府再造浪潮，也叫新公共管理运动。这场运动虽然在各国和各阶段有不同侧重点和表现形式，但直到今天还在全球诸多国家持续，突出表现为新公共治理的思潮和实践。我国改革开放以来进行的政府机构改革和职能转变，虽然有着中国自身的诸多特点，但从全球范围来看，可以说也属于现代“政府再造”的范畴。

关于这场“政府再造”运动，曾任美国政府高级顾问的行政学家奥斯本概括提炼了“政府再造的五项战略”：一是核心战略，即政府是掌舵而不是划桨；二是后果战略，即以提升政府绩效为导向；三是顾客战略，即把顾客作为驾驶员；四是控制战略，即将控制权从中央高层移走；五是文

化战略，即要积极创造企业家文化。“政府再造”是对传统政府的理念、原则、结构、行为等系统性的改革，而不限于细枝末节的修补，其目的是提升政府绩效和服务品质，进而提升整个国家竞争力。刘奇书记多次阐述“不以江西为世界，而以世界谋江西”的理念，他希望各级领导干部在思考江西发展、谋划江西工作时，要具有国际视野和全球眼光。我们思考“五型”政府建设时，也应该有这种视野和眼光。江西省“五型”政府建设是一场具有国际背景的深刻“政府再造”行动，其目的是提升江西各级政府的政府能力，进而为提升国家竞争力做出江西贡献。

（二）从国家层面看，“五型”政府建设是政府治理体系和能力现代化的江西探索

十八届三中全会提出了“推进国家治理体系和治理能力现代化”的改革总目标，十九届四中全会对此进行了更加系统的阐述和部署。通常认为，国家治理体系主要包括政府治理、市场治理和社会治理三大领域，其中，政府治理处于核心地位。政府治理是构成国家治理的重要内容，影响和制约着市场治理和社会治理，承担着“元治理”的角色和功能。为此，要实现国家治理的现代化，首先要实现政府建设和治理的现代化。李克强总理在2015年的《政府工作报告》中提出，加快建设法治政府、创新政府、廉洁政府和服务型政府，增强政府执行力和公信力，促进国家治理体系和治理能力现代化。江西省所进行的“五型”政府建设，可以说是对李克强总理提出的“四个政府”建设的时代化、具体化和江西化。

在2019年的《政府工作报告》中，李克强总理进一步提出，要深化“放管服”改革，降低制度性交易成本，下硬功夫打造好发展软环境。当前，降低制度性交易成本，已成为各级政府改革的重要目标和内容。从理论上来说，所谓“制度性交易成本”，就是因国家法律、政府政策和公职人员行为，造成的完成特定交易所需要的成本。现实中，如果一个地方制度性交易成本特别是“隐性制度交易成本”太高，将严重损害该地政府的公信力，也会极大破坏该地的投资环境，最终制约该地整个经济社会发展。江西省“五型”政府建设，就是要通过政府治理体系和治理能力的现代化，大力降低制度性交易成本，营造良好的营商环境和发展环境。

（三）从江西层面看，“五型”政府建设是推进江西高质量跨越式发展的迫切需要

2016 年 2 月，习近平总书记莅临江西视察，亲切看望老区人民，并对江西工作提出了“新的希望、三个着力、四个坚持”的重要要求。2019 年 5 月，时隔三年习近平总书记再次视察江西，并在南昌召开了中部地区崛起座谈会，对江西发展提出了“两个目标定位”和“五个推进”的更高要求：在加快革命老区高质量发展上作示范，在推动中部地区崛起中勇争先，推进经济高质量发展，推进改革开放走深走实，推进农业农村现代化，推进社会治理创新，推进红色基因传承。习近平总书记视察江西的讲话精神和重要要求，是当前做好江西工作的最高遵循，也是江西省推进“五型”政府建设的最高遵循，需要全省所有公务人员内化于心、外化于行。

2018 年 7 月，扩大的省委十四届六次全会，也是刘奇同志任书记后的第一次全会，明确了江西发展的首要战略——推进高质量跨越式发展。2019 年 11 月 28 日，省委十四届十次全会进一步要求：紧紧扭住发展这个第一要务不动摇，加强党对经济工作的领导，全面实施高质量跨越式发展战略。江西省要从更高层面上贯彻落实习近平总书记两次视察江西的讲话精神，实施和完成省委全会确定的战略、目标和任务，推动江西经济社会高质量跨越式发展，必须要有精神状态不一样的政府、素质能力不一样的政府和更加有作为的政府，这样的政府，就是我们所要建设的“五型”政府。

（四）从政府自身看，“五型”政府建设是全面提升政府服务质量和水平的有力抓手

2018 年 5 月 10 日，刘奇书记在全省作风建设工作会议上，深刻剖析了江西省干部队伍中存在的“怕、慢、假、庸、散”等突出问题。他强调，要坚决整治当前干部队伍中的作风顽疾，切实把坏风气破除掉、把好作风立起来。具体来说，所谓“怕”就是怕担责、怕负责、怕追责，怕麻烦、怕吃亏，事事瞻前顾后，信奉“只要不出事，宁愿不做事”等；所谓“慢”就是拖拖拉拉、推诿扯皮、懒政怠政，抓工作不痛不痒，做什么都“慢慢来”等；所谓“假”就是弄虚作假，不察实情、不说实话、不办实事，口是心非、知行不一等；所谓“庸”就是不思进取，能力不足，得过且过，庸碌无为等；

所谓“散”就是懒懒散散、纪律松弛，不讲规矩，有令不行、有禁不止等。

2019 年 11 月 29 日，为贯彻落实中央十九届四中全会和省委十四届十次全会精神，省政府召开党组（扩大）会议，会上提出：牢固树立“不为不办找理由，只为办好想办法”的实干导向，做好“高质量推动发展”的文章，坚持以“五型”政府建设为抓手，瞄准高质量跨越式发展主攻方向，持续推进质量变革、动力变革、效率变革。“政府是动手的”，江西省开展“五型”政府建设，就是要坚持以增强政府理解力、执行力、创造力和公信力为重点，找到一个有效的工作抓手，以提振干部队伍士气、提升干部队伍素质能力，进而优化干事创业风气、提升政府服务水平，推进江西高质量跨越式发展。

三、准确把握“五型”政府建设的丰富内涵

（一）理论内涵：政府职能理论

1.“守夜人”政府理论和重商主义政府理论

从亚当·斯密开始，西方主流理论认为，政府承担“守夜人”角色，政府职能仅限于安全、司法、公共机构和公共安全，政府不介入经济活动。20 世纪 80 年代以来的全球性新公共管理运动以及“华盛顿共识”，可以算是这种政府理论的现代版本。德国思想家李斯特 1819 年提出，“守夜人”政府理论反映的是先发达国家的经济发展需要，后发达国家要通过一定的贸易保护政策来保护本国的幼稚工业，等强大后再回归到自由贸易中来。这是一种“重商主义”政府理论，即出口国政府通过种种正当不正当的政策工具和操纵手法，扶植本国出口产业，但对外国产品设置形形色色、或明或暗的障碍。这种备受争议的发展战略，众多先发达国家在它们工业化的初期、中期，都不同程度上运用过它。

2. 中国特色政府理论

在中国历史传统中，“政府”历来是广义的，承担着无限责任。中国历史上的辉煌都和强势朝廷联系在一起，政府不是“必要的恶”，而被看作是“重要的善”，即政府是要为老百姓谋好处和福利的。中国共产党带领人民创建的新中国政府，必须毫不动摇地坚持党的领导，必须贯彻落实

党全心全意为人民服务的宗旨，必须全面贯彻党的理论、路线、方略，如以经济建设为中心等。党的十八届三中全会对我国政府与市场的关系、政府的主要职能进行了清楚的界定，提出：使市场在资源配置中发挥决定性作用和更好发挥政府作用，并将政府的主要职能界定为宏观调控、市场监管、公共服务、社会管理、环境保护。

（二）现实涵义：五位一体

"五型"政府指的是忠诚型政府、创新型政府、担当型政府、服务型政府、过硬型政府。具体来说，忠诚型指政府的政治思想，创新型指政府的动力引擎，担当型指政府的责任激励，服务型指政府的履职方式，而过硬型则涉及政府的作风能力。

1. 忠诚型政府

既要深怀忠诚之心，又要践行忠诚之举，把绝对忠诚铸入全体工作人员的灵魂，贯穿进政府工作的方方面面。具体包括：（1）着力提高政治能力。善于从政治高度观察、思考和处理问题，审视、谋划和推进工作；牢牢把握政治因素，紧紧落实政治要求，在政治方向、政治立场、政治态度、政治原则上确保不出错，始终做政治上的明白人、老实人。（2）坚定理想信念宗旨。把稳思想之"舵"、筑牢信仰之"基"、补足精神之"钙"，坚持以人民为中心，忠诚做到执政为民，努力建设人民满意的政府，全心全意为老区人民服务，千方百计赢得人民群众的衷心拥护和坚定支持。（3）树立和践行正确政绩观。多做让老百姓看得见、摸得着、得实惠的实事，多做为后人作铺垫、打基础、利长远的好事，保持"功成不必在我"的胸襟和"功成必定有我"的情怀，以推进江西高质量跨越式发展的实际作为，更好满足人民日益增长的美好生活需要。

2. 创新型政府

坚持把创新作为做好各项工作的第一动力，激励全省政府系统及其工作人员开动脑筋、勇于革新、积极探索，大力推动政府治理理念、服务模式、体制机制等各方面创新，最大限度释放创新创造活力和强劲动能。具体包括：（1）不断增强政府工作的开拓性和创造性。推动思想大解放，推进视野更开阔，不断研究新情况、积极探索新方法、及时总结新经验、尽早解决新问题；千方百计破除一切不利于发展的桎梏，激活一切有利于创新的因子，坚决闯、大胆试。（2）加快推进政府治理体系和治理能力现代化。以优化、协同、高效为着力点，解决政府职责缺位和效能不高等问题，同时，更好发挥政府作用，推动行政运行机制和政府管理方式向规范有序、公开透明、便民高效转变。（3）精心搭建创新平台和集聚创新人才。推动创新平台的整合和质量提升，健全科技成果转化机制，加大评价体系创新力度，以政府创新引领经济社会发展创新，积极营造良好的创新创业生态，最大限度地激发全社会创新创业的积极性。

3. 担当型政府

大力倡导“事事马上办、人人钉钉子、个个敢担当”的精神，以实干立身、凭实绩说话，建章立制为担当者鼓劲撑腰。具体包括：（1）踏石留印、抓铁有痕抓落实。一以贯之树立“抓落实就是抓发展”的理念，从上到下在各领域、各环节着力整治抓而不紧、抓而不实的“顽疾”；在实际工作中大力推行“一线工作法”，各级领导干部切实做到“问题在一线发现、矛盾在一线解决、工作在一线推进、作风在一线锤炼”，凭借这些接地气的做法努力打通政策落实的“最后一公里”，使省委、省政府的决策部署真正落到实处，让发展有实实在在的新变化、群众有实实在在的获得感。（2）敢于负责、动真碰硬攻难关。要树立鲜明的问题导向，从宏观上把握高质量、跨越式发展的要求，也要抓住高质量、跨越式发展的短板，找准问题根源，坚持“哪壶不开提哪壶”，更要“提了哪壶开哪壶”，做到对症下药、药到病除，一抓到底、务求实效。（3）奖惩分明、严管厚爱优环境。坚持正向激励和反向问责相结合，不断健全和落实容错纠错机制，大力营造敢担当、会担当、善担当的浓厚氛围，引导全省各级政府及其工作人员努力展现新担当、新作为。

4. 服务型政府

服务是政府的天职，政府工作人员要牢牢树立服务理念，根据现实要求重塑政府和市场的关系，提升政府服务效能，打造“思想开明、办事规范、快捷高效”的服务体系。具体包括：（1）转变政府职能。以深化“放管服”改革为契机，合理界定政府服务范围，确保政府该“放”的放到位、该“管”的管得住、该“服务”的服务好，加快实现从“管理者”向“服务者”转变。（2）推进“互联网＋政务服务”。加快步伐推进互联网与政务服务深度融合，通过试点不断总结经验，加快推动政务信息资源共享，同时，抓紧抓实政务服务事项标准化编制工作，以全省一盘棋思想打造数据集中、管理集成的“智慧政府”和建设集约、服务集聚的“政务超市”，下大力气推进政务服务“一网通办”，最终推动审批智能化、服务自动化、办事移动化，让“百姓少跑腿、信息多跑路”，用最小的成本办最多的事。（3）构建“亲”“清”新型政商关系。建立和完善多样化政企沟通机制，在全省营造重商、亲商、安商、护商的浓厚氛围，避免出现“勾肩搭背”“关门打狗”不良现象，在全力打造政策最优、成本最低、服务最好、办事最快的“四最”发展环境中树立政府新形象、展现政府新作为。

5. 过硬型政府

着力锻造信念过硬、政治过硬、责任过硬、能力过硬、作风过硬的干部队伍，确保政府工作高质量推进。具体包括：（1）致力发展强本领。引导各级领导干部适应时代要求，努力掌握现代科技、信息网络、法律法规等各方面知识，着力提高研判形势、把握全局、规划政策、推进项目、驾驭风险、破解难题的能力；在全面依法治国背景下，政府要依法行政，领导干部要带头学法懂法守法用法，正人先正己，培育善用法治思维和法治方式推动政府工作的能力。（2）从严从实转作风。作风建设永远在路上。转作风要出成效，形成风清气正、劲足心齐、谋事创业的干事氛围。转作风不是只唯上只唯书，而是把群众意见作为“最好的镜子”，常照镜子，把企业和群众普遍关注、反映强烈的作风问题当成重点任务来抓，集中精力开展专项整治，确保清仓见底、取得实效。（3）遵规守纪葆清廉。引导全省政府系统及其工作人员坚守底线、不触红线，严以修身立政德、干干净净干事业，坚持把纪律和规矩挺在前面，坚决摒弃特权思想，坚持反对特权现象，习惯在阳光下工作生活，擦亮人民公仆的金字招牌，让清正清廉清明成为全省政府系统和全体政府工作人员的鲜明底色。

四、及时梳理“五型”政府建设的实践进展

（一）“五型”政府建设的成效及进展

一年来，全省各级政府和部门认真按照省委、省政府的决策部署，把“五型”政府建设作为深入学习贯彻习近平总书记对江西工作重要要求的具体行动，作为开展“不忘初心、牢记使命”主题教育的重要内容，作为加强作风建设、推进江西高质量跨越式发展的有力抓手，与做好政府各项工作紧密结合起来，做到领导重视带好头、聚焦重点抓得准、方式方法接地气、引导督促效果好，总体上措施得力、进展有序、扎实深入，取得了重要阶段性成效。特别是通过开展“五型”政府建设，转变作风提升了政府效能，优化环境增强了区域竞争力，破解难题助推了高质量跨越式发展，充分彰显了新时代应有的新担当新作为，体现了政府提高政治站位、加强自身建设的自觉追求，契合了贯彻落实习近平总书记重要指示精神的新使命、新要求，符合江西高质量跨越式发展的客观要求，顺应了人民群众的热切期盼。

1. 化“思想自觉”为“行动自觉”：“五型”理念获得广泛认同

江西省开展“五型”政府建设，有着特定的时代背景和深厚的现实基础。可以说，“五型”政府建设是全球性“政府再造”的最新实践，是国家治理体系和治理能力现代化的江西探索，是推进江西高质量跨越式发展的迫切需要，是加强政府系统自身建设的有力抓手。省委、省政府提出“五型”政府建设，回答了江西“建设什么样的政府、怎样建设政府”的问题，明确了新时代江西政府建设的方向和目标，得到了各地各级政府部门和公务人员的广泛认同支持。当前，各地各部门正根据省委、省政府统一部署，广泛开展“五型”政府建设宣传，扎实推进各项工作落实。在江西省各级领导干部和公务员队伍中，“五型”政府建设已逐步从“思想自觉”上升为“行动自觉”，从言语中的“高频词”转化为工作中的“新标杆”。越来越多的企业、群众通过“问政江西”等参与平台反映诉求和提出问题，省政府“五型”办每天编辑《问政简报》，并通过督办系统进行督办，引起了良好的社会反响。

2. 从“被动改革”到“主动创新”：政府能力得以持续提升

贯彻落实习近平总书记视察江西时提出的“作示范、勇争先”目标定位和“五个推进”更高要求，实现江西经济社会高质量跨越式发展，作为“动手干事”的各级政府，需要有更主动进取的精神状态和更强大的政府能力。近年来，江西省围绕降低企业成本，多措并举落实减税降费政策，仅2019年就出台30条惠企新政，开展优化提升营商环境“十大行动”，数据显示，2019年为企业减负1450亿元。2020年，为了统筹推进疫情防控和经济社会发展，江西省制定了“稳增长20条”为统领的“1+N”政策体系，推动国家金融扶持实体经济和江西省“金融15条”等政策落地，同时督促相关部门细化配套举措，进一步减轻企业负担。此外，江西省围绕“放管服”改革持续发力、成效明显，仅2019年就取消和调整省本级行政权力事项39项，116个省级“信息孤岛”全部打通，省本级依申请类政务服务事项“最多跑一次”比例达95.3%；“赣服通”市县分厅全部上线，“掌上办”事项数量和电子证照种类居全国首位，与浙江、福建签署跨省数据共享应用合作协议。从各地实践来看，各地各部门通过深化行政审批改革和推进“智慧政府”建设，逐步实现审批智能化、服务自助化、办事移动化，提升了政府服务的针对性和有效性。调研发现，南昌县积极推行投资项目审批改革，落实各项降成本、优环境措施，申请政务服务事项“一次不跑”和“只跑一次”办理率达80%以上，已累计办结“一次不跑”事项共计5673件。抚州市南城县坚持以工业园区为主阵地，大力推进园区管理体制、产业承接模式、投融资机制和招商引资方式创新，有效促进了产业集聚发展、科技创新驱动和营商环境提升，2019年上半年，新签约3000万元以上项目18个，总投资67.5亿元。当前，在推进“五型”政府建设进程中，各地各部门努力从被动改革到主动创新，持续提升全省政府系统的理解力、执行力、创造力和公信力。

3. 以“辛苦指数”换“幸福指数”：干部作风得到较大改善

江西省政府在全体政府系统干部当中倡导“事事马上办、人人钉钉子、个个敢担当”，要求大家“不为不办找理由、只为办好想办法”，努力创造出新时代“第一等的工作”。随着《关于加强作风建设优化发展环境的意见》《推动"三减三强两倡导"深化"五型"政府建设若干措施》《进一步完善政务服务机制提升政务服务效能的通知》等政策措施的出台发布，"一线工作法""最多跑一次""一次都不跑""错时延时服务"和"保姆式代办"等，已成为各地各部门为企业、群众办事的"新常态"。据统计，江西省2018年摸排的449个问题全部办结，新梳理的312个问题正在办理；落实省委关于力戒形式主义为基层减负三十条措施，推行"三减三强两倡导"，省政府及省政府办公厅发文减少30.5%、综合性会议减少66.7%，省政府及省政府办公厅（含省直单位）督查检查考核事项减少90.8%。江西省率先在全省推行延时错时预约政务服务，2019年非工作时间办理事项229万件。如省住房公积金管理中心深入开展"最多跑一次"改革，坚持让数据多跑路、群众少跑腿，取消各种证明材料及复印件要求，并大力推行错时延时预约服务，工作日中午不打烊，周六上午及节假日提供预约服务，真正做到办理更便捷、办事更爽心。调研中还发现，因为"错时延时预约服务"所增加的各类成本，在省里没有出台统一政策前，各地各部门都想方设法自己先行解决，工作人员都毫无怨言地先行承担。以南昌县为例，其行政审批局2019年前4个月，就已开展了预约延时服务479项，得到广大服务对象的好评。目前，"五型"的精神和要求，已逐步成为江西省政府系统的一种优良风气、一种工作标准；干部队伍中存在的"怕慢假庸散"作风问题得到较好整治，形式主义、官僚主义得到有效遏制。

（二）"五型"政府建设面临的问题及挑战

1. 目标任务如何明确？

为了推进"五型"政府建设，江西省出台的《关于在全省政府系统大力开展忠诚型创新型担当型服务型过硬型政府建设加快推动江西高质量跨越式发展的实施方案》提出了"五个方面"的目标和"十五条"具体举措。在推进"五型"政府建设过程中，我们一直在强调"五型"政府建设不是空喊口号，不是形式，不是作秀，但到底是什么呢？虽然"五型"政府建设已成为当前全省各界的"热话题"，但还需要有更多"冷思考"。调研发现，不同主体对"五型"政府建设的初衷、目标和具体任务了解不同、理解不一。不少干部不了解为什么要开展"五型"政府建设，不知道是"新瓶装旧酒"

还是“新瓶装新酒”，不清楚到底是“面上要求”还是“具体工作”，不明白到底是常态化的工作还是阶段性的活动。从政府系统来看，不同层级对“五型”政府建设的理解程度不一，省直机关和市县一级有着较好把握也有相应措施，但到了乡镇街道一级，部分干部没有概念，有的甚至没听说过。从服务对象来看，一些企业人员表示，虽没听过“五型”政府，但切实感受到现阶段政府办起事来效率更高、服务更好；普通群众多数人对“五型”政府没有太多关注、也不了解，不过感觉找政府办事更加方便，特别是对错时延时预约服务真诚点赞。

2. 各方合力如何形成？

五指分散不成拳。“五型”政府建设要取得实效，需要各地各部门统一思想、协同合作、同频共振，需要企业、群众等相关主体的积极参与。然而，调研发现，目前推动江西省“五型”政府建设的合力，尚未能很好地形成。一是从横向来看，部门协同不足。目前，“五型”政府建设仅限于狭义的政府系统，党委、人大和政协等没有直接参与，特别是缺少党委的推动，工作成效会大打折扣。有调研对象反映，现实中解决类似或相同的问题，各部门之间有着不同的规定、专网或渠道，不知道如何选择或哪个更有效。比如，涉及企业和群众的诉求，党委有个“民声通道”，政务有 12345 平台，现在加上“问政江西”，反映问题的渠道是增加了，但有些合理的诉求依然面临“中梗阻”，问题最终还是解决不了。二是从纵向来看，上下协同不够。有些事项的办理，不同层级、不同部门有不同规定和要求，甚至存在冲突，导致办事一线的审批中心不知如何执行。如我们调研发现，《南昌市人民政府关于深化消防简政放权优化服务工作的通知》（洪府字〔2018〕1 号）与省教育厅牵头下发的《关于规范校外培训机构设置的意见》（赣教办字〔2018〕34 号）两个文件，对于建筑面积在 300 平方米以下的建筑工程项目，是否需要提交消防安全证明材料方面存在相互矛盾的地方，这给一线办理审批工作带来困惑，也导致一些审批无法按规定期限完成。

3. 关键问题如何解决？

当前，各级领导都高度重视“五型”政府建设，但却总感觉不知如何下手，实际开展工作往往很难避免“涛声依旧”。“五型”政府建设想要取得突破性进展、得到创造性落实、做到全员化参与、实现开放式发展，需要各级政府和部门根据自身实际补短板、强弱项，找准切入点、把握关键点、抓住落脚点，最重要的是必须考虑人、财、物如何跟进？一是“人”的问题如何解决？目前，各级政府的“五型”办都依托于“政府办”，但越到基层办公室系统越薄弱，难以有足够的力量去承担新的工作。比如，南昌县政府办共40个行政编，其中，县领导10个，工作人员30个，都有相对固定的职能分工，难有专职人员推动“五型”办工作。二是“财”的问题如何解决？“五型”政府建设涵盖政府建设方方面面，工作的推进必然会带来政府运行成本的增加。以错时延时预约服务的推行为例，其所增加的办公场所运营费、津贴费、邮寄费等成本，到底由谁来承担？如果完全由当地政府承担，则影响积极性和可持续性。三是“物”的问题如何解决？为了更好地服务企业和群众，推进便民服务从“见面办”到“掌上办”最终实现“一网通办”，需要政府建设好各类数据库、信息系统和服务端，这些工作如何统筹谋划、分步实施、早日见效呢？

五、全面思考“五型”政府建设的完善对策

2020年，是全面建成小康社会的收官之年，也是江西省经济社会发展排难而进的关键阶段，必须对标更高要求，以更大力度、更实举措纵深推进“五型”政府建设，助力全省高质量跨越式发展。深入推进江西省“五型”政府建设，关键在于达成共识、形成合力，并找到现实可行的方法。我们建议借鉴北京“吹哨报到”改革的经验和做法，在“赋权、下沉、增效”上下功夫，实现“五型”政府建设从“倡导性”改革到“制度性”变革的有效转化。

（一）从“独奏曲”到“大合唱”演变，赋予“五型办”“吹哨权”

建设“五型”政府是省委、省政府做出的重大决策部署，虽然“主战场”在政府（行政系统），但在中国“党是领导一切的”，为此，需要党政同向发力、握指成拳，由“独奏曲”变为“大合唱”。一是充分发挥党委

的统帅作用。党的十九届四中全会指出，“必须坚持党政军民学、东西南北中，党是领导一切的，坚决维护党中央权威，健全总揽全局、协调各方的党的领导制度体系，把党的领导落实到国家治理各领域各方面各环节。”当前，要以行政系统的“五型”政府建设为示范，扩展和推广为全省的“五型”机关建设，并将其与“不忘初心、牢记使命”主题教育和党的建设结合起来开展，以“五型”重塑全省机关的“精气神”。二是充分发挥政府的主战场作用。把“五型”政府建设作为推进新时代政府治理体系和治理能力现代化的重要途径，推动政府工作理念、思路、举措、机制和作风等各个方面实现新的突破和整体提升。围绕实现江西高质量跨越式发展目标，整合现有的民声通道、政务 12345 平台、问政江西平台的渠道和资源，建设“江西 12345”统一政务服务热线平台和统一网上中介服务超市。统一赋予各级“五型”办“吹哨权”，相关部门要在听到“哨声”后第一时间“报到”，并采取有效措施解决处理企业和群众所反映的问题，凝聚起政府各部门服务经济社会发展的强大合力。三是充分发挥社会参与的监督作用。“五型”政府建设行不行，要由人民群众来评判，就是要把企业和群众满意不满意、高兴不高兴作为衡量成效的根本标准，把更好满足企业和群众的需求贯穿行政工作的全过程和各环节。要开展政务服务“好差评”和设区市营商环境评价，全力推动江西成为全国政务服务满意度最高省份之一。要通过聘请监督员、问政江西平台建设等，加大对“五型”政府建设成效的监督，对监督发现的各类问题，制定清单、建立台账、落实责任，做到有问必改、即知即改、开门整改，确保问题解决落在实处、取得实效。据统计，2019 年上半年，通过社会监督平台收集到的各类意见建议有 7460 条，江西省政府转办、交办了其中的有效意见建议 3286 条，已回复了 2540 条，回复率为 77.2%；聘请的社会监督员共提出建议 30 条，江西省政府已经办结 23 条，剩下的 7 条也正在办理当中。推进这些工作，要发扬钉钉子精神，久久为功，善做善成，忠诚担当，积极作为，推动“五型”政府建设不断走深走实。

（二）从“大总部”到“强前端”转移，实现工作重心向一线“下沉”

“五型”政府建设，既是政府服务理念的更新，更是自身建设的优化。

传统“金字塔”形的科层式政府结构，强调政府系统本身的中心地位，强调对经济社会发展的管制，这种政府理念和组织形态已难以适应新时代经济社会发展要求。新时代，政府功能需要更多从“管理控制”向“服务支持 + 监督”转变，政府建设的重心需要从“大总部”到“强前端”转移，赋予工作一线“呼唤炮火”的权力，做实做强服务前端，并重点在“精细化”上下功夫，向精细管理要效益。以错时延时预约服务的推行为例，既要符合全心全意为人民服务的“政治要求”，也要考虑政府现实运行的“成本要求”；既要满足服务对象的需求，也要关注工作人员的诉求。实践中，就是要在继续加大向基层“赋权”的同时，通过“精细化”管理，尽可能降低服务成本并明确成本分担机制，以实现政策的可持续推行。现实中，公务员需要讲奉献，但不能长期加班不发津补贴；通过免除邮寄费等方式能更好推广宣传政策，但从长期来看，有必要由服务对象承担相应成本；节假日延时错时办理事务，要考虑不同部门业务办理“冷热不均”情况，不要按同一标准采取“一刀切”方式来安排值班人员，造成行政资源的浪费，可以采用电话、网上预约方式，双方按照约定时间到现场办事；等等。

（三）从“见面办”向“掌上办”升级，增进为企业和群众办事的实效

在“五型”政府建设进程中，要面向基层单位、面向社会公众、面向市场主体，推动“五型”政府建设向推进项目建设延伸，向扶持园区企业延伸，向优化政务服务延伸，向改善民生福祉延伸，研究推出一批新的标志性、牵引性、带动性工作。一要积极推进各类便民服务向基层一线延伸，向与群众日常生活最紧密的方向扩散，不断消除基层服务中百姓怨声载道的“多头跑、重复跑、跨地跑”的困扰，也要强化制度刚性，从源头上避免各类“奇葩证明”“循环证明”“重复证明”现象的发生，真正以“五型”政府建设为契机进一步简化办事环节，优化服务流程，提升办事效率。二要以深入推进“五型”政府建设为动力，按照省政府印发的《江西省人民政府工作规则》相关规定，进一步加强政务公开相关制度和平台建设，坚持以公开为常态、不公开为例外，完善各类办事公开制度，健全政府信息发布制度，全面推进决策、执行、管理、服务、结果公开，不断提高政务公开的针对性和实效性，为推进全省高质量、跨越式发展作出新的更大贡献。三要打造“赣服通”升级版，探索“区块链 + 无证通办”。抓紧推进政务新媒体、政府网站、政务服务网、实体政务大厅的线上线下联通和数据互联共享，简化操作环节，为公众提供优质便捷的办事指引和多元化的办事渠道。要大力推进网络信息技术在政务服务中的运用。科技改变世界和生活，也影响政府的运行和服务方式。传统的政府事务“见面办”的服务方式，不但造成办事成本高，还潜藏着“政商关系”风险和官民关系的复杂化。随着网络信息技术的发展，政府在优化“一窗办”“一证办”和“刷脸办”的同时，要加快推进“移动办”“掌上办”和“不见面办”，努力做到全员覆盖、全天受理、全程协同，逐步实现“一网通办”和“一体化服务”。如九江市瑞昌市把“赣服通”作为深化“放管服”改革和“五型”政府建设的重要抓手，在 2019 年 3 月 1 日正式上线“赣服通”政务服务平台，成为全省第一个建成运行的县级分厅，在事项梳理、技术路径、页面设计上探索了可复制、可推广的“瑞昌经验”。

（四）从“倡导性”到“制度性”转化，构建正反双向发力的考核机制

实践证明，推行一项政策如果没有考评机制做支撑，那么就可能导致“倡导”多于“行动”，难以真正有效落实。“五型”政府建设也一样，构建科学有效的考评机制至关重要，这是实现建设目标的重要工具和有力保障。当然，建构“五型”政府建设的考评机制，需要适应治理现代化要求，也需要符合江西发展实际，并具有现实可操作性。实践中，需要重点把握好五大关键要素：（1）评价内容，即如何确定“五型”政府建设的评价指标、指标权重及其目标值；（2）评价主体，即由谁来对“五型”政府建设成效做出评价；（3）评价周期，即多长时间对“五型”政府建设情况评价一次;（4）评价方法,即用什么具体方法对“五型”政府建设成效进行评价;（5）结果应用，即“五型”政府建设绩效评价的结果如何运用。在“五型”政府考核机制构建方面，江西省已落实即时奖励制度。南昌市进行了分类考核的先行探索，即将市县乡三级“五型”政府建设分别纳入高质量发展、绩效考核、乡村振兴考评体系，对 100 个市直单位、15 个县（市、区）、

214个乡镇进行统一打分评比，考核结果作为评优评先的重要依据；此外，南昌市还准备在全市政府系统组织开展“五型”机关、“五型”班子、“五型”个人评选，对工作落实、效果显著的予以表彰奖励，对工作无行动、无反应和群众反映强烈的加强问责，通过正面激励和反面曝光双向发力，着力营造“人人参与、个个争先”的浓厚氛围。

六、结语

2019年2月21日，易炼红同志在省“五型”政府办调研时，对下一步“五型”政府建设提出了要求，即要取得“突破性进展”“创造性落实”“全员化参与”和“开放式发展”。这为我们指明了全省“五型”政府建设的未来方向和着力点。全省公务人员要大力弘扬井冈山精神和苏区精神，铸牢忠诚之魂、勇闯发展新路、担当时代使命、提升服务效能、锻造过硬本领，切实增强推进“五型”政府建设的思想自觉和行动自觉，把“五型”政府建设与履行好自身职责紧密结合起来，在本职岗位上奋发有为，以“五型”政府建设的成效，为推动江西经济社会高质发展做出自己应有的贡献。

培育江西经济发展新动能，助推高质量跨越式发展

程家健　刘　勇

【摘要】 新常态背景下推动经济高质量发展，要求加快推进供给侧结构性改革，努力实现新旧动能转换。作为经济欠发达省份，江西既要坚决贯彻落实中央关于高质量发展的有关决策部署，着力推动经济转型升级发展，同时要坚定不移做大做强经济总量，确保到2020年底实现与全国同步全面建成小康社会，因此，江西将现阶段全省经济发展的首要战略确定为“推进高质量跨越式发展”,为了更好地实施“高质量跨越式发展”战略，江西必须紧跟时代发展潮流，优化生产要素资源配置，密切追踪最新发展业态，加快培育经济发展新动能，进而在全国区域经济竞争格局中赢得一席之地，顺利实现高质量跨越式发展目标。

一、引言

党的十八大以来，我国通过一系列区域发展战略的实施，着力推动区域经济转型发展升级，有力促进了我国区域经济的高质量发展，培育经济发展新动能则是保持区域可持续发展的重要抓手。近些年来，为了更好地解决经济发展过程中存在的不协调、不充分以及结构刚性、增长动力不足等诸多现实问题，各地加快探索独具地方特色的发展战略。在当今信息社会，科技创新快速发展，成为新常态背景下推动区域发展的新动能和新源

泉，以信息技术为基础的移动互联网、物联网、人工智能等新兴业态在深刻改变人们日常生产生活方式的同时，基于新兴业态的新产品、新产业层出不穷，对区域产业结构优化调整和竞争优势打造提升也产生了重要影响。

当前，推动经济高质量发展成为我国经济发展的主基调，意味着我国经济发展模式将发生重大改变，不再单纯考虑增加数量，而是更加重视提高质量。作为经济欠发达省份，一方面，江西要按照中央关于高质量发展的决策部署，大力实施供给侧结构性改革，着力转变经济发展方式，推动新旧动能转换，以新动能的培育来增强经济发展的动力和后劲，尽快实现高质量发展；另一方面，也要立足于经济欠发达和发展是第一要务的省情实际，以新动能的快速培育来有效促进经济总量的做大做强，确保到 2020 年底如期实现与全国同步全面建成小康社会，在全国区域经济竞争格局中实现跨越式发展。因此，高质量发展也好，跨越式发展也罢，在江西经济发展过程中，始终都要把新动能的有效培育当作中心工作来抓。

二、经济发展新动能与高质量跨越式发展的内在逻辑关系

（一）经济发展新动能是什么？

1. *经济发展新动能的内涵*

“动能”源于物理学概念，是指物体由于运动而具备的能量。换句话说，只要物体运动就会产生动能，它的大小与物体运动速度、质量有关，其计算公式为：$E_k=\frac{1}{2}mv^2$，其中，m 表示物体质量，v 代表物体运动速度的快慢。

从经济学概念来看，动能是指在经济发展进入均衡状态后，由于要素或生产组织方式发生变化而导致进入新的均衡状态的过程。所谓新动能，就是足以产生新的均衡状态的要素变化或生产组织方式发生的新变化。换句话说，经济发展动能，就是指一个时期推动经济发展的主要力量发生了新变化。

在经济发展初期，土地、资本、劳动力等是推动经济发展的主要生产要素。在古典经济学中，亚当·斯密、大卫·李嘉图等人都研究了经济增长与资本、劳动力的关系，他们认为：“经济增长导致了资本的积累，资

本在积累过程中又增加了对劳动力的需求，进而扩大了就业和社会生产的规模，社会生产规模不断扩大也就是经济的增长过程。”之后，索洛等人提出新古典经济增长理论，主要是运用柯布—道格拉斯函数推导出新的经济增长模型，得出经济增长主要取决于外生的技术进步，增加储蓄只能促使经济在短时间内取得增长的结论。

在当今时代，所谓“经济发展新动能”，就是指推动经济发展的要素或生产组织方式发生了重大变革，出现了一系列新产业、新产品、新模式，进而能推动经济发展从原先的低水平均衡逐渐迈向新的高水平均衡。

2. 经济发展新动能的特点

经济发展的本质是生产力提升，而经济发展新动能是从增长动力的角度来看经济发展，有以下显著特点：

（1）相对性。新动能是相对于旧动能说的，随着时间推移，新动能也会逐步转变成旧动能。当然，旧动能也能推动经济发展，只不过其效用在递减，例如，投资、出口始终是经济发展的主要推动力，即使是经济转型时期，投资、出口的作用仍然不可忽视。

（2）历史性。在不同的历史时期，经济增长的主要动能是有差异的，但往往是曲折往复的过程，并不是说从产生之日起就会成为新动能。很多要素之所以成为新动能，是因为适应了经济发展的需求变化，进而成为经济发展的主要推动力。

（3）阶段性。随着经济和技术革命的周期性变化，经济发展新动能呈现出明显的阶段性特征。从总体上看，经济发展的内在动力呈现出从资源到知识、从有形到无形的转换过程，这是经济发展的长期持续过程，也是贯穿经济发展周期的持久动力，某个阶段的新动能，是能够满足一定时期经济发展需要的动力转换。

（4）替代性。新动能符合历史发展潮流，它不是旧动能的延续，也必然与旧动能有着本质区别，如果旧动能经过简单改造就可以成为新动能，那说明经济发展的阶段性变化还没有发生。新动能是对旧动能的改造提升，最终完成对旧动能的替代。不管动能是来源于新的还是旧的，只要符合发展趋势和经济规律，具备新动能属性，都可以被称为新动能。

（5）根本性。在变革时期，新动能对旧动能的替代是根本性的，代表经济发展的驱动力发生了本质性变化，新旧动能的转换成为必然。新动能是在相对较长的时期内发挥作用，是增长动力的根本转换，更加强调经济结构和动力结构的转变，而且这种转变是根本性的，经过了长期演化而成，绝非权宜之计和短期行为。

（二）江西高质量跨越式发展是什么？

早在2016年初，习近平总书记视察江西时就曾明确指示："发展不足仍然是江西的主要矛盾，必须主动适应经济发展新常态，向改革开放要动力，向创新创业要活力，向特色优势要竞争力。"随后，中共江西省委十四届六次全会将"推进高质量跨越式发展"作为江西经济发展"首要战略"，提出"高质量发展对标中央要求，事关发展方式、经济结构、增长动力的深刻变革；跨越式发展是江西作为欠发达地区奋起直追、同步小康的现实选择"。"推进高质量跨越式发展"战略充分考量了新时代我国经济发展的阶段性变化，契合江西省情实际，展现出了江西发展在新的历史起点上的时代特征。

目前，我国经济正处在由中高速增长"转向"高质量发展阶段，也就是还处于新旧动能转换的探索和起步阶段。对于江西来说，依然也是处于这一发展阶段，与此同时，江西整体上还处在工业化发展的中后期，这一时期将必然面临转变生产方式、调整产业结构、寻求新的增长驱动要素等一系列培育经济发展新动能的战略任务。

江西如何顺利完成工业化进程，实现高质量跨越式发展？这是江西在新的发展起点上必须回答的问题，要想回答好这个问题，有两个关键点不容忽视：首先，怎样构建起支撑江西经济高质量跨越式发展的产业基础；其次，如何尽快实现由中高速增长到高质量发展的阶段性转型。结合宏观经济形势和江西省情实际，破解上述两个关键点，毫无疑问，培育经济发展新动能至关重要：从全国宏观层面看，过去经济高速增长所依赖的劳动力、土地等低成本生产要素不复存在，加上自然生态承载能力趋于饱和，导致传统粗放型增长模式不可延续。在新的发展阶段，必须更加注重提升经济效益；从全省微观层面看，刘奇书记曾准确归纳了江西现阶段发展面临的现实问题："发展不充分与发展质量不高并存，加快经济发展与加强生态环境保护的问题并存，基础设施滞后等'硬环境'不足与思想观念滞后等'软环境'不优的问题并存。"唯有坚定不移推动江西经济高质量跨越式发展，才是破解"三个并存"现实难题的正确选择。

简而言之，推动江西经济高质量跨越式发展，就是要求在发展战略和模式选择上具有更高的创新性，这与以"创新"为内核的培育经济发展新动能是完全吻合的。与此相对应，就是要在经济运行过程中，通过创办新实体、采用新技术、制造新产品、形成新产业、打造新模式、开拓新市场，推动培育新动能，进而为江西高质量跨越式发展提供源源不断的推动力。

（三）培育新动能助推高质量跨越式发展的主要路径

从国内外已有的发展经验来看，培育经济发展新动能，助推高质量跨越式发展，通常都是以鼓励创新创业为核心，从打造创新产业集群、提升区域创新能力、集聚中高端创新人才、培育良好创新生态等多种途径来共同发力，协同共进，持之以恒推动创新，进而源源不断培育经济发展新动能。

1. 加强产业集聚，打造创新产业集群

以往的区域产业政策大多是直接为区域发展所需要引进和壮大的产业提供各种各样的资源和要素，基于创新集群的区域产业政策则需要聚焦集群内的企业，及时了解创新集群内产业的特殊需要（包括劳动力需求、基础设施建设、核心技术平台等），进而制定相应的支持政策，将有限的资源要素进行优化配置，并对其中那些掌握核心技术的重点企业予以倾斜扶持，进而在短时间内推动重点企业掌握核心技术，并带动更多配套企业进入集群，最终有效扩大产业集群规模，进而建好培育新动能的组织载体和平台。

2. 引入创新源泉，提升区域创新能力

国内外知名研究机构、大学等科研院所的存在会决定一个区域创新能力的高低。从过去 10 多年的经验来看，大量原本地处一线城市的研究机构、大学和创新型企业为了寻求更大的发展空间和创新产出，会选择把部分科研设施迁至二三线城市或者设立分支机构，因此，积极主动引入迁移的创新源泉已经成为一项关键性的区域竞争策略，例如，深圳通过引进、合作等方式，南方科技大学、清华深圳研究生院、北大深圳研究生院、哈工大深圳校区等相继建立，成为提升深圳竞争力的科技创新源泉。江西也应立足省情优势，积极吸引知名科研院所落户，为培育新动能奠定坚实的智力支撑。

3. 坚持以人为本，集聚中高端创新人才

大量高素质的人才集聚是提升区域创新能力和培育新动能的关键所在，人才要素始终贯穿于经济发展新动能培育和创新活动的全过程，需要一大批高素质的科学家和工程师、创新资本的投资者、具有创业精神的企业家以及各个层次的经营管理人才直接参与创新创业。据不完全统计，从2017年下半年以来，全国已有30多个城市陆续发布了引进人才的新政策，并配套实施户籍、住房、项目资助等多方面的引才方案，积极吸引中高端人才落户定居。因此，江西也应加大对外吸引中高端人才的力度，为培育新动能提供更多的人才支撑。

4. 优化制度设计，培育良好创新生态

为了更好激活和提升区域创新能力，该地的生产、服务、管理、协调等能力也要与之相匹配，对江西各级政府部门来说，培育经济发展新动能，要立足长远，从提供优质生活环境、促进合作交流、破解创新阻碍制度等方面入手，创造“宜业”“宜居”的工作和生活环境，建立健全要素获得与利用机制，降低创新创业的交易成本，推动市场体系平稳有序运转，营造“多元发展、协同合作、鼓励创业、宽容失败”的舆论氛围。总而言之，以最舒适的工作生活环境，包括便利生活、便捷交通、良好环境、通行规则、包容文化等，形成有利于新动能持续培育的创新生态。

三、江西培育新动能助推高质量跨越式发展的成效与不足

（一）江西培育新动能助推高质量跨越式发展的成效

省委十四届六次全会召开以来，江西坚持用新发展理念引领经济高质量跨越式发展，及时出台了《关于加快发展新经济培育新动能的意见》等相关政策文件，以新制造经济、新服务经济、绿色经济、智慧经济、分享

经济等产业为重点，加快培育新动能，推动经济发展新动能的政策环境日益改善，取得了较好成效。

1. 创新驱动发展战略深入推进

先后制定出台《关于加快发展新经济培育新动能的意见》《江西省创新驱动发展纲要》《关于深入实施创新驱动发展战略，推进创新型省份建设的意见》等政策文件，持续培育经济发展新动能：南昌、赣州获批国家级产融合作试点城市；赣江新区获批国家级“双创”示范基地和绿色金融改革创新试验区；赣州获批“中国制造 2025”试点示范城市。截至 2019 年初，全省拥有 5 个国家重点实验室，169 个省级重点实验室，8 家国家级工程技术研究中心，358 家省级工程技术研究中心，R&D 经费支出占 GDP 比重接近 2%，全省高新技术产业增加值占规模以上工业增加值的比重超过 30%。

2. 新产业新动能蓬勃有序发展

航空、中医药、人工智能等产业蓬勃健康有序发展，主营业务收入年均增幅超过 20%：南昌、景德镇获批国家级通用航空产业综合示范区，南昌瑶湖机场在短时间内顺利建成并投入使用，已经开始承接了国产大飞机的一系列试飞任务；出台《江西樟树“中国药都”振兴工程实施方案》，大力建设国家级中医药标准化项目；连续两年成功召开世界 VR 产业发展大会，及时出台相关政策，努力打造世界级的虚拟现实、人工智能、智能制造产业高地；推动大数据与实体经济融合协同发展，在全域旅游、商贸物流等多个行业制定了大力发展新服务经济的政策措施。

3. 各地争先抢占新动能制高点

特别是在省委、省政府出台《关于加快发展新经济培育新动能的意见》以后，各地积极顺应培育新动能发展大势，敢于攻占新兴产业发展制高点，取得了显著成效：南昌加快建设世界级虚拟现实（VR）产业基地；鹰潭率先建成全域覆盖的窄带物联网，智慧城市建设全国领先；赣州紧扣“中国制造 2025”，大力实施智能制造工程；景德镇高标准规划建设国家陶瓷文化传承创新试验区和航空特色小镇；上饶加快建设数字经济示范区；萍乡海绵城市建设工作领跑全国；吉安在年度县（市、区）考核指标中新增了“培育经济发展新动能”等相关内容；抚州通过政府购买服务模式，积极建设城市云计算中心等。

4. 以放管服改革优化营商环境

以深化“放管服”改革为契机，江西系统梳理省本级行政许可事项需要的各类证明材料并对其中大部分事项进行了清理取消。出台了130条降成本优环境惠企政策，全面取消省级涉企行政事业性收费项目，在全省范围内推广运用投资项目在线审批监管平台和网上审批系统。与阿里巴巴集团开展全面战略合作，积极推动“赣服通”工程建设，同时，还出台了《省本级“一次不跑”政务服务事项清单》，全面推广实施“全程网办、上门服务、邮递办理”等便民服务措施，为企业节约了人力物力财力，提升了人民群众的获得感和幸福感。

（二）江西培育新动能助推高质量跨越式发展的不足

当然，在看到近年来江西培育新动能助推高质量跨越式发展取得阶段性成效的同时，也要清醒地认识到在发展过程中还存在的一系列问题，主要包括：

1. 经济总量不断提升，但发展质量依然不高

江西经济多年来实现了“稳中有进、进中向好”的发展态势，经济增速稳居全国前列，2019年，全省GDP增速达8%，总量接近2.5万亿元。全省38个行业大类中有35个行业增加值实现正增长。然而，江西产业发展质量还有待提升，据统计，江西劳动生产率比全国平均水平低22%；资本生产率比全国平均水平低51%，这反映出江西全要素生产率较低。同时，江西劳动力的整体素质还不高，根据第六次全国人口普查的数据，在江西不同文化程度劳动力占全部劳动力的比例中，初中文化占比超过50%，其次是小学文化占27%，高中文化占13%，大专及以上文化只占7%，难以满足经济发展新动能培育对人才的需求。

2. 新旧动能正在转换，但创新驱动效果不佳

近年来，江西经济发展动能已经逐渐转向创新和消费驱动，特别是新兴产业投资增长较快，其中，消费稳步提升，外贸平稳增长：2018年，全省装备制造业投资增长27%，同比上升4个百分点；社会消费品零售总额

7566亿元，同比增长11%；外贸出口总值2224亿元，同比增长1%。然而，创新推动高质量跨越式发展的动力不够强劲，例如，全省实施了科技创新研发活动的企业数量不到全部规模以上工业企业的20%，成立了专门研发机构的企业数量占全部规模以上工业企业的比例只有10%，说明江西企业的整体研发投入是不够的。

3. 新兴业态不断涌现，但协同支撑能力不足

当前，以新动能为基础的新兴业态快速发展，逐步成为新的经济增长点，为江西高质量跨越式发展奠定了较好基础。2018年，在全省规模以上工业行业中，战略性新兴产业、装备制造业增加值同比分别增长12%和15%。然而，江西新兴业态的协同支撑能力总体上仍显不足：首先，现代信息技术在制造业中的推广运用还不足，运用现代科技手段协同推进实体经济加快发展的水平还有待提升；其次，虚拟经济与实体经济的良性互动不够，借助虚拟经济手段全方位支持实体经济发展的能力还有待加强；最后，新兴业态的经济规模仍然有限，在短时间内还不足以对传统产业起到较好的补充作用，发展空间和潜力依然较大。

四、江西培育新动能助推高质量跨越式发展的对策建议

如前所述，近年来，江西通过培育经济发展新动能，助推高质量跨越式发展，态势良好，成效显著，但与此同时，也还存在着经济总量不大、创新能力较弱、发展模式不优等一些现实问题，因此，在当前和今后一段时期，江西培育经济发展新动能，要突出重点，精准施策，以更好推动经济高质量跨越式发展。

（一）加快构建现代产业体系

依托优质企业，围绕新兴产业，集聚资源优势培育壮大一批骨干企业，加快形成在全国范围内具有较大影响力的产业集群：

对洪都、联创、江中等重点企业，以数字化、智能化和绿色化为导向，在航空、电子信息、中医药等行业领域建成一批在国内外有话语权和影响力的生产基地，推动相关企业和行业集群化发展，不断迈向全球产业价值

链的中高端。

引导和规范新型金融业态发展，大力推进南昌、赣州产融合作试点城市和赣江新区绿色金融改革创新试验区建设，不断构建和完善金融服务体系，充分发挥好金融对于实体经济发展的服务功能，并产生较好的示范效应。

运用大数据、互联网、VR等现代信息技术，在有色、纺织、建材等传统产业当中广泛运用这些新的技术、工艺和装备，实现实体经济与科技创新的良性协同互动发展，全面提高传统产业智能化发展水平。

（二）着力推动创新驱动发展

全省上上下下要把创新放在区域发展中的突出位置，着力推动创新驱动发展战略，为新动能的培育打下坚实基础。

以培育新动能为重点，因地制宜确定主导产业，及时制定出台科技研发支持、产业链条强化、重大项目扶持、园区功能优化等方面的政策措施，持续推进各类工业园区创新发展，使之成为全省转型升级的领头雁和主阵地，不断催生和培育出经济发展新动能。

以制度创新为基础，将赣江新区打造成为全省贯彻落实新发展理念、推动高质量跨越式发展的样板区和试验田，进而以点带面，促进全省创新引领、改革攻坚、开放提升、绿色崛起取得新成效，推动高质量跨越式发展目标的实现。

以省级及以上重点实验室、工程技术中心、“双创”平台为引领，联合多方力量，加快建设一批国内外知名的协同创新中心和创新服务平台，鼓励政、产、学、研、用深度合作，并以此为组织载体，有效提供科学研究、人才培养、创业指导、成果转化等多种市场服务。

对标国内已有的自贸试验区，认真学习建设经验，以现有的保税区、海关口岸等平台为基础，加快推进昌九自贸区建设并促使其尽早成为国家级自贸区平台，优化赣港会、赣台会等对外开放合作平台，促进江西加速对接融入全球产业分工体系。

（三）培育打造特色优势产业

针对不同产业发展的实际，结合江西培育新动能的方向，采用差异化发展模式，精准施策，更好引领产业转型升级。

1. 创新驱动模式

适用于具有自主知识产权的LED、航空制造和中医药等行业，依托他们在技术方面的创新领先优势，尽快在全球产业链和价值链上占据有利地位。

2. 智能改造模式

对于钢铁、纺织、有色、建材等传统产业，可以强化信息技术、人工智能等先进生产工艺的推广运用，尽快提升行业的数字化、智能化和自动化发展水平。

3. 平台引领模式

围绕新型生活时尚，在新服务经济和分享经济等领域，依托龙头企业，推出智能生活、个性定制、体验消费等系列产品服务。

4. 战略导向模式

以全省经济社会重大发展战略为指引，深入实施生态立省、旅游强省、中医药强省等战略，大力推动生态环保、全域旅游、大健康等产业发展。

（四）下大力气优化营商环境

优良的营商环境是培育经济发展新动能的重要外部条件，因此，要发挥好市场和政府的作用，下大力气优化江西营商环境。

1. 构建市场起决定性作用的资源配置机制

在全省各地推广和完善“一次不跑”改革，加快实施市场准入负面清单制度，全面清理和废除妨碍市场公平竞争的机制障碍，引导信息、人才等新型生产要素快速流入并有效集聚，为培育新动能提供必要的要素支撑。

2. 落实精确扶持产业发展的政策导向机制

坚持“因产施策”，实行精细化和差异化扶持，加快形成一批龙头企业和产业基地，不断提升产业核心竞争力。同时，注重扶持新动能培育过程中所需的通用技术研发，助力特色产业加快发展。

3. 落实包容创新创业活动的慎重管理机制

实行“降低门槛、宽进严管”的行业管理体制，积极探索和推广预设安全红线管理制度，特别是对创新创业过程中出现的新技术、业态、模式，采取宽容失败、包容犯错的慎重管理方式。

4. 试点体现落实新发展理念的绩效考核机制

在构建新动能培育考核评价指标体系过程中，要更多地体现新发展理念的要求，并加强对相关产业发展数据的统计监测和分析研判，前瞻性地引导更多新兴业态蓬勃发展。

五、新动能助推高质量跨越式发展的鹰潭智慧城市建设实践

智慧城市是从20世纪末开始出现的一种新型城市化发展理念，主要依托大数据、云计算、物联网等现代信息技术，在产业发展、城市管理、公共服务等多个领域全方位实现城市智慧化，通过应用新理念和新技术，在管理手段、产业业态、市民体验等多方面形成一系列创新。近年来，鹰潭市委、市政府依托物联网产业发展，率先践行智慧城市建设，形成了物联网产业发展的“鹰潭样板”。

（一）鹰潭建设智慧城市的基本思路

近年来，鹰潭立足“全省产业转型升级先行者、美丽中国‘江西样板’排头兵”的发展定位，以推动产业发展新业态、政府管理新方式、百姓生活新体验为目标，以智慧城市发展需求为导向，以国家级科技创新成果转移转化试点示范基地、电信普遍服务、NB-IoT、智慧城市等一批重大试点工程建设为牵引，着力发挥新一代信息技术在推动产业创新转型、创新城市管理等关键领域的技术先导，积极做大做强移动物联网产业集群，以技术创新和成果转化带动一批传统产业数字化、智慧化转型，促进鹰潭经济发展质量、动力、效率变革，推动城市数字智力体系精细精准高效，走出一条以移动物联网技术为核心驱动力和竞争力的中小型城市智慧化转型新路径。

（二）鹰潭建设智慧城市的发展成效

鹰潭智慧城市建设坚持以“基础保障、数据牵动、应用牵引、注重成效”为核心理念，自下而上构建包含“基础网络、共性平台、应用体系、展示窗口”四个层级的总体框架，统筹调度多方力量，有序推进各项任务全面细化和深入落实。截至目前，鹰潭市移动物联网产业发展成功实现了“三个领跑、

三个凸显”，成为国内外物联网产业发展的“鹰潭样板”。

1. 移动物联网网络建设全国领跑

中国移动、联通和电信在鹰潭先后投资 1.7 亿元建设 NB-IoT 基站和 eMTC 基站，实现全域覆盖，且覆盖的广度和深度全国领先，可以很好地满足市区地下管网、地下停车场等多场景的监测和应用，从而使鹰潭在全国范围内率先成为两张物联网网络全域覆盖的城市。

2. 公共服务平台建设全国领跑

鹰潭移动物联网产业园于 2017 年 6 月成立，入驻了中国信通院（鹰潭）物联网研究中心、国家物联网通信产品质量检验中心、智慧城市展示中心等，其中，占地 5000 平方米的 NB-IoT 开放实验室集中了业内众多龙头企业和科研单位，可以提供技术研发、产品测试、检测认证、应用创新等全方位的行业通用服务产品。

3.NB-IoT 示范应用业内领跑

鹰潭是全世界 NB-IoT 设备连接数（9.3 万个）及应用场景数（33 个）最多的城市，也是全世界首个万量级单项 NB-IoT 商用项目（智能水表）落地的城市。目前，鹰潭市成功的案例主要有：三川智慧启动 NB-IoT 智能水表应用样板工程，搭建智慧水务管理平台，在市城区安装了 7 万多台智能水表，成为国内乃至世界首个城市级智能抄表应用工程，也是目前全球范围内规模最大的 NB-IoT 产品集中应用工程；百盈高新研发了 NB-IoT 路灯控制器，并与中国电信、华为合作开发了智慧路灯照明管理平台，经上线运营，平均节电率达 30%；渥泰科技 NB-IoT 智能净水系统应用，对终端用户进行实时数据采集和分析，提升了消费者的使用体验，从产品经济向服务经济转变。

4. 传统产业转型发展形成示范

主要包括以三川智慧、阳光照明、江南铜业等为代表的鹰潭本地企业纷纷利用 NB-IoT 技术加快企业转型升级，并列入了国家、江西省智能制造示范企业：三川智慧开拓物联网水表、智能卡水表等产品，实现产品的高端化和智能化；美纳途发布了全球首款 NB-IoT 智能箱包；百盈高新致力于打造物联网智能家居产品，慧智科技智能电路控制阀、人工智能控制单元、工业智能控制方案等产品均在稳步投产中。

5. 物联网产业集聚效应凸显

截至目前，鹰潭物联网企业（含在建项目）共计 100 家（个），其中新引进物联网产业项目共 52 个，投资总额 169 亿元，实际进资 27.46 亿元。2018 年，工信部正式批准鹰潭列入国家新型工业化产业（电子信息·物联网）示范基地。形成了“研发总部＋孵化基地＋标准厂房＋专业园区＋展示体验区”的发展格局，基本具备各项承载功能。2017 年以来，中国信通院、华为、浪潮等知名研发机构纷纷入驻鹰潭，促进了一大批物联网企业和相关产品应用在鹰潭迅速兴起。

6. 鹰潭样板品牌效应凸显

近年来，包括两院院士在内的众多国内外顶尖专家亲临鹰潭进行指导，企业主动到鹰潭洽谈项目的也明显增多。2017 年以来，鹰潭接待国内物联网领域的专家、企业家等超过上万人次，先后成功举办了中国移动物联网产业联盟成立大会、数据中心联盟峰会等多场行业内的顶尖活动。特别值得一提的是，2017 年，作为唯一的政府代表，鹰潭在世界移动大会和 GTI 峰会分别做了主题演讲，其智慧城市建设的示范应用成为国内外推广的“鹰潭模式”。

（三）鹰潭建设智慧城市的经验启示

1. 合理定位政府角色

建设智慧城市，需要完备的基础设施，更需要政府发挥好管理职能，包括从政策、资金、人才等多个方面予以扶持。作为智慧城市建设的管理者，政府要从传统行政型管理向服务型管理转变，坚持以市场为导向，充分利用好市场“无形之手”与政府“有形之手”，实现经济效益和社会效益最大化。鹰潭市委、市政府专门成立了智慧城市建设领导小组，充分发挥好组织、协调和服务等职能，制定出台物联网产业发展战略与扶持政策，及时解决重大项目引进与实施过程中出现的重大问题，从而为智慧城市建设奠定了坚实的组织基础。

2. 优化投融资政策体系

智慧城市建设需要大量资金，单靠政府税收远远不够，靠融资平台也难以为继。建设智慧城市，要充分发挥好市场在资源配置中的决定性作用。当市场手段无法破解资金困境时，又要充分发挥政府引导作用，鼓励社会资本加大投资力度，建立政府引导、社会资本参与的投融资体系。在宏观调控方面，政府也要发挥引导作用，避免民间资本过度投资，造成资源浪费。所以，有效优化智慧城市建设投融资问题，是智慧城市建设的基础性工作。鹰潭积极吸纳多方资金投入，推动智慧城市建设资金配套保障多元化发展：设立规模 1 亿元的市级物联网产业引导资金和 50 亿元的物联网产业发展基金，对企业在科研创新、技术改造、企业融资、应用推广等方面给予支持；在社会资本引入方面，积极与民间资本合作，推动政府融资从单一财政信用融资向项目融资转变，不断拓展社会化投融资渠道。

3. 完善人才培养和引进机制

建设智慧城市还要有合适的人才去执行，否则，一切都会成为纸上谈兵，所以，智慧城市建设要有充足的人才储备，政府应该加快培养和引进专业型人才，并制定完善相关的制度安排。鹰潭制定和实施了“慧聚鹰才”计划：围绕就业、安居、医疗、教育、职称评审等方面，制定信息化领域高端人才引入优惠政策，积极争取省内外高端人才向鹰潭汇聚；支持江西师范高等专科学校、鹰潭职业技术学院等市内高校开设物联网相关专业，培养物联网产业专业人才；积极创造条件，鼓励专业技术人才，对口参加大学院校专业学习，提高素质能力；组织企业、单位积极申请设立国家院士工作站、博士后工作站、创新实践基地、孵化创业中心等平台建设，为中高端人才就业和集聚发展提供优良载体。

六、结论

综上所述，影响新动能培育的主要因素可以归结为产业集群、智力支撑、制度创新、研发投入、创新生态等方面，因此，江西培育新动能助推高质量跨越式发展，也要密切关注这些因素并精准施策。

1. 高新技术产业集群决定区域经济发展新动能的潜力和后劲

高新技术产业集群的规模和水平对区域经济发展新动能有明显的促进

作用：能够体现新动能特征的引领型产业数量越多、占比越高，区域经济发展的动力就越足，可持续性也越强。在此过程中，培育新动能，不仅包括新兴产业的发展壮大，还包括对传统产业的改造提升。

2. 高水平大学和科研院所是区域经济发展新动能的智力源泉

人力资源特别是高素质人力资本对区域科技创新和技术进步有着显著的促进作用：一是为区域经济发展输送高素质的知识型员工，在全社会范围内有效激发创新创业的活力；二是为科技创新园区提供良好的智力支撑，为新兴产业在发展过程中遇到的技术瓶颈和创新屏障提供有效解决方案，助其突破技术难关。

3. 不断开展创新制度是区域经济发展新动能的重要保障

制度是区域有效培育经济发展新动能，不断提升科技创新能力的关键保障，通过向科技创新主体提供政策、资金等诸多资源要素，能够促使创新活动得以顺利完成：开放的市场环境有利于企业参与行业竞争，激励其不断完善创新战略、保持竞争优势；创新激励政策能够影响科技创新活动的最终收益。

4. 多途径的研发投入是区域经济发展新动能的重要驱动

研发投入往往会对区域经济发展新动能的培育产生较大影响，除了政府投资以外，其他社会资本的介入对新动能的培育也至关重要，特别是风险资本投资在驱动高新技术产业发展过程中有着重大作用，此外，新兴的公募、私募股权众筹模式也为科技创新企业的研发提供了新的资金来源。

5. 优化创新生态环境是培育区域经济发展新动能的新战场

优良的创新生态环境主要通过影响区域创新效率，进而对区域经济发展新动能的培育产生影响，不仅涵盖管理理念、体制机制等与政府行为有关的内容，也包括市场运行秩序、社会诚信体系等与市场活动有关的规则，还包括基础设施、公共服务、营商环境等与生产生活相关的条件，必须持之以恒提升政府治理效能来不断加以优化。

江西推进文化与旅游融合发展研究

胡长生　廖太燕　汤翔鹤　钟莉君

【摘要】 文旅融合发展是趋势使然，江西顺势而为必大有作为。文旅融合非单纯的“物理叠加”而是复合的“化学反应”。其实现方式包括：凸显资源特色、突出产品支撑、彰显文化创意、倡导社区参与等。江西面临诸多机遇：经济持续发展、资源得天独厚、国际影响日盛、先发气势喜人；其挑战为：交通条件制约、融合深度欠缺、高层人才不足、品牌影响较弱。促进江西文旅融合发展的主要思路：大力挖掘整合资源推动、优化相关体制机制保障、创新文旅转型业态支持、拓宽融资打造精品助推、集聚文化旅游人才支持等。

党的十九届四中全会从坚持和完善中国特色社会主义制度，推进国家治理体系和治理能力现代化的战略高度，强调了坚持和完善繁荣发展社会主义先进文化的制度，通过完善相应的体制机制不断促进文化和旅游的融合发展。人生既要有诗意，也要有远方，诗和远方兼备，方为完满人生。在“文化是旅游的灵魂，旅游是文化的载体”成为普遍共识的认知下，新时代如何促进文化与旅游的深度融合（以下简称“文旅融合”），既是文化旅游学界必须回答的理论课题，也是转变旅游发展方式的必然要求和根本途径。课题组先后赴南昌、抚州、景德镇、鹰潭、赣州、九江等地市进行调研，并形成了调研报告。

一、文旅融合是文化与旅游产业转型发展的趋势使然

（一）文旅融合发展是当前一项重要的国家发展战略

习近平总书记指出:“旅游是不同国家、不同文化交流互鉴的重要渠道，是发展经济、增加就业的有效手段，也是提高人民生活水平的重要产业。”推动文化与旅游融合发展，是党和国家的重大战略决策部署，是深化供给侧结构性改革的重要举措，也是推动文化与旅游产业提档升级、转型增效的重要途径。文化产业与旅游产业融合有着内在必然性，文化可以提升旅游的品质与内涵，旅游则是文化传播的有效方式与重要途径。文化旅游作为一种体验性活动，能够通过消费者体验后进行传播扩散，最终形成目的地品牌形象，同时也能满足人民群众日益增长的对美好生活的新期待。

据联合国世界旅游组织统计，全世界约 37% 的旅游活动涉及文化因素，文化旅游者正以每年 15% 的幅度增长。正基于此，当前世界各国都在着力整合文化产业与旅游产业，文旅融合成为一种世界潮流与趋势。在我国，文化产业被称为“国民经济支柱性产业”，将其与“战略性支柱产业”的旅游业融合发展也是近年来的一种新趋势。党的十八大以来，随着国家治理体系和治理能力现代化的要求，党中央适时开启了新一轮党和国家机构改革。2018 年 4 月 8 日，按照中共中央印发的《深化党和国家机构改革方案》要求，由原文化部和国家旅游局进行职责整合、重组而成的文化和旅游部正式挂牌。全国各省、市、县各级地方政府相应机构也基本完成了整合，这标志着在行政体制层面我国已完成了文旅融合发展的组织架构，这也充分体现了国家对文旅融合的支持，必将使文旅融合发展上升到一个新的高度。

世界旅游组织预测，到 2020 年，我国将成为世界第一旅游目的地和第四大客源市场。中国不仅是世界四大文明古国之一，拥有五千多年的灿烂文明，而且地大物博、山川秀美，旅游资源极为丰富，截至 2018 年，中国拥有世界遗产地 53 处，仅次于意大利（54 处）位居世界之二，其中世界文化遗产 32 处，世界自然遗产 13 处，世界文化和自然遗产 4 处，世界文化景观遗产 4 处。“中国大陆观光旅游资源具有种类多样化、内容丰富、

分布广泛又相对集中、地域组合特色突出、各地观光旅游资源互补性强、人文旅游资源与自然旅游资源交融性强、文化积淀丰厚、开发潜力强等特点。”[①] 源远流长的历史文化资源和随处即景的山川形胜，为我国文旅融合发展提供了坚实基础。因此，文化与旅游融合成为我国各地促进经济发展和推动文化前行必不可少的关键途径。

（二）文旅融合是文化与旅游产业转型升级的内在需要

改革开放以来，我国旅游业经历了一个快速发展过程，实现了从无到有、从弱到强的历史性转变，现在已经发展成一门朝阳产业，日益成为拉动经济增长的重要力量。经历了数十年的发展，我国旅游业正处在转型升级的转轨时期，此前的观光游、景区游与团队游等传统方式正在被休闲游、全域游、自助游等新兴方式所取代。随着我国社会主要矛盾的转化，人民对于美好生活的需要和不平衡不充分的发展之间的矛盾成为社会主要矛盾，这一矛盾体现在旅游方面，就集中体现在人民群众对旅游的文化内涵、精神需求、个性化融入等方面的日益增加与旅游景区的单一化设置，注重游客数量等门票经济观念存在严重冲突。过去“到此一游”式的单一游览方式越来越不能满足人们的旅游需求，拍照留影买特产的“打卡式”旅游也逐渐被各类深度旅游方式所取代，这就倒逼文化与旅游产业要进行供给侧结构性改革。赏艺术、看民俗、品历史、观演艺等有内涵、个性化、高品质的文化旅游，逐渐成为旅游新时尚，文旅融合成为文化与旅游产业转型升级的重要途径。

为顺应时代发展需求，我国大力促进文旅融合发展，助推文化和旅游产业转型升级，通过不断探索和实践，取得了一系列骄人成绩。目前我国拥有约 3000 个主题公园，华侨城集团和华强集团已经分列全球第四和第五大主题公园企业，涌现出大唐芙蓉园、清明上河园、三国城等有中国特色的历史文化主题公园。尤其值得一提的是，旅游演艺作为文旅融合的重要方式，逐渐成为拉动文旅产业发展重要助推力。相关数据显示：“中国旅游演艺进入了快速发展期，从 2013 年到 2017 年，旅游演艺节目台数

① 赵嘉裕．中国大陆观光旅游资源总论［M］．台北：秀威资讯科技，2010.

从 187 台增加到 268 台，增长了 43%；旅游演艺场次从 53336 场增加到 85753 场，增长了 61%；旅游演艺观众人次从 2789 万人次增加到 6821 万人次，增长了 145%；旅游演艺票房收入从 22.6 亿元增长到 51.5 亿元，增长了 128%。”①

2004 年实景演出《印象·刘三姐》一经推出便取得巨大成功，受此影响一批以“印象”为名的实景演出项目纷纷跟进，如《印象丽江》《印象大红袍》等，这些在主要旅游目的地推出的演艺活动大多都取得了成功，高科技手段带来的视听盛宴与当地独特的自然景观与地理条件相结合，不仅丰富了夜间旅游的内涵，更让游客沉浸其中流连忘返。近年来，江西省在旅游演艺方面也取得了长足发展，推出了诸如《寻梦龙虎山》（鹰潭）、《寻梦牡丹亭》（抚州）、《明月千古情》（宜春）、《梦里老家》（婺源）、《井冈山》（吉安）、《春江花月夜》（九江）等一系列实景旅游演艺项目，既展示了地文化又满足了游客的精神文化需求，成为各地文旅融合的品牌与亮点。

据不完全统计，宋城集团旗下的千古情系列共有 7.5 万个座位，超过世界两大戏剧中心百老汇和伦敦西区座位的总和，宋城演艺打造的旅游演艺品牌“千古情”系列，非常巧妙地将不同城市的独特地域文化融入旅游演艺中，借助声、光、技术等现代科技手段，对中华文化进行现代呈现与阐释。这种方式不仅得到了观众的认可，也因为其成为各地的一个重要的文化推介平台而受到当地政府部门的重视，因而发展非常迅猛，成为各地文旅融合的一个成功范例。据估计，该系列每年演出 8000 余场，观众超过 3500 万人，收入占据中国旅游演艺市场半壁江山。

二、文旅融合发展的实现方式

文化和旅游各有内涵，各具特色，各有自身的发展规律，两者融合发展不是简单相加，而是有机融合。文旅融合要找准文化和旅游的最佳连接点，真正实现“宜融则融、能融尽融、以文促旅、以旅彰文”的目标，推

① 赵珊 . 旅游演艺　夜间的视听盛宴［J］. 人民日报（海外版），2019-04-12.

动文化和旅游工作各领域、多方位深度融合，实现资源共享、优势互补，为文化建设和旅游发展提供新动能。就当前发展趋势而言，文旅融合应当凸显资源特色、文化创意、产品支撑、社区参与等优势。

（一）凸显资源特色的文旅融合

旅游资源是旅游业发展的前提和基础，是旅游开发中最为关键的要素，它可以直接转化为有价值的旅游产品，从而产生社会效益和经济效益。旅游资源大体可以分为两大类，即自然风景资源和人文景观资源。自然风景资源包括地貌、气候、水文、生物等，人文景观资源包括历史遗迹、民俗风情、文化艺术、饮食娱乐等。基于旅游资源特色的文旅融合，就是要针对各地不同的旅游资源类型进行因地制宜的开发，在开发过程中充分挖掘其文化内涵，真正实现“人无我有，人有我优”，在开发差异化中形成自身特色与竞争力。对于自然风景资源，在充分突显其本身的自然属性与观赏价值的同时，还要着力从历史文献与民间传说等方面对其进行文化开发，拓展其旅游阐释空间，重新赋予其深厚的人文内涵。江西新余仙女湖景区的开发就是一个成功的案例，新余仙女湖的前身是修建于1958年的新余江口水库，是江西省四大水库之一，水库建成后水域面积宽广，而且形成众多岛屿，沿湖140多公里的岛屿山林，古树名木、农舍村寨等共同形成了一个风景秀美湖区，拥有非常好的旅游开发前景。2000年新余市政府为了旅游需要将新余江口风景区及东晋文学家干宝所著《搜神记》中记述的“羽衣仙女下凡”的美丽传说进行深度挖掘与融合开发，最终形成了著名的仙女湖风景名胜区。这种从无到有、借景而兴、文景互彰的文旅融合模式，最大限度地利用了传统文化资源，使自然风景资源不仅具有了游览观赏价值，而且提升了其内有的文化品位与想象空间。对于人文景观资源而言，要实现文旅深度融合，最重要不在开发而在保护。一般而言，人文景观资源本身就具有特殊的文化内涵与观赏性，对像古建筑、古村落等资源要尽可能保持其本身的历史特色与原真性，人文景观资源本身的古与旧之中就蕴含着深厚的历史文化底蕴，这也是对现代游览者最具吸引力的地方。

（二）突出产品支撑的文旅融合

目前较受游客青睐的文旅融合产品类型主要包括实景山水演出、文化主题公园、历史文化街区等。对于旅游产品的开发设计而言，文旅融合的关键在于如何将地域特色和文化记忆有机融入产品设计中，让游客在旅游观赏中真正对地方文化与民俗风情产生更深入的理解与认同。旅游产品开发设计不仅要依托当地自然旅游资源，而且要找准文化切入口进行有效开发，要立足实际彰显个性化，对不同地域、不同族群、不同源流的文化进行多样化有机呈现，如江西首家大型山水实景演出《寻梦龙虎山》，就不仅借助当地的自然山水景观进行设计，而且充分挖掘了当地具有代表性的道教文化进行阐释，此外还有歌舞的形式对春秋战国时期古越民族的文化基因进行了展示，令观众在游览过程中对当地深厚驳杂的文化内涵有了更为深刻的了解。旅游产品不仅要有特色与看点，也要强调游客的参与性与体验性，让游客在观赏互动过程中不知不觉地受到文化的感染与熏陶。抚州文昌里的《寻梦牡丹亭》就充分调动了游客的参与互动性，其表演摒弃了传统的舞台化演出形式，采用了移步换景的表现手法，让游客随着剧情的变化不停变换场景在景区游走，使人有仿佛置身剧中之感，获得独特的观赏体验。

旅游产品开发还要坚持市场化导向，充分掌握游客的需求与心理预期，从而对旅游吸引物进行适当的开发与再造。在产品开发设计过程中，要利用各种形式和手段充分挖掘现有旅游资源的文化内涵。在旅游线路设计上，可以将不同文化特色的景区景点进行整合优化；在受众目标人群上，可以将旅游与文化教育等有机融合，打造传统文化或红色文化研学游等项目；在文化表现方式上，可以充分利用现代高科技手段营造实景效果，令游客产生身临其境的观感。除了产品内容上的丰富性外，旅游产品开发还应注重对旅游设施与服务的综合性开发，将地域文化特色与游客的吃、住、行、游、购、娱等有机融合，真正实现文化与旅游的全方位融合发展。

（三）彰显文化创意的文旅融合

文化创意对于文旅融合具有举足轻重的影响，文化创意与旅游业相结合，不仅形成了文化创意旅游这样一种新型旅游业态，而且文化创意为文旅融合提供了一个更为宽广的平台。文化创意是对文化资源的提升与再创造，它依靠创意者的智慧与技能，借助现代高科技手段，对现有资源进行全新的创造，从而生产出高附加值的创意产品。2014 年，文化部在贯彻落实《国务院关于推进文化创意和设计服务与相关产业融合发展的若干意见》（国发〔2014〕10 号）时就曾提出："鼓励文化创意和设计服务进入旅游业，提升文化旅游产品开发和服务设计水平，促进发展特色文化旅游，促进发展参与式、体验式等新型业态。鼓励文化创意、演艺、工艺美术与旅游资源整合，开发具有地域特色和民族风情的旅游演艺精品和旅游商品。支持建设富有文化特色与内涵的休闲街区、特色村镇、旅游度假区，加快培育文化旅游精品。"[①] 实践证明，文化创意是促进旅游业转型升级的助推器。文化创意是深化文旅融合的重要载体，通过文化创意产品开发提高游客的满意度与获得感，进而全面提升旅游业的文化品位与内涵。

近年来，我国文化创意产品开发取得了丰硕成果，国家统计局数据显示，过去 5 年，我国文创产业增加值增加了 66.09%，在 2017 年占 GDP 的比例达到 4.29%。越来越多的旅游目的地开始转变观念，不再依靠单一的门票收入，而是将更多的精力用于衍生产品的创意设计开发。以近年来因文创产品开发爆红网络的故宫博物院为例，故宫文创从最初的藻井伞、衣服夹子、冰箱贴、手机壳、朝珠耳机等日用品起步，其后开始形成"故宫文创"品牌，借助各种形式进行产业创意开发，如 2017 年，配合千里江山展，故宫博物院推出了千里江山系列 40 余款文创产品，涉及家居、旅游、文具、玩具等十大类产品；2018 年，配合"贺岁迎祥——紫禁城里过大年"展，故宫博物院研发了包括岁朝、门神、福禄寿等多个系列的产品近百种；2018 年《上新了·故宫》热映，该档节目播出第一期后，第一批 5000 件产品在 1 小时内被抢购一空。据统计，2017 年故宫文创销售收入达到 15 亿元，超过 1500 家 A 股上市公司的收入。在庞大的文创市场迎来"井喷"的同时，也吸引一大批入局者。不止故宫博物院，中国国家博物馆、颐和园等文化类展馆正加入生机勃勃的文创产业。统计数据表明，国内已有 2500 余家博物馆、美术馆围绕馆藏进行 IP 开发，文化创意产品开发正在成为文旅融合的一个生动例证。

① http：//www.gov.cn/gongbao/content/2014/content_2723639.htm

（四）倡导社区参与的文旅融合

重视社区参与是世界各国在文旅融合发展过程中的一条成功经验。1985 年，墨菲（Peter E. Murpy）出版了《旅游：社区方法》一书，首次在旅游研究中引入了社区参与的概念，其后社区参与在旅游业发展中的作用受到越来越多的关注与研究。1997 年，世界旅游组织、世界旅游理事会与地球理事会颁布的《关于旅游业的 21 世纪议程》明确提出了社区参与是旅游业可持续发展的重要内容。社区不仅是大多数旅游资源的所在地，而且对于人文景观资源而言，社区居民在一定意义上是这些旅游资源的缔造者，社区居民通过世代的努力与营建形成了古村落、古建筑等一系列的人文景观，同时他们也是这些旅游资源的保护者与传承人。除了物质文化遗产受社区影响较大外，各地独具特色的非物质文化遗产，如果脱离了社区居民参与几乎都无法发展传承。从旅游者的角度看，一些社区居民的生产生活方式，所使用的器具，民俗节庆活动等都是有形和无形的文化资源，社区居民是地域文化的活载体，社区居民的参与能够让游客切身体验到文化的活化形态，并参与到文化传承与保护过程中。因此，文旅融合落实到社区层面就是要着力保护社区居民原生态的生产生活方式，提高社区居民对于地域文化的认同度，鼓励社区居民成为本地文化的代言人与传播者。在当前的旅游发展中，社区参与文旅融合的方式主要有非物质文化遗产展演、民俗节庆活动以及宗教文化活动等，这些有社区参与的活动也越来越受游客欢迎。据巴西里约旅游局数据显示，2018 年里约狂欢节吸引 600 万人参加，其中游客达 150 万，同比增长近 40%。世界范围内社区参与文旅融合较具代表性有日本清水寺舞龙游行、非洲莫桑比克等国的土风舞、毛里求斯的塞卡舞以及巴西狂欢节等。

三、江西促进文旅融合面临的机遇与挑战

虽然江西省文旅融合已经取得了一定的成绩，但也存在文旅融合观念差异较大、具体操作实施措施落地难等一系列问题，因此我们在庆幸适逢巨大机遇的同时也不得不直面不小的挑战。

（一）江西促进文旅融合的机遇

首先，江西经济持续、稳定发展，人民生活、教育水平不断提高，为文旅融合提供了物质保证、教育支撑等。根据中商情报网提供的数据：根据国家统计局的权威数据，2018 年江西省生产总值达到 21984.8 亿元，按可比价格计算比上年增长 8.7%，高于全国平均水平的 6.6%，位居全国第 4、中部第 1。其中第一产业增加值为 1877.3 亿元，较上年增长 3.4%；第二产业增加值为 10250.2 亿元，较上年增长 8.3%；第三产业增加值为 9857.2 亿元，较上年增长 10.3%。三次产业结构为 8.6 : 46.6 : 44.8。同时，江西省经济发展的质量大幅度提升，以财政收支为例，全年全省一般公共预算支出为 5669.9 亿元，比上年增长 10.9%。在重点支出中，教育方面的支出为 1052.2 亿元，较上年增长 11.9%；社会保障和就业方面的支出为 762.6 亿元，较上年增长 14.9%；医疗卫生与计划生育方面的支出为 586.9 亿元，较上年增长 19.2%。在居民收入上，全年全省居民人均可支配收入为 24080 元，比上年增长 9.3%，高于全国平均水平的 8.7%，其中城镇居民人均可支配收入为 33819 元，较上年增长 8.4%。大好的经济形势，普通民众预期的“财务自由”为文旅融合提供好了内在的社会舆论、人员储备和相当的消费群体。

其次，江西拥有令人惊叹的文化资源和旅游资源。江西是个古色文化、红色文化和绿色文化均十分兴盛的省份，文化旅游资源非常丰富。从自然资源上看，大江（如赣江）、大湖（如鄱阳湖）、大山（如庐山、三清山、井冈山、龙虎山等）具有得天独厚的秀美山水。从人文历史上看，孕育了中国音乐鼻祖伶伦，汉代高士徐孺子，净明道派始祖许逊，绘画大师八大山人等名家，许多文豪名士，如王勃、张九龄、李白、白居易、韩愈、欧阳修、朱熹、辛弃疾、杨万里、文天祥、汤显祖等都在江西留下了千古传诵的佳话或诗文，这些也成为江西的文化瑰宝，极大地提升了江西的文化吸引力。“书院文化”“红色文化”“陶瓷文化”“戏剧文化”“茶文化”等文化资源区域特色明显、文化旅游品牌形象建设潜力巨大。省会南昌文化遗存众多，拥有 600 余处文化遗址，素有“西江第一楼”之誉的滕王阁就坐落在南昌，作为江南三大名楼之一，它因王勃所吟千古佳句而声名远播，至今依然保留着古朴的风格，弥漫着人文之气；绳金塔屹立千年不倒，是南昌的“镇城之宝”；西山万寿宫为道教净明忠孝道的发祥地，每年都吸引无数游客纷至沓来；汉代海昏侯墓的考古发现更是震惊世界，其中多项发现都具有重大的历史意义，2019 年底即将开放的海昏侯遗址博物馆对于南昌发展旅游产业将是一个新的史无前例的好机会。文旅融合在江西的推进充满了各种机遇。

就红色文化而言，在中国革命史上，江西享有崇高的地位，许多重要的战争在此爆发，许多重要的会议在此召开，许多重要的决策在此制定，许多重要革命人物在此出生、工作和战斗，这里的人民为革命提供了物质保障和精神支持，作出了巨大的牺牲。以地区为例，南昌被称作“军旗升起的地方”，“八一起义”打响了革命第一枪，他们从这里步履坚定地迈出一条通往革命，并最终走上成功的正确道路。八一起义纪念馆、八一起义总指挥部旧址、叶挺指挥部旧址和朱德军官教育团旧址等红色遗迹无不显示出历史的沧桑巨变和革命的如火如荼。“中国工运摇篮”萍乡是中国工人运动，秋收起义的策源地和主要爆发地，留下了安源路矿工人运动纪念馆、工人俱乐部、秋收起义军事会议旧址、莲花一支枪纪念馆、花塘官厅列宁学校等爱国主义教育基地。“共和国摇篮”赣州红色资源尤其丰富，新中国所有部委的前身都在这里成立，瑞金及其周边数县是中央革命根据地和中华苏维埃共和国临时政府所在地。举世闻名的二万五千里长征从瑞金、于都等地出发。据统计，赣州市共有革命历史遗址 775 处，被列为全国重点文物保护单位的 8 处 63 个点；市级以上爱国主义教育基地 102 个，国家级 7 个、省级 21 个，全国性行业系统爱国主义教育基地 35 个。近年来赣州市确定了“一核三区”旅游发展战略，努力把赣州建设成全国著名的红色旅游圣地，明确表示在“十三五”期间着力建设涵盖瑞金、兴国、于都、寻乌等县市的红色旅游创新区。“光荣的模范苏区”上饶是著名的革命老区，方志敏、邵式平等人领导的闽浙皖赣边革命根据地历经 10 年建设，在政治、经济、文化、教育、军事上都有创举，全盛时包括江西、福建、浙江和安徽四省边界地区 20 余县，人口 100 多万，是全国六大革命根据地之一，被毛泽东誉为“模范的闽浙赣省”，今有上饶集中营、闽浙赣省苏维埃政府旧址、方志敏纪念馆等见证了革命者的不屈奋斗。吉安，堪称没有围墙的红色博物馆，全市有革命旧址旧居 543 处，“革命的摇篮”井冈山建立了第一个革命根据地，第一支红军：红四军，第一所红军医院，第一个红军造币厂，颁布了第一部土地法《井冈山土地法》，提炼出了光耀全国的“井冈山精神”。抚州，原中央苏区重要组成部分，第四次、第五次反“围剿”的主战场，发生的康都会议、黄陂战役、黎川大捷、广昌之战在党史、军史上具有重要地位和影响。鹰潭也是革命老区，广大贫农在方志敏领导下举行了震惊赣东北的贵余万暴动，1933 年 1 月闽浙赣苏区工农红军第十军在贵溪上清镇与中央红军第三军团会师，为第四次反“围剿”发挥了重要作用。宜春也经历了不少革命事件，如铜鼓是秋收起义指挥中心——前敌委员会所在地，万载是中共湘鄂赣省委和省苏维埃政府 1932—1934 年驻地，新余则召开了被称作第一次“反围剿”号角的“罗坊会议”。众多革命先辈在江西留下了惊心动魄、精彩感人的故事，江西也为中国革命奉献了无数杰出人才，他们或成为永垂不朽的烈士，或锻造成成就非凡的将军。这些事例和精神始终激励着这方土地的后人。而且，这些红色文化资源多数已经转化成旅游资源，发挥着获得经济效益和传播正能量价值的重要作用。同时，绿色文化亦在中国文化史上占据重要位置，有着非凡的影响力。“三色”文化的融通为江西文旅融合的实现奠定了良好的基础。

再次，国际上渴望对中国包括江西了解的程度愈发强烈。随着中国国际地位的日益彰显，江西对外开放的力度和影响与日俱增，开放的中国必然使得国际社会了解中国包括江西的愿望越来越强烈。而文化是国家、民族互相了解的重要介质，富含文化内涵的旅游又是达到共通的有效途径。至 2019 年 5 月，计有 30 多位各国驻华使节、领事官员、国际友人和外国记者受到各地邀请访问江西。此外，还有 30 余名丹麦、新加坡等地的旅行商和旅游机构负责人等境外商务代表前来踩线，对接江西省旅游线路产品购销，让赣鄱文化滋养更多的海外游客。这就为江西文旅融合提供了国际化的广阔视野和重要机遇。

最后，江西的文旅融合已经形成了一定的先发规模和前期基础。在国家重视——提供制度、资金保障和省内强调——为具体问题解决提供便利条件，双管齐下的推进中，江西文旅融合业已获得了相当的成就。近些年江西的红色文化、绿色文化和古色文化的研究、开发取得巨大进步，这都离不开中央、省市县各级部门在政策制定等方面提供的政策引导和制度支撑。习近平同志在推动中部地区崛起工作座谈会上指出，要加快构建生态文明体系，做好治山理水、显山露水的文章，打造美丽中国“江西样板”。这就为江西文旅融合提供了总的思想纲领和理论指导。近年，江西确实以绿色崛起为重要工作方针之一，狠抓了生态保护与城乡环境治理等方面的工作。全省单位 GDP 能耗、水耗等不断下降，2018 年度 PM2.5 浓度均值下降近 18%，空气优良天数比例接近 90%，农药化肥使用量连续 3 年负增长，是全国唯一“国家森林城市”设区市全覆盖的省份。2019 年，江西提出以更高标准打造美丽中国“江西样板”的新要求。诸多生态文明建设的举措和成就正好为文旅融合奠定了坚实的基础。江西省委、省政府也高度重视文化强省建设,在“十三五”规划纲要确定了建设文化强省的目标任务，省第十四次党代会把加快文化强省建设作为“五个强省”建设之一，2018 年省委、省政府出台的《关于加快文化强省建设的实施意见》规划和明确了加快文化强省建设的路线图和施工图，深化和完善了加快文化强省建设的战略路径和重要抓手，其中文旅产业是着重发展的领域，而且以后受重视的程度以及政策、资金资助的可能性和比重必然增大。

（二）江西促进文旅融合的挑战

由于历史原因及当下现实的影响，江西文旅融合也存在挑战，这既是我们未来文旅事业发展的短板，也是激励我们前行的动力。

第一，地理位置和交通条件的制约。江西东邻浙江、福建，南接广东，西靠湖南，北毗湖北、安徽，在农业时代这种北经鄱阳湖联通长江、运河，南跨大庾岭联通岭南的地理位置具有重要的优势，也使得江西在古代社会属于全国最发达的区域之一，但随着工业时代的到来，随着铁路等现代交通工具的功能的强势体现，因为处于铁路网络等现代交通方式的边缘地带导致江西被周边的省份超越，甚至与某些省份的差距逐渐拉大。发展文旅产业，交通的不可替代性是我们必须解决的问题。江西省交通部门已经规划好了交通网络建设的宏伟蓝图，实施“三步走”战略：到明年，基本建成“安全、高效、畅通、绿色”的交通运输体系；用 15 年时间，全面建成富有布局完善、耐久可靠等特色的综合交通基础设施网络，交通运输基本实现现代化；再用 15 年时间，江西省力争在交通基础设施、运输服务和行业治理达到世界先进水平，全面实现现代化。近日，昌赣高铁的通车就实现了江西省市市通动车的局面，自始南昌至赣州间的铁路旅行时间由 4 个多小时缩短至少 2 小时，并由此建成以南昌为中心、覆盖江西省主要市县区的“1.5~2 小时交通圈”，以及辐射广东、福建、湖南、湖北、浙江、上海等省市及城市群的 4 小时生活圈。它也是第一条途经井冈山革命老区、赣南等原中央苏区的“苏区高铁”，堪称文旅融合与交通通联的最佳典范之一。可惜，江西交通仍然存在短板，比如某些特色鲜明的古村镇交通不便，或交通方式单一、换乘难以实现，阻碍了旅游产业的落地和扩展。

第二，文化旅游融合缺乏深度，融合层次不高。文旅融合需要不同部门或机构实现和达到一种双向互动的理想状态，它的重要前提就是文化和旅游两端都得到充分发展。在文化方面，要让主管部门在专家、学者的指导参与下挖掘本地的历史片段、思想脉络和情节故事等。只有不断深入地挖掘文化的内涵，让悠久或时新的文化得以彰显，旅游景区的特色定位才能准确、清晰，一些景区无视文化本来应该在旅游业发展中占据的核心地位，不注重优秀传统文化的创造性转化和创新性发展。在旅游方面，需要基础设施、旅游产品和配套服务的共同提升，才能实现旅游体验的整体升级。文化旅游基础设施不仅涵括传统意义上的旅游交通业、餐饮酒店业，也包括使用新技术的旅游信息化基础设施等。江西省基础设施建设方面问题较多，特别是某些经济不发达地区，由于缺乏相应的配套设施，接待能力不足，文化旅游业发展受到很大限制，因此有许多需要提升之处。而旅游产品、艺术表演等转化为文化产品的能力比较有限，导致无法形成竞争力或提升市场影响力。总之，江西现实的旅游环境、旅游过程以及配套的旅游基础设施等旅游服务要素仍与新时代发展之“新”不太适应。如消费阶层相对固化，发展模式多是小旅游格局，以景点、景区围墙内的资源供给为主，民众参与程度低，整体处于辐射效应不明显的“封闭式旅游自循环”中。此外，在全省开展的“全域旅游”，一些地方存在“一哄而上”情况，“村村点火，户户冒烟”，表现出“非理性繁荣”的一种秩序缺失。

第三，本地文化产业发展慢，缺乏拓展和创新。本省具有市场竞争力和国内外影响力的文化企业过少，在市场化运营中毫无优势。由于整合文化旅游资源的能力不足，难以出现国际或民族品牌，自然无法造成规模效应与辐射效应。文化旅游资源开发不够、区域发展不平衡也是一大弊端。本省拥有丰富的文化旅游资源，可供观光的旅游景区不少，但已开发并具有接待国内外游客能力的景区比例不高，或因为相关资源尚未得到充分挖掘，或因为规划不当、区域发展不平衡，有的地区重复建设，有的地区缺乏开发。

第四，文化旅游领域的高层次复合型人才较少，融合发展内生力不足。本地工资和福利等方面的局限导致人才外流，在赣的人才数量和人才结构无法满足现实需求，而省内高校旅游管理专业学生培养不系统、不全面，不仅知识结构单一，而且大都无实践操作能力。

第五，文化旅游设计、开发规模较小，品牌影响力弱。当前，多数本省文化旅游景区（点）规模小、级别低、开发水平不高，具有跨区域吸引力的龙头产品较少，难以形成有效的产业集群。旅游整体形象包装宣传缺乏力度，未出现闻名的大型娱乐文化品牌，也没有具备强大资源整合力的大型文化旅游企业（集团），绝大多数为小型企业，重复建设，文化旅游产品类同，并且分属不同的行政管理部门，各自为政，不便加以利用与整合。

综前所述，江西在促进文旅融合上机遇和挑战并存，前者让我们对文旅建设事业充满期待和憧憬，而后者则促使我们去思考、去实践，如何采取有效措施推进我们未来的工作和事业。

四、促进江西文旅融合发展的主要思路

我们必须在大力挖掘整合资源支撑、优化相关体制机制保障、创新文旅转型业态给力、拓宽融资打造精品助推、集聚文化旅游人才支持、充分利用信息技术推动等方面，出谋划策、戮力同心，不断促进江西的文旅深度融合发展。

（一）大力挖掘整合资源支撑文旅融合发展

大力挖掘本土文化，整合旅游要素资源，是促进江西文旅深度融合发展的前提和基础。以文促旅，以旅彰文。旅游是文化的载体，文化是旅游的灵魂。遵循文化、旅游各自的发展规律及其异质性，做到能融则融，宜融尽融，找准文旅深度融合发展的交汇点与契合点，结合实际不断促进文旅深度融合发展。借助旅游为平台体现文化魅力以推进文化繁荣，借助文化为灵魂彰显旅游内涵以推动旅游发展，形成文化依旅游而繁荣，旅游借文化而发展的良好局面。

第一，我们促进文旅深度融合发展，在充分发掘江西的红色文化、古色文化和绿色文化等既有的文化资源的基础上，在管理体制机制上不断促进江西“三色文化”的融通与融合。我们应当以赣鄱文化为重点，充分利用江西独有的红色文化资源、历史文化资源和绿色生态资源，通过打造文旅融合品牌，不断提升江西省文旅产业发展水平。通过打造旅游品牌，吸引更多的国内外游客来江西，提高江西在国内与世界的知名度和美誉度。吸引全球游客体验江西人文风情、消费江西文旅产品。不断深化文化旅游领域的改革与开放，促进并保障文化与旅游产业的各类市场主体融合成长，鼓励发展“文化创意＋旅游服务”的全产业链模式。

第二，坚持文化资源与旅游资源的整体打包观。江西省文化资源极其丰富，红色文化、古色文化、绿色文化，交相辉映；陶瓷文化、书院文化、禅道文化，相映成趣，在全国乃至世界影响日盛。江西的绿水青山享誉中外，庐山、三清山、龙虎山闻名遐迩，旅游资源极为丰富。不断发掘赣鄱文化的精神内涵与禀赋特质，消弭文化和旅游的人为隔阂，不失时机地促进江西的文化和旅游的深度融合发展。江西省应当以资源为关键，以市场为导向，以项目为抓手，优化与重构既有的文化和旅游禀赋资源，提高资源的开发、整合与利用效率，培育生态文化旅游龙头企业，加快生态文化与旅游产业发展，实现传承文化资源、丰富旅游产品、塑造江西形象的目标。

第三，坚持探索建立“政企联手、部门联合、上下联动”的整体宣传促销机制。实现旅游产品的深度开发，同时充分借助招商、会展和文化交流等活动，放大旅游的吸引力，推动全省文化旅游产业科学发展。建议全省各地以 3 A 级以上景区为重点，完善景区配套设施，把周边贫困村纳入旅游景区统一规划、统一建设、统一营销，努力打造文化创意产业园、研学旅游基地、乡村休闲农场、乡村旅游休闲度假社区、乡村公园等旅游新业态与新产品，并策划和包装旅游精品线路，提升景区对周边古村落、历史文化小镇的辐射能力与带动能力。

第四，打好“千年牌”，切实促进文旅融合，有效地提升文旅行业的国际化水平与能力，是当前以及今后江西文旅深度融合发展的关键所在。江西久负盛名的千年瓷都、千年道教名山、千年古寺、千年名楼、千年古村，融合汤显祖国际文化交流年、VR 国际会展、绿色农产品国际博览会、江西饮食文化国际展销会等形式，不断拓展文化交流的内容形式，推动赣鄱文化走向世界，同时打开江西放眼世界的窗口。

（二）优化相关体制机制保障文旅融合发展

创新文旅融合机制，促进文旅融合发展，是促进江西文旅深度融合发展的基石与保障。

第一，统一认识和建立文旅产业融合发展机制。江西文旅深度融合发展要积极发挥政府部门的引导作用，统一认识，充分认识到发展的重大意义、产生的经济效益与社会效益，及时协调解决文旅深度融合发展问题，借鉴和交流经验，政府部门还要完善相关的交流体制机制，加大政府开发资金的投入和城市规划的配合，为文旅深度融合的协同发展提供良好的资金支持和政策环境。借助政府引导、社会融资，以领先的管理经验和做法，培养大批有影响力的文旅融合型龙头企业，不断提升江西文旅项目的社会影响力与核心竞争力。

第二，不断完善政府文旅融合的体制机制，进一步创新适应文旅业综合性产业特征的管理体制。梳理各级政府文化旅游主管部门的文化产业与旅游产业发展相关事务权力，明确各级文化旅游主管部门的权力范围，提升文化旅游行政部门的管理效能。在理顺行政管理权限的基础上，组建专门的机构负责文旅的协同发展，各区结合各自的资源特色进行统一规划，确立行动目标，制定发展规划和发展纲要。加强文化产业与旅游产业的协调和沟通，建立市级、区级的两大产业发展的联席会议制度，定期举行会议磋商，构筑文化产业和旅游产业之间的公共信息平台。

第三，建立健全促进文旅产业深度融合发展，促进文化产业与旅游产业健康发展的标准化规范体系。加快对促进文旅深度融合发展的立法工作，制定实施细则并使其贯彻落地。与此同时，不断完善相关的文化旅游地方法规与规范性文件，进一步增强文化旅游法规的可操作性，为文旅深度融合提供法律保障。

第四，为解决文旅深度融合发展的资金不足难题，我们必须加大力度促进绿色金融体制机制的快速高质量的发展。要增加文化产业与旅游产业融合发展的启动资金，核拨文化旅游产业重大项目的建设资金；同时，增加文化旅游产业发展的专项资金投入，以确保文化与旅游的顺利融合。立足资源禀赋，深度挖掘优势，强化融合发展理念，积极探索文旅融合发展新路径，“以文促旅、以旅彰文”，让“文化 + 旅游”真正实现“1+1 > 2”的系统效果。

（三）创新文旅转型业态给力文旅融合发展

不断创新传统的文化产业与旅游产业的新业态，是促进江西文旅深度融合发展的纽带与平台。

第一，要做足江西文旅融合产品供给侧的结构性文章，充分利用江西文化旅游资源多样、绿水青山禀赋资源优势，增加文旅融合产品的有效供给，开发多样化的红色旅游、休闲旅游、研学旅游、古村落文化旅游等新产品。江西省应不断激活文旅的市场主体，激发文旅融合企业的创新活力。重视培育与引进社会影响佳、产业层次高和生态效益优的文旅融合产业项目，引导国际与国内知名文旅企业将地区总部落户江西。通过政策扶持、降低参与政府采购的准入门槛等有效手段，推进中小微文旅融合企业的创新合作动力，着重培养演艺娱乐、动漫创新、艺术产品等一批新型文旅融合产业项目，不断形成具有深度融合基础的文旅产业创新群体。开发丰富多样的文化和旅游业态，发挥产业聚合效应。

第二，积极拓展文化旅游产品的开发。江西文旅深度融合发展要坚持以生态文明理论和文化协同理论为指导，以旅游资源为纽带，以文化主题为切入点，将地方特色明显的文化资源系统地整合起来，促进产业资源优化配置，突出品牌特性，构建主题特色鲜明的文化旅游产品，形成具有文化、旅游功能的新型产业。生态休闲文化系列产品，重点建设体现江西生态与文化优势的文化旅游产品。充分利用南昌温泉和水域资源优势，重点开发休闲度假旅游产品和山水森林度假旅游产品，助推森林温泉养生系列产品展现新的活力。

第三，结合中部地区的地缘优势，重点打造文化旅游产品、以“三色融合”为主的文旅观光与农家文化休闲旅游产品、古村落文化旅游休闲产品、古遗址文化旅游产品等。推动 VR 产业与旅游产业的深度融合。利用民俗节庆系列产品，整合江西优秀传统民俗和知名度高的节庆活动，精心策划和培育，重点推介汤显祖国际文化节、农民丰收节、傩舞节、南丰蜜橘节、赣南脐橙节、西山万寿宫庙会等民俗活动，促进传统文旅产品的提质升级。鼓励文旅融合企业以业务与资本为纽带，尝试重组兼并，致力于跨行业、跨地区的资本与项目运作，不断提升产业集中度与集约化经营水平，培养与发展一批具有较强竞争力和影响力的文旅融合企业集团。

第四，促进江西“老字号”企业再造升级，为助推江西文旅深度融合发展提供新活力。进一步加大对景德镇“老字号”、南昌瓷板画等民间艺术工艺的保护和开发，完善保护和促进“老字号”和民间艺术工艺发展的扶持体系，促进“老字号”、民间工艺艺术在文化旅游融合中发挥更大作用。对“老字号”、民间工艺艺术加强宣传，将“老字号”企业纳入江西文化旅游线路，推进“老字号”、民间工艺艺术与文化创意产业相结合，传承和弘扬“老字号”的文化意蕴。如特色文化区域陶溪川以文化为魂根植于历史久远的陶瓷文化，应当依托独具意义的工业遗存，合理利用这些优势条件，改造创建涵盖文化旅游、艺术交流、展示交易、会展博览、餐饮娱乐、酒店公寓等多功能新兴业态，努力形成工业遗产转型、文化产业发展转型特色。

需要坚定不移招商引资，加快构建完备产业生态。文化旅游融合发展，同样是“项目为王”，没有龙头企业的引领带动，没有数量庞大的中小企业，再好的产业构想都落不到实处。我们必须多措并举，抓好招商引资这项工程，不但能带来文旅产业发展的先进理念，为江西构建文化旅游万亿大产业，全方位提供强大的资金、技术、市场支撑。

（四）拓宽融资打造精品助推文旅融合发展

拓宽融资打造文旅精品，是助推江西文旅深度融合发展的关键环节。区域的竞争优势和持续发展，重点思路在于对差异化和集中化两大战略的灵活运用。如何集中江西优势资源，由此来凸显江西省文旅产业竞争优势的差异化，是江西打造文化旅游精品线的重中之重。着力打造江西文化旅游精品线的策略在于凸显资源的集中化、品牌的差异化、优势的绿色化。

第一，凸显资源的集中化，整合江西文化旅游资源，积点成线、由线成面，做大做强江西的文化旅游精品线。引以为荣的是，江西文化旅游资源极为丰富，但资源分散、衔接欠缺、品牌不强，仍然是制约江西省文化旅游产业深度融合发展的严重瓶颈。江西绿色文化异军突起、驰名中外，南昌水都、赣鄱明珠、东方威尼斯，与地域传统文化相映成趣，与绿色生态交相辉映的梅岭、梅湖、东湖、天香园等，令人神往、目不暇接。一是管理上的集中化，在旅游信息沟通、专业人员培训、旅游精品策划等方面进行全面谋划、加强沟通，做到资源共享、信息共享、利益共享；二是旅游线路上的集中化，做到市内串起点、市外连成线、全市形成圈，探索一站式服务、全程式管理、高质量品牌的新模式；三是相对资源的集中化，如南昌以海昏侯国遗址的发掘、宣传、管理为契机，不断强力打造以海昏侯国遗址为中心的十公里旅游圈，将鄱阳湖、象山、南矶、吴城等融入其中，形成以周边原有景点助推海昏侯国遗址旅游观光品牌，以海昏侯国遗址旅游观光带动周边发展体系化发展的良好格局。

第二，凸显品牌的差异化，突出特色，力求人无我有、人有我优、人少我多，向世人展现江西的历史传统、风土人情、人文风貌，赢得旅游品牌的差异化竞争力。主要表现在，品牌宣传的差异化、营销方式的差异化、服务模式的差异化，当然这些都是基于文化资源本身的差异化，或者说上述的差异化运作都应当凭借文化资源本身的差异化，方能使得品牌宣传、营销方式、服务模式成为有源之水、有本之木。在品牌宣传上，可以采取艺术采风、记者走访、专家观摩等方式，形成上下联动、左右联通的品牌宣传态势，充分发挥传统媒体、网络媒体的综合作用，不断推出江西的文化旅游品牌的点源、线路、面貌。

第三，凸显优势的绿色化，充分彰显江西绿色生态优势，将绿色生态转化为我省进一步发展的资源、优势和品牌。一是积极推进绿色生态与文化旅游的深度融合，使之交相辉映、相得益彰。二是对既有的绿色载体如湿地、水域湖泊、森林等，赋予其文化的内涵，张扬其绿色之美、文化之韵。三是对新近发掘的文化遗址进行绿化、美化、亮化，使其传统与现代融汇，绿色与文化融通，使人有“徜徉花丛间，超越历史中”的精神愉悦、身心健康。四是推出系列的“绿色 + ”模式，绿色 + 农家乐（乡村旅游）、绿色 + 养老、绿色 + 休闲等模式，不断适应文化旅游市场的“绿色化”需求，促进文化与绿色生态的深度结合。文旅深度融合即在旅游的景物、解说乃至线路设计中赋予更多的文化内涵，充分体现文化的软实力和经济的硬实力,致力于打造精品文化旅游品牌。正所谓“江西游一游,山水任君走。东方威尼斯，天然氧吧地。梅岭风光秀，异客寄乡愁。朱奄直挠头，豫章呱呱叫”。

（五）集聚文化旅游人才支持文旅融合发展

文化旅游产业属于知识及资源双密集型的产业，足够的人才资源是促进文旅深度融合的重要前提与条件。为此，政府方面要根据市场需求和文化旅游产业发展实际，大力培养、引进和使用文化旅游专业人才，尤其是创新型的高端人才。

第一，大力实施文旅融合人才工程。文化创意人才创意新点子、提供新思维、拓展新思路，旅游开发人才则依据旅游市场特点将新的思维转变为文化旅游产品，因此，文旅深度融合需要这两类人才的通力合作。文化创意人才和旅游开发人才是文旅深度融合发展的关键环节。政府应当充分发挥政策性、引导性作用。建议设立政府引导性奖励基金，奖励创新人才、特殊贡献人才、人才培育贡献高校、特殊贡献企业等，旨在全社会营造重视文旅人才、尊重文旅人才、使用文旅人才的良好氛围。

第二，创新文化人才培养机制，营造聚集人才的良好氛围。要提升文化枢纽功能，离不开人才队伍培养这一核心环节。要通过大力宣传推广，体现江西文旅融合的平台对于高端人才的吸引力，延揽国内乃至全球的相关高端文化创意人才和旅游开发人才落户江西。引进一批经认定的文旅高层次专业技术人才、管理人才及紧缺实用型人才，在落户、住房补贴、安家宜居等方面给予政策扶持。政府要为他们提供较为宽松的科研环境和相对自由的文化创作氛围。同时加强人才交流，走出去与引进来相结合，注重对群众文化人才的培养和重视，积极扶持和表彰奖励优秀文艺人才和文艺作品，形成优秀人才脱颖而出的良好机制和氛围。

第三，充分利用江西高校的相对优势，考虑在南昌大学、江西师范大学、江西财经大学、南昌航空大学等高等院校确定一批江西的重点文化旅游专业，建立科学合理的文化旅游人才培养、使用、奖励制度机制，加强高校对新型文旅人才的大力培育。高校定期组织文化旅游从业人员的业务培训，提升行业人员的整体职业素质，强化执业层人员的专业素养。与此同时，可以考虑在旅游商贸职业学院的基础上组建专业性文旅学院，专门培养文化旅游专业人才。在课程的内容设置上，重视对江西历史文化、红色文化和生态文化的知识与技能培养，以订单式的互动模式，为江西的文旅企业提供学有所长、学有所用的专业人才，为江西的文旅深度融合提供人才保障。于此基础上,加强同国内相关领域的翘楚高校,如北京师范大学、浙江大学、山东大学的交流与合作，坚持走出去与引进来相结合，提升文旅人才培育的质量与效益。同时促进行业企业与高校的深度合作，发挥文旅领军企业的文旅人才辐射带动作用，引导企业建立文化旅游人才孵化基地，培养江西本土的文旅产业高端人才。

（六）充分利用信息技术推动文旅融合发展

充分利用信息技术，是推动江西文旅深度融合发展的重要平台和载体。“文化与科技融合在文化繁荣发展和科技迅猛发展的今天已成为关注焦点。当今世界已经进入经济全球化和信息、数字时代，文化的发展已经不能仅靠自身的力量，而是需要借助科技的翅膀，才能在更高更广的领域中展翅翱翔。”[①] 数字化发展指善于运用现代科技对文化和旅游资源赋能，促进网上网下联动，不断丰富文旅深度融合发展的表现形式与经营模式。

第一，建立旅游大数据平台。建议全省各大景区，整合自身力量或引

①曾志刚．兴赣策论（五）[M]．南昌：江西人民出版社，2018：143.

进第三方，借助大数据平台建立旅游景区统计网，包括景区人数、车辆、天气，以及景区承载量。在此基础上，景区管理部门适时将相关数据上传旅游官网及相关网络媒介，游客通过网络查询便可判断某一时间点内是否适合进入该景区，或者合理选择是采取自驾游或乘公共交通前往，或者择日前往，或者转道人数不拥挤的景区。这样既可给旅游者一个愉快的旅游感，也能较好地缓解热门景区的压力，推动实现各种景区的冷热均衡。通过大数据，实现文旅深度融合发展的科学化、精确性管理，为促进江西省的文旅深度融合发展提供强有力的大数据平台支撑和保障。

第二，实施智能系统建设。建议在全省 3 A 级以上景区建立语音导览系统，实现基本的、基于中文的语音导览功能，有条件的景区可提供多语种的语音导览服务和导览机租赁的信息化管理服务。同时，要进一步扩充和完善导览机语音导览功能，研发实施手机端智慧导览系统、二维码信息检索子系统、游客定位管理系统、游客预警及风险管理系统、游客信息分析系统，集成导览机、景区网站、电子商务平台、景区虚拟游等子系统，实现全景区、多语种、多类型信息、多种形式的智慧导览服务平台，不断推进智慧景区建设。创新文化投资孵化机制，培育一批高新技术文旅产业。建立健全公共文化服务运行和保障体系，加大政府投入力度，科学配置文化资源，创建培育专业化、规模化的文旅企业，鼓励文化产品的原创性，有效提高文化产品的竞争力，配套公共文化服务设施，盘活文化市场，提供多样化的文化消费品，保证人民群众有能力消费、愿意消费，带动文旅产业深度融合发展，突出体现文旅产品的社会效益，实现社会效益与经济效益的同步增长。

我们必须顺应文旅深度融合发展大势，牢固树立精品意识，在充分发掘具有江西特色文旅资源的基础上，不断拓展信息技术的应用空间，持续提供更多适应市场需求的文旅深度融合产品，进一步开拓文旅深度融合发展领域，为建设富裕美丽幸福现代化江西提供强有力的文旅产业支撑。

促进江西省小农户和现代农业发展有机衔接研究

张剑萍　温　焜　王建刚　涂凯宇　饶国栋　吴　晔

【摘要】 十九大报告提出实施乡村振兴战略，要健全农业社会化服务体系，实现小农户和现代农业发展有机衔接。大国小农是我国的基本国情，在推进农业现代化过程中要积极探索小农户与现代农业发展有机衔接。江西省大力推进高标准农田治理取得了良好的成效，为农业现代化提供了坚实的基础，为此要对小农户进行分类探索不同的衔接路径，加强政策扶持的力度，帮助小农户提升其能力，大力培育农业现代化组织，通过各种农民合作社对接农业大市场等举措来有效推动小农户与现代农业的衔接。

党的十九大对农业农村现代化提出了明确要求，提出要健全农业社会化服务体系，实现小农户和现代农业发展有机衔接。2019 年的中央农村工作会议提出要推进我国从农业大国向农业强国迈进，中共中央办公厅和国务院办公厅发布《关于促进小农户和现代农业发展有机衔接的意见》，为进一步扶持小农户，实现小农户与现代农业发展有机衔接，使小农户在共建共享发展中有更多获得感，为乡村振兴发展打下坚实的基础。

第三次农业普查数据显示我国现有农户数为2.3亿,户均经营规模为7.8亩，规模为 10 亩地的农户数为 2.1 亿，占比 90% 以上。大国小农的格局将长期存在。何为小农户，现在的理论界对于小农户的界定没有统一标准。由于我国原住民多，人多地少等自然禀赋形成而农业产生的以家庭为单位、集生产与消费于一体的农业微观主体，小农户以家庭成员为主要劳动力进行小规模农业生产，以土地为主的要素约束下能够进行自我决策，在小块土地上开展自主经营，农业生产的产品优先满足自身消费的农户[①]。

对于小农户的认识学术界有着不同的观点，从历史上看，围绕小农户这种农业经营模式形成了“阶级小农”、“生存小农”和“理性小农”三个理论流派：马克思主义学派形成的“阶级小农”观点；俄国农业经济学者恰亚诺夫为代表的实体主义学派的“生存小农”观点；以诺贝尔经济学奖获得者舒尔茨为代表的形式主义学派的“理性小农”观点。在马克思学派中认为小农户处于社会的附属地位，是受剥削对象，是社会落后生产力的象征，小农户的生产方式排斥社会生产力的发展、劳动的社会形式，是过去的生产方式的一种残余。小农户面临被资本主义农业大生产吞没，或者通过合作社走向集体生产道路这两种命运和结局。马克思通过对英国农业转型模式研究得出了小农户将被资本主义农业大生产所替代，认为社会主义国家成立后如果要避免农业走向资本主义农业的结局就必须走向集体生产的道路。实体主义学派认为小农户这种家庭式的生产方式，并不是为了实现农业生产的利润最大化，小农户以生存为最基本的目的，这就是“生存小农”具有的独特组织生产体系和生存逻辑。实体主义者斯科特研究了东南亚小农社会发现生存伦理根植于小农户这个群体的经济行为之中，小农户存在视野局限，所以他们的生存逻辑不是关心农业生产“被拿走了多少”，而是更为关注农业生产之后自己“剩下多少”。舒尔茨为代表的形式主义学派通过传统农业社会的研究发现小农户并非愚昧，在经济行为当中同样具有经济理性。他们认为小农户受个人利益或家庭福利的影响，在其农业生产过程中始终会理性地计算成本与收益，很会算经济账，是追求短期收益的“理性小农”。立足不同的时空条件，这三个理论流派从不同角度阐释了小农户的生产方式和突出特征，并构成了多维立体的小农户行为理论[②]。

---

①张红宇．实现小农户和现代农业发展的有机衔接［N］．农民日报，2017-11-21.

②陈健，苏志豪．小农户与现代农业有机衔接：结构、模式与发展走向［J］．南京农业大学学报（社会科学版），2019（05）.

一、分化与重构，中国小农户的发展现状

随着农业现代化的发展和工业化对农业劳动力的需求增大，特别是城镇化的快速推进，中国小农户发生了巨大变化，发生了结构性分化和重构，而且处于一个动态变化过程。不能固化思维地看待小农户，最少可以从两个维度来观察小农户的动态演化。

第一个维度是农业生产经营活动的专一程度，也就是小农户家庭对农业生产收入的依赖程度。农业生产经营专一程度不是指分工上的专业化，只是指农业生产经营活动的重要程度。随着工业化和城镇化对农业劳动力的需求增大，农村劳动力从农业这个较低生产水平的行业向非农产业转移，很多小农户在城镇和工厂获得的收入远远高于农业生产经营活动，为此他们的劳动力就优先配置到非农领域，见表 1。

表 1　1996—2016 年我国农户收入结构（单位：元）

年度	从业总收入	1. 工资性收入	2. 家庭经营收入	农业净收入	非农业净收入
1996	1813.29（100）	450.84（25.0）	1362. 45（75.0）	1099.04（60.6）	263.41（14.4）
1997	1987.27（100）	514 55（25.9）	1472.72（74.1）	1168.08（58.8）	304.64（15.3）
1998	2039.58（100）	573.58（28.1）	1466.00（71.9）	1136.21（55.7）	329.79（16.2）
1999	2078. 62（100）	630.26（30.3）	1448.36（69.7）	1086.18（52.3）	362.18（17.4）
2000	2129.57（100）	702.30（33.0）	1427.27（67.0）	1090.67（51.2）	336.60（15.8）
2001	2231 53（100）	771.90（34.6）	1459.63（65.4）	1126.55（50.5）	333.08（14.9）
2002	2326.76（100）	840.22（36.1）	1486. 54（63.9）	1134.99（48.8）	351.55（15.1）

续表

年度	从业总收入	1. 工资性收入	2. 家庭经营收入	农业净收入	非农业净收入
2003	2459.66（100）	918.38（37.3）	1541.28（62.7）	1195.58（48.6）	345.70（14.1）
2004	2744.25（100）	998. 46（36.4）	1745.79（63.6）	1398.05（50.9）	347.74（12.7）
2005	3019 06（100）	1174.53(38.9）	1844.53（61.1）	1469. 60（48.7）	374.93（124）
2006	3305.76（100）	1374.80(41.6）	1930. 96/58.4	1521. 30（46.0）	409.66/12.4
2007	3789. 89（100）	1596.22(42.1）	2193.67（57.9）	1745.12（46.1）	448. 55（11.8）
2008	4289 29（100）	1853.73(43.2）	2435.56（56.8）	1945.85（45.4）	489.71（11.4）
2009	4588.03（100）	2061 .25（44.9）	2526.78（55.1）	1988.17（43.3）	538.61（11.8）
2010	5263. 85（100）	2431.05(46.2）	2832.80（53.8）	2231.01（42.4）	601.79（11.4）
2011	6185.41（100）	2963.43(47.9）	3221 .98（52.1）	2519.91（40.7）	702.07（11.4）
2012	6980.83（100）	3447.46(49.4）	3533. 37（50.6）	2722. 20（39.0）	811.17（11.6）
2013	7497.30（100）	3652. 50（48.7）	3934.80（52.5）	2839.80（37.9）	1095.00(14.6）
2014	8389 60（100）	4152.20(49.5）	4237.40（50.5）	2998. 60（35.7）	1238. 80(14.8）
2015	9103.90（100）	4600. 30（50.5）	4503.60（49.5）	3153. 80（34.6）	1349 80(14.9）
2016	9763.10（100）	5021 .80（51.4）	4741.30（48.6）	3269.60（33.5）	1471.70(15.1）

表1可以明显看出从1996年到2016年期间我国小农户收入的增长变化。我国工业化城镇化在1996年开始加速，农村劳动力开始向工厂和城镇流动。从1996年到2016年这21年中国农民家庭经营收入的结构发生了巨变。1996年小农户的农业生产经营收入还占60.06%，而到2016年下降到了33.5%，几乎下降了一半。农户的工资性收入占比由25%增长到51.4%，也增长了一倍，家庭经营中的非农产业经营收入占比高到66.5%。小农户都是理性的，非农产业收入和农业生产经营收入的结构性变化就会导致小农户对农业生产经营活动的重视程度发生改变，农业经营收入占比下降导致其在家庭生产活动中的影响力不断下降，小农户也就会发生结构性的分化。

第二个维度是生产要素在农业生产经营活动中的投入强度。传统小农生产对劳动力要求高，而现代农业生产对技术、资金、农业机械等方面的投入有着较高要求。这样对农业生产经营活动的资金投入和风险产生巨大的影响①。农业生产要素投入会对小农户的经营决策产生影响，从而导致了小农户的分化与重构。

中国的小农户已然发生的结构性分化和重构，我们不能简单地把小农户统一成一个面向，而应该具体分析其差异化特点，对不同的小农户进行分类探讨，针对不同的小农户群体采用不同的方式来有效衔接现代农业。通过两个维度的分析和对农户的调研，小农户已经分化成以下四种基本类型：

1. 传统型小农户

这类小农户主要以留守农村的老人为主，他们对农业生产保留特殊的情感。这一部分农户继续从事传统农业生产，通过农业达到自给自足，本身由于年龄和资金的限制缺乏投入扩大农业生产的能力。农村的生活降低了他们的生活成本，他们通过农业生产实现自我价值，维持生存。这种类型的农业生产以满足自我消费需求为主要目标，提供的商品化的农产品不

---

①郭晓鸣，曾旭晖，王蔷，骆希．中国小农的结构性分化：一个分析框架——基于四川省的问卷调查数据［J］．中国农村经济，2018（11）．

多。而且这些留守老人年龄渐大逐步丧失劳动能力，或者随着子女进城最终会慢慢退出农业生产，传统型自给自足型小农户将不断萎缩。

2. 退出型小农户

退出型小农户是指逐步退出农业生产经营活动的群体，退出型小农户主要包括两大类。一类是举家搬迁至城市的农户，另一类是指土地流转出去了的农户。举家搬迁至城市的小农户与农业生产要素已经没有直接联系，他们已远离故土，告别了农业产生经营活动，但是在农村还有耕地、宅基地等农业产生资源。如何让这类小农户自愿有偿地退出相关农业资源，对于有效激活农村闲置资源，推进农户市民化是我们当前面临的主要问题。对于将土地流转出去了的小农户在城郊农村较为普遍，因为良好的地缘优势，他们很容易获取非农就业机会多，他们住在农村，但是基本上没有来自农业的收入，他们仍然属于有土地的小农户。

3. 兼业化小农户

一些小农户家庭中既有劳动力从事农业生产的，也有从事非农工作的，这些农户农忙从事农业生产经营活动，农闲在外从事非农就业。他们生产的农产品不仅自给自足，也作为商品出售获得经济收入。这些兼业化小农户有的以农业生产经营为主要收入来源，有的以农业生产经营活动为辅助收入来源。兼业化小农户在中国小农户中占比较大，是一种非常特殊的形态。兼业化小农户的存在为在“农民”向“市民”转变的过程中承担了非常重要的过渡阶段。很多农民在市民化过程中都经历过兼业化的阶段，这种兼业化小农给了农民进退城市的弹性，将会长期存在于城镇化的进程当中。社会转型变迁中兼业型小农的生产经营特征非常突出，具备很好的柔性。当农业发展环境优化，农业生产经营收入所占家庭收入比例增加到一定程度后，小农户就可能会理性地选择扩大生产规模，把精力转移到专业从事农业生产中来；如果其非农收入比例过高，理性的农户就可能会缩小生产规模，逐步转变成传统型小农或者退出型小农。

4. 进取型小农户

进取型小农户是那些专业从事农业生产经营活动，农业收入是其家庭主要收入来源的小农户，包括坚守农业生产的种植能手、养殖能手，还有不断涌现的返乡创业的农民工和各种“新农人”。这类小农户在农业生产经营领域有知识、技能或者资金方面的优势，他们把农业作为主要职业，但是能力等各方面因素限制了其扩大生产规模，家庭劳动力是其主要依靠的力量，处在向生产规模更大的新型经营主体的转化的过程当中。这个群体应该是中国农业农村现代化的主体力量，也应该是政策扶持的重点群体，所以这一类也称为“中坚农民”或“新型职业农民”。

因此，在研究小农户与现代农业有效衔接的对策和路径方面，应该针对不同类型的小农户，探讨差异化路径与现代农业衔接。对退出型小农户，通过租地实现农村土地资源有效利用，利用合理的土地契约来衔接，推进农业现代化更为有效。对兼业化小农户，可通过提供社会化服务或土地出租形式；对自给型小农则只适合社会化服务的供给，以商品（服务）契约实现两者衔接；对于进取型小农户，更好的衔接方式可能是激活其农地经营方面的专业才能，以为其提供必要的资金、服务支持的方式，助力其脱离弱质小农的范畴，成长为农业现代化的直接经营主体。只有根据不同小农户的特点差异选择合适的衔接模式，才能实现双方共赢的有效衔接。

对于小农户与现代农业有效衔接问题还要考虑不同类型的农产品分类标准的差异性。小农户与现代农业的有效衔接，与不同的农产品类型息息相关，对于土地密集型的大宗农产品，需要重点突破经营规模的限制，以降低经营成本提升竞争力。此时，农户以要素供给者的身份更为妥当；对于劳动密集型的特色农产品，则需将注意力集中于对消费环节的打通，成本降低和产品增值实现竞争力提升。此时，农户分散独立经营的优势就有了施展的空间。对于大宗农产品，要实现小农户衔接到现代农业就必须考虑扩大经营规模，提升竞争力。而经营规模的扩大的瓶颈因素就是小农户提供的土地要素价格。对于劳动密集型特色农产品，重在对其价值实现上的突破。在最大程度保留小农户经营自主性的基础上，通过提供产业链服务，通过流通环节来提升产品价值，小农户才能更有效衔接到现代农业发展过程当中。

二、共性与差异，江西省小农户发展现状和存在约束

（一）江西省小农户发展的现状

江西省作为一个农业大省，高度重视农业现代化建设，在推进小农户与现代农业有效衔接领域做了很多实事，取得了很好的成效。江西省筹集3010万试点资金来促进小农户与现代农业有机衔接，研究出台了《小农户发展特色农业价格（收入）保险方案》，提高了小农户等经营主体应对市场风险的能力，研究出台了《关于促进小农户与现代农业发展有机衔接的若干条举措》，明确了从提升小农户自身发展能力、健全小农户利益联结机制和强化小农户服务支撑等方面入手的工作思路和重点举措。

在江西省委、省政府的支持下，小农户发展特色农业保险试点工作进展顺利。在全省范围内选择了15个县（市、区）开展支持小农户发展特色农业价格（收入）保险试点，扶持对象主要为家庭经营为主、经营规模适度、从事种养业的小农户。根据实际情况，给予农户一定的补贴；补贴标准为省级财政承担保险费的50%，县级财政承担25%，参保农户承担25%。分析试点地区产业发展情况及财力情况，尽力加大县级财政承担的补贴，从而减少参保农户的负担。目前，所有试点县均已出台试点实施方案，涉及特色农业品种达10余种，修水县鲜茧价格保险已经实施，并取得初步成效。

江西省持续巩固提升“财政惠农信贷通”工作质量水平，把小农户的培育和帮扶列入重点对象，逐步提升小农户贷款覆盖面，已将10万元以下“财政惠农信贷通”小额贷款纳入省农业担保公司的担保范围，对小额贷款主体，尤其是小农户，区别信用等级逐步取消或降低抵押担保门槛。截至9月底，全省累计发放贷款586.64亿元，贷款余额116.54亿元，当年新增投放贷款83.49亿元，受益新型农业经营主体12.8万户。

江西省努力培育小农户发展成家庭农场，支持各地积极将符合条件的种养大户培育发展成家庭农场，目前全省发展家庭农场3.85万户，其中省级示范家庭农场805余户。加强了家庭农场名录系统的填报和管理工作。2019年以来纳入系统的家庭农场总量由年初2万个、增涨至2.8万个，管

理精准度进一步提升。积极总结推荐家庭农场经验做法，第一批推荐申报了3家，其中都昌县金稻家庭农场案例成功入选第一批全国26家家庭农场典型案例，第二批推荐申报了5家。

积极搭建小农户创新创业平台，积极推荐了吉安井冈山等2个农村创新创业典型县、南昌煌上煌职业技能培训学校等4个孵化实训基地、仙盖山国家农村创新创业园区等5个创新创业园区。积极组织小农户代表培训，在《江西省2019年农民教育培训工作实施方案》中明确要求“兼顾有一定基础和较强意愿的小农户”，初步统计，有1000余人小农户参加了全省新型农业经营主体带头人培训活动。积极加强家庭农场主培训，组织开展了包括家庭农场主在内的农村实用人才“创业富民”培训班2期。为了提高小农户农机化生产水平，江西省大力宣传推广先进适用的新机具和新技术，举办现场观摩活动100余场，培训农户和农机手约4万人次、培训农机合作社带头人200人。

探索“龙头企业+农产品加工项目+产业发展+贫困户”、“农产品加工项目+产业发展+贫困户”等扶贫模式，增强产业脱贫综合效益。制定了《江西省农产品加工带动脱贫工程实施方案》，鼓励龙头企业通过农民合作社、家庭农场等新型农业经营主体直接带动小农户发展设施农业和规模养殖，开展多种形式的适度规模经营。出台了《关于进一步发挥农民专业合作社带动作用助推产业扶贫的指导意见》（赣农字〔2019〕32号），鼓励和引导合作社采取自主经营、流转经营、领养促进、资产托管、就业务工、消费扶持、技术支持等方式带动贫困户发展。在江西省24个国定贫困县中，有2.2万个农民合作社，入社建档立卡的有32万户贫困户，为建档立卡贫困户总数的69.1%。

很长一段时间里，我国农业主要经营方式仍是离不开小农户的基础性作用，对于支持工业化和城镇化发展、维系乡村社会结构、传承中华农耕文明等方面都有积极的作用。

（二）江西省小农户发展面临的问题

我国人多地少，随着现代农业发展加快，小农户发展弱势突出，通常在资金、采用现代生产技术、信息手段、抗风险能力弱、对接市场等方面面临新困难，小农户生产经营存在的问题，除了自然灾害、市场波动等客观因素，还存在“普惠性”政策支持不足和主观上经营管理不善等问题。

1. 农村土地制度改革滞后

目前在农村承包地“三权分置”的政策框架下，村组集体拥有土地所有权和发包权。农民拥有土地承包经营权，在农民承包地没有发生流转的情况下，小农户是土地承包权和土地经营权两种权利的主体；当农民承包地流转后，除了土地承包权，小农户没有了土地经营权。我国现有的土地制度和相关的政策法律虽然限制了村集体调整和收回农民承包地的权限，但是农村土地集体，村集体拥有发包权，可以以各种理由调整和收回农民承包地。农户的土地承包权存在不稳定性。一些地方以高标准农田建设或发展集体经济的理由收回农民的承包地，然后以集体的名义统一或分批转租或重新发包，虽然这还是农户分散承包经营，但会降低农民向土地投资的积极性和流转土地的意愿。

农民承包地流转后，土地承包权和土地经营权的权利主体发生了变化，在这之前，土地承包权和经营权主体是统一的。农户把经营权让渡出去了，只保留了土地的承包权。获得流转土地方成了土地经营权的权利主体。农村承包地实行三权分置的目的就想赋予经营主体更多保障，产生规模经营效益。但实际操作上土地经营权的实现存在着制度障碍。首先土地经营权确权颁证工作滞后。很多获得流转土地的农业经营主体手中没有土地经营权证，这样土地经营权的市场交易和流转就存在障碍。其次农业投资回报周期长、投入大，这样就需要有较长期限的土地经营权作为保障。同时就加大了土地流入方的投资风险，不敢加大投入，也会导致获得流转土地方采取短视的破坏性地利用耕地。再次新型农业经营主体以土地经营权抵押贷款存在现实障碍。违约后把土地经营权这一抵押物变现，但是金融机构很难及时找到农业经营主体接手这些土地经营权，这样变现难也就导致土地经营权贷款难度加大。金融机构对这种贷款不感兴趣。

2. 小农户自身存在的偏弱属性难以短时间内扭转

“规模小、资金少、技术弱、管理散”是小农户自身存在的普遍特征，绝大多数小农户从事传统的种植和养殖，生产凭经验，收成看天气，销售靠贩子，计划等变化，这种偏弱属性短时间内难以扭转，甚至扭转不了，必须通过政策的引导，鼓励龙头企业、合作社、家庭农场等示范带动发展。目前，各级财政对合作社、家庭农场的专项资金扶持比较缺乏。

3. 政策支持力度不够

农村“用地难”“环保严”等问题普遍存在。小农户对用地、环保的政策意识有所增强，但由于规模较小，完善用地程序与环保设施的成本支出占比太高，而且投入的农业设施、流转的土地等，无法形成抵押，难以融资贷款。还有一些在禁养退养、大棚房整治中受损的家庭农场、种养大户，对以“强拆”为主的政策存在较大的心理畏惧。

相关部门支持小农户发展特色农业价格（收入）保险试点工作取得初步成效，但不能确定能否继续实施。从省农业农村厅了解到，全省范围内选择了 15 个县（市、区）开展支持小农户发展特色农业价格（收入）保险试点，扶持对象主要为家庭经营为主、经营规模适度、从事种养业的小农户。省市县提供保险费补贴，参保农户只需承担 25% 的保险费，并鼓励试点地区主动提高县级财政承担比例，降低农户承担比例。目前，所有试点县均已出台试点实施方案，涉及特色农业品种达 10 余种，修水县鲜茧价格保险已经实施，并取得初步成效。但是，小农户偏重于生产，对市场信息把握不准，基本处于跟着市场走的被动地位，市场价格波动风险影响较大。省农业农村厅计划在总结第一年试点经验基础上，2020 年扩大到 30 个县试点、2021 年扩大到 50 个县试点，继续按每个县 200 万元的标准补贴。但由于目前财政各项支出的压力较大，不能确定明年能否继续实施。

4. 农业龙头企业和农民合作社“联农带农”还不够密切

一些农民合作社运营不规范，质量有待提升，合作社与成员之间多为以订单合同为主的简单购销关系，对农户的组织带动较为松散。龙头企业联农带农的方式，主要以土地流转、短期雇工等为主，入股分红的方式不多，没有让小农户真正参与生产经营管理、享受更多红利。

5. 针对小农户的社会化服务不够丰富

由于江西省山地丘陵面积广的自然特征，限制了农业规模化发展，导致农业生产分工程度不高，社会化服务水平还比较低，服务项目都偏少，尤其是针对小农户的社会化服务还存在明显不足。农户需要学习掌握多种技术，购置使用多种农机，开展多渠道销售，既分散精力，也增加了生产成本。

三、创新与赋能，江西省小农户与现代农业有效衔接的路径

江西省加大农业投资，特别是汇聚多方资金推进高标准农田治理，为现代农业的发展打下了坚实的基础。为此要聚焦进一步提升小农户自身发展能力，完善“普惠性”支农政策，密切“龙头企业 + 合作社 + 农户”的利益联结机制，积极协调有关部门，确保举措的落实落地。

1. 加强政策扶持力度

各级财政支农政策要加大支持力度，成立专项资金支持小农户与现代农业发展有机衔接。对其他各类支持新型农业经营主体发展的财政项目资金，明确优先向对小农户带动能力强的农业经营主体进行倾斜，形成政策上的积极引导。

探索财政支持共建共享环保设施，对于农业用地简化审批程序。对各类农业经营主体的简易加工、工具存放、产品仓储等用地按照农业设施用地管理，对于这些用地审批简化程序和手续。对从事养殖类的农户，加大对环保政策的宣传，明确可行与不可行的界线，不留隐患。对从事同一产业农户相对集中的区域，创新农业环保设施建设方式。创新政策性农业保险政策。针对小农户设计更多政策性农业保险产品支持其发展，通过提高补贴力度，打出风险保障“组合拳”，提升小农户抵御风险的能力。

2. 提升小农户素质能力

通过提升工程来提升小农户的内在素质和能力，促进其发展成为家庭农场或者嬗变为新型农业经营主体。帮助小农户转变为新型农业经营主体，特别对于那些进取型小农户应该大力扶持，改变传统农业生产方式，克服自然和环境条件的限制，实现农业的适度规模经营，通过组织化提升工程，增强小农户的组织化程度，更好地适应农业现代化的发展要求。

加强对小农户技术辅导力度。针对乡镇农经、农技人员队伍“网破、线断、人散”状况，在各地事业单位改革中，县级要加大乡镇农技、农经

和防疫人员的配备力度，落实考评晋升、待遇保障等机制，缓解人员短缺矛盾，确保人员专职专用。创建基层农技人员、农业致富带头人等为主的乡村产业发展辅导员队伍，就近加强对小农户的指导服务。

3. 大力发展农民合作社提升小农户的组织化程度

合作社作是连接小农户和现代农业的重要桥梁和纽带。农民专业合作社可以将分散的小农户进行整合，成为农民的利益联合体。农民专业合作社在农业科技推广方面的优势明显，合作社可以让新技术成果以最快的速度、最便捷的方式和较低的成本扩散到广大小农户。要通过合作社来提升小农户对农业科技的自主决策权，让小农户从需求出发选择农业技术，来适应现代农业发展，充分利用好小农户的作用缓解农业科技供需对接失衡，从而实现技术资源的最优配置①。

要发挥好合作社的作用帮助小农户抵抗市场风险。农民专业合作社能够把小农户的力量组织起来，提高小农户抵抗风险的能力，提升其在市场上的议价能力以和中间商进行合理制衡。可以通过合作社统一购买农资这种最基础功能，让大批量购买价格低于小农户单独购买的价格，有效降低了小农户的生产成本。

通过合作社方式，小农户获得农产品加工环节利润。农民专业合作社对农产品进行初加工，可以增加农产品销售价格，从而增加小农户的收益。合作社将农民团结起来，增强与农业企业谈判能力。农民专业合作社成为链接小农户和农业企业合作的平台。小农户的贷款和金融支持一直以来是困扰农村发展的问题。通过农民专业合作社增强小农户的金融支持和融资能力，获取政策优惠、先进技术和社会化服务。

4. 大力培育农业产业化经营组织

要大力培育农业产业化经营组织来带动小农户。农业产业化经营组织可通过生产迂回化，借助中间投入品以发挥其在农业生产经营活动中的带动效应。农业产业化经营组织可以将有机结合农业生产经营活动过程中的

---

①王颜齐，史修艺. 组织化内生成本视角下小农户与现代农业衔接问题研究［J］. 中州学刊，2019（09）.

产、供、销等方面环节，带动小农户连接到现代农业体系当中。发挥好农业产业化经营的作用组织带动小农户，推动农业生产经营活动环节中专业化、标准化、规模化、集约化水平。要推动农业产业化经营组织带动小农户向农业产业链中下游发展，中下游加工、流通、零售环节的增值部分可以通过农业产业化经营组织带动，让小农户来分享。让农业企业带动小农户跨界发展。探索农业产业化经营组织带领小农户推进农业生产与旅游、健康养老等产业深度融合，从而实现农村一二三产业融合发展，让小农户分享到产业融合发展的增值效益，共享农业农村现代化的成果①。

5. 建立和完善面向小农户的农业社会化服务体系

开展多种类型的农业社会化服务来服务小农户，提速其农业生产经营的能力。我国现有的土地制度和大国小农户的基本国情背景下，要实现土地规模化效应通过土地并购不太适合。为此可以通过互换并地将农民分散、细碎的土地调整到一起形成一块或一片，这样一定程度上的土地集中连片耕种能够运用先进的机械设备进行耕作，扩大土地规模经营。

大力推进高标准农田整治力度，整合各方面资金，对农田土地进行统一综合整治提升地力。通过完善水、电、路等农田基础配套设施，来提升农业生产经营的效率和水平。解决了农民地块分散的问题。同时也有力促进农民流转土地或以土地入股成立新型农业经营主体。大力推行土地托管服务和联耕联种提升农业生产经营活动的规模化程度。

小农户传承了中华民族深厚的传统文化，是乡土中国的突出特点，小农户通过自我观念改造和多元主体的资源供给，可以有效衔接到现代农业发展过程中来实现完美转身。小农户是我们国家社会稳定的压舱石，我们要通过小农户转型发展，借助各种衔接主体，完善农业社会化服务体系等办法，努力促进小农户和现代农业发展的有机衔接。

---

①熊磊，胡石其. 小农户和现代农业发展有机衔接的路径找寻——重庆案例［J］. 当代经济管理，2019（07）.

乡村振兴战略下江西农村产业高质量发展研究

郭金丰　孙志杰　花　晨　曾　光

【摘要】 党的十九大提出实施乡村振兴战略以来，农村产业发展呈现出“融合化、高级化、绿色化”等特征。农村产业高质量发展，其特点是“五高”，即产品高质量、产业高效益、生产高效率、经营者高素质和农民高收入。江西是传统农业大省，乡村资源富饶多样，生态条件十分优越，特色优势农产品丰富。在实施乡村振兴战略中，积极推动农村产业转型升级、拓展农村产业多样化功能、延伸农村产业链和价值链，农村产业高质量发展态势明显。同时要看到，江西农村产业发展面临的主要挑战在于，发展质量效益不高、产业要素活力不足、产业链条较短、产业基础设施薄弱。加快高质量发展，需要在以下几个方面下功夫：首先，以示范基地为主阵地，推动现代农业规模化发展；其次，发挥政府引导作用，推动优势绿色农产品与长三角、粤港澳市场化对接；再次，更加重视品牌建设，着力打响绿色农产品品牌；最后，推动农业多功能性开发，促进农村三次产业融合。

乡村振兴，产业兴旺是基础。党中央、国务院高度重视农村产业发展，习近平总书记指出“产业兴旺是解决农村一切问题的前提”。推动农村产业振兴，就是要围绕发展壮大现代农业，促进乡村一二三产业融合发展，不断优化农业产业结构，使传统的功能单一的农业种植向农村一二三产业融合发展方向迈进，将农业资源优势转化为产业优势，使农业变身为综合产业，使农产品增值，让农民和农业产业化企业增收，发挥产业价值的乘数效应，推动经济高质量发展，推动乡村振兴战略的深入实施。

一、以农村产业高质量发展助推乡村振兴的重要意义

大力实施乡村振兴战略，是党中央着眼于全面建成小康社会、全面建设社会主义现代化国家目标作出的重大战略决策，是加快农业农村现代化、提升亿万农民获得感幸福感、巩固党在农村的执政基础和实现中华民族伟大复兴的必然要求，更为新时代农业农村改革发展指明了方向、明确了重点。

乡村要振兴，产业是基础，这已经成为学界共识。乡村振兴的核心和关键是产业振兴，缺乏产业支撑甚或农村产业日渐凋敝，乡村振兴也将无法实现[①]。乡村产业包括农业和在乡村的二三产业，这也是乡村产业的特殊性所在。传统农业经营体系以“小而全”“小而散”的农户家庭经营为主，迫切需要构建集约化、专业化、组织化和社会化有机结合的新型农业经营体系，其中关键在于形成分工协作、优势互补、链接高效的现代农业产业组织体系[②]。总体而言我国农业发展已由特别强调农产品生产转向兼顾产品供应、文化传承、生态涵养等诸多功能，在推动产业振兴中特别要注重促进产镇融合、产村融合，建立农业要素功能显化增殖机制与“进得来、留得住、能受益”的生产要素配置机制[③]。我国农业核心问题在于加工链、服务链、功能链三大类型产业链组织化和一体化程度较低，建议把产业链整合作为推进农业供给侧结构性改革的重要内容，要特别加强农业产业园区

---

①魏后凯．如何走好新时代乡村振兴之路．人民论坛·学术前沿，2018（3）．

②姜长云．关于构建新型农业经营体系的思考——如何实现中国农业产业链、价值链的转型升级．人民论坛·学术前沿，2014（1）．

③陈秧分等．中国乡村振兴背景下的农业发展状态与产业兴旺途径．地理研究，2019（3）．

等载体建设[①]。面对乡村产业发展中人才、劳动力、技术等要素不足问题，周振等基于8省14县的调研发现，工商资本参与乡村振兴最大的障碍因素在于高制度性交易成本，相对而言在发展乡村产业中面临的市场、政策、信用、法律等风险也更高[②]。要从构建政策支持、配套服务与风险防范等“三位一体”政策体系上引导工商资本下乡带动乡村产业高质量发展。

（一）农村高质量发展产业是乡村振兴战略落地实施的关键

产业兴旺、生态宜居、乡风文明、治理有效、生活富裕是乡村振兴战略的总要求。经济基础决定上层建筑，产业兴旺是乡村振兴的首要任务。通过农村一二三产业关联，推动生产要素在产业之间、地区之间、农业主体之间的优化配置，提高资源利用效率和劳动生产率，使得农业生产力快速发展，推动农业逐步改变弱质产业地位，进一步提升市场竞争力。进入新时代，人民日益增长的对美好生活的需求与不平衡不充分发展的矛盾成为社会主要矛盾。在享受工业文明丰富物质生活、城市文明的各种便利的同时，城市居民需要在“山清水秀”中一解“乡愁”。农村产业不仅能够提供更多更丰富的农产品，确保国家粮食安全、食品安全，而且能够提供更高品质的生态产品，不断满足人们对美好生活的需要。

农村产业的类型丰富，目前主要包括现代种养业、农产品加工流通业、乡村旅游业、为农民提供生产性服务和生活服务的新型服务业。要推进农村产业的高质量发展，首先要准确理解农村产业。

第一，农村产业是根植于农村、以农民为生产主体的产业。2019年末江西省常住人口4666.1万人，其中，乡村常住人口1986.8万人，总人口的比重为42.6%。在众多的农村产业类型中，现代农业是基础性产业，也是吸纳农民就业的重要产业。随着农村基础设施的完善和清洁化生产技术的普及，农村产业的类型会越来越丰富。农村是个空间概念，和城市一样。

---

①国务院发展研究中心“构建竞争力导向的农业政策体系”课题组．加快农业产业链整合，提升我国农业竞争力．发展研究，2017（8）．

②周振等．工商资本参与乡村振兴的趋势、障碍与对策——基于8省14县的调研．宏观经济管理，2019（3）．

在城市里可以发展除了农业种植业之外的很多产业，在农村也可以发展很多类型产业。改变农村单一产业结构，是促进乡村繁荣的必由之路。

第二，从产业演进规律来看，农业产业的分工深化推进了农村产业体系的丰富和经营规模的扩大。比如，收割机的出现，就为农业生产的收割环节分离出去提供了可能；无人飞机的出现，就为农业生产中施肥喷药的田间管理环节分离出去提供了可能。如果农业生产过程中这些环节可以实现服务外包，农民的家庭农场就能够实现作物种植的规模化。现代农业的发展，会出现服务外包规模化替代土地经营规模化，农业从品种培育到最后收获、销售，在技术支撑下可分离的环节越来越多，产业分工不断深化。

第三，农村产业体系的丰富是以一二三产业融合作为路径的。随着农业科技水平的提高、互联网技术的成熟普及，原来限制一二三产业融合的技术和市场瓶颈得以突破，乡村新产业新业态不断丰富。比如大家熟知的辣椒，除了有菜用功能，还有药用功能、观赏功能、军用功能、饲用功能和调味功能等等。一颗小小的辣椒，在技术的支持下衍生出许许多多新产品。作为乡村主体产业的农业，和休闲旅游业结合后产生了观光农业、休闲农业、体验农业、养生农业，催生都市农场、研学农场、亲子农场、养生农场等，这些农场可以共享，也包括共享田园（农园、菜园和果园）、共享民居，最终会形成研学、康养、体育、娱乐等一系列产品。

总的说来，随着分工的发展，农业服务外包，农产品加工深化，农业跨界融合是农村产业发展的潮流与趋势。农村产业结构由此实现了由单一性向多样性的转变，乡村成为多产业融合发展的空间，这正成为未来农村产业发展的重要趋势。

（二）农村产业的高质量发展内涵

农村产业要实现高质量发展首先要求创新产业发展思路，从注重产品创造转向更加注重市场创造。经过多年的努力尤其是新世纪之后的新农村建设战略实施，乡村的基础设施总体状况大为改善，基本实现了村村通公路，在经济较为发达的农村地区，网络设施也已普及。高速铁路的建设拉近了各区域的时间距离，如火如荼的“互联网 +”行动推动电商平台下沉。借助方便的电子商务信息平台、快捷的高速铁路运输系统、完善的城乡物流输送体系，农村产业发展突破了原有的空间与时间约束，市场可达性大大增强。

农村产业的高质量发展，旨在以科技创新为驱动力，促进产业结构优化升级、生产效率大幅提高、农民收入持续增长，能够提供生态安全的优质产品，是一种健康可持续发展模式。其特点是“五高”，即产品高质量、产业高效益、生产高效率、经营者高素质和农民高收入。

一是产品高质量。在保障人们健康安全的前提下，农产品还要做到口感好、品质优，营养更加均衡、特色更加鲜明。这就对农产品的供给提出更高的要求，在农产品的生产过程中，我们要不断丰富农产品种类，更好地满足当今人们多样化、个性化、高端化的消费需求，实现农业供需的高水平均衡。努力提升农村基础设施建设，缩小城乡基础设施条件的差距，通过采摘、垂钓、农业体验、农家风味餐馆、民俗文化体验等活动提升乡村旅游吸引力。

二是产业高效益。积极推动传统农业向现代农业转型，通过构建现代农业产业体系、生产体系、经营体系，促进农业与其他产业融合发展，挖掘和拓展农业新功能、新业态，不断提高农村产业效益。

三是生产高效率。要推行资源节约、环境友好的绿色生产方式，全面提高劳动生产率、土地产出率、资源利用率。大力推动资源利用方式由粗放向节约集约转变，不断创新农业科学技术，增强科学技术的驱动力和引领作用，通过创新体制机制释放农业农村发展活力，实现农业绿色低碳循环发展。完善农业社会化服务体系，发展多种形式的适度规模经营。

四是经营者高素质。加快培育新型经营主体，建设一支热爱农业、精通技术、善于经营的新型职业农民队伍，形成农村产业高质量发展重要力量。树立“种多不如种好、种好不如卖好、卖好不如卖巧”的经营思维来提升产品附加值，开拓新市场。在江苏省沭阳县，有的农户依托当地成熟的花草电商市场，把自己家里收割的麦穗晒干，变成插花或摄影材料在网上售卖。一亩地卖麦子的收益只有一两千元，卖麦穗的收益则可能是数万元。

五是农民高收入。要让更多更广的农民群体享受到农村产业发展成果，要让新型经营主体和小农户等能够共享农村产业高质量发展带来的成果。

在发挥新型经营主体的示范作用的同时，建立起与小农户紧密的利益联结机制，通过保底分红、股份合作、利润返还等形式，让农民享受农村产业链带来的增值收益。统筹兼顾小农户群体，促进其与现代农业有机衔接。

二、江西农村产业发展状况分析

江西是传统农业大省，乡村资源富饶多样，生态条件十分优越，特色优势农产品丰富。省委、省政府高度重视农业高质量发展，近年来出台了《江西省农业厅关于实施乡村振兴战略加快推进现代农业强省建设的意见》（赣农字〔2018〕12号）等一系列旨在推动农村产业高质量发展的政策举措，还专门就农产品加工业、渔业、茶产业、富硒农业等发展下发实施意见，积极推动农村产业转型升级、不断拓展农村产业多样化功能、不断延伸农村产业链和价值链，农村产业高质量发展态势明显。

（一）现代农业加快推进

江西是长三角、珠三角和闽三角等地农产品重要供应基地。主要农产品的产量在全国的排位总体靠前。2018年稻谷产量居全国第3位，水产品产量居全国第9位、内陆省第2位。全省认证绿色食品原料基地和绿色有机产品面积达1695.34万亩，占全省耕地面积的38.6%，是全国唯一的“绿色有机农产品示范基地试点省”。

1. 农业综合生产能力稳步提升

江西省坚持“稳粮优供增效”的发展思路，扎实推进粮食生产功能区和重要农产品生产保护区划定，深入实施“藏粮于地、藏粮于技”战略，农业综合生产能力稳步提升。农田基础设施日益完善，2018年江西省新增高标准农田294.5万亩，累计建成高标准农田2251.5万亩，占全省耕地面积的48.6%，单位面积效益不断提高；2018年全省粮食总产量达到438.2亿斤，连续七年稳定在420亿斤以上，人均粮食占有量达471公斤；农产品产量稳中有升，2018年江西省油料产量达120.8万吨，水果总产量达470.2万吨，茶叶产量达6.5万吨，肉类总产量达325.7万吨，水产品产量达255.9万吨。农业供给侧结构性改革不断深化，制定并实施了农业结构调整"1+9"行动计划，农业产业结构不断优化升级，打造了一批优质稻、高效经济作物、草地畜牧业、特色水产等优质种植和养殖基地，初步构建了结构合理、保障有效的农产品供给体系。

2. 农业发展方式深刻转变

党的十八大以来，江西以质量兴农、绿色兴农和科技强农为主线，加快转变农业发展方式。调优调整农产品结构，在农业质量年活动期间，江西省累计制定颁布464项农业地方标准，约占全省地方标准总数67%；牛羊肉产量占肉类总产比重提升至4.5%，名特优水产品产量占水产品总产比重提升至36.1%。调绿生产方式，推进绿色生态农业"十大行动"，化肥、农药连续三年保持"负增长"，畜禽粪污综合利用率77%，规模场粪污处理利用设施配套率83.4%，141.1万亩湖泊水库退出集约化养殖。农业技术装备水平不断提高，大力推广应用智能温室、钢架大棚、喷滴灌、畜禽标准化养殖设施、渔业标准化健康养殖和循环水养殖等配套设施，建成设施农业面积94万亩，设施大棚面积32万亩。良种良法良技广泛应用，江西省建成20个现代农业产业技术体系，农业科技进步贡献率这一指标高达59.02%，农机总动力突破2300万千瓦，主要农作物综合机械化水平约为72.8%。农业信息化扎实推进，江西省在全国范围率先构建"123+N"智慧农业信息平台，信息化技术为江西省发展现代农业提供有力支撑。

3. 特色优势产区格局基本形成

江西三区一片粮食主产区、沿江环湖水禽养殖区、一片两线生猪养殖区、环鄱阳湖渔业养殖区、一环两带蔬菜主产区、南橘北梨中柚果业生产区等粗具规模。"三区一片粮食生产基地"（鄱阳湖平原、赣抚平原、吉泰盆地粮食主产区和赣西粮食高产区）的62个粮食主产县粮食生产面积达4935万亩，占全省的89.5%，年产粮食约375亿斤，占全省90%。以蛋鸭笼养和肉鸭旱养为突破口，推进水禽标准化养殖，突显了"沿江环湖水禽生产基地"（赣江沿线、环鄱阳湖）的重要地位，10个水禽生产重点县年出栏水禽约6650万羽，占全省总产量的49%。江西是生猪养殖大省，供沪、供港生猪分别稳居全国第一、第二位。"一片两线生猪生产基地"（赣中优势片和浙赣铁路沿线、京九铁路沿线）20个生猪生产重点县年出栏生猪约1760万头，占全省53%。江西水产品总产量和出口额连续多年居中国内陆省份前列，“环鄱阳湖渔业生产基地”的38个县养殖面积380.96万亩，年水产品产量约148.15万吨、产值约226.22亿元，分别占全省的58.41%和56.46%。“一环两带蔬菜生产基地”（环南昌、大广高速公路沿线带、济广高速公路沿线带）的62个县种植面积占全省的78.1%，产量占全省的77%。“三大茶叶生产基地”（赣东北、赣西北、赣中三大优势产区）占全省茶园面积的90%以上；年产干毛茶占全省的77.3%。江西有机绿茶占欧盟有机茶市场份额50%以上。

（二）农村产业形态不断丰富

1. 特色产业迅速崛起

江西省各地依托乡村资源，形成一批特色鲜明的小宗类、多样化乡土产业。截至2018年，江西省拥有“三品一标”产品5009个，其中绿色食品有650个，有机食品有1825个，绿色有机农产品认证的数量位列全国前茅，江西省获批为全国唯一“绿色有机农产品示范基地试点省”。江西省大力实施“生态鄱阳湖、绿色农产品”品牌战略，培育了包括“四绿一红”茶叶、江西大米、鄱阳湖水产、江西地方鸡、江西果业等在内的区域性特色农业品牌。南丰蜜橘、婺源绿茶、崇仁麻鸡先后成功入选“中国特色农产品优势区”，“赣南脐橙”“庐山云雾茶”“赣南茶油”进入中国品牌日“2018年中国品牌价值百强榜”，“宁红茶”被选为第18届亚运会官方唯一指定茶叶，这也是我国唯一入选的农产品品牌。2018年，江西省农产品出口额高达7.52亿美元，产品畅销日本、东南亚、欧盟、美国等众多国家与地区。

2. 农产品精深加工深入推进

江西立足主导产业和特色产业基地，发挥规模优势，加快发展农产品精深加工，延伸产业链条，走多层次加工转化增值的路子。江西以打造万亿级农业产业为目标，坚持龙头引领、加工升级、平台支撑、业态提质的发展思路，产业融合深入推进。重点打造了粮食、畜禽、果蔬、渔业、棉麻（丝绸）加工5大千亿产业，以及茶叶、油料、中药材加工4大百亿产业，切实提高农产品加工转化率、资源综合利用率和市场占有率。2018年，全省规模以上农业产业化龙头企业的销售收入为5556亿元，农林牧渔业总产值为3148.6亿元。2019年,在全国农业产业化龙头企业500强榜单中，江西省农业产业化龙头企业实现进位赶超，有34家企业上榜，同比增加12家。

3. 休闲农业和乡村旅游蓬勃发展

江西发展休闲农业和乡村旅游具有生态资源丰富、农村风俗特色明显、交通便捷、市场客源充足和政策环境良好等优越条件。在大力促进乡村旅游与山水融合、与乡土民俗融合、与农耕生产融合、与全域旅游融合过程中,探索出青山原形、绿水原味、文化原真的“三原”乡村旅游发展新路子，增加了农民收入，改善了农村面貌，推动了乡村振兴。2018年，江西省乡村旅游接待游客3.6亿人次,旅游总收入3400多亿元,全省各地涌现出“农（渔）家乐”、休闲农庄、观光采摘园、现代农业示范园、休闲乡村等各种模式的休闲农业企业5000家，农家乐经营户达2.43万户，乡村旅游从之前的“星状分布”发展为“全域一体”，发展模式和业态也日益丰富。

（三）产业融合趋势明显

1. 融合平台加快建设

江西省大力推进乡村一二三产融合发展，搭建融合平台，“百县百园”工程建设全面提速。江西省目前拥有3个国家级现代农业产业园、233个省级现代农业示范园、7个国家农业产业强镇示范建设乡镇和9个省级赣台农业产业合作示范园。2018年，江西打造了一批具有江西特色的田园综合体等产业融合载体，安排3000万元，创建了15个省级田园综合体和5个精品园区（农庄）。支持了一批三产融合项目，支持抚州市临川区嵩湖乡等9个乡镇实施农业产业强镇项目和南昌县、安远县、吉安市吉州区等3个县（区）实施绿色循环农业项目，不断提升三产融合发展水平。2019年2月12日，吉安市井冈山国家农村产业融合发展示范园、抚州市东乡区国家农村产业融合发展示范园、宜春市万载县国家农村产业融合发展示范园、景德镇市乐平市国家农村产业融合发展示范园入选首批国家农村产业融合发展示范园。

2. 融合主体日益壮大

截至 2018 年，江西省拥有 5106 家规模以上农业龙头企业、7.03 万家农民合作社、3.8 万个家庭农场和 10 万余个农业社会化服务组织，新型农业经营主体已成为推动现代农业发展的主力军；培育了 163 家带农作用突出、综合竞争力强、稳定可持续发展的“龙头企业 + 合作社 + 家庭农场”农业产业化联合体；培育新型职业农民 13.8 万人、农民合作社 7 万家、家庭农场 3.9 万个；培养“一村一名”大学生 4.7 万人，其中 37.1% 成为村“两委”干部，42.5% 在农村创新创业。信息进村入户工程有序推进，建成农产品运营中心 102 家、益农信息社 8000 家，“赣农宝”上线品种达 3500 余种。

（四）产业扶贫成果丰硕

脱贫攻坚，产业为根。近年来，江西省集中全力打赢脱贫攻坚战，实施农村产业扶贫工程，发展壮大农村集体经济，建立并完善“选准一项主导产业、打造一个龙头、设立一笔扶持资金、建立一套利益联结机制、培育一套服务体系”的“五个一”模式，江西省注重培育脱贫攻坚新动能，兼顾短期见效快、长期持续增收的需要，着力发展特色农村产业和以林下经济为主的生态富民产业。江西省带动建档贫困户发展种植业约 265.2 万亩，其中蔬菜约 44.3 万亩、水果约 46 万亩、中药材约 14.9 万亩、油茶约 53.7 万亩、毛竹及笋竹两用林约 34.24 万亩等；养殖家畜约 107.1 万头、家禽约 0.75 亿羽、水产面积约 38.3 万亩。产业扶贫的成效显著，全省约 81.85 万建档贫困户获得产业发展的扶持，3058 个贫困村（含深度贫困村）均拥有村集体经济和专业的农业合作社，多达 57449 个新型经营主体带动贫困户脱贫。特色产业带动贫困户 101.2 万户次、带动贫困人口 313 万人次；消除集体经济“空壳村”8544 个；农村贫困人口从 2012 年末的 385 万人减少至 2018 年末的 50.9 万人。

三、江西农村产业高质量发展面临的挑战

从课题组实地调研情况看，当前江西省农村产业发展也面临不少困难和问题。

（一）发展质量效益不高

产业发展的基本规律表明，产业的兴衰、发展速度与产业相关技术的进步、产品的市场需求、组织创新密切相关。尽管在理论界对于“用工业的理念改造农业”的观点有不同意见，但在农村产业发展实践中，能够得到资金技术注入，能够实现标准化、规范化、规模化种养的产业效益都比较好，在标准化和规模化方面进展缓慢的产业则效益偏弱。江西省部分地区地貌以山地为主，有大量主体功能区划定的限制开发区域，没有集群集片的土地可供建设生产基地使用。由于生产基地规模偏小，导致效益较低。比如目前赣州市累计建成规模蔬菜基地仅为 25.9 万亩、设施大棚面积 15.2 万亩，与山东寿光、河北石家庄、宁夏银川等地相比，蔬菜生产基地规模总体偏小。蔬菜生产基地规模偏小，不利于病虫害防治、规模化选种育种，更不利于规模化销售、品牌化发展。以广州市 2019 年分两批公布的粤港澳大湾区“菜篮子”生产基地认定名单为例，江西共有赣州、宜春两地 8 个生产基地入选，与江西自然条件相差不大的湖南省则共有 6 个地市的 98 家生产基地入选。这里面的差距不是产品质量的差距，而是基地规模的差距。广州市为了管理便利，对入选的生产基地在种植规模上做了严格要求。在品种选育方面，由于研究开发力量薄弱导致品种以外地引进为主，如赣南蔬菜种子和育苗大多来自山东寿光和浙江等发达地区。在调研中我们了解到,定南县茭白种植主要从浙江余姚引进八月茭、浙茭 2 号等五个新品种，虽然品质好产量高，但仍属于浙江大面积种植品种，在激烈市场竞争下面临压价和市场滞销风险。

当前，我国经济已经由高速增长阶段转向高质量发展阶段，必须提高供给体系质量和效率，扩大有效和中高端供给。产品结构的优化有赖于技术和管理的创新。目前江西省多数乡村企业科技创新能力不强，特别是农产品加工创新能力不足，工艺水平整体而言落后于发达省份。产品供给仍以大路货为主，优质绿色农产品占比较低，休闲旅游普遍存在同质化现象，缺乏小众类、精准化、中高端产品和服务，品牌溢价有限。

（二）产业要素活力不足

农村产业稳定的资金投入机制尚未建立，金融服务仍明显不足，土地出让金用于农业农村比例偏低。农村资源变资产的渠道尚未打通，阻碍了金融资本和社会资本进入农村产业。农村土地空闲、低效、粗放利用和新产业新业态发展用地供给不足并存。在种种产业要素中，人才队伍的活力是最为重要的，懂农业、爱农村、爱农民的科技、经营人才缺乏成为影响农村产业发展突出的问题。

在课题组开展的关于茶产业发展、蔬菜产业、乡村旅游产业发展的调研中，企业经营者反映的一个普遍问题是“人不好找”。农村产业总体经济效益不如城市工商业，留在农村的人口多数年龄偏大，市场意识和接受新生事物的能力偏弱。而且从惠农角度，必须带动当地农户参与农村产业发展中，需要花费大量的时间精力进行生产标准化技术、市场意识普及推广。比如黄瓜种植的标准化操作。经过技术指导后，在收购时发现仍有农户操作不规范，种出来的黄瓜有长有短。为了运输便利必须将黄瓜装入标准尺寸的泡沫箱里，黄瓜太长了没办法装箱，农户干脆一掰两半直接装箱。经合作社负责人耐心说明其危害之后农户才意识到应该如何改进。

农村产业的发展最终还是落实到各种新型经营主体上。尽管经过近些年的努力探索，江西省扶持一批特色专业型种养大户，建设一批示范效应较强、规模相对适中的家庭农场，形成了一批农业龙头企业，加大了合作社培育力度，并在种养殖业、精深加工、产品流通以及社会化专业服务等领域发挥了重要作用，但是相对于整个农村产业体系和广大农民群体，影响力和带动力还需要继续加强。在调研中，有地方领导谈到当地产业的发展思路是“内外兼修、北上南下”，并认为当地政府向上争取政策做得好，往南方吸引资源做得还不够。和工业领域的招商引资的大力度相比，农村产业的招商力度、优惠政策还有很大的改进空间。

（三）产业链条仍然较短

一产向后延伸不充分，多以供应原料为主，从产地到餐桌的链条不健全。二产连两头不紧密，农产品精深加工不足，副产物综合利用程度低，农产品加工转化率偏低。从农业经营主体来看，大型的龙头企业数量偏少。2018 年江西省超亿元的省级以上农业龙头企业 453 家，超 10 亿元的 36 家，远低于周边省份。如安徽超亿元的省级以上农业龙头企业 2538 家，超 10

亿元的 100 家。精深加工不够。高附加值的农产品偏少，江西省农产品加工产值与农业总产值之比为 2.3∶1，与山东（3.75∶1）、河南（3.19∶1）等省相比差距较大。

三产发育不足，农村生产生活服务能力不强。产业融合层次低，乡村价值功能开发不充分，农户和企业间的利益联结还不紧密。从业态创新来看，乡村价值挖掘不够。农业与文化、旅游、电商、互联网等新业态融合不够，休闲农业同质化严重，多以采摘、观光或农家乐餐饮为主。农村电商基础设施建设滞后、物流体系不健全，营销带动能力不强。与现代种养业匹配的农资代理、农机租赁、有机肥生产、包装生产、农产品加工、物流冷链配套等服务和业态相对滞后，特别是精深加工和公用品牌环节薄弱。如赣州市蔬菜加工企业仅 17 家，年蔬菜加工量不及总产量的 3%。在蔬菜产品方面，尚未形成具有全国较大影响的区域品牌，还难以做到“统一品牌、统一标签、统一包装”。

（四）产业基础设施仍然薄弱

一些农村供水、供电、供气条件差，道路、网络通信、仓储物流等设施未实现全覆盖。产地批发市场、产销对接、鲜活农产品直销网点等设施相对落后，物流经营成本高。农村垃圾集收运和污水处理能力有限，先进技术要素向乡村扩散渗透力不强。农村产业发展的环境保护条件和能力较弱，工业“三废”和城市生活垃圾等污染扩散等问题仍然突出。同时也必须注意到，由于三产融合推进，农村生活设施和生产设施并没有泾渭分明的区分，尤其是乡村旅游和乡村加工业的发展所需设施。如位于九江市庐山区红星村的羽绒电子商务产业园区，现在有 1300 家电商，400 家加工厂，产业辐射十县百乡千村，解决了 6 万多人的就业。依托羽绒产业基础，村里六七十岁的老太太，剪线头一个月也可以赚上千元零花钱。但是，红星村的交通还是不太方便，缺乏城市化设施，招工成本上升。据当地企业主介绍，同样的工作岗位，与城市设施齐全的共青城市相比，红星村给的工资要高一千多元才能招到员工。

四、乡村振兴战略下加快江西农村产业高质量发展的路径

（一）以示范基地为主阵地，推动现代农业规模化发展

一是加强农业示范基地建设。江西省各地建设了一批农业产业示范园区，要按照“优质化”导向研究出台江西省农业示范基地考核评价机制，重点围绕“对农户带动效果、亩产农业产值、新技术引进推广”等方面开展每两年一周期动态调整机制，避免示范带动基地沦为“花架子”或“参观基地”。对农业基地投资建设的奖补政策从“面积数量式”向“链接示范式”转变，引导基地向农业产业化综合体方向转型，通过统一提供籽种和技术服务以及质量验收和收购等服务功能，真正发挥其技术示范、联系小农户、自生运营的功能作用。构建农业产业化灵活用地供给机制，借鉴工业园区“以亩产论英雄”的思路，对基地投资主体建立审核备案制度。

二是创新农村产权制度。依法依规坚持和完善家庭联产承包经营方式前提下，优化土地使用制度，合理利用土地资源，实行土（林）地“确权确股不确地、收益分红算人头、上级补贴归原户、组级管理、村级整包、多种经营”的经营管理模式，将农户分散的土地统一流转到村小组，由专业大户或企业承包经营。推进土地适度规模集中经营。

三是促进小农户与现代农业发展有机衔接。鼓励小农户开展多种形式的联合与合作，进一步提高小农户的组织化程度。加快发展农业生产性服务业，为农户提供“一站式”的田间服务。不断创新农业产业化利益联结模式，试点推广“订单收购 + 分工”、“土地流转 + 优先雇用 + 社会保障”、“农户入股 + 兜底收益 + 按股分红”等模式。农户可以按照自己意愿，自主以土地经营权、林权等资产所有权入股企业或合作社，支持有条件的企业以成立风险资金、为农户承贷承还、参股农民合作组织等方式，与农户构建稳定长久的合作互信关系。

四是完善“龙头企业 + 基地 + 合作社”模式。支持江西省农业强县强镇开展整村成立“村集体土地流转合作社”试点，通过合作社对土地流转方向、经营主体、投资实力等开展前期调查摸底，扩大土地流转规模满足农业产业化需求。结合农民专业合作社“空壳社”专项清理行动，对真正

带领农民合作经营的合作社“扶强扶优”，支持合作社与龙头企业开展“产业链分工协作”，整合农业产业项目财政资金以入股方式联合合作社购入机器设备，帮助合作社发展“种苗繁育、净菜净果整理、包装保鲜”等增加农产品附加值的环节。在这方面，赣州市加快设施蔬菜产业发展的经验值得学习借鉴。赣州市级财政专门设立蔬菜产业发展资金，鼓励建设具有温控、光控、肥控等综合功能的高标准大棚，对大棚设施按5000~10000元/亩、露地蔬菜按500元/亩、喷灌设施按400元/亩进行奖补，预冷设施一次性奖补3万~5万元。各县（市、区）同步安排专项资金支持发展蔬菜产业，对蔬菜基地相关路网、水电、防洪等基础设施由地方政府统一投资规划建设。在全市推广宁都县探索出的“七统一分”模式，即统一规划设计、统一搭建大棚、统一设施配套、统一政策扶持、统一种植品种、统一技术指导、统一产品销售、实行分户经营。特别注重从村干部和农村党员、能人大户、大学毕业生以及返乡创业人员等对象中比选菜农。通过入股分红、返租倒包、订单生产等鼓励农民建设6~8亩小规模高产出高效益蔬菜大棚，并带动贫困户参与，使蔬菜产业真正成为富民扶贫产业。

（二）发挥政府引导作用，推动优势绿色农产品与长三角、粤港澳市场化对接

一是加强政府间战略合作。建立健全江西与粤港澳大湾区的省级层面的交流合作机制，强化部门及地市间衔接落实，在此基础上推动构建“政府搭桥、基地申报、农民受益”的农业产业对接机制。在“粤港澳大湾区‘菜篮子’线上平台”推出江西优质农产品展示板块，通过专门板块展示江西绿色农产品，提升粤港澳消费群体对江西生态绿色农产品的认可度。以江西省农产品市场流通协会为纽带，培育壮大农产品交易批发市场。实施“互联网+”行动计划，加快“赣农宝”等农产品电子商务平台建设，推动线上与线下深度融合发展。实施特色优势农产品出口提升计划，推动建设绿色生态农产品出口安全示范区。积极融入“一带一路”建设，鼓励并支持有条件的农业企业走出去。

二是建立基地申报成功奖补制度。从湖南等地发展经验看，通过支持当地企业申报并成功入选粤港澳大湾区“菜篮子”生产基地，其所塑造的

"高质量高标准农产品"形象已成为当地农业开拓全国市场的"金字招牌"。建议江西省对每年新申报成功"粤港澳大湾区'菜篮子'基地"的生产企业奖补 10 万元，对当年推动基地数量增加 5 个以上的县（市、区）政府，奖补 50 万元用于基地标准化建设。通过示范带动扩大江西省绿色有机农产品在粤港澳市场的占有率，并发挥基地"金字招牌"作用拓展长三角等外地高端市场。

三是做好标准对标提升工作。建议省质监局和省农业农村厅按照供港农产品基地建设标准，联合发布江西"对接粤港澳大湾区"农产品检测标准体系，在国家标准上有所提高；同时由各设区市在"产品溯源、质量检测、统一包装"等方面做好基地认定前期工作，以此倒逼农业产业主体提升综合效益。贵州省在发展茶产业时提出"建设符合欧盟出口标准的无污染茶园"口号，并引入全球知名检验认证服务机构（SGS 检测公司），对树立黔茶"高山云雾有机茶"品牌起到很大推动作用，这种以"发布高品质检测标准推动产业升级和基地标准化建设"的经验值得江西在农业产业化发展中借鉴参考。

四是引导资金"下乡助农"。对围绕区域公用品牌重点培育的新型农业经营主体，政府部门运用支农项目资金入股、银行贷款贴息和担保费补贴等支持方式，引导金融机构通过金融创新支持农业主体发展壮大；鼓励县（市、区）通过价格保险保费补贴方式吸引商业保险公司围绕订单农业，开发能够平抑市场价格波动的涉农保险品种；在映山红行动中实施"农业产业化公司上市专项计划"，推动涉农企业股份制改造和跨行政区兼并重组，确保 3 年内每个农业产业化重点县（市、区）至少有 1 家企业在江西联合股权交易中心（新四板）挂牌，力争到 3 年内新增至少两家农业产业化龙头上市企业。

五是优化乡村营商环境。当前工商资本参与乡村振兴的意愿很高，但相比于城市，乡村产业发展涉及的利益主体众多，需要花费很多精力处理好地方政府、村集体、投资者、村民的利益关系。以县（市、区）为单位建设农村产权交易平台，通过"放管服"改革举措在乡村营造良好营商环境，降低"制度成本"形成"风险共担、利益共享"的共同体。支持村级集体经济组织成立土地流转合作社等，将分散在农民手中的承包地流转过来对接工商资本，发挥了农民与工商资本间的“桥梁纽带”作用。由乡镇政府出台相关规范文件，对流转合同备案、投资协议执行等作出规定，工商资本以“管理费”“中介费”方式给予村级集体经济一定比例土地流转补偿。

（三）更加重视品牌建设，着力打响绿色农产品品牌

一是从战略高度规划推动江西自有地标型种子引种培育。建议实施江西种业自主创新工程，由省种子管理局牵头组织种子企业与省内外农业科研院联合组建“新品种培育、繁殖、示范与推广”政产学研联盟，提升江西省自有地标型种子种植面积比重。同时尽快筹建“江西省非主要农作物品种审定委员会”，构建蔬菜、水果等非主要农作物试种筛选优质作物品种并向社会公示的制度，再向农户推广适宜良种，以此支持江西种业企业研发自有品种，加快特色农产品的品种更新换代提高农户种植效益。

二是构建地方性“区域公用品牌”多元化培育机制。支持创建地域特色突出、产品特性鲜明的区域公用品牌。对地方性公共农产品品牌如“赣南蔬菜”，根据第三方市场评估价值等开展引入专家委员会、广告策划公司、龙头企业等主体参与品牌建设。按照“一县一特一品牌”思路，引导发展“高端、小众”特色农业，开展奖励补助，调动市县参与农业公用品牌建设的积极性。由农业农村部门联合市场监督管理部门，按照“严格管理、动态准入、统一标识”的原则，建立农业企业使用区域公用品牌的审核备案制度。

（四）推动农业多功能性开发，促进农村三次产业融合

一是以“延伸产业链，打造供应链、提升价值链，共享利益链”为重点，促进农业与其他产业融合发展。大力实施“十百千万乡村旅游点建设计划”，推动农业与旅游、教育、文化、科普、健康养老等产业深度融合。大力发展农村电子商务，完善江西省农村电商公共服务体系，抓紧建立乡村电商服务站点，支持江西省优质农产品与淘宝、拼多多等知名电商平台对接合作，加快农村流通体系建设，大力开展城乡高效配送专项行动，积极整合乡村商贸、供销、邮政等流通资源。

二是引入新零售模式，构建“田间地头—百姓餐桌”直销渠道。顺应当前食品消费多元化、个性化、小众化、绿色化趋势以及线上电商平台和社区团购农业新零售模式，推动江西更多农产品通过电商营销等实现“在村加工、销往全国”。吸引“美团”、“饿了吗”等直接联系社区消费端的渠道公司在江西省开展蔬菜、水果直销试点，通过合作社提供净菜、净果包装打包等服务，逐步形成农产品基地会员专供机制，直送社区消费者。

三是引入功能农业理念，开发盆栽果蔬等新型城市家庭农产品栽种产品。引导蔬菜、水果种植大户向盆景式阳台农业转型，让那些有乡村情结的城里人体验种植乐趣并吃上新鲜果菜，同时依托先进的农业生产技术，精选各地的名优品种，推动过去仅供食用的蔬菜向新、奇、特的观赏类农作物升级。围绕农事体验、文化教育、手工制作等，挖掘赣文化中的乡土文化民俗和非物质文化遗产，通过定制化产品对接粤港澳研学旅游等市场，提高绿色消费体验，延长农业产业链。

基层党组织软弱涣散预防机制研究

冯志峰　罗家为　王　恬　廖光微

【摘要】治国安邦，重在基层；管党治党，重在基础。基层是党的执政之基、力量之源，基层党组织是巩固党的执政地位的坚强战斗堡垒。进入新时代，一些基层党组织存在着重视程度不够或抓党建不力的问题，个别基层党组织由于弱化、虚化、边缘化、形式化逐渐走向软弱涣散，贻误了经济社会发展良好契机，甚至影响到党的执政基础。为有效破解这类问题，就必须建立健全基层党组织软弱涣散预防机制，着力解决联系服务群众"最后一公里"问题，持续推动基层党组织建设稳中向好，不断提高基层党组织的组织力，更好地带领广大人民群众创造幸福美好生活。

习近平总书记强调："基层是党的执政之基、力量之源，贯彻党要管党、从严治党方针，必须扎实做好抓基层、打基础的工作，使每个基层党组织都成为坚强战斗堡垒。"[①]一段时期以来，由于一些基层党组织存在着重视程度不够或抓党建不力的问题，个别基层党组织由于弱化、虚化、边缘化、形式化逐渐走向软弱涣散，贻误了经济社会发展良好契机，甚至影响到党的执政基础。为有效破解这类问题，党中央、中组部要求各级党组织继续深入整顿软弱涣散基层党组织。刘奇同志在省委十四届八次全体（扩大）会议上强调，要全面加强新时代党的建设，大力整治"怕慢假庸散"等作

① 本书编写组．习近平总书记系列讲话精神学习读本．中共中央党校出版社，2013：125.

风顽疾，为描绘好新时代江西改革发展新画卷提供坚强的政治和作风保证。

一、构建基层党组织软弱涣散预防机制的时代价值

（一）有利于夯实基层党组织的政治基础，提高党的政治领导力

政治性是一切政党的根本属性，作为中国共产党的基层组织，政治功能也是其最基本的功能。政治领导力，就是中国共产党的政治领导能力。习近平总书记多次强调“以党的政治建设为统领”[①]，强化基层党组织政治功能，推进基层党组织建设。这就要求基层党组织要正确处理好“用权力集中和结构集中来控制和平衡权力分散和结构多元之间的关系”[②]，不断提高基层党组织运行效率。构建基层党组织软弱涣散预防机制，有助于强化对基层党组织政治建设的监督，持续保持党的先进性与纯洁性；有助于督促基层党组织树牢“四个意识”、坚定“四个自信”、坚决做到“两个维护”，通过开展“三会一课”、支部主题党日、党员民主评议、组织生活会等，严格落实“四议两公开”、民主集中制等加强支部自身建设，能够达到纲举目张、以简驭繁的效果，在提升政治站位过程中化解政治风险，实现国家的长治久安。

（二）有利于筑牢基层党组织的精神根基，提高党的思想引领力

思想就像一面旗帜，指引着一代又一代共产党人在为中国人民谋幸福为中华民族谋复兴的道路上砥砺前行。党的思想引领力，是指不断推进理论创新，用党的创新理论武装头脑、推动实践的能力。习近平总书记指出：“理想信念就是共产党人精神上的‘钙’，没有理想信念，理想信念不坚定，精神上就会‘缺钙’，就会得‘软骨病’。”[③]基层党组织拥有数量多、覆盖

① 习近平．决胜全面建成小康社会 夺取新时代中国特色社会主义伟大胜利——在中国共产党第十八次全国代表大会上的讲话．求是，2017（22）．

② 周庆智．改革与转型：中国基层治理四十年．政治学研究，2019（1）．

③ 本书编写组．习近平总书记系列讲话精神学习读本．中共中央党校出版社，2013：25.

广、人员众、情况熟的独特优势，肩负着学习和传播新思想、抵御错误意识形态思想侵袭、统一群众思想认识的重任，基层党组织思想引领力的强弱决定了思想建党效果的高低。近年来，一些错误思想对一些党员干部产生了冲击，还有一些党员以实用主义代替理想主义，认为“社会主义理论好，资本主义实践好；社会主义制度好，资本主义生活好；社会主义将来好，资本主义现在好”，[①] 信奉“快乐生活在当下”的物欲文化，这就严重动摇了党员干部对共产主义的坚定信念。构建基层党组织软弱涣散预防机制，有助于基层党组织连接千家万户，积极宣传党的主张，坚决同错误思潮作斗争，让党的创新理论“飞入寻常百姓家”，真正做到让党的创新理论武装党员、教育群众，有效化解意识形态领域的重大风险，全面提升基层党组织的战斗力、凝聚力、创造力。

（三）有利于发挥基层党组织的引领作用，提高党的群众组织力

人民群众是我们党执政的基础，能否有效组织群众是做好群众工作的关键，直接关系到党和政府决策的落实和工作的成效。党的群众组织力就是相信群众、依靠群众、组织群众、动员群众，“依靠公共制度解决问题”[②]，推动经济社会高质量发展的能力。当前，一些地方党组织的极少数党员先锋模范的意识有所淡化，讲人情关系交往与贪污腐败等同起来，特别是抵制不住物质利益的“诱惑”和人情关系的“纠葛”，认为大家都在“搞”腐败，法不责众，进而做出违背党规党纪甚至国家法律的事情，严重败坏了党员形象，损害了基层党组织带动群众的能力。构建基层党组织软弱涣散预防机制，有助于通过抓好党员队伍建设，如从按时参加“三会一课”、支部主题党日活动等组织生活抓起，使党员在严格有效管理中亮明党员身份、提高政治站位、增强服务本领、取得工作实效，在工作生活中更好地发挥先锋模范带头作用，从而让广大群众心悦诚服、心甘情愿跟党走，切实有效地防范化解党员干部脱离群众的风险，推动形成“人心齐、泰山移”的

---

①陈粟裕．当前党的思想建设面临的问题与对策．重庆科技学院学报（社会科学版），2010（16）．

②张静．通道变迁：个体与公共组织的关联．学海，2015（1）．

干事创业局面。

（四）有利于增强基层党组织的服务能力，提高党的社会号召力

基层党组织的服务能力，实际上反映出基层党组织的社会号召力。党的社会号召力，主要指党组织在服务群众过程中体现出来的对全社会的影响能力、凝聚能力、动员能力、引导能力，有利于推动形成社会最大公约数，激荡起新时代中国特色社会主义现代化建设的磅礴力量。调研中发现，一些地方党员干部的工作能力距人民群众对美好生活向往的要求还存在较大差距，常常用形式主义代替求真务实，致使党中央的各项利民惠民便民富民政策很难真正落实下去，这就迫切需要提高基层党组织党员干部的干事创业本领及服务能力，推进社会利益协调机制建设，“将大众利益充分组织化并整合进相互勾连的、制度化网络之中”①。构建基层党组织软弱涣散预防机制，有助于通过“倒逼”落实机制，要求基层党组织书记带头、全体党员参与的方式，采取切实有效举措帮助群众解决实际问题，让群众有更多的获得感、幸福感、安全感，在内心深处更加认同党、拥护党、信赖党、支持党，让基层党组织真正成为团结群众的核心，更好地履行组织群众、宣传群众、凝聚群众、服务群众的重大历史使命。

二、基层党组织软弱涣散的表现形式与主要类型

（一）基础薄弱型

从基层党组织建设的角度来看，基础薄弱型基层党组织的不足，主要表现在基层党组织阵地建设滞后和保障机制不健全。一些村（社区）办公和活动场所硬件设施差，配套设施不完善，甚至无村（社区）组织活动场所，特别是在一些经济落后、资源匮乏、交通不便的山区，这种现象尤为明显。在经济基础薄弱的地区，由于财政资金短缺，党建经费得不到保障，党内各种活动缺乏必要的物质支撑，长时间处于空转状态。阵地建设和党建经费是基层党组织进行教育党员、管理党员、监督党员和组织群众、宣传群众、

① 景跃进．中国农村基层治理的逻辑转换．治理研究，2018（1）．

凝聚群众、服务群众的必要支撑，如果得不到保障，必然会影响基层党组织的工作开展，就有可能走向软弱涣散，成为基层治理过程中的“风险点”。

（二）班子软弱型

火车跑得快，全靠车头带。基层党组织作用发挥如何，关键要看基层党组织书记的领导能力。基层党组织班子软弱涣散主要表现在一是班子配备不齐、书记长期缺职、工作处于停滞状态；二是党组织书记不胜任现职，党支部工作不能正常有效开展，党的领导作用就不能有效发挥。实际上，基层党组织书记工作能力缺失，必然会导致一些普通党员缺乏参与组织生活的渠道，使得基层党支部的支委之间、支委和党员之间、党员与党员之间的关系有可能变成一盘散沙，也就谈不上具有组织力、战斗力、创造力和引领力。也正是因为这些基层党组织领导能力不强，反过来进一步加剧了基层党组织的软弱涣散。

（三）派系斗争型

一般来说，派系斗争主要存在于一些比较偏僻的村庄。在一个行政村内部，部分村民通常以血缘、地缘、业缘等共同的利益为纽带而联合起来参与村庄政治生活，主要表现为换届选举拉票贿选、宗族宗教和黑恶势力干扰渗透村庄政治生活等，进而催生派系斗争型基层党组织。在传统农村的熟人社会中，宗族作为一支重要的政治力量影响至今。随着经济社会发展的多元化，以血缘和姓氏为基础的宗族由于受利益的驱使，常常成为村庄派系的原生体。正因如此，宗族与宗族之间经常会进行政治力量的角逐，一些村庄甚至会出现两个或几个大姓之间“轮流坐庄”、各霸一方，严重影响了基层党组织的政治领导核心地位。同时，在村党支部选举、村民委员会选举过程中，一些候选人通过行贿、许诺好处等到处拉票贿选，一些黑恶势力也常常涉足其中，很有可能分化基层党组织的领导力。在这种情况下，基层党组织或无能为力，任由宗族势力和黑恶势力摆布，或与其同流合污、与民争利，必将严重削弱党的形象。

（四）组织涣散型

习近平总书记指出：“有的软弱涣散，我行我素、各行其是，党的路线方针政策落实不到位；有的独断专行，搞家长制、‘一言堂’，个人凌驾于组织之上。”[①]一般而言，基层党组织涣散的表现，主要可归结为班子不团结，组织制度不健全或形同虚设、长期不开展党内组织活动，无法形成合力，导致工作不能正常开展。一方面，从组织性质来看，村（社区）党组织和村（居）委会一个是党的基层组织，另一个是基层群众自治组织，前者代表党和国家权力向基层的延伸，后者在法律上表现为基层群众自治权力。由于权力属性以及职责不同，在实践中常常会出现支委和村（居）委闹矛盾、搞内耗的不良情况，一定程度上制约了基层党组织整体战斗力的提升。另一方面，由于在一些偏远农村存在着地理空间限制、群众信仰缺失、国家利益疏远等不良因素的影响，一些行之有效的制度往往只是作为摆设挂在墙上而难以落地。一些党内组织生活难以常态化进行，个别基层党组织常年不过组织生活，导致了党员的身份认同逐渐减弱，党员对党组织的向心力日益弱化。

（五）管理混乱型

东西南北中，党是领导一切的。基层一切事务管理都要在基层党组织领导下进行，才能卓有成效。管理混乱型的软弱涣散主要体现在村（社区）财务公开和民主管理混乱、党务公开落实不到位、工作运行不规范、党员管理涣散等多个方面。一些基层党组织存在“灯下黑”现象，村（社区）党务、村务和财务长期不公开，导致个别干部违法乱纪、损公肥私、多占多用的现象时有发生；也有一些基层党组织对社会矛盾的敏感度和重视度不够，积累了大量矛盾，影响了社会秩序的稳定；还有一些基层党组织对普通党员疏于管理，组织生活不严肃、不规范，对现有的按期足额缴纳党费、参加“三会一课”、党员活动日、开展批评与自我批评和党员民主评议等组织生活流于形式，特别是对流动党员采取放任自流的态度，致使他们长期游离于组织生活之外，党章、党的纪律权威受到严重损害。

（六）功能弱化型

中国共产党是工人阶级的先锋队，同时也是中国人民和中华民族的先锋队。人民对美好生活的向往就是我们的奋斗目标，内在地决定了基层党

① 习近平关于全面从严治党论述摘编．中央文献出版社，2016：207.

组织在经济社会发展中不可替代的领导作用。基层党组织功能弱化型主要表现在围绕中心抓党建、抓好党建促发展成效不好；党组织服务意识差、服务能力弱、群众意见大；党员先锋模范作用发挥不好，作用发挥不明显等方面。概而言之，基层党组织的战斗堡垒独特优势、强基功能未能得到充分发挥，领导经济社会发展的能力不足。与此同时，一些党员身份认同不强，将自己混迹与普通群众之中，缺乏担当实干、开拓进取、勇于创新、为民服务的意愿和能力，造成了基层党组织功能的弱化、战斗堡垒作用的退化，削弱了党的凝聚力、号召力和战斗力。

三、基层党组织软弱涣散的问题检视与成因分析

（一）基层党组织软弱涣散客观原因分析

基层干部负担较重已是社会的共识，甚至有人戏称是单位福利的“绝缘体”、工作任务的“超导体”和组织问责的“背锅侠”，这种工作体制把更多的基层干部往“推卸责任、向往腐败和敷衍度日”的工作生活方式方向推，损害了基层党组织的组织力。概括而言，基层党组织软弱涣散的客观原因主要有如下五个方面：

1. 主体责任不明确，党建责任落实不到位

主要表现有三个方面：一是责任界定不明确。对各级党委（党组）落实党建责任只有原则性要求，没有系统的制度性规定。在实际工作中，党建工作第一责任人、直接责任人、班子其他成员、具体党务工作者各自所承担的任务界定不明确，加之党务工作培训严重滞后，致使党组织书记和班子成员抓党建工作无所适从。二是职责落实不扎实。一些基层党组织普遍存在重组建、轻规范问题，党组织工作不够扎实，缺乏应有的事业心和责任感。管理基层党组织工作的部门和机构众多，统一组织领导、统一指导、统一考核监督工作实施困难，因此一些重要文件和精神，不能及时传达贯彻到党员和职工中去，甚至有个别党组织连有关文件都看不到，造成政策难贯彻。三是机构设置不健全。由于传统基层党组织运行机制受到市场经济较大的冲击，为追求更高的经济利益，有的基层党组织把党建工作

机构与其他科室合并或撤销，这就必然会冲淡党建工作。由于缺乏专门的机构和专职的队伍，导致这些基层党组织的党建工作职责不能有效地履行，党建任务也就不可能顺利完成。

2. 经费投入不充足，党建活动保障不到位

目前，各县区在基层党组织建设经费保障上采取了一些措施，但总体上来看，基层党组织建设经费投入还显得不足，基层党组织办公经费、党员干部培训经费、党内关爱帮扶经费、活动场所建设经费等相对短缺。特别是在农村地区，税费改革后，乡镇取消了原先纳入财政预算和财政开支的税费项目，再加上乡镇机构人员大幅增加，承担的改革发展稳定的工作任务重，乡镇经费保障非常困难。村级办公经费虽然纳入了财政预算，但村级转移支付资金标准过低，而当前村级集体经济普遍比较薄弱，部分村维持基本运转存在一定困难，村级组织缺乏物质基础，致使无力为群众致富提供服务，无力兴办公益事业，无力救助困难群众，一定程度上影响了基层党组织作用的有效发挥，存在“说话没人听、办事无人跟”的问题，农村党组织的领导核心作用不断弱化。加之村干部报酬待遇偏低，村干部年报酬与当前物价水平、人民生活水平、农村艰苦的工作环境和繁重的工作任务相比还不相适应，影响村干部干事创业的积极性及村干部队伍的稳定性。

3. 任务分解不科学，党建任务完成不到位

“上面千条线、下面一根针”“上面千把锤、下面一根钉”，这是基层党员干部实际工作的形象写照。通常几十人的乡镇政府（社区街道），一头要承担县市级以上部门数十甚至近百种具体工作,另一头则关系农村（社区）几千乃至数万、数十万群众的切身利益。近年来，随着各项体制机制改革的深入推进，全面深化改革任务艰巨，全面建成小康社会进入决胜期，各种社会管理和公共服务的职能逐渐下沉，基层部门扮演着越来越重要的角色，基层负担越来越重已成为不争的事实。另外，从督查检查频繁到处处留痕，从“文山会海”回潮到材料论英雄，占用干部大量时间、耗费大量精力。一方面,基层干部苦不堪言,基层干部队伍干事创业的积极性受挫，基层干部队伍流失严重，甚至有些地方无人愿当基层干部。另一方面，基

层干部没有过多时间、精力用在党组织建设问题上，党建工作“脱实向虚”，流于“形式主义”，党建任务不能及时有效地完成。

4. 考核导向不适用，党建成果评价不到位

各地对领导班子和领导干部的考核，普遍存在着对党的建设成效难以准确定性、考核力度不大的问题。从调研来看，在考核赋分和权重上，落实党建工作责任涉及的指标权重偏低，党政班子考核的侧重点不鲜明，尤其对党组织书记的考核还没有体现出“首先看抓党建的实效”的要求；在考核指标的设置上，党建工作缺少具体的量化指标，没有直观的衡量标准，在实际考核评价中，难以定量“好”与“一般”、“一般”与“差”之间的差距；在考核的方式方法上，唯资料和数字论英雄，特别查看组织活动开展痕迹，而对实地走访、座谈等方式采用的少，或者即使采用但流于形式的多，真正起到作用的少，而基层为了迎合上级这种机关化的考核方式，开始在自我包装上大做文章，热衷去搞形式主义，重资料图片收集、轻活动实际效果，甚至自己成为材料造假者；在考核结果运用上，无论是择优提拔使用还是评优评先，党建工作责任考核结果都不是决定性因素，“任用干部看党建”的导向还没有形成。

5. 责任追究不精准，党建失职惩戒不到位

目前，党内法规只明确了对党建责任追究的基本原则，没有制定具体的责任追究办法，对哪些情况下要追究责任，第一责任人、直接责任人、具体责任人各自所负责任如何界定，责任追究分为哪几种类型等都没有明确，导致难以或无法问责。在基层实际工作中经常可以看到，因信访、计生、安全、维稳等工作不到位问责处理干部的情况多有发生，但是因为抓基层党的建设、抓后进党组织整顿不到位被问责的干部却很少。具体工作中，对通过日常了解和考察考核发现的诸如违反民主集中制原则、班子涣散、干部管理不严等现象，往往是谈话诫勉或组织调整了事，不能起到应有的警示和威慑作用。有的村党支部书记认为只要不涉及钱款、不涉及综治、信访维稳、计划生育这些工作，就是干得不好也不会被问责，也因此对党建工作不上心；有的镇纪检干部认为这也问责，那也问责，搞得多了，就把村干部的工作积极性给打下去了，因此只要不是经济问题或者其他一

些严重问题，就没必要动真格；有的镇同村签订了党建责任书，责任书中也明确工作落实不力予以问责，但是什么程度下予以问责以及问责的力度都没有明确规定，因此也不具备约束力，更不具备操作性。问责失之于软、失之于宽，造成部分基层干部在党建工作中得过且过，在工作摆布上排来排去基层党建排不上位，挤来挤去把基层党建给挤了下来，问责效果也就大打折扣。

（二）基层党组织软弱涣散主观原因分析

受基层工作体制、自身收入待遇和工作环境方面的影响，基层党组织党员干部的思想也在发生相应的变化，一些消极思想使其自身内生动力不强，反映在工作上突出表现为不能够以积极向上的工作姿态推动本职工作。从调研实际情况来看，基层党组织软弱涣散的主观成因突出表现为如下七个方面：

1. 政治功能弱化，口头表态拥护多，坚决抵制错误思潮少

旗帜鲜明讲政治是马克思主义政党的根本要求。习近平指出："党的政治建设决定党的建设方向和效果，不抓党的政治建设或背离党的政治建设指引的方向，党的其他建设就难以取得预期成效。"然而，一段时期以来，一些基层党组织将自身定位为管理党员、服务群众的群团组织，忽视其作为根本的政治属性。一方面，在意识形态领域，各种思想相互交织，各种非马克思主义思想甚嚣尘上，特别是信息技术的广泛应用，一些"低级红""高级黑"的言论不绝于耳，极少数党员在"两学一做"微信群、党员群不时散布谣言、发布虚假信息，加大了基层党组织思想建设的困难。另一方面，社会的转型也面临着传统以单位为基础的共同体解构，以村（社区）为基础的共同体重构问题。在农村，传统的熟人社会逐渐消解，村民之间原子化现象不断加强，一些党员，特别是流动党员对村级公共事务漠不关心，事不关己高高挂起。在城市，由于社区行政化的倾向严重，加之社会组织发育滞后，社区党员之间缺乏利益纽带，一些党员对社区公共事务也是"敬而远之"。这些问题都同政治问题相关联，管党治党上的"宽松软"源于政治上的"宽松软"，根本在于政治意识不强、政治敏感度低，突出表现在个别基层党组织不讲政治，有的甚至妄议中央大政方针，在大是大

非问题上头脑不清醒，在政治问题上举棋不定，政治能力大打折扣，不善于发挥领导核心、政治核心作用。

2. 理想信念淡化，考虑自己利益多，综合考虑党的事业少

坚定理想信念，是人生的“总开关”，是共产党员终身必修课。信念决定一个人的追求，而个人的追求体现其坚持的信念。有什么样观念的人，就会有什么样的行动。一些党员干部之所以出现这样那样的问题，归根结底是世界观、人生观、价值观出现了偏差，是党性不坚定，对党的理论、道路、制度缺乏认同感而随波逐流。调研中发现，有的农村党员精神缺“钙”、信仰不坚，对共产主义心存疑虑，导致一些非法宗教活动在一些地方如火如荼地开展。特别是极少数同志理想信念缺失，对共产主义信仰发生动摇，对我们党面临的“四大危险”和“四大考验”认识不足，存在着对党建工作“说起来重要、忙起来次要、干起来不要”的情况。由于长期对党建工作喊得勤说得多、落不实做得少，重经济轻党建的思想在很多党员领导干部心目中根深蒂固。正是因为对经济利益的过度追求，极少数党员干部将自身利益凌驾于党组织工作之上，在推进工作中很少考虑全局工作，更多的是考虑自己的“一亩三分地”，贻误了基层党组织建设工作。

3. 宗旨意识淡薄，顾及个人生活多，真心关注为民服务少

改革开放以来，在自主生产经营方式下，群众对基层组织的依赖性大大减少，基层党组织对农民的影响力也相应减弱，导致党员干部为民服务的意识较为淡薄。特别是一些党员干部没有树牢全心全意为人民服务的宗旨意识，存在着主动作为少消极应付多的不良现象。这主要表现在基层党组织自我发展意识不强，在发展壮大村集体经济上有畏难情绪，存在“等、靠、要”思想，在发展公益事业、提供服务等方面没有财力支撑。个别村党组织负责人对发展村集体经济缺少兴趣但对壮大私人口袋兴致勃勃甚至铤而走险，还有不少基层党组织书记领导本领不强，对本地经济社会发展没有制定长远的发展计划。特别是有些以家族、宗族势力为基础形成的村，内部派系对立，为了家族或某个人的声誉问题和对方较劲，他们大多以社会关系支持、威胁逼迫或经济利益输送的方式操纵村干部选举或推荐村干部，并形成“山头”势力，通过掠夺群众的合法利益来满足自己的私欲，

这就必然会导致干部与群众之间离心离德。

4. 干部培养虚化，关注个人进步多，统筹考虑推动工作少

进入新时代面对新任务新要求，基层党组织建设面临新挑战，一些党员、干部适应新时代所需要的政治素质、业务技能和服务能力还比较欠缺，突出表现在政治领导能力、驾驭市场经济能力、社会矛盾协调能力、组织和动员群众能力、为民服务能力还有诸多不足。同时，农村党员队伍总体年龄偏大，年轻的优秀党员发展不足，造成农村党组织的后备力量空虚，党员年龄结构出现了青黄不接的现象。这就需要大力培养年轻干部，以保证基层党组织班子建设。但是，在一些基层党组织，一些基层党组织书记为了保证自己的家族利益或个人利益，设置各种关卡将优秀人才拒之门外。这就导致一些基层党支部发展党员工作中出现“近亲繁殖”“派系化”“家族化”等突出问题。久而久之，由于这些基层党组织缺乏对党员的关爱，致使党员的荣誉感、归属感降低，因而青年人普遍缺乏入党的意愿，党组织也缺少发展新党员的动力，出现了有的村（社区）3 年以上没发展党员的现象。这就导致一些党组织书记、委员、党员出现了“本领恐慌”。与此同时，村（社区）干部尽管待遇一般，但是却承担着大量琐碎的行政性事务，而且上升渠道狭窄。正因如此，在一些资源匮乏、经济落后的地区，大量的优秀党员干部流失，部分村干部“无米下锅”，集体经济薄弱，出现包括支部书记在内的“两委”纷纷离职的情况，从而使一些基层党组织的组织力明显缺失，走向了软弱涣散。

5. 纪律建设松弛，偏袒保护干部多，管党治党落实行动少

很多基层干部群众反映，党的建设能不能够抓好，关键看肯不肯下功夫、敢不敢动真格。从现实情况看，一些党组织对党员干部仍然没有做到从严要求、从严管理。一些基层党组织的组织生活没有正常开展，对普通党员关心帮助不够，谈心谈话较少。有的不注意掌握干部思想动态，不善于做深入细致的思想政治工作；有的老好人思想严重，对党员干部身上的苗头性、倾向性问题睁一只眼闭一只眼，不敢及时提醒纠正；有的甚至怕家丑外扬而护犊子，想尽各种方法包庇隐瞒，即使处理了，也往往是避重就轻。调研中发现，在一个村党支部，党支部委员由于违法开赌场被依法

查处，这个村党支部书记还四处托人求情，后被组织上给予党纪处分才不得不停止其不当行为。有的领导干部本身纪律意识、组织观念不强，没有把党的纪律规定放在心上，“上梁不正，下梁歪”，基层党组织管理过程中存在的失之于宽、失之于软的问题尚未得到根本解决。

6. 制度建设疲软，改革创新制度多，真正执行落地见效少

制度建设是基层党建的重要方面，贯穿于党的建设的方方面面。制度具有稳定性、刚性约束等特性，有助于基层党建工作的常态化。有些群众反映，基层党组织制度建设形式主义严重。尽管有的单位制度成百上千条，但不少是炒冷饭，制度材料一摞一摞，能够“落地”的屈指可数；制度内容密密麻麻，与群众相关的寥寥无几；制度上墙一套一套，但内容大同小异。有的制度缺乏科学性，满篇不准、严禁，但没有具体执行程序和规定，更没有明确执行主体和检查措施，导致个别党员干部违反制度规定后没有明确依据进行惩处，“牛栏关猫”钻了制度空子，损害了制度权威。有的虽然建立了制度，但只是写在纸上、挂在墙上，形同虚设，成了“稻草人”。时间一长，就会导致制度软化、产生温水煮青蛙的不良效应，为党员干部违规违纪提供了温床。正如习近平总书记指出的：“形式主义、官僚主义同我们党的性质宗旨和优良作风格格不入，是我们党的大敌、人民的大敌。”形式主义者“不用心、不务实、不尽力，口号喊得震天响、行动起来轻飘飘”，是典型的“两面人”。应当说，我们党的很多优良传统都是行之有效的，并在与时俱进的过程中推出了很多制度创新。但是，在具体执行过程中，一些地方和单位没有坚持“严”字当头切实从严管理，动辄打“擦边球”、搞“下不为例”；有的执行制度不够认真，对制度缺乏敬畏心，甚至个别党员干部明知故犯，又没有得到相应的惩戒，由此形成“破窗效应”。这些形式主义，与我们党实事求是的思想路线根本不相容，同“务求实效”“务实管用”“有效管用”的中央精神相违背。

7. 廉洁自律不强，严格要求别人多，从严要求对待自己少

随着我国改革开放的不断深化，好人主义、无政府主义盛行，西方新自由主义、个人主义、拜金主义，以及物质至上等各种不良思潮的影响，加之一些国内外敌对势力趁机煽风点火，对党员干部的思想产生了不容忽

视的影响。一方面，受西方金钱观的影响，一些党员信仰开始松动，表现为宽以待己、严以待人，对人马克思主义、对己自由主义，在工作生活中讲待遇多、讲奉献少，这些都造成了基层党组织凝聚力、发展力的下降。另一方面，在巨大物质利益的驱使下，一些党员干部“靠山吃山、靠水吃水”，不惜铤而走险通过虚报耕地、林地面积套取补贴，私下出卖、瓜分集体资产进行利益输送，出现了大量的“蝇贪”，严重损害了人民群众的利益，基层党组织与群众的关系不断走向松散，干群关系和党群关系日益紧张。此外，基层群众自治组织不是行政事业单位，待遇上和编制内人员待遇悬殊，并且在不同的地区差距更明显，这在一定程度上也诱发了干部的谋取私利之心。由此可知，一些党员干部对于反腐败的认识，还仅仅停留在不敢腐上，不想腐的自觉尚未完全形成，不能腐的制约机制尚未完全形成，巩固现有的反腐败斗争成果的任务还相当艰巨。我们在调研中发现，广大党员、干部和群众最为担心的问题还是“四风”问题反弹，作风建设“雨过地皮湿”、活动一阵风，不能取得久久为功的良好效果。

四、基层党组织软弱涣散预防机制的构建路径

（一）构建“防患未然免疫预察”机制，精密防范提升强基能力

这是构建基层党组织软弱涣散预防机制的必然环节，主要是在抓基层、打基础过程中做到固本培元，筑牢筑实基层党组织软弱涣散预防工作的“第一道防线”。

1. 加快基础建设，全力推进基层党组织“阵地建设标准”常态化

党的十九大报告对党的建设作出了最新的总体布局，即全面推进党的政治建设、思想建设、组织建设、作风建设、纪律建设，把制度建设贯穿其中，深入推进反腐败斗争，这为基层党组织固本培元、增强免疫力提供了努力方向。党的政治建设是党的根本性建设。基层党组织要将政治建设摆在首位，抓好党的创新理论学习并用于武装头脑，树牢“四个意识”、坚定“四个自信”、做到“两个维护”，不断强化基层党组织政治功能，持续增强党员政治能力，勇于同不讲政治的个人、组织、言论做斗争。从思想建设来看，

基层党组织要加强对马克思主义经典理论以及习近平新时代中国特色社会主义思想的学习，让党员干部补足精神之钙，为党的事业持续奋斗。就组织建设而言，基层党组织要理顺组织关系，树牢“一切工作到支部”的鲜明导向，重点抓好村（社区）党组织委员、党员、优秀人才的管理服务工作，不断提升组织力。就作风建设而言，基层党组织要树立实干担当、锐意进取、风清气正的风向标，深入开展“两学一做”学习教育常态化制度化和扎实开展“不忘初心、牢记使命”主题教育，驰而不息将作风建设引向深入。就纪律建设而言，要进一步严明政治纪律、组织纪律、廉洁纪律、群众纪律、工作纪律、生活纪律，将纪律和规矩挺在前面，为贯彻党的路线方针、维护党的团结统一、保持党的肌体健康提供有力保证。基层党组织要将制度建设贯穿于党建工作各环节，把实践上升为理论制度，以责任倒逼落实，积极推进基层党建工作常态化。健全制度、规范管理是推动基层党建工作有效开展的关键，基层党组织要将制度建设贯穿于党建工作各环节，不断完善各项管理制度，为现有制度注入新的活力，积极推进基层党建工作规范化。另外，基层“微腐败”现象是群众深恶痛绝的问题，基层党组织要根据中央和上级要求，全力消除广大群众身边的少数“蝇贪”，切实增强基层党组织的凝聚力、向心力和战斗力。

2. 加强人才培养，奋力推进基层党组织“阵地功能提升”有序化

基层党组织要有效开展工作，关键在于能否建设一支政治可靠、业务精通、廉洁高效、群众满意的高素质基层党务干部队伍，这是预防基层党组织软弱涣散的关键举措。首先，要选优配强基层党组织书记和党组织委员。针对一些党务人才缺乏的党组织，要建立人才储备制度，不断培养后备力量，注重从大学生村官、退伍军人、返乡创业人员、退休老党员之间选拔和培养人才，夯实基层党建的人才库。其次，要加强对党务人才的教育和训练，不断提高业务素养，以乡镇（街道）为基础，每年定期组织基层党务人才集中讨论学习、交流心得、进行党务技能大赛，条件允许的情况下，组织他们进入各级党校（行政学院）进行培训学习，引导他们将实际工作与理论学习有机结合起来，持续提升业务能力。还要引导和鼓励基层党务工作者树立终身学习的好习惯，并以制度化的方式确定党务干部的

学习时间和方式，不断提高基层党务干部依法执政、驾驭地方经济、处理复杂问题、为民服务办事的能力，为预防基层党组织软弱涣散提供坚强的人才支撑。以江西彭泽为例，该县组织党务干部上讲台活动，采取“一人讲、大家谈、互相评”的方式，各领域党务干部结合党的建设工作中的重点、难点和热点问题，自主选题、个人组稿，精心备课、轮流授课，培养一批政治素养坚定、专业素质过硬的基层党务干部。

3. 加大经费投入，努力推进基层党组织“阵地保障机制”科学化

任何组织的运转都离不开经费的支撑和保障。基层党组织承担了宣传党的主张、贯彻党的决定、领导基层治理、团结动员群众、推动改革发展五大职能，在活动阵地建设、开展党务活动、开展组织生活、组织动员群众、集体理论学习、服务群众等实际工作中都需要物质支撑。同时，村（社区）党组织也承担了大量的行政性事务、自治事务与公共服务，一些地方已经探索实行村（社区）干部专职化和坐班制，明确定工干部（按村总人口定数额，部分地方还试行半定工干部），也有一些地方仍然是以误工补助的形式发工资，但这些都有可能是村（社区）干部赖以生存的主要收入，同样也需要财政给予保障。经济待遇和社会地位不高也会影响基层党务村（社区）干部干事创造的积极性，直接导致大量优秀人才大量流出，致使基层党组织走向软弱涣散。为此，要建立基层党组织运行经费保障机制，充分调动好基层干部干事创业的积极性和内生动力，建立村和社区干部工资（补助）正常增长机制和离任补助机制，将这些人员纳入基本医疗和社保体系中，给予政治素质高、工作能力强、发展潜力好的村（社区）干部考取正式编制（包括上级党政班子成员）的上升通道，让基层干部发展上有奔头、事业上有干头、工作上有劲头、生活上有甜头、退出后有盼头，全身心扑在抓党建促发展、用发展增幸福，带领人民群众奔向美好生活的征程上。

4. 加强服务意识，致力推进基层党组织“阵地作用发挥”实效化

为有效解决基层党组织阵地建设滞后的问题，要做好两方面的工作。一方面，按照标准化、规范化和信息化的要求对基层党组织阵地进行改造和提升，对活动阵地内的桌椅、资料柜、制度上墙以及党支部规范化建设记录本等进行统一配备，为开展党内组织生活、党员教育活动、其他人员

开展党务工作创造有利条件，也为开展群众活动、服务群众提供场地，此外，根据自身条件和群众需求配置一些党史文献、党刊、党建读物、行业杂志以及其他群众喜闻乐见的书籍，便于党员和群众随时取用学习，持续提升理论水平和工作能力，切实补齐软弱涣散基层党组织的阵地功能“短板”；另一方面，要依托党组织活动阵地加快推进基层便民服务站点建设，着重在打通联系服务群众“最后一公里”上下功夫、花气力、增投入，不断拓展服务项目，切实增强服务水平不断提升服务实效，让群众能够在组织阵地上感受家的温暖。例如，九江市永修县杨岭村，在村部一楼设有便民窗口，并会帮助村民代办，极大地方便了前来办事的村民。

（二）构建“防微杜渐体检预警”机制，精细查找提升引领能力

这是构建基层党组织软弱涣散预防机制的第二个环节，主要是通过指标统计来评估基层党组织是否能够正常履行自身职能，是否有走向软弱涣散的趋势，通过精细查摆找准问题并因地制宜地出台针对性的整改举措，力求极早遏制走向弱化、虚化、边缘化趋势。

1. 以“四个对标”为参照，科学设置体检指标体系

合理划分基层党组织软弱涣散类别、分类设定体检指标、科学细化评分标准，是客观量化评价基层党组织“健康状态”的重要基础。为此，根据中组部提出的村（社区）软弱涣散的一些基本情况，结合实践情况，我们将基层党组织软弱涣散预防机制指标体系区分农村和城市两种类型，相应地分别划分为四个一级指标和三个一级指标，即“基层党组织基础类指标、经济发展类指标（城市表格中无此指标）、人居环境类指标、民生福祉类指标”，“党支部设置调整规范率、党支部书记配备率、党员数量比例、公共卫生覆盖率、黑恶势力个数（逆指标）”等五十多个二级指标，对基层党组织进行较为全面系统的测量，把握基层党组织建设的总体情况，为基层党组织的“健康体检”设定参照系，从而能够对基层党组织软弱涣散的情况进行较为科学评估，诊断发展趋势，在把握问题及其成因的基础上做好积极有效的预防工作。

2. 以“四个环节”为流程，合理确定体检评价方式

党建工作要创新，需要不断探索实践，研究新情况、形成新机制，通

过定期“体检”早期预警实现难点突破。实践证明，通过制定预警标准、确定预警对象、运用预警结果、系统整改提升、展示预警状况等手段，“定期体检”基层党组织，能有效实现运行情况早掌控、薄弱环节早发现、突出问题早整改，确保基层党组织常态运行良好、党的先进性和纯洁性作用得以长效发挥。在进行体检评价时，对基层党组织应实行体检监测，需定期“会诊”、适时“预判”，抓住“软肋”、找准“穴位”，不断激励基层党组织在奋勇争先、争创一流、接续追赶过程中提高党的建设质量。

一是查摆分级，科学设定预警防线。根据分类施策的原则，我们建议分类制定农村与城市两类基层党组织软弱涣散预防机制评分体系，并且都按照 80 分及以上、60—79 分、60 分以下三个分数段，将基层党组织划分为“一类”“二类”“三类”等次，分别设置 80 分、70 分、60 分的预警线，进行相应的评估。

二是明责考核，完善预防责任体系。体检所涉及的利益主体包含了乡镇（街道）的上级党组织、基层党支部、党员和群众，按照“纵向结合”和“横向均衡”的原则，这些主体都被纳入评价流程，以实现对基层党组织较为全面充分的综合评价。具体而言，首先发挥上级党组织的督查功能，通过日常工作、书面考评、专项“拉网式排查”、不定期暗访党员群众等方式全面掌握辖区内基层党组织的运行状况，并进行打分；其次发挥基层党组织委员的自查作用，在党组织书记的领导下，组织班子成员对照自检，查摆自身问题，找出软弱涣散可能的发展倾向，并进行自我评分。自评不占分值，只作为参照系；再者发挥党员的民主评议，利用党员大会、组织生活会以及党员活动日，召集全体党员进行民主评议，检验基层党组织在党员心目中的状况，并进行量化打分；最后发挥群众的监督评价。畅通人民群众献计献策渠道和批评监督渠道，善于倾听不同阶层群众的意见建议，寻求破解难题的措施办法。党组织体检在完成“组织查、自己查、党员查、群众查”四个步骤基础上，按照县级联席会议成员组织评议占 50%、乡镇（街道）党委评议占 20%、党员评议占 10%、群众评议占 20% 的权重，由上级党组织核算每个基层党组织体检分值，开出党组织体检报告单，并提出相应的整改意见。

三是分析评估，健全体检预警网络。根据基层党组织软弱涣散体检报告，通过“四看四注重”来进行全面分析。看实绩，注重全面，让考评结果能全面客观地反映基层党组织状况。看平时，注重常规，既注重考评成绩，又要看平时工作成效，不断提高考核工作的公正性和真实性。看特色，注重创新，把创新性工作纳入党建工作考评。看结果，注重奖惩，推动为民服务与促进工作有机结合。

四是督导约谈，架起预警高压红线。根据综合评定结果，对“健康”的党组织，作为党内评先评优的优先推荐对象；对“亚健康”的党组织，由上级党组织帮助找准不足，督促整改提高；对“不健康”的党组织，由上级党组织对本党组织主要负责人进行诫勉谈话、整改转化；对“亚健康”、“不健康”的党组织，要及时列入软弱涣散基层党组织之列，遵循因时因地因事制宜的原则，建立长效帮扶机制，多手段多渠道抓好整改，并适时组织复检工作。复检合格的党组织，要及时晋升为“健康”。对不整改或整改不到位的党组织，予以相应组织整顿或组织处理。

3. 以“三个运用”为抓手，充分发挥体检评分功能

对基层党组织进行体检评分的最终目的在于抓早抓小、防微杜渐，通过奖优罚劣推动形成比学赶超的良好发展氛围。

一是运用体检报告查摆指标查问题设警戒。与人体体检报告单一样，基层党组织的体检报告单会将问题一一单列出来，围绕着“谁来预防”“怎样预警”“如何预处”等问题，细化责任、简化程序、量化结果，开列责任清单、体检清单、问题清单、问责清单、整改清单“五个清单”，清晰地展示其“健康状态”，推动实现任务指标化、责任具体化、问题台账化、处理制度化，确保预防机制有序运行。

建立“责任清单”，实现责任到人。要切实加强领导和指导，做到党委统一领导、书记负总责、分管具体抓、层层有责任、一级抓一级，构建全面领导、责任明确、领导有力、运转有序的预防机制。建立联席会议制度。在县级党委统一领导下，由组织部牵头，纪委（监委）、宣传部、政法委、农工部（农业农村局）、民政局等为成员单位。联席会议的主要职责是：对基层党组织党建引领、全面发展工作进行督促检查；对基层党组织是否

软弱涣散进行联合评定并提出整改措施。各成员单位要分工协作，形成合力，共同抓好基层党组织软弱涣散预防工作。建议县组织部门负领导和指导责任。根据《关于建立健全地方党委、部门党组（党委）抓基层党建工作责任制的意见》规定，“按照党组织隶属关系，地方党委领导本地区的基层党建工作”，同时指出了地方党委抓基层党建的责任包括“加强基层党组织领导班子建设，选好配强基层党组织书记，及时整顿软弱涣散、不起作用的基层党组织”。所以在基层党组织软弱涣散预防过程中，乡镇（街道）党委对本地区此项工作负总责，书记是第一责任人，要树立“抓好是本职、不抓是失职、抓不好就是不称职”的思想，坚持把抓好党建作为最大的政绩，把党建工作与中心工作同谋划、同部署、同落实，及时指导和解决基层党组织党建工作中存在的突出问题，提出对策措施，并做好基层党组织软弱涣散预防的督促检查和考核评价工作。基层党组织要切实履行好组织群众、宣传群众、凝聚群众、服务群众的职责，研究制定基层党组织发展规划，并组织实施。基层党组织书记是该组织软弱涣散预防直接责任人。

建立“体检清单”，实现分级归类。根据实际情况，设有《基层党组织软弱涣散预防机制指标体系简明表》，将对每个基层党组织进行“体检”。为减少基层考核次数，我们将基层党组织党建工作、经济社会发展统筹归纳在一份表格体系中，建议一年“体检”一次，考虑到每年工作任务和重点会有变化，建议此表根据实际情况定期更改。同时根据“体检”结果，设有《基层党组织健康评定归类表》，在评定过程中，充分考虑群众、党员、乡镇（街道）党委、县级联席会议成员的评定意见，综合考量评定等级。

建立“整改清单”，实现对症下药。明确整改方向、落实整改任务。采取“一村（社区）一台账”的定制个性化管理办法，为各基层党组织建立整改台账，详细记录预警过程中查摆出的问题，找到“病因”，然后“开出处方”“对症下药”，以定责任、定期限、定效果的方法，为各基层组织列出不同的、有针对性的问题整改清单，做到整改转化一个“销号”一个，确保整改时刻在推进、时时有落实、整体见成效。

建立“问责清单”，实现奖罚分明。《中国共产党纪律处分条例》对党组织不履行全面从严治党主体责任或者履行全面从严治党主体责任不力等情况有明确的问责规定。与此同时，要营造“比学赶超”抓软弱涣散预防的浓厚氛围，对工作效果明显、成效显著的党组织和个人，采取表彰奖励、评优评先、选拔任用等方式予以鼓励，对履职不力、工作落实不彻底不到位的党组织和个人通报批评或组织处理。

二是运用体检分数对照典型找差距勤学习。由乡镇（街道）等上级党组织对行政区划内基层党组织体检评分进行汇总和公布，并举行经验交流会，邀请各党组织书记参与，在相互交流中宣传典型，总结经验；在交流学习中认识自身不足，针对党组织的作用没能正常发挥或被削弱等问题，建立目标台账、措施台账、成果台账，实施“纪实化”预警，以帮扶软弱涣散基层党组织建好建强。

三是运用综合评价对照差距给奖惩强激励。对评分较高的基层党组织在评先评优、绩效考核、项目扶持上给予倾斜，优先向上级推荐表彰，并给予一定的物质奖励；对有软弱涣散倾向的基层党组织，要查摆弱点和散点，及时加强预防，促进组织提升；对已经陷入软弱涣散的基层党组织，上级党组织要进行重点管理，加强教育和帮扶，进行动态跟踪督查，重点开展部门自评、社会点评、网络测评，实施“评价化”预警，推动形成对基层党组织的静态、动态和常态“三态”管理模式。

（三）构建“寓防于治诊疗预处”机制，精准施策提升发展能力

“寓防于治”是一个长期动态的基层党组织建设过程。这就要求我们保持足够的耐心、信心和决心，采取“一次体检、全年整改、跟踪问效、年终交账”的方式，注重做好如下八个方面的工作，切实把组织体检评价与推动经济社会高质量跨越式发展有机统一起来，促进软弱涣散基层党组织稳中向好，不断提高党的建设质量。

1. 实施“领航工程”提高政治站位，通过“治怕”把组织工作“统起来”

从加强基层党组织的领导作用出发，要着力推行让党组织满意的人选进入基层党组织，全面有序推行村书记、主任“一肩挑”和村“两委”成员交叉任职，进一步强化对村委会的领导。村务监督委员会、理事会、妇代会等组织的人选，由村党组织把关，按各自程序进行推选。全面推行村

党组织书记通过法定程序担任村委会主任和村级集体经济组织、合作经济组织负责人、提倡党员通过法定程序当选村民代表、村民小组长，着力把党组织的主张转化为各类组织的自觉行动，有效克服“不敢理事、怕得罪人”的心态，成为党组织的“左膀右臂”，形成“众星拱月”局面，这个“月”就是党组织，“众星”就是党组织领导下的各类组织，进而实现组织力倍增，从制度层面确保村党组织对村级各项工作的有效领导，引领党员、干部在服务大局中坚定政治方向、在聚焦主业中积极担当作为。

2. 实施“连心工程”传承红色基因，通过“治散”让党性教育“活起来”

马克思认为，“全部社会生活在本质上是实践的”。红色文化与党性教育“同根同源”，是马克思主义原理与中国实际相结合的产物，也是对实践的能动反映，更是广大党员群众价值取向的“最大公约数”。为有效解决农村、社区党员较为分散，不方便进行集中教育的问题，建议深入推进“连心工程”，通过党员之家、党建宣传橱窗、学习强国、党员微信群形成立体化党性教育体系，把解决思想问题与解决实际问题有机结合起来，把提高党性修养工作由“软约束”转变为“硬任务”，推动党员与群众“连心”常态化、制度化、长效化。充分发挥红色资源的教育功能，以“传承红色基因、当好红色传人”为主题，通过“学好红色历史、讲好红色故事、唱好红色歌谣、演好红色节目、传好红色精神”等“学讲唱演传”活动，让各地党员在喜闻乐见、情景交融“鲜活”的氛围中接受党性教育、感悟红色精神，弘扬红色文化。

3. 实施“固本工程”突出严管厚爱，通过“治软”让党员管理“硬起来”

要以贯彻全面从严治党要求为主线，以涵养风清气正的廉洁政治生态为目标，以落实党风廉政建设责任制为抓手，着力构建全面从严治党落实落细落常落长机制。要从严贯彻《中国共产党章程》《中国共产党问责条例》《中国共产党纪律处分条例》等党章党规党纪，着力完善群众监督、民主监督、网络监督等监督机制，推动党员日常管理从“宽松软”走向“严紧硬”。在关心关爱方面，通过完善“五个必谈”廉政谈话提醒机制，分层级定期与党员干部谈心、交流提醒，注意收集、分析、解决基层党建过程中碰到的难题，为他们排忧解难，有更多时间抓工作、干实事、促发展。

4. 实施“智慧工程”打造电子党建，通过“治慢”让党建信息“联起来”

党建信息化给党建工作带来诸多便利，但也面临着一些亟须解决的问题。一是平台的孤立和碎片化。当前大部分“智慧党建”平台都是以县为单位的，不同县（市）之间平台和数据无法相容，很容易造成党建数据的地域区隔和碎片化，与当前开放流动的社会现实不相适应。二是党委和政府不同部门（党委口的纪律检查委员会、宣传部、组织部、政法委员会和政府口的公安局等）尚未能实现数据共建与共享，造成了重复建设和效率低下，也不利于协同治理。建议中组部、省委组织部推动实施全国、全省党建信息联网，从横向上消除部门间壁垒，从纵向上畅通、加速上下级间信息传递，从而打破“数据孤岛”，实现数据共享，推动基层党建协同作战。与此同时，实现智慧党建手机 App 与全国党员信息管理系统的联通，实现党员按时足额缴纳党费，以此为契机解决党章“党员交纳党费一般应当按月缴纳，不得无故拖延”的制度性规定与长期以来基层党组织党费代扣、季度缴纳、半年度缴纳或年度缴纳甚至不缴纳情况以及部分基层党组织“三会一课”、“主题党日”制度开得不真、不实、不严的问题。

5. 实施“引擎工程”推动经济发展，通过“治穷”让经济发展“亮起来”

推进基层党建工作，必须树立围绕中心抓党建、抓好党建促中心的工作新思路，坚持虚功实做、虚实结合，才具有旺盛的生命力。为此，基层党组织必须把好乡村振兴战略发展的政治方向，在发展新型集体经济过程中，既要合理利用本地资源优势，又不能单纯“靠山吃山”。这就必须善于“无中生有”“借力发力”，立足于长远不拘泥于客观条件限制，以全国各地的资源为资源、以全国各地的市场为市场，凭借敏锐的市场意识、灵活的经营策略和有力的组织领导，“挖空心思”捕捉商机、“绞尽脑汁”寻找市场、“千方百计”节能增效，敢闯敢干，敢为人先，扭转一部分农村党员干部“短线操作、短期收益”的错误观念，加快补齐农业农村发展短板，不断缩小城乡差距，切实破解党建工作与业务工作“两张皮”的问题，才能真正做到发展强、党建强、事业强。

6. 实施“强基工程”建强基层组织，通过“治弱”让社会治理“好起来”

党的力量来自组织。抓根本、强根基是治理基层党组织“软弱”的重要抓手。要着眼扎紧制度的“笼子”建章立制，制定清晰明确的软弱涣散基层党组织整改路线图、时间表，以稳、准、狠、韧的劲头刺痛少数党员干部精神懈怠、态度冷漠“为官不为”的病态神经，以令行禁止、雷厉风行的精神状态服务群众、服务企业、服务基层，一件一件实打实地解决重点、难点、焦点问题，真正做到问题有人领、工作有人做、责任有人负，扎扎实实解决“办事难、办事慢、办事繁、办事累”等“老大难”问题。

7. 实施“模范工程”发挥带动作用，通过“治庸”让党员队伍“强起来”

建议各地鼓励基层干部往专业化、职业化方向发展，根据组织工作需要和个人特长实行针对性培训，积极提升他们的党务技能和业务技能，更好地担负起“引领”群众奋斗的职责。要积极通过组织开展党员争当“行业标兵、技能标兵、服务标兵”等一系列活动，树立“一名党员一面旗帜”的良好导向，以身边事激励身边人，使广大党员、群众学有榜样、做有标尺、赶有目标，形成党内带党外、全社会共同参与，人人学先进争当先锋、创佳绩勇创一流的生动局面。

8. 实施“责任工程”创新绩效考核，通过“治假”让党建工作“实起来”

在推动工作中遇到问题是正常的，实际上，干部干事就是一种在解决问题中展现能力、提升能力的动态过程。这就要求所干的事情是实事、是好事，而不是伤害老百姓利益、损害党组织形象的事。“形式主义害死人、弄虚作假害死人。”建议创新基层党建工作绩效考核方式，通过编制党建工作责任书，明确描述“党组织主要职责描述书、岗位党建履职说明书、党建工作办事指南、党建工作力量图谱”，制定清晰的、具体的、可操作的实施方案和工作计划，把每一项改革措施靠实到责任单位、责任领导、责任人员，使基层党组织和党员能够有效明确自身权利与义务，做好上下结合文章使党的主张和改革意图在基层得到很好的贯彻落实，为推进中国特色社会主义伟大事业提供坚强的组织保证。

江西 VR 产业发展研究

——以南昌市为例

陶东阳　钟爱保　赖熹姬　喻浩荣　张　桔　李淑兰　邹　阳　吴　琼

【摘要】 江西省将发展 VR 产业作为发展新经济培育新动能的重要抓手，积极谋划，举全省之力加以推进。2018、2019 世界 VR 产业大会的成功举办，为江西引领 VR 技术和产业发展创造了新契机、确立了新起点。但是，对标国内 VR 产业发展第一梯队，江西 VR 产业发展依然面临产业链不完整、产业融合不深、核心技术未突破、专业人才有限等瓶颈和不足。因此，要加快推进江西 VR 产业发展，还应当做好以下几个方面的工作：整体谋划布局，加强顶层设计；强化跨界融合，聚焦示范应用；加快人才培育，夯实产业基础；培养龙头企业，支持技术创新；完善保障体系，做大做优南昌。

虚拟现实（Virtual Reality，简称 VR）是新一代信息技术的前沿领域，是多种信息技术创新的综合体。VR 技术在各行各业应用之广，变革之深，都昭示着 VR 产业的高渗透性。以 5G、人工智能、VR 等为代表的新一代信息技术与制造业深度融合，将进一步带动传统产业转型升级，成为推动我国经济高质量发展的重要动力。2016 年国务院发布的“十三五”规划中，将 VR 产业列入国家战略性新兴产业，2018 年国家统计局发布的《战略性新兴产业分类（2018）》中新增 VR 产业分类。2018 世界 VR 产业大会在南昌举办，习近平总书记亲致贺信，在海内外引起了巨大反响。习总书记在贺信中指出，新一轮科技革命和产业变革正在蓬勃发展，虚拟现实技术逐步走向成熟，拓展了人类感知能力，改变了产品形态和服务模式。2019 年 5 月习近平总书记在视察江西时对 VR 产业发展予以了高度关注，多次强调，“要用好大会成果，加强国际交流合作，推动相关产业发展”。为有效应对全球 VR 产业竞争，全力以赴打造 VR 产业“江西高地”，课题组对江西省 VR 产业发展情况进行了深入调研，提出了促进江西省 VR 产业快速发展的相关思路与对策。

一、全球虚拟现实产业发展趋势

（一）VR 产品不断更新迭代

国际上 VR 发展经历了从萌芽到实践再到爆发等若干阶段（见表 1），从概念提出、原型探索、技术积累到产品迭代和产业化发展，VR 逐渐从军用市场拓展到消费级市场，逐步向更多行业领域渗透。1957 年，美国电影摄影师 Morton Heiling 发明了世界上第一台 VR 设备：Sensorama，并在 1962 年为这项技术申请了专利，这台设备通过三面显示屏来形成空间感，给用户带来虚拟现实体验，从而奠定并确立了 VR 技术原理。从 20 世纪 70 年代起，美国 NSF、DARPA 等部门对虚拟现实的相关研究进行了资助，并在军事、航空等领域开展了应用。2014 年 4 月，Facebook 宣布以 30 亿美元收购 Oculus 掀起 VR 热潮，国际大厂 Oculus Rift、Sony Morpheus、HTC Vive、Samsung Gear 等相继推出消费级 VR 产品，随着头戴式设备性能迅速提升和价格大幅降低，VR 开始成为大众消费的新领域。Facebook、Google、微软等巨头公司也陆续推出虚拟现实技术产品，布局虚拟现实业务。

表 1　虚拟现实产品发展历程

发展阶段	时间	发展历程	发展特点
萌芽探索期	1956—1968 年	1957 年美国人 Morton Heilig 发明“全传感仿真器”，揭开虚拟现实的帷幕。1967 年 Heilig 构造了历史上第一套 VR 系统。1968 年，计算机图形之父 Ivan Sutherland 和 Bob Sproull 一同发明了头戴 VR 设备，是 VR 发展史上的一个重要里程碑。	VR 技术处于原始阶段。
实践初创期	1970—1990 年	1973 年出现了最早图形场景生成器。80 年代，美国开展军用现代仿真器研究。1988 年，VPL 公司研发出市场上第一款民用 VR 产品 Eye Phone。1989 年，VPL 提出“Virtual Reality”公开被认可和使用。	VR 从“虚拟”走向“现实”，但技术限制导致 VR 仍处于原型机阶段，多属于军用。
技术积累期	1991—2010 年	1991 年，消费级 VR 产品 VPL Virtuality 1000CS 上市。1994 年，日本 Sega 和任天堂陆续推出 Sega VR-1 和 Virtual Boy 等产品。1996 年第一个虚拟技术博览会在伦敦召开。计算机和图形处理技术进步为 VR 商业化奠定了基础。	受限于设备成本和内容应用水平，VR 普及率不高。
产品爆发期	2011—2015 年	2011 年，I/O 大会上，Google 展示了 VR 眼镜纸盒 Cardboard，可以利用用户的智能手机，提供 VR 体验。2012 年，推出 Oculus Rift，开启民用 VR 设备浪潮。2014 年 Facebook、三星、谷歌、索尼、HTC 等巨头均推出 VR 设备计划。	VR 产品进入消费级市场。
产业化发展期	2016 年至今	Sony Paly Stationa4 VR、Oculus Rift、HTC Vive 三剑客亮相，2016 年被认为是 VR 产业爆发元年。	VR 产品逐渐渗入各个垂直行业应用，VR 行业正式进入爆发成长期。

资料来源：根据艾瑞咨询《中国虚拟现实行业研究报告 2016》及相关资料整理。

（二）VR 产业链进一步完善

VR 是一项涵盖领域极广的综合性技术，产业体系主要分由硬件、软件、内容制作与分发、行业应用四大类构成（见表 2）。随着 HTC Vive、Oculus Rift 和索尼 PSVR 等第一代消费级 VR 终端的推出，VR 的硬件门槛显著降低，产业发展路径开始由硬件端向内容端转变。

在硬件方面，主要包括核心器件、终端、配套外设三部分。近两年，依托产业链上大企业的支持，VR 硬件设备发展迅速。比如苹果手机、2019 款 iPadAir 和 iPad mini 都能够支持 ARKit；高通以骁龙 855 芯片为核心构建的 XR Viewer 生态系统，不仅能够支持广泛的 VR 设备运动，同时提高了硬件的兼容性和通用性。在软件方面，主要包括支撑软件和软件开发工具包。目前，相关企业主要从算法、3D 建模等方面进行技术攻关，VR 软件的薄弱环节得到一定缓解。比如 Facebook 研发的 AI 算法 Deep Focus，与眼球追踪和动态显示技术结合后，能够在 VR 头显中实时生成自然的动态模糊，更好地模仿人眼注视的效果，缓解视觉疲劳[①]。在内容制作与分发方面，产业链不断向下游延伸。比如在游戏领域，VR 电竞逐渐沉淀，成为 VR 游戏的重要落地场景，产业链的商业闭环逐渐形成。在行业应用方面，VR 除了在视频、游戏、影视、教育培训等行业有典型应用外，随着 5G 商用不断推进，场景应用模式也在不断创新。在 2019 年游戏者开发大会上，数百家公司带来了最新的 VR 产品，推出了多款 VR 游戏。

表 2　VR 产业链图

硬件			软件		内容制作与分发		应用
核心硬件	终端	配套外设	支撑软件	软件开发工具包	内容制作	分发	应用场景
芯片 传感器 显示屏 光学器件 通信模块	PC端 移动端一体机	手柄 摄像头 体感设备	UI OS 中间件	SDK 3D引擎	游戏 视频 直播 社交	应用程序 平台	教育 医疗 制造 服务 旅游 商贸

① 中国信通院 . 虚拟现实产业发展白皮书（2019 年）.

（三）VR 知识产权进入快速发展阶段

2000 年以前，全球 VR 专利主要来自美国、日本和韩国。尤其是美国和日本，作为 VR 技术的领跑者，20 世纪 90 年代就在该技术领域申请专利[①]。1993 年，美国 VR 技术开始快速发展，相关专利技术申请突破 100 件每年，2002 年，VR 专利申请突破 1000 件。2010 年之后，美国专利申请仍保持 13% 至 43% 的高速增长。1994 年，我国出现第一项 VR 专利，之后十年，VR 核心 / 重点技术的申请数量都比较平缓，2002 年专利技术申请突破 100 件。2010 年以后，我国 VR 专利申请量出现井喷式增长，2012 年专利技术申请突破 1000 件[②]。2017 年至 2018 年，我国新增的 VR 专利数量已经超越美国。截至 2018 年底，全球 VR 有效专利累计达 4.6 万个专利族。而随着虚拟现实大众化与产业化发展，全球 ICT 巨头们纷纷对此积极布局，微软、谷歌、索尼、三星、高通、英特尔等企业都在积极申请专利。

（四）VR 投融资市场持续增长

2014 年，Facebook 以 30 亿美元收购 Oculus，释放出重大产业信号，此后全球资本密集投向虚拟现实这一领域。据映维网统计，2016 年全球虚拟现实初创公司获得风险投资总额超过 170 亿元，2018 年投资总额约为 135 亿元。从地域分布来看，2018 年获得风险投资的公司中，35% 的总部位于美国，28% 位于中国。

（五）各国政府将 VR 产业上升到国家高度

美国虚拟现实发展主要以企业为主体、政府搭平台，政府重视虚拟现实在各领域的应用示范。早在 20 世纪 90 年代，美国就将 VR 作为《国家信息基础设施（NKI）计划》的重点支持领域之一。美国国防部在武器系统性能评价、装备操纵训练及大规模军演指挥方面，将虚拟现实作为重点支持方向。此外，美国还设立了有关虚拟现实的研究项目，如卫生与福利部、教育部分别开展了虚拟现实在心理疾病、中小学教育的试点示范。美国工

---

①林志坚，林晔等．推动浙江省虚拟现实产业发展的专利析与建议［J］．科技通报，2017（5）．

②深圳市国新南方知识产权研究院．深圳虚拟现实产业发展研究［M］．

程院于2008年将虚拟现实列为21世纪人类面临的14个重大工程挑战问题之一。欧盟与韩日则重视顶层设计和新技术的研发，在关键领域通过设立专项资金引导产业发展。20世纪80年代,欧盟开始对虚拟现实提供资助，在2014年公布的《地平线2020》计划中，涉及虚拟现实的资助金额达到数千万欧元。日本政府在2007年、2014年先后发布了到2025年技术发展规划的“创新2025”长期战略报告，以及旨在将日本打造为全球创新中心的《科学技术创新综合战略2014——为了创造未来的创新之桥》，上述政策文件均将虚拟现实视为技术创新重点方向。韩国政府于2016年设立了约2亿4000万元人民币的专项基金，将虚拟现实作为自动驾驶、人工智能等本国未来九大新兴科技重点发展领域之一。此外，韩国未来创造科学部计划在2016—2020年期间通过投资约24亿元人民币，培养本国虚拟现实产业，重点在于确保原创技术研发和产业生态完善方面，力争使韩国与美国在虚拟现实方面的差距从目前的两年降至半年[①]。

二、中国虚拟现实产业发展基本情况

（一）市场规模

根据前瞻产业研究院发布的《中国虚拟现实（VR）行业发展前景预测与投资战略规划分析报告》显示，2017年，我国虚拟现实产业发展规模达到160亿元，同比增长164%。IDC发布报告指出，2018年中国VR头显设备116.8万台，并预测2019年VR整体市场增幅将达到86.9%，未来5年度年复合增长率将达到70%。据赛迪顾问预测，预计2019年我国VR市场规模将超过500亿元（见表3），年复合增长率达95.2%。

表3　中国VR市场规模预测

年份	2019年	2020年	2021年	2022年	2023年
市场规模（亿元）	550	900	1600	2700	4300

①中国信通院.虚拟（增强）现实白皮书（2017年）.

（二）区域布局

一方面，我国高度重视虚拟现实产业发展，并在国家层面积极规划和重点布局。《国家创新驱动发展战略纲要》《“十三五”国家信息化规划》《信息产业发展指南》等国家重大政策都对虚拟现实产业作出具体规划和部署，同时，工信部、发改委、科技部、文化部等部门也出台了相关政策。2018年底，工信部发布《关于加快推进虚拟现实产业发展的指导意见》，指出要加大虚拟现实关键技术和高端产品的研发投入，创新内容和服务模式，建立健全虚拟现实应用生态。这也是第一次，“虚拟现实”不只是出现在中央部委的文件当中，而是直接成为文件标题的一部分，虚拟现实产业的受重视程度可见一斑。另一方面，各省市根据自身特点陆续制定了地方VR产业政策或行动计划（见表4），南昌、青岛、福州、成都等国内10多个城市正在加快发展VR产业，呈现你追我赶、竞相发展的生动局面。比如，北京市提出以中关村石景山园区为中心，推动虚拟现实技术研发、成果转化，产业促进服务平台等措施。青岛市提前布局，早在2012年就建立了10万平方米的亚洲最大的虚拟现实产业园，倾力打造“虚拟现实之都”。福州市依托长乐产业园及网龙网络技术公司长乐基地，瞄准虚拟现实产业前沿技术，从配套设施、企业招引、创新创业等方面推动重大项目和发展要素集聚。成都市提出打造虚拟现实内容制作运营高地、软件创新研发高地和硬件研发制造核心的产业布局。从总体分布来看，中国VR企业聚集地以北深沪为主，为VR发展的第一梯队，南昌、福州、成都、青岛是第二梯队。

表4　国内部分地区虚拟现实产业政策情况

区域	政策情况
北京	2016年10月《关于促进中关村虚拟现实产业创新发展的若干措施》
深圳	2017年《VR/AR产业专项资金申请指南》、2019年5月《关于印发新一代人工智能发展行动规划（2019—2023）的通知》
山东	2017年8月《潍坊市打造千亿级虚拟现实产业配套政策》、2017年9月《崂山区促进虚拟现实产业发展实施细则》
四川	2018年7月《成都市虚拟现实产业发展推进工作方案》

续表

区域	政策情况
福建	2016 年 4 月《福州市关于促进 VR 产业加快发展的十条措施》、2017 年 9 月《厦门市 VR/AR 产业发展规划（2017—2022 年）》
江西	2016 年 6 月《南昌市关于加快 VR/AR 产业发展的若干政策（试行）》、2018 年 5 月《红谷滩新区关于实施“红谷 VR 智汇”工程的行动计划》、2018 年 8 月《南昌市关于加快 VR/AR 产业发展的若干政策（修订版）》、2018 年 10 月《加快推进虚拟现实产业发展的若干措施》、2019 年 5 月《江西省教育厅关于加快推进虚拟现实产业发展方案（2019—2023 年）》、2019 年 6 月《江西省虚拟现实产业发展规划（2019—2023 年）》、2019 年 8 月《南昌市虚拟现实产业发展规划（2019—2023 年）》

（三）产业发展

总体来说，我国虚拟现实产业发展呈现出良好的发展态势，不同地区发展各具特点。比如，北京资本环境优越和科研实力强劲，是全国投融资机构聚集地，VR 企业在获得资本关注和支持方面具备优势，2018 年北京 VR 行业投融资规模占全国总体规模三分之一，同时还拥有北京航空航天大学、北京理工大学、北京工业大学、中科研自动化等多家国内研究机构开展了虚拟现实领域的研究，北京航空航天大学是国内最早研究虚拟现实技术的科研机构，建立了国家重点实验室，创新实力国内领先。深圳具有创新能力突出的产业链和浓厚的创新氛围，人均专利数等创新指标均位居全国前列。深圳是全球电子产品周期最短、速度最快的地方，围绕电子产品生产过程涉及的设计、原型、建模、打样、生产和包装整个产业链高度集聚，具备高效的生产制造能力和丰富产业环境资源。深圳在 VR 产业链的辐射与输出能力非常强，聚集了全国约三分之一的 VR 企业，全球绝大部分 VR 移动端设备都产自深圳。青岛具备虚拟现实产业发展先天优势，依托本地骨干企业的长期布局和发展，带动产业发展。比如崂山区的歌尔股份代工了全球 70% 的头显，此外，北航青岛研究院设置了虚拟现实研究生专业，能够为本地产业发展提供良好的人才储备。

（四）企业引领

总体来看，目前我国虚拟现实企业主要分为两大类，一是成熟企业依托固有的软硬件或内容优势逐步向虚拟现实领域进行转型。比如手机及硬件生产厂商主要从硬件方面进行布局。像国内联想与蚁视合作开发便携式虚拟现实设备——乐檬蚁视，小米研发头戴设备，爱奇艺上线 VR 频道。二是新兴的虚拟现实公司，包括初创型公司和生态平台型公司。例如腾讯、阿里巴巴等，这类企业主要在硬件平台、内容、生态等领域进行一系列布局。在终端器件方面，典型企业有歌尔股份、大朋、Pico、华为、小米、七鑫易维、诺亦腾、京东方等；在内容生产系统方面，代表企业有瑞悦、微鲸、川大智胜、通甲优博等；在内容应用方面，特色企业有亮风台、医微讯、曼恒等。

（五）产业资本

首先，从总体来看，整个行业投资趋缓产业资本更加理性。2017 年中国 VR 投资规模已达 57.4 亿元，投资规模增长 15.2%，投资轮数增长 16.9%。2018 年中国 VR 投融资规模占全球的比重达到 30.5%，投融资规模为 79.7 亿元，投资规模增长 38.9%，其次，从地域分布看，我国是风险投资的主要市场之一。2018 年获得风险投资的公司中，28% 在我国，且投融资以中小规模为主。再者，从投资领域看，投资热点更加多元化，开始从硬件终端向内容应用转移。根据赛迪顾问资料显示，从产业链环节看，国内虚拟现实行业硬件端的资本流入明显减少，由 2016 年的 26% 下降到 2018 年的 13.3%。流向应用和核心技术的资本逐渐增多，2018 年技术领域投融资比重已经达到 33.4%（见图 1）。其中内容应用中的投资热点也逐渐由单一游戏、社交、视频、直播等大众应用向工业、医疗、教育等多元垂直领域聚集。

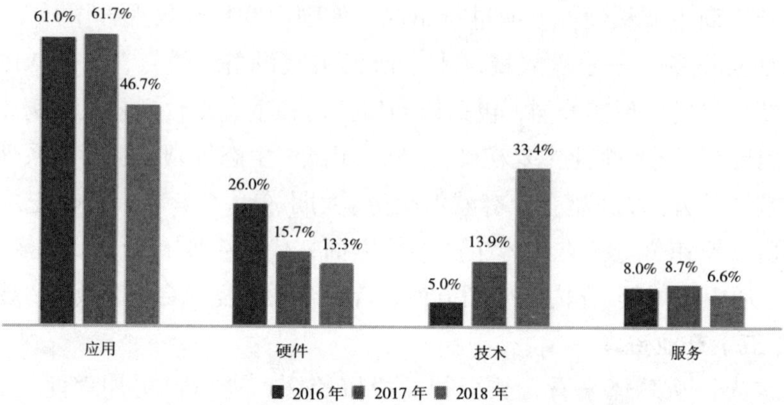

图 1　2016—2018 年中国 VR/AR 投融资规模结构

数据来源：赛迪顾问

三、南昌市虚拟现实产业发展现状

（一）发展形势

1. 国家和江西省支持南昌率先发展

党中央、国务院高度重视江西省、南昌市 VR 产业发展。2016 年，国务院总理李克强在江西考察时，明确表示支持南昌市发展 VR 产业。习近平总书记向 2018 世界 VR 产业大会致贺信，为推动江西高质量跨越式发展指明了前进方向，注入了强劲动力。南昌市发展 VR 产业获得工业和信息化部、江西省委省政府的大力支持，2018 年 10 月，工业和信息化部与江西省人民政府签订《关于共同推进南昌虚拟现实产业发展战略合作协议》，联合支持南昌市在 VR 产业领域率先突破、加快发展。同时，江西省、南昌市也都在积极行动，相继出台了一系列发展政策。2016 年底，南昌市发布《关于加快 VR/AR 产业发展的若干政策（试行）》实施细则，明确南昌市 VR 产业发展重点区域将以红谷滩新区为载体，规划建设“中国（南昌）VR 产业基地”，重点发展虚拟现实硬件、内容制作、跨界服务、数据中心等配套服务功能，形成全产业链的产品和服务供应体系。在 2019 世界 VR

产业大会结束后，江西省出台了《进一步加快虚拟现实产业发展的若干政策措施》，从鼓励企业发展壮大、鼓励加强技术创新等七个方面提出了33条举措。这是江西省在《加快推进虚拟现实产业发展若干措施》《江西省虚拟现实产业发展规划（2019—2023年）》《虚拟现实产业高质量跨越式发展行动方案》《2019年虚拟现实产业发展工作要点》等已出台的虚拟现实产业政策举措基础上，推出的产业政策"升级版"。

2. 技术革新带来产业发展新机遇

VR是全球科技界公认的继电脑、手机后下一个万亿级大市场，VR向各行业领域的渗透日趋深入，市场需求、行业应用正在激活，产业发展的战略窗口期已然形成。随着长江经济带、中部崛起、长江中游城市群等国家战略的深入实施，南昌市面临着非常有利的发展机遇。2019年5月21日，习近平总书记在南昌主持召开推动中部地区崛起工作座谈会，就做好中部地区崛起工作提出的8点意见中，首先提到的是推动制造业高质量发展，主动融入新一轮科技和产业革命，加快数字化、网络化、智能化技术在各领域的应用，推动制造业发展质量变革、效率变革、动力变革。

从江西来看，近几年一直将电子信息产业作为引领推动经济社会发展和工业高质量迈进的重要领域和关键支撑，南昌、吉安、赣州和九江等地积极承接浙江、上海、福建、广东等省市电子信息产业转移，孕育形成了南昌高新区光电及通信、南昌经开区光电、吉安经开区通讯终端设备等12大产业集群。以"南昌光谷"为代表的电子信息产业，近六年主营业务收入平均增速达38.4%，2018年已突破千亿大关，在光学设备、传导控制、机械制造等领域积累技术基础，为VR产业集聚发展提供了坚实的产业支撑。在企业招商方面，引进了欧菲科技、紫光、联想等企业，在光电显示、精密仪器、电子信息、传导控制、机械制造等领域积累了大量先进技术基础。欧菲科技、联创光电已积极布局VR技术，并在高清镜头、指纹生物识别、接触式影像传感器等技术领域走在全球前列，有力保障了VR产业设备及关键零部件的产业链布局。目前，全省拥有VR核心企业150家左右，VR及物联网等相关产业规模突破500亿元。南昌VR产业基地已落户世界500强和国内500强企业各两家、行业龙头企业3家、国家级重点实验室1个。

2019 年，南昌前三季度 VR 产业营业收入达 62 亿元，同比增长 130%。

3. 竞争激烈使产业生态构建面临挑战

南昌通过世界 VR 产业大会表明了发展 VR 产业的坚定信心，也抢占了发展先机。与此同时，2016 年以来，VR 产业备受地方政府青睐，国内多个城市已经或正在布局 VR 产业，一批 VR 小镇、VR 基地、VR 服务平台宣布建设，参与 VR 产业竞争的城市在产业配套方面正逐步健全，已基本形成技术、产品、服务、应用协同推进的发展格局，并初步建立起创新链、资金链、价值链等完整的产业链条。在此基础上，江西唯有持续发力，抢占产业的战略制高点，才能在后续发展中继续引领全国 VR 产业，在全国产业发展布局上有更鲜明的一技之长，在区域竞争中有更多的一业之强。

（二）主要成效

2018 年南昌成功举办世界 VR 大会并成为永久会址，引发了世界的关注。在 2019 世界 VR 产业大会中，有来自 30 多个国家和地区约 120 位外籍嘉宾参会，两大展区参展企业近 400 家，其中外企比上届增加 30%，共签约项目 104 个，其中战略合作框架协议 8 个、投资合作项目 96 个，投资合作项目签约总金额 652.56 亿元。三年来，南昌紧抓新一轮科技革命和产业变革蓬勃发展的历史机遇，咬定青山不放松，持续加大人力、财力、物力支持，南昌 VR 产业发展取得了显著成效。

1. 突出集聚效应，打造产业基地

2016 年，南昌打响了全球城市级虚拟现实产业布局“第一枪”。随后，江西省、南昌市先后出台了一系列 VR 产业扶持政策，致力抢占虚拟现实产业制高点。一是加大政策扶持。2017 年 3 月，省政府出台了《关于加快发展新经济培育新动能的意见》，将 VR 产业列为发展新经济、培育新动能的重点领域。成立了 VR 产业发展领导小组，出台了《关于加快虚拟现实产业发展的若干措施》等政策性文件，将 VR 产业列入了江西“2+6+N”产业高质量跨越式发展行动计划。南昌市启动了全球首个城市 VR 产业规划，重点构建“四大中心”、建设“四个平台”，打造 VR 产业发展高地。二是加快基地建设。南昌市投资 10 亿元倾力打造全国首个城市级 VR 产业基地，总面积约 9 万平方米，已落户微软、联想、HTC、爱奇艺、欧菲科技、清华紫光、中国网库、小霸王、北京理工大学等多家龙头企业和顶级机构。三是抓好项目落地。围绕 VR 产业研发、园区运营、内容制作、软件开发、人才培训，重点洽谈、推进了阿里巴巴全国电商基地中心、HTC 行业应用旗舰店和（南昌）制造创新中心、科大讯飞江西智能总部、深圳科技工业园（南昌）未来产业园、北京电影学院南昌影视技术基地、清华启迪数字天下 VR 业务总部、网龙南昌 VR 人才教育中心等大批 VR 行业重点项目。

2. 突出创新引领，提升发展水平

一是资本支持。设立规模 10 亿元的 VR 产业天使投资基金，专项用于 VR 产业孵化和投资发展。设立规模 10 亿元 VR 产业母基金，招募国内顶尖管理团队进行专业化市场化管理，并由管理团队向投资机构募集资金 20 亿元，设立规模 30 亿元的 VR 产业投资基金，主要用于吸引国内外领先的 VR 企业和项目落户南昌。二是产业支撑。江西 VR 产业的发展也不是空穴来风，得益于这些年江西电子信息产业的快速发展。2018 年，江西电子信息产业实现主营业务收入 3697 亿元、同比增幅达到 20.7%，利润总额 205.7 亿元、同比增长 49.4%。数据显示，目前全省已建立省级电子信息产业基地 5 家、国家级产业示范基地 2 家，拥有规模以上电子信息企业 631 家，拥有电子信息类高新技术企业 350 余家，企业技术中心、工程技术中心等研发平台近 250 家。其中，联创电子是全球高清广角镜头第一供应商和行业标杆，欧菲光的指纹生物识别模组、摄像头和触摸屏出货量位居世界前列，菱光科技的接触式影像传感器占全球市场份额的 40%，联创宏声的电声器件产量全国第二、教学头戴耳机占到全国市场份额的 60% 以上。三是平台引领。积极搭建 VR“四大中心”（创新中心、体验中心、展示中心、云中心）以及 VR“四大平台”（资本平台、教育平台、标准平台、交易平台）。南昌虚拟现实研究院已于 2017 年获批省级制造业创新中心，致力于通过技术创新产业驱动为行业的人才、企业、市场提供高度整合契机。在工信部和省里的共同推动下，该中心体制机制不断完善，正在全力争取国家级制造业创新中心。以红谷滩新区与南昌工学院联合打造的专业化人才培养平台，目前已完成 VR 创新与交互实验室和 VR 实训中心建设工作，正在推动校企合作，深化非职教类培训。泰豪动漫学院已开设教育部认定的 VR 专业，组建了一支以中国传媒大学原校长苏志武教授为首的人才队伍，联合中国动漫集团承办了国家艺术基金资助的 VR 艺术创作高端人才培养项目，构建多层次、多区域、多方向的人才培养平台。

3. 突出行业应用，跨界协同创新

南昌“VR+”战略深入实施，一大批实用性强、示范性好的 VR 技术和产品在智能制造、教育、旅游、文化、轨道交通等领域快速融合。一是向教育领域扩展。江西科骏实业有限公司的 VR 创新实验室目前已进入南昌三中、南昌二十七中、新建二中等六所学校，该项目获得教育部的认可；南昌虚拟现实教育咨询有限公司自主研发了 VR 智慧教室系统；华东交通大学研发的 VR 轨道交通系统虚拟现实解决方案，基本满足铁路部门、地铁公司及轨道交通专业院校等单位的培训教学需求。二是向工业领域扩展。深圳增强现实技术有限公司与江铃汽车将 AR 智能眼镜、AR/VR 技术用于汽车生产、维修和培训领域，效率大幅提高。联想新世界和江联重工开展 AR 智能工业解决方案，能够实现企业生产状态全面数字可视化、生产设备的智能预测性维保以及产品的全生命周期管理。三是向文娱领域扩展。南昌汉代海昏侯国遗址管理局与江西师范大学美术学院重点实验室合作的“海昏侯国保卫战”VR 游戏亮相省旅博会；江西中直新经济产业发展有限公司推出了全球首部《探秘海昏侯大墓》VR 影片；小核桃科技已实现通过 App 操控裸眼 3D 虚拟成像。四是向城市管理领域扩展。南昌爱哲科技有限公司成功运作“秋水广场 5G+VR 大数据管控平台”项目，为解决城市人流密集区域管控处置面临数据多、分散杂、数据预警和资源处置匹配效率低等问题提供方案。江西省映尚科技有限公司应用 5G+VR 技术，对高危的管道燃气抢修、抢险人员进行 VR 沉浸式岗位培训，降低企业安全事故率及企业培训成本，提高培训效率及培训效果，并对广大市民开展范围广、趣味性强的 VR 燃气安全宣传。2019 年，南昌市从 70 多个 VR 应用项目中筛选出第一批 11 个具备行业先进示范和全国市场复制推广潜力的项目，涵盖教育、医疗、公安、交通、文旅、制造六大领域，项目总投资超过 5000 万元，并连续三年、每年安排 3000 万元专项扶持资金，确保这些应用项目能够可持续发展。

4. 突出招才引智，强化人才战略

近年来，江西省持续优化 VR 产业技术扶持政策，扩大 VR 天使创投基金和产业资金规模，制定 VR 产业“专享版”的人才新政，有效促进 VR 人才集聚。2019 年 5 月，省教育厅印发《江西省教育厅关于加快推进虚拟现实产业发展行动方案（2019—2023）》，提出推进 VR 专业建设、成立 VR 产业学院、创新 VR 课堂教学、实现 VR 资源共享、加大引进力度、扩大 VR 对外交流、实施“VR+”示范项目、开展 VR 教育培训、促进 VR 成果转化九大举措。一是厚植教育优势。作为全国三大职业教育基地之一，南昌拥有 55 所高校、30 所中专、26 所技校和 18 所职业中学，在校学生 67 万人。在软件研发、创意设计、服务外包、游戏动漫和职业教育等领域有较强基础。自 2016 年以来，有超过 30 所院校设置了影视、游戏、动漫、环艺、室内设计、工业设计等 VR 周边学科，10 所院校设置了虚拟现实方向专业，并与多家 VR 企业签订人才订单式培养协议。二是加速人才集聚。省财政厅将每年遴选十支左右 VR 产业创新创业突出贡献人才团队并给予 100 万 ~200 万元的项目资助；南昌市对新引进落户且在昌的毕业三年内的 VR/AR 企业全日制博士研究生、硕士研究生、本科毕业生进行生活补贴；对新引进落户且在南昌工业园区及红谷滩新区工作的毕业五年内的 VR/AR 企业全日制博士研究生、硕士研究生，在昌首次购买商品住房分别给予 10 万元、6 万元购房补贴。鼓励省内高校开设虚拟现实本专科专业，最高可给予 200 万元的一次性奖励。三是搭建智库平台。南昌 VR 产业基地与北航合作共建 VR 人才培训学院，与北理工合作共建国内先进的虚拟现实产学研一体化平台，将 VR/AR 产业人才（团队）纳入全市急需人才引进目录。2017 年南昌市成立了具有前瞻性的顶级专家智库平台——南昌市红谷滩新区人机智能产业发展促进会，为南昌 VR 产业（人机智能产业）提供科研、规划、建设、投融资、产业链建设等方面的专业咨询服务，通过打造高端人才平台为 VR 产业发展“招商引智”。重点支持经开区绿色金融创新综合体、高新区南昌（国家）大学科技城、小蓝创新创业基地、红谷滩新区 VR 孵化中心和产业基地等平台建设，1∶1 比例配套总额最高 1 亿元资金。

（三）存在问题

1. 人才队伍有待壮大

VR 的核心技术涉及图形图像、输入算法、交互、光学等众多领域。目前我国 VR 行业人才主要集中在北京、上海、深圳等一线城市，兼具语言、技术、管理能力的高端复合型人才短缺。企业 VR 开发人员大多从游戏、动漫、3D 仿真、模型等行业转型而来，由于行业技术间的差异性，人才很难快速融入 VR 领域。南昌市高校和科研院所数量在中部省会城市中都相对处于弱势，科研体量较小且研究能力不强，本地院校在虚拟现实学科建设方面尚处于起步阶段，专业人才供给能力有限，影响虚拟现实领域核心技术攻关和成果转化。人才引进政策还未见明显成效，现有的产业发展环境和生活配套尚不足以吸引高层次人才。已初步建成的虚拟现实四大中心、四大平台尚未充分发挥作用，公共服务平台支持能力有待提升。在调研过程中，部分 VR 企业就表示目前政策偏重高端人才，而企业急需的基础性、应用操作型人才缺乏政策支持。例如某交易平台企业就表示招聘难、招不到人，企业缺工率达 30% 以上。

2. 产业链有待完善

江西现有的 VR 企业规模小、层次不高，研发能力突出的龙头企业凤毛麟角，应用企业多处于初创期，缺少掌握关键核心技术的技术型、平台型龙头企业和总部型企业，对产业链配套体系的影响力、带动力有限。南昌作为全省 VR 产业发展的核心区，尽管已经入驻了一批企业，但是跟国内发达城市相比，无论是产业规模还是企业数量，都存在明显差距。截至 2019 年 3 月，红谷滩新区已培育落户 VR 产业核心企业 104 家、相关联企业接近 200 家。相比之下，青岛崂山已经吸引了北京航空航天大学、北京理工大学、山东大学等高校设立虚拟现实研发机构，以及 VR 技术及应用国家工程实验室、VR 技术与系统国家重点实验室青岛分室等一批国字号实验室，建立国内首家基于微软人工智能及虚拟现实技术的公共服务平台，吸引了小鸟看看、聚好看、量子云、黑晶等一批科技型企业落户发展，成为国内 VR 产业发展高地的有力挑战者。从产业链来看，虽然部分南昌 VR 企业，已经获得了 VR 地震体验教育系统软件、K–12 历史 VR 教育系统软件、

VR 技术矿山应急教育系统等多项专利，但是由本土生产的 VR 输入和输出设备，几乎空白，这也导致相关的服务平台发展困难。除此之外，包括华为、联想新视界、紫光、微软等行业巨头企业，目前还是以区域总部甚至办事处形式落地，其主要科技研发、产品制造均非在当地开展。而类似江西科骏这样本土企业无论在数量及规模，尚不能实现在全国行业领域的足够影响力。

3. 核心技术有待突破

从目前 VR 产品的使用来看，仍未解决眩晕感、便携性和交互性三大难题。比如，终端产品中的头盔线缆束缚较多，用户体验感不好；在内容制作方面，高品质视频和内容素材极度缺乏；消费端 VR 产品价格不菲。显然，VR 核心技术仍未突破，传感技术、人机对接技术等有待提高。从现状看，目前江西省 VR 产业发展所依赖的技术主要来自外省企业和国外，自主创新能力偏低，2018 年发明专利授权量排名前 50 强企业中，也没有江西企业入选。由于虚拟现实与手机产业链参与主体相近，从业者通常参考手机产业较为成熟的发展思路，部分企业只是简单裁剪移植手机解决方案，缺乏针对感知交互、近眼显示、渲染处理等虚拟现实技术特性的研究，且研发模式以对 Facebook、微软等国外标杆技术跟随为主。

4. 行业应用有待深化

目前，部分虚拟现实应用示范停留在“看上去很美”的状况，即缺少规模化、产业级应用，内容雷同程度较高，用户体验以单机版、孤岛式为主，这影响了最终用户的买单意愿。此外，在各类“虚拟现实 +”开发过程中，往往存在鸡同鸭讲的情况，一方面由于行业用户并不熟悉虚拟现实，难以清晰、明确定义所需功能，另一方面，虚拟现实解决方案提供商并不具备医疗、工业等垂直行业专业知识。就南昌而言，VR 技术仅在教育领域有了一定的应用服务，并在全国率先推进 VR 技术与教育产业的深度融合，有效解决了职业教育中“看不见、动不了、不理解”等实践性教学问题，VR 教育生态链初步呈现出较为清晰的模式和商业化可能。除此之外，在红色旅游、轨道交通领域，VR 技术应用尚在试水阶段，示范推广有待市场检验，在医疗、党建、政务等领域，VR 技术应用几乎等同于空白，还未真正形成产业间的技术对接和全方位的产业融合。调研过程中，不少企业反映，市场没有受到足够的尊重，政府没有拿出足够的项目和资源，助力本土企业做大做强，以便于到全国市场去竞争，从而导致企业在应用示范方面缺乏参与感，积极性不高。

四、加快江西 VR 产业发展的对策建议

在中共江西省委十四届七次全会上，省委书记刘奇指出，VR 产业要加快推进产品和服务的研发、推广、应用，着力打造 VR 产业“江西高地”。加快打造 VR 产业“世界新名片”，要将顶层设计和试点示范应用相结合，瞄准世界 VR 产业前沿，进一步巩固和扩大江西 VR 产业高质量跨越式发展的领先优势。

1. 整体谋划布局，加强顶层设计

目前，国内有多个城市都在发展 VR 产业，总体来说呈现各自为战、小而散的现状态势，协同化的产业雁阵尚待成型，集约化的平台能力尚待提高，差异化的发展定位尚须明确。因此，江西省在发展 VR 产业过程中，要注重加强顶层设计，推进产业合理布局。一是要突出区域特色。引导各地依据自身条件，因地制宜，确定 VR 产业发展方向和重点，积极构建以南昌为核心的 VR 产业集聚区、其他市协同发展的 VR 产业整体布局。重点支持南昌市围绕打造 VR 产业生态链，形成制造、内容、SDK、分发平台等环节的产业闭环。支持鹰潭市依托国家物联网产业基地，加快发展新型传感器、芯片、显示屏、通讯模组、软件系统等软硬件配套产业。支持吉安市依托国家电子信息产业基地，发展壮大显示屏、数字视听等硬件配套产业。二是推进 VR 与实体经济融合发展。加强整体规划，由行业主管部门和应用部门合作引导和推进“VR+”发展，在制造、教育、文化、健康、商贸、安防、医疗、旅游、文化创意等重点行业和特色领域打造、推广一批实用性强的示范项目。同时，加强与企业的信息沟通，对接行业应用部门和企业，建立需求对接机制，将应用需求传到相关企业，实现产业链的有效对接。三是注重打造产业生态圈。加强 VR 与人工智能、5G、云

计算等新兴技术有机结合，促进数字经济与智能经济加快发展。高标准规划建设 VR 小镇，注重资源整合。同时，在招商引资过程中，要通盘考虑，避免“一窝蜂”现象。虽然很多地方对发展 VR 热情高涨，但是对这一新兴产业的发展条件、产业链上下游的协同配套和园区、资本的运作模式却规划不清。VR 企业属于高科技企业，员工的特点是年轻、技术型、学历高、薪水高，对生活品质有要求。因此，在打造产业集聚空间时要特别注重选址问题。

2. 强化跨界融合，聚焦示范应用

VR 是现代信息技术的一个高端环节，VR 技术只有和人工智能、大数据、云计算相结合，融入智能制造，才能成为推动产业升级的核心技术。一是聚焦试点示范应用。以实现产业化为目标，在文旅、教育、党建等具备业务变现能力、政府带头示范效应显著、方案相对成熟优良的细分应用领域，落地一批应用示范，按照“成熟一批上报一批、通过一批实施一批”的原则，让能跑的先跑起来。支持企业开展 VR 试点项目，通过示范应用加快市场培育，让进驻江西省的 VR 企业能够有订单、有业务，以此引导本地企业抢占全国市场，进一步做强做大。二是拓展应用需求。2018 年初，南昌市已迈入 5G 时代。紧抓 5G 时代机遇窗口期，拓宽技术应用场景，推动 VR 与 AI、物联网等新技术的协同创新。依托江西省丰富旅游资源和工业资源，深化“VR+”行业应用的探索融合。深度挖掘 VR 技术在娱乐消费、智能制造、军民融合、智慧城市等各方面的应用需求，特别是与智慧城市顶层设计、03 专项相结合，与南昌光谷、航空城、新能源汽车等主导产业升级相结合，推动工业转型升级，推动城市建管和运营升级。

3. 加快人才培育，夯实产业基础

一是加大高端人才引进。以实施江西省引进培养创新创业高层次人才“千人计划”为重要抓手，以“不为所有，但为所用”为主要原则，完善省内高端人才政策资源，分类型、分领域推进 VR 领域人才队伍建设。二是深化合作交流。搭建与省内外重点高校及研究机构的合作平台，成立“院士工作站”、“博士后工作站”，全力打造 VR 高端人才集聚高地。深化校企合作，紧密对接市场需求，培养一批紧缺的高操作性、高契合度、高专业度的技能型人才。三是加强学科建设与职业培训。支持江西省高校设立VR相关学科方向，与企业合作开设相关课程。发挥江西省职业院校的资源优势，探索多元化的职业技术人才培育方式，以定向式、订单式人才培养模式为抓手，利用人社口职工再就业培训计划，将VR与产业工人、农民工培训相结合，以训代教，使VR真正与行业底层深度融合。

4. 培养龙头企业，支持技术创新

借助世界VR产业大会，全力以赴开展招商引资，做好VR项目策划和包装，精准开展企业对接、项目对接、技术对接、人才对接，重点引进补充完善产业链结构的VR领域龙头企业。一是培育一批内容制作企业。以内容制作为核心，在影视、文化、旅游、创意、房产、商贸等领域推动虚拟现实内容制作，培养孵化一批本土企业。制定有效的帮扶计划，通过省市“映山红”“潜在独角兽”培育计划等战略，吸引业内优质企业向江西总部迁移，并在同等条件情况下，优先给予本土企业更多的项目及市场机会，打造江西VR优质品牌。结合江西省企业布局现状，集中资源，引导企业对核心技术攻坚突破，对于传感器、触觉、眼球追踪等核心技术进行精准重点扶持，提高资助扶持的准确性。二是引育一批硬件制造项目。以优势主导产业为基础，引进龙旗、华勤、HTC、歌尔、zSpace、联想新视界等企业的VR硬件制造项目，培育科骏、联创电子、联创光电、晶能光电、联创宏声、比亚迪电子部品件等本地企业开展VR硬件制造业务，打造泛VR产业链。三是强化技术储备。南昌市应率先扩大创新力度，围绕感知交互、渲染处理、网络传输、内容制作等关键领域和智能芯片、新一代显示、传感器等核心技术，通过项目资金支持核心器件和开发平台等基础技术研发，推动VR创新要素在产学研用的聚焦、流动与增值。

5. 完善保障体系，做大做优南昌

一是强化组织领导。统筹管理项目审批立项和安排项目建设资金，研究一企一策政策措施，统筹推进项目需求论证、立项审批、资金安排、政府采购、数据开放、资源共享、推广示范等各个环节。作为全省VR产业发展的核心区，南昌市要组建专职的金融、技术和招商团队，引进熟悉资本运作、VR技术和产业发展的高质量人才，确保大项目、好项目、新项目高效落地。二是构建公共服务平台。鼓励和引导地方加大资源投入力度，通过设立专项资金、政府和社会资本合作模式等多种形式，拓宽融资渠道，支持 VR 产业发展与应用推进。建立针对 VR 领域的关键技术、产业链生态与内容应用数据监测平台，为产业运行分析、政策制定、知识产权、人才培养、外部合作、标准编制等奠定基础。三是优化产业政策。整合省市区三级 VR 产业政策，实行“一产一策”量身定制、“一企一策”跟踪服务，协助入驻企业制定成长路线图，帮助企业解决融资、技术、人才等问题，以领先国内其他城市的政策撒手锏和对接服务效率，加大项目对接引进落地的政策扶持力度。四是完善调度机制。建立部、省、市三级协作机制，南昌市要充分对接部省产业平台资源，衔接落实工信部、江西省在 VR 产业资金、项目、应用示范推广等方面的支持政策，积极申报国家相关部委项目。建立 VR 产业统计分析制度，定期通报江西省、南昌市 VR 产业发展情况。

长江最美岸线之九江经验

黎　凌

【摘要】 习总书记提出长江“共抓大保护，不搞大开发”，九江作为江西唯一的沿江城市，打造长江“最美岸线”成为九江建设生态文明第一枪。九江市打造长江最美岸线取得了一定的成效，包括决策一个调，唱响绿色主旋律;推进一条线，明确担当主责任;实施一盘棋，选准攻坚主战场。九江打造长江最美岸线具有一定的优势，也存在一定的困境。困境表现为资金投入压力大，产业转型升级压力大;发展环境亟待优化;区域竞争激烈，同质化竞争加剧；资源环境压力大。据此，本文提出，九江在接下来工作中应当注重生态建养，推进长江经济带绿色生态廊道建设；加快沿江产业转型升级；加快建设区域性航运中心推进沿江区域开放合作。

十八大以来，生态文明建设成为时代的最强音，特别是习总书记提出长江“共抓大保护，不搞大开发”，对长江经济带高质量发展提供了遵循。九江作为江西唯一通江达海的城市，拥有152公里长江黄金水道，是长江流域承东启西的关键节点，处于长江经济带和“一带一路”建设的交汇点。九江坚决把修复长江生态环境摆在压倒一切的位置，把“绿水青山就是金山银山”理念融入血脉、铸入骨髓、植入灵魂，坚持走生态优先、绿色发展之路，把打造长江“最美岸线”作为九江建设生态文明，践行“共抓大保护，不搞大开发”的第一枪。打造长江“最美岸线”有利于九江产业结构转型升级、创新能力的提升、走“生态优先、绿色发展”新路，为九江乃至江西省经济发展打造经济合作发展平台，顺应区域经济发展的大势，为区域协调发展做出应有贡献的不二选择。对于提升江西在国家发展格局中的地位，机遇难得。自 2016 年《长江经济带规划实施纲要》正式出台后，九江市在实施长江经济带发展战略上，先后出台了一系列政策措施。九江市委、市政府为推动长江经济带发展战略在九江全面实施见效，把九江建设成为长江经济带绿色发展示范区，作出了深度融入长江经济带的发展战略。2018 年 5 月，国家推动长江经济带发展领导小组办公室把湖北武汉、江西九江和上海崇明列为长江经济带绿色发展示范区首批创建城市。2019 年初，市委、市政府专门召开长江经济带绿色发展示范区创建推进大会。课题组深入湖口县、彭泽县、瑞昌市、柴桑区等地，通过座谈交流、实地研学等形式，就“长江最美岸线之九江经验”开展了调研。

一、打造长江最美岸线所取得的成效

在“共抓大保护，不搞大开发”的共识下，九江市把修复长江生态环境摆在压倒性位置，加强岸线环境整治，拆码头、迁工厂、复绿地，一段水美、岸美、产业美、环境美的长江“最美岸线”正在生成。

（一）决策一个调，唱响绿色主旋律

1. 牢固树立“最美”意识，推动“共为共治”

九江是江西唯一拥有长江岸线的城市，同时，中国最大的淡水湖泊——鄱阳湖，有三分之二的岸线和水面在九江境内，保护好这“一江清水”和“长江之肺”，九江责无旁贷。2018 年 4 月，习近平总书记在武汉召开的长江经济带发展座谈会上，强调要“坚持共抓大保护、不搞大开发”。同月，省委刘奇书记在九江调研时指出 :“要按照‘共抓大保护、不搞大开发’的要求，努力打造长江‘最美岸线’。”2018 年 4 月 28 日，市委林彬杨书记主持召开长江经济带发展工作调度会，提出以“共抓大保护、建设长江经济带绿色发展示范区”为引领，坚定不移完成打造长江“最美岸线”和区域性航运中心建设任务（简称“一个引领、两大任务”）。九江先后召开了县（市、区）委书记、市直部门主要负责人、市四套班子领导座谈会，把全市的思想和行动统一到做好长江九江段环境保护和鄱阳湖污染治理工

作上来。以打造长江“最美岸线”为突破口，统筹推进长江九江段生态修复和综合治理，让“一湖清水”入江、“一江清水”东流，着力打造“水美、岸美、产业美、环境美”成为全市上下的共识共为。

2. 紧紧盯住“水”、“岸”两大关键，推动“水岸联治”

破解江湖治理难题，问题在水里，根子在岸上。为此，九江市紧紧围绕“河畅、水清、岸绿、景美”的目标，着力解决“渔”“砂”“油”“运”“地”“鸟”等问题，推动山水同治、水岸联治。一方面，治理水污染、保护水资源、修复水生态，解决“水”的问题。另一方面，狠抓非法码头、非法采矿、城乡环境综合整治，推进沿江“小、散、低”及公务码头整合整治和规范提升，解决“岸”的问题。通过“水岸联治”有力维护长江、鄱阳湖区经济稳定发展，坚决守住长江中下游“生态屏障”，保护鄱阳湖“一湖清水”。

3. 始终严把三项要求，推动“系统整治”

九江市在加快消减污染存量的同时，坚持以高质量发展倒逼产业转型升级，坚决遏制污染增量，努力实现更高质量、更高效率、更可持续发展。一是引环保企业。严格落实沿江产业项目准入负面清单制度，实行环境影响评价“一票否决”，严把环境保护源头关。二是建生态园区。按照“环境景观化、企业环保化、生产安全化、产业循环化、管理智能化”的要求，全面推进工业园区生态化改造工作。三是促绿色发展。积极申报长江经济带绿色发展示范区，大力推动化工产业转型升级和山水林田湖草综合治理，积极构建现代化绿色产业体系，实现经济高质量发展。

（二）推进一条线，明确担当主责任

打造长江“最美岸线”重在落实、贵在坚持。只有建立科学合理的工作推进机制，夯实责任，强化督查，让先进典型得到表彰，落后的给予批评，才能形成争先恐后大干事业的良好局面。九江市成立了打造长江“最美岸线”领导小组办公室，统筹市县乡三级力量，建立了“周调度、月督查、季推进、年度总结”的工作机制，归纳起来就是“三三制”。

1. 三套工作台账

即工作台账、问题台账、整改台账。根据市委印发的《打造长江“最美岸线”的实施意见》，围绕“水美、岸美、产业美、环境美”，建立了33

项重点任务工作台账；根据每周调度的情况，建立问题台账，明确责任部门限期落实;根据每月督查发现的问题，建立整改台账，确保整改落到实处。

2. 三级工作责任

即主要领导负总责、分管领导负具体责任、联络员负调度联络职责。市直部门和各沿江县(市、区)根据职责，各有分工。市直部门结合已有规划，邀请专家论证，编制全市“最美岸线”打造规划，对局部的节点，编制详细规划，点对点进行指导。各沿江县（市、区）编制了分县（市、区）的规划和工作方案，环环相扣。

3. 三类考核督导

即每月一次部门现场督导，每季一次领导小组会议督导、每年一次市人大代表民主督导。每级督导发现的问题，下发整改通知书，督促工作落实到位。

（三）实施一盘棋，选准攻坚主战场

采取市县乡三级联动、堤内堤外、山上山下、城市、乡村有机结合，树立全市一盘棋思想，把“水美、岸美、产业美、环境美”作为打造“最美岸线”主战场，布置调配打造“最美岸线”的合力，全面推进实施。

1. 保护一江清水，凸显水体美

通过“治污水、活死水、防洪水、优供水”，打造“水畅、水清、水灵”的秀美水乡。一是治污水。大力开展入河口清理、非法采砂治理、船舶污染防治等专项整治，积极推进垃圾和污水处理设施建设，从源头上防控河湖污染。目前，中心城区、县城和中心镇实现污水管网全覆盖，2018 年沿江县（市、区）新建污水处理厂 9 座，改造提升 7 座，铺设污水管网 11 万米。二是活死水。按照“灭五减四增三”的目标，全面启动城市内湖、农村河塘“水体置换、引水活化”和灌溉渠道疏浚工程，投入近 30 亿元开展城区水体治理。三是防洪水。重点推进沿江险工险段、江湖圩堤、山塘水库的除险加固，排灌设施建设、中小河流治理，全面防范大江大湖洪水、城市内涝和山洪地质灾害。四是优供水。加强饮用水水源地保护，全面禁止网箱养殖，畜禽禁养区养殖场全部关停。目前，全市集中饮用水源水质达标率为 100%，长江九江段和鄱阳湖出口断面水质达到Ⅲ类标准。

2. 科学管控岸线，彰显岸线美

主要是抓好三件事：一是集约利用岸线资源。大力开展非法码头整治，共拆除码头 74 座、泊位 87 个，腾出岸线 7529 米。目前正在对沿江 36 座“小散低”码头进行规范、整合、提升，确保 2019 年全面完成。采取“市场化手段、公司化模式、资本化运营”的办法，走“资源变资产、资产变资本、资本变股本、赔钱变赚钱”的路子，推动码头整合和岸线资源长效管理。二是清理整顿化工企业。坚决不引小化工和煤化工企业，沿江 1 公里内决不新增化工企业和煤化工。对现有化工企业进行梳理，分类处置，实施兼并重组、关停并转；制定清退清单，大力推进化工企业“三年出清计划”，累计关停取缔小化工企业 166 家。结合上级要求，立足九江实际，出台九江环保准入“负面清单”，明确全市禁止新建小化工；沿鄱阳湖、修河、柘林湖流域禁止新建钢铁、造纸、医药原料药等 14 类项目；生态红线范围内禁止工业项目和矿产开发项目；禁止园区以外的工业项目（能源、矿产项目除外）；禁止使用《危险化学品目录》中的剧毒化学品作为主要原材料的项目；长江干线 1 公里范围内禁止新建化工、印染、造纸项目等七类不得准入内容。三是建设滨江生态绿线。堤外重点抓滩涂绿化，打造生态绿化带；堤内重点抓“一公里范围内”的环境改善，留足 100—200 米绿化带，打造园林景观带。2018 年，沿江岸线栽植各类乔、灌苗木共 427.4 万株，累计关停矿山 183 家、治理废弃矿山 3400 亩。

3. 加快绿色发展，促进产业美

加快推进产业转型升级和战略性新兴产业的培育，通过 3—5 年努力，实现“百千万”目标。“百”，就是打造 10 个以上过百亿的企业；“千”，就是打造 5 个以上特色千亿产业；“万”，就是打造万亿临港经济带。在一产上，以“两茶一水”为重点，大力推进“一县一园”建设，积极探索“农业特色小镇＋田园综合体”的新路子。九江市 2018 年新增茶叶种植面积 4 万亩、油茶 4.1 万亩，新增虾蟹养殖面积 9.7 万亩，新增“三品一标”农产品 97 个。在二产上，重点打造石油化工、现代轻纺、电子电器、新材料、新能源、新动能等“5+1”千亿产业集群。2018 年，规模以上工业主营业务收入同比增长 13%，规模以上工业增加值同比增长 8.9%，工业固投同比增长 16.2%；完成工业税收 226.1 亿元，同比增长 18.6%。“5+1” 千亿产业集群增加值同比增长 9.4%，高于规模以上工业增加值增速 0.5 个百分点。在三产上，科学谋划服务业重点领域发展，狠抓产业培育、项目建设、政策落实。2018 年，第三产业增加值完成 1148 亿元，同比增长 10%，占 GDP 比重提高 0.3 个百分点，对经济增长贡献率达到 46.7%。

4. 建设美好家园，实现环境美

重点围绕城市、农村、园区，扎实开展环境整治工作。一是全力打造宜居城市。2018 年，中心城区实施城建项目 184 个，完成投资 114 亿元。浔南城市森林公园、庾亮南路历史文化街区、截流河生态公园、抗洪广场改造等一批项目建成，CBD 生态公园、九江火车站广场改造、八赛湖控枢纽、环赛城湖路网等一批项目加快建设。“三城同创”扎实推进，城区主次干道、街道立面、绿化亮化明显改善，市容环境、交通秩序、市政设施等问题整治成效明显，城市管理水平、文明程度和市民文明素质进一步提高。二是全力打造美丽乡村。通过撬动金融资本、社会资本，力争五年内全市每年投入 100 亿元以上，用于乡村振兴、脱贫攻坚和环境整治。大力推进农村垃圾、污水和违法违规建房整治。2018 年，4487 个新村点建设任务全面完成，在全省率先开展农村生活污水处理设施建设，建设污水深度处理示范性村庄 343 个。三是全力打造生态园区。出台了《关于创建生态工业园区的实施意见》《九江市生态工业园区创建考核奖励办法》等政策文件，按照“五化”的标准，对全市所有工业园区实行生态化改造。2018 年，新增绿化面积 550 多万平方米，技改企业 115 家。

二、九江打造长江最美岸线的优势

九江市拥有 152 公里“黄金水道”岸线资源，是赣、鄂、皖、湘四个省的重要物流中心和中转枢纽城市，区位优势得天独厚。九江有丰富的沿江岸线资源，沿江腹地 860 平方公里，上至瑞昌市下巢湖、下至彭泽县马当多为深水良港，可利用空间巨大，被誉为“黄金水道”中的“黄金岸线”。沿江临港是九江的核心优势之一，是九江发展工业最大的优势。九江港是水陆联运的国家级主枢纽港，是长江中下游重要港口和长江5个主枢纽港之一，是江西省唯一通江达海的对外开放国家一类水路口岸。九江作为欠发达地区，打造长江最美岸线首先必须把握好自身的不足，认清自己所具有的优势，深度融入和对接长江经济带，利用好机遇，扬优成势，作出最有利于九江自身发展的最佳选择。

（一）突出的区位优势

九江是赣北门户，位于江西省北部，水陆交通便利，自古号称“三江之口、七省通衢”，是赣、鄂、湘、皖四省毗邻腹地，有着国家一类口岸。2018年12月21日，九江市被国家发改委、交通运输部列入“国家物流枢纽承载城市”。九江是江西省区域合作创新示范区，九江都市区是江西省重点培育和发展的三大都市区之一。辖区内长江岸线全长152公里，拥有各类码头泊位282个，3000吨至5000吨级泊位39个、5000吨级及以上泊位41个。陆路运输基础良好。“5+5+2”的铁、高、路交汇于九江，为九江融入长江经济带、承接产业梯度转移、密切区域间人员往来提供了便利的交通区位优势。

（二）独特的生态优势

当前，环境恶化持续未能得到改善的情况下，良好的人居环境是一个城市具备良好竞争优势的关键。以“水美、岸美、产业美”为主要目标的长江经济带绿色发展示范区建设，为九江独特的生态优势又增添了一张靓丽的名片。九江有庐山、鄱阳湖候鸟、彭泽的桃红岭梅花鹿这3个国家级自然保护区、有8个国家级生态乡镇、湿地公园、森林公园。森林植被覆盖率高，生态环境好，海洋氧吧浑然天成。近年来，九江注重生态建养，推进镇村绿化美化、植树造林、封山育林和风景林建设。积极创建国家森林城市，推进浔南城市森林公园、市森林博物馆等一批社区公园和绿地建设。加快柘林湖湖泊生态环保等项目建设，加强长江、修河、博阳河上游地区、庐山西海等水生态保护。加快鄱阳湖候鸟和鱼类资源、梅花鹿、红豆杉等野生动植物救护中心、繁殖基地建设。同时，创新体制机制，探索建立了森林、湿地、矿产资源开发等生态补偿机制。健全河湖管理与保护制度，党政“一把手”负责的“河长制”全面实施，水质总体保持良好，市域境内主要河流长江九江段水质满足《地表水环境质量标准》(GB3838—2002)中Ⅱ类水标准要求;修河水质为Ⅱ类;鄱阳湖水质为Ⅳ类(其中Ⅲ类水频次为45.8%,Ⅳ类水频次为45.8%,Ⅴ类水频次为8.4%)。森林覆盖率较高,2018年九江市全市森林覆盖率达56.4%,高出全国平均水平1.5倍,县(市)创建省级森林城市实现全覆盖。生态文明试验区建设有序推进,截至2017年底,九江市共创建国家级生态乡镇27个、生态村1个,省级生态县3个、生态乡镇85个、生态村68个;市级生态村734个,生态村创建率43%。在生态环境治理与修复方面,独树一帜,2018年获批国家黑臭水体治理示范城市。

(三)丰厚的资源禀赋优势

九江丰厚的资源包括有水资源、生物资源,且旅游资源享誉世界。矿产资源潜在价值在千亿元以上。截至目前,九江市共发现九大类矿产104种,矿产资源保有储量潜在价值在4000亿元以上。黄金、锑、锡和萤石的储量位居全省第一,全市矿业总产值(含深加工产品)10亿元以上。优越的长江岸线资源,使九江成为江西发展重化工业的最理想之地。劳动力资源丰富,可供开发利用的土地较为充裕,这就使九江市在承接东部产业转移方面有较大空间。

(四)不断优化的产业优势

2018年九江财政总收入508.06亿元,同比增速10.1%,总量列全省第2,财政收入占GDP比重为18.8%,高于全省平均1.5个百分点,列全省第一。南昌、赣州财政收入占GDP比重分别为16.5%、16.4%,分别低于九江市2.3和2.4个百分点,全省排位第4、第5。九江财政收入占GDP比重反映了九江产业内部结构优化,经济高质量发展。经过多年的发展,特别是九江沿江开放开发以来的快速发展,九江工业化水平明显提升,具备了较好的工业基础,石油化工、钢铁有色冶金等传统产业,光伏新能源、有机硅新材料等战略性新兴产业都得到了长足发展,电子信息产业和生物医药产业也正在加紧培育。在加快推进工业化的同时,九江市按照大旅游、大物流的格局促进现代服务业发展,服务业在经济总量中的比重稳步提升。2018年九江三次产业结构由上年同期的7.5∶50.3∶42.2调整为7.0∶50.5∶42.5,

第一产业下降 0.5 个百分点，第二产业和第三产业分别提高 0.2 和 0.3 个百分点，产业结构不断优化。

三、九江打造长江最美岸线面临的挑战

虽然九江市以共抓大保护、打造长江最美岸线为抓手，推动长江经济带绿色发展示范区建设取得了一定的成效，但也面临着巨大的压力。主要表现在：

（一）资金投入压力大，产业转型升级压力大

1. 资金投入压力大

九江沿江区域已成为九江对外开放的主阵地、工业发展的主引擎和项目建设的密集区，基础设施建设投入逐渐增多，地方政府财政压力较大，地区经济发展相对不平衡，流动性资金不足，而且随着国家清理地方政府融资平台的力度进一步加大，沿江各地在基础设施等项目上融资也比较困难，影响了项目的落户，严重制约了沿江各地的经济社会发展。同时，受国际、国内市场环境影响，各企业普遍面临融资难、融资贵的问题。九江市前期围绕“共抓大保护”，在长江岸线提升、非法码头拆除、矿山生态修复、生态廊道建设、小化工出清、城市水生态综合治理等方面都投入了大量的资金。目前中央和省级层面在这些方面投放的项目不多、补助的标准不高、支持的资金不多，而且这些项目大多属于公益类项目，几乎没有盈利空间，很难吸引社会资本参与，不得不由地方财政兜底保障。作为欠发达地区，沿江各地基本上都属于吃饭财政，资金保障压力巨大。

2. 转型升级压力大

九江市工业产业结构升级不够明显，传统产业比重较大。2019 年工业增加值增幅为 8.4%，固定资产投资增幅 8.7%。产业仍属低端水平。制造业的 70% 仍然属于低端产业，高新技术产业也处于产业链低端；第三产业发展相对滞后，生产性服务业发展不够充分。产业结构与南昌市和沿江其他城市相比，存在一定的趋同性，缺乏合理的分工和互补。产业集群的打造还处于起步阶段。当前，九江市产业发展程度仍然较低，如石油、有机

硅等还是以初级产品为主，产业链条延伸发展严重不足。生产性服务业支撑力度不强，如金融科技、港航服务等仍处于较低水平，对产业集群发展的支撑作用较弱。产业与产业间关联度不高。九江市大量企业与企业之间的业务、技术、产品等关联度过低，产业分工不明确，无法形成有效的促进机制推动企业间的协同发展，彼此间信息与技术交流不畅，不论是横向的竞争关系还是纵向的合作关系都严重缺失。

九江作为江西的老工业基地，石油化工、钢铁有色、建材、纺织等传统产业比重高。沿江板块尤其是下游板块，落户了一些大运量、大用能的企业，也包括一些化工类企业。长远来看“转型升级”才是出路，但是需要一个过程，短时间内面临着资源约束趋紧、环境容量受限的双重压力。同时，全市新兴产业总量不大、增长不快，产业化集聚程度不高，拉动经济高质量发展的作用有限。

（二）发展环境亟待优化

1. 城市基础建设发展较滞后

2018 年九江市实施“三城同创”（全国历史文化名城、全国卫生城市、全国文明城市），城市建设面貌改观不少。但问题依然很多。一是九江市所辖区县各自为政，重复建设现象普遍，整体城区规划的科学性、权威性、全局性不足，缺乏统筹规划。二是九江市所辖区县城市功能和品位有待提高，缺乏智能管理、品牌建设和城市文化等现代人文设施。三是九江市产城融合程度不足，临港新城建设缺乏现代服务业和基本公共服务配套，主要依赖重化工产业推动。由于沿江开放开发的深入，沿江各地工业园区以及入园项目迅猛增加，九江基础设施不配套问题凸显，铁路、公路、港口、机场等交通设施的互通互联能力亟待提高，水利基础设施、能源供应等难以满足产业扩展要求。如瑞昌市随着大唐新区一批重大项目落户，电网建设不能同步跟进，企业用气需求量不断增加，进一步加剧了能源供应压力。四是九江市中心城市综合实力偏弱、辐射带动能力不强。与长江中游的武汉、长沙、南昌等主要城市相比，以地区生产总值为例，截至 2018 年底，九江市地区生产总值不足武汉的 1/5、长沙的 1/4 和南昌的 1/2。

2. 码头岸线利用率低

九江沿江区域布局了众多企业，原规划的部分公用作业区域逐步被占用，为社会提供公共运输服务的空间所剩不多。已开发的岸线资源利用和使用结构不尽合理，造成各类企业多占少用、码头岸线资源利用率偏低、主码头建设合理规划不够、非法码头治理不力等问题。另外，九江市港城关系亟待改善。九江市原港区现已邻近九江市主城中心区，码头生产营运与城市发展建设之间互为干扰现象频繁发生，严重影响了港口向陆域纵向延伸，功能拓展受限。规模化、机械化水平有待提高。九江港码头设施较为落后，规模化、机械化程度偏低。当前，九江港沿江港区共有生产性泊位 218 个，1000 吨级以下的小型泊位占 42.7%，3000 吨级以上的大型泊位仅占 38.5%。岸线利用过短。由于一些企业率先布局规划，抢占了港区后方部分陆域土地，导致九江港港口岸线资源在当前条件下无法充分利用起来。如城区港区和湖口港区的部分大型企业，提前谋划布局，占用长江岸线 2700 米，但实际码头利用岸线仅 800 米，利用率不足 30%。

3. 发展的软环境不足

助力发展的供给要素偏弱，除土地资源外，九江高素质人力资源、技术和资金供给都偏弱。九江属设区市，高校和科研院所较少，这导致其对高素质人才的吸引力弱，技术研发能力不强。另外，由于省内建设资金向九江倾斜不够，在招商引资中其与南昌在资金争夺上不占优势，发展资金短缺的问题较为突出。

（三）区域竞争激烈，同质化竞争加剧

1. 区域竞争激烈

沿海发达地区挟资金、技术的优势，经济总量占优，在长江经济带发展战略实施过程中，必然占得先机，长江经济带的市场优质资源和要素也必然向上海、江苏、浙江等下游发达地区聚集。这些地区在保有外向型经济优势的同时，伴随着内需型经济加快发展的进一步激励，必将给九江市带来更大的竞争压力。九江市与长江中游许多城市相比，存在资源环境和经济发展阶段类似、产业结构同质化严重等问题，与上游许多城市相比，存在软环境欠优、硬环境不强等问题。从整体来看，九江市在争夺资源、人才、市场以及国家政策等方面的竞争优势并不明显，面临的竞争挑战形势不容乐观。

2. 区域合作不够

由于缺乏统一的发展理念和系统全面的布局，沿江各级地方政府为了保护各自的经济利益，实行“各自为政、以自我为中心”的分治模式，地方保护严重，造成整体发展速度较慢、发展效率较低。九江市在长江经济带11个省份中的影响力有限，虽然早在2014年，九江市与周边地市签订了《关于深入推进跨江跨区合作开发框架协议》等一系列框架协议，但时至今日，仍然只是停留在起步阶段。行政分割所形成的制度困局加剧了九江市进行区域协调发展的难度，缺乏对全域产业整体转型升级、财政支持的统筹规划。九江市与周边地市的开放合作、产业衔接、环境保护等方面一直没有落到实处。随着未来区域间竞争的加大，合作空间会愈加受到挤压，九江市的整体产业布局和产业转型都将受到影响。

3. 同质化竞争加剧

沿江城市的产业发展同质化竞争集中在建材、汽车零部件制造业、电子信息等领域，造成整个长江经济带上产业雷同，产业间协作程度不够，体量不大，同质化竞争加剧。长江干线上除了重庆、武汉、上海三大航运中心之外，还有九江港、岳阳港等综合型港口，各省市又各自建设了许多集装箱码头和多用途码头，造成长江干线上港口密度较大，功能部分重复，腹地互有交叉重叠。面对竞争压力，争取更多货运资源，各地港口间无奈只能采用行政干预、低价竞争等多种手段招揽客户，港口间的同质化竞争也愈演愈烈，严重影响资源利用率，市场功能失调明显。

（四）资源环境压力大

1. 化工出清压力大

2016年发布的《长江经济带发展规划纲要》中提到：“长江经济带发展面临诸多亟待解决的困难和问题，而排在第一位的是‘生态环境状况形势严峻’。”长江经济带分布着40余万家化工企业、七大炼油厂、五大钢铁基地，以及南京、仪征等大型石油化工基地，呈现了“重化工围江”的局面。由于缺乏跨区域的生态补偿机制，中上游城市的环境保护动力不足，跨界水污染和大气污染的情况仍然比较突出。每年约300亿吨废污水排入长江，相当于黄河的总水量，沿江区域环境承载力已接近上限。这还不包括占沿江占全国40%人口所排放的生活污水和垃圾，导致长江水污染情况日趋严重。

九江市经济发展仍以资源大量投入和重化工产业支撑为主，发展方式较为落后，整体呈粗放式增长特征。九江资源环境倒逼压力较大，转型升级任务艰巨。在九江石化、神华煤电、九江钢厂、昌河汽车等一批龙头企业的带动下，初步形成以6个省级开发区和1个国家级开发区为主体的产业格局，高能耗、高投入、高排放特征明显。九江沿江各个板块现状都布局了污染较重的工业（如造纸、皮革、化工等），对给排水缺少统一的规划，长江沿线企业偷排偷放现象仍时有发生，配套污水管网建设严重滞后，存在浓度偏低、进水量小等问题，严重威胁长江生态环境。沿江各地在推进小化工企业“关停并转搬”过程中，都碰到了许多复杂的情况。比如，有的企业因为债务问题，要求延迟清退；有的企业补偿要求过高，不配合搬迁；有的企业要求将生产型变更为销售型企业，保留原公司证照拖延关停；有的企业处于较长时间停工或停建状态，清退进度迟缓；有的企业自认为不应该被列入清退名单，强烈请求退出关闭名单，等等。可以说，小化工企业出清是一块难啃，但也是必须啃下的“硬骨头”。

随着九江市未来沿江开放开发的力度不断加大，重化工产业集群规模也将不断扩大，长江经济带流域的生物多样性、水资源、大气环境等都面临严重威胁。由于九江市节能减排任务重，COD、氨氮、二氧化硫、氮氧化合物和重金属等排放指标紧张，导致引进的一些工业项目难以“落地”，制约了九江市发展。同时，部分对空气污染较重的企业位于城市上风向（如城东港区、矶山工业园等），且对防护绿地的保护力度不够。资源与环境压力叠加，是九江加快绿色发展难以承受之重。

2. 责任分担与利益分配机制不健全

在长江经济带的生态保护与环境治理方面，处于上中游地区的九江市面临的风险与挑战尤为巨大。因为上中游地区的生态环境基础较脆弱，如果治理不好将会传导并影响下游地区，而上、中、下游的区域之间没有投入分担和利益分享的长效机制，从而导致九江市的保护驱动力严重不足。

3. 环保监管压力大

现在从中央到地方，对沿江环保监管力度越来越大，督察频率越来越高，问责追责越来越严，在中央和省媒体上也多次被曝光。据沿江的同志讲，近期上级明察暗访多达几十批次。近几年，虽然全市对于环保监管的水平有了很大提升，但城镇、园区和企业环保设施建设仍然滞后，一些企业的环保设施工艺标准不高。

四、打造长江最美岸线的几点建议

九江的 152 公里长江岸线是不可复制的资源，是大自然对九江的恩赐。沿江发达城市成功的经验告诉我们，要想发展好就要会利用长江，要想发展快就要利用好沿江优势。建设长江经济带绿色发展示范区，是贯彻落实习近平总书记"共抓大保护、不搞大开发"重要要求的具体抓手，是推动九江高质量跨越式发展的重要契机。2018 年 4 月 26 日，习近平总书记在深入推动长江经济带发展座谈会上指出："统分结合、整体联动的工作机制尚不健全，生态环境保护制度尚不完善，市场化、多元化的生态补偿机制建设进展缓慢，生态环境硬约束机制尚未建立，长江保护法治进程滞后"，指明了长江经济带发展的诸多问题，这也是未来应破解的重点难题。我们必须加快推进长江经济带绿色发展示范区建设，为长江流域高质量发展贡献九江力量、提供九江经验。

（一）注重生态建养，推进长江经济带绿色生态廊道建设

1. 注重加强长江岸线后续管护

九江各沿江县（市、区）高标准推进长江岸线整治，围绕加强水资源保护、加强水污染治理等任务，投入了大量资金，做了大量工作，取得令人耳目一新的明显成效，但后续管护必须予以高度重视。在水域岸线管理保护方面，完成主要江河主要河段的河湖管理范围划界，围绕"管护责任由谁来负、管护机制如何建立、管护资金从哪里来"等三个关键问题，拿出管用有效的新招实招，推进长江整治后续管护常态化、制度化、长效化，

切实防止建管断层、防止“建得好、管得差”。

2. 大力推进沿江生态环境修复

九江作为长江经济带重要节点城市、江西省唯一的沿江港口城市，拥有 152 公里长江岸线、鄱阳湖 2/3 的水面和湖岸线，既是生态资源富集地，也是生态环境敏感区。建议：

（1）以打造长江“最美岸线”升级版为抓手，通过水岸联治、矿企同治、城乡共治，一体推进水体、堤岸、码头、矿山、企业、城镇、乡村环境治理，全面提升沿江区域整体形象。

（2）以三峡集团合作项目实施为契机，进一步加强沿江环保基础设施建设，加大污水管网和处理设施的建设力度，加快补齐短板。

（3）以小化工企业出清为重点，坚决消除沿江污染存量。小化工企业不仅效益不高，而且环保风险隐患极大。对不符合环保要求的小化工企业，继续加大力度，通过“关停并转搬”出清到位。

3. 全面强化沿江环保监管

（1）坚持源头严控。严格执行长江经济带发展负面清单和“三线一单”，不符合清单的项目，坚决不能上马，严格遏制污染增量。全面排查沿江重点地区、重点领域、重点行业、重点企业环境安全隐患，建立环境问题总台账，做到底数清、情况明。

（2）坚持过程严管。从项目开工前的环评，到项目建设中的环保设施建设，再到投产后的运行进行全过程监管。建设用好园区智能环保平台，通过摄像头、无人机、遥感、远程监控等技术，推进“人防”向“技防”转变，对园区企业排污情况实行全方位不间断的在线监测。

（3）坚持后果严惩。严格环保执法监管，不定期采取暗查暗访、摄制视频等方式发现突出问题，严厉打击违法排污等行为。加强举报监督，公布专门的举报电话，明确专人受理，专人查办。

4. 建立健全沿江环境保护制度

长江生态环境保护是一项系统工程，涉及面广，必须打破行政区划界限和壁垒，有效利用市场机制，更好发挥政府作用，加强环境污染联防联控，推动建立地区间、上下游生态补偿机制，加快形成生态环境联防联治、流域管理统筹协调的区域协调发展新机制。建议重点完善三项机制：

（1）联动保护机制。“共抓大保护”，关键在于“共”字。在市内统筹协调沿长江、修河，环庐山、鄱阳湖、西海等跨区域跨流域生态保护，完善流域管理与区域管理相结合的管理体制；在市外加强与黄冈、安庆等上下游地区的生态合作，建立健全跨地区的议事协调机制、联合执法机制，共同推动建立长江区域协同联动保护体系。

（2）多元投入机制。深入研究国家和省级生态补偿政策，争取更多的资金补助和生态环保项目投放。充分发挥市场作用，研究实行绿色信贷、环境污染责任保险政策，探索排污权抵押等融资模式，稳定生态环保 PPP 项目收入来源及预期，实现由政府投入向市场参与转变。

（3）考核评价机制。充分发挥考核“指挥棒”作用，抓紧研究制定可量化、可操作的高质量发展考核办法，引导沿江地区进一步提高发展的含金量、含新量、含绿量。

（二）加快沿江产业转型升级

九江市传统产业比重较大，不仅是九江市经济发展难以承受之重，也是九江经济高质量发展的障碍。加快传统产业动能转型升级是九江市推进绿色发展的重要途径。沿江 7 个县（市、区）是九江市工业的集聚区和重要的增长极。2018 年，以全市 27.3% 的国土面积，创造了 61.3% 的生产总值、60.5% 的财政收入、55.8% 的规模以上工业主营业务收入。推动沿江高质量发展，最根本是加快产业转型升级，提高产业发展的绿色含量。

1. 推进传统产业优化升级

传统产业是九江最厚实的家底，也是发展的基本盘，既不能“一去了之”，也不能“不转不升”。以全省传统产业优化升级综合试点为契机，加快推动石油化工、钢铁、有色金属、建材、纺织等产业转型升级，通过三年时间，九江市传统产业优化升级要在规模效益、两化融合、创新引领、集群集约、绿色发展、质量品牌 6 个方面实现 30 个指标体系；根据“政府主导、企业主体、金融支持、分类优化、监管运行”的工作基调，计划每年分批优选 60 个企业（项目）作为传统产业优化升级市级综合试点，按照市本级、县（市、区）和综合试点企业 1∶2∶7 资金配套的原则，塑造一批典型，引领全市传统产业优化升级。通过技改扩能、兼并重组、外引内联、靠大联强、延链配套等措施，推动石油化工、钢铁有色、现代轻纺、装备制造、电力能源五大传统优势产业高端化、智能化、绿色化发展，促进“老树发新枝”。

2. 推进新兴产业培育壮大

目前，九江在战略新兴产业发展方面与其他同等城市相比，处于劣势。在推进产业结构优化方面，要大力推进互联网、大数据、人工智能与制造业深度融合，同时加快数字技术与制造技术深度融合，创新制造业组织模式和生产方式，支持建设一批智能工厂、智能车间，打造更多两化融合示范企业。鼓励产业创新升级，以科技创新催生新技术、新业态、新模式。围绕人工智能、生物技术、高端装备、新能源汽车等重点领域，培育一批“无中生有”项目，扶持一批“有中出新”项目，以重点突破带动新兴产业整体跃升。深入实施战略性新兴产业倍增计划，培育壮大新材料、新能源、电子电器、生物医药、绿色食品五大战略性新兴产业，打造一批科研院所、工程技术研究中心、重点实验室等研发平台，推动新兴产业爆发式增长。

3. 实施创新驱动发展战略

按照高质量发展要求，以鄱阳湖生态科技城为依托，把九江打造成“长江经济带数字经济区域枢纽城市”。鄱阳湖生态科技城是九江市近年来着力打造的绿色生态示范区、体制机制创新区、数字经济集聚区和全市经济高质量发展重要增长极。重点围绕新一代信息技术、先进制造技术、节能环保技术 3 大关键性技术；聚焦数字经济、智能制造、生态健康、科技服务和文化旅游 5 大主导产业；逐步完善人力资源、供应链金融、产业基金、公共设备、共性技术、信息共享、电子商务、应用展示 8 大服务平台支撑，加快形成鄱阳湖生态科技城多维度产业生态。

围绕“一南一北”（共青城高新技术产业开发区和鄱阳湖生态科技城）两个创新发展平台，九江紧紧抓住创新驱动“牛鼻子”，在每个县（市、区）工业园中规划建设 1 平方公里的科技创新园。抓住赣江新区建设发展机遇，大力支持永修、共青组团加快发展，在全省“一圈引领”的区域发展战略格局中发挥更大的支撑作用。发挥企业创新主体作用，积极培育壮大高新技术企业，提高全社会科技研发（R&D）经费投入强度。实施人才强市战略，落实人才新政30条。提高创新扶持政策的精准度，根据企业科技创新不同需求分类施策，实行“一企一策”探索新模式，加大柔性引才力度，推动科研技术人才以挂职、项目合作、兼职、离岗创业等多种形式参与产业研发。

4. 深化改革激发内生动力

着力推进经济体制改革，以供给侧结构性改革为主线，提升要素市场化配置水平，降低资源流动、资产重组的成本，引导生产要素从低质低效领域向优质高效领域转移。着力推进权力运行机制改革，完善权力清单、责任清单制度，深化“互联网+政务服务”模式，大力推进行政许可“一次办”、“一次不跑”，提高政府办事效率和服务水平，全面优化营商环境。着力推进公共服务体制改革，建立公共服务多元主体协同机制，完善授权、特许外包、购买服务、公私协同等公共服务供给模式。

（三）加快建设区域性航运中心推进沿江区域开放合作

围绕对接融入国家沿江综合立体交通走廊，江西省专门出台了加快建设九江江海直达区域性航运中心实施意见，将九江打造成为江西省对接融入长江经济带、通江达海的桥头堡。作为长江经济带重要节点城市、赣北唯一通江达海城市——九江，用好这一得天独厚的区位优势，以建设区域航运中心为契机，破除市场分割，实现水陆联通、市场融通，快速提升区域竞争优势。为此，必须着力于：

1. 完善立体交通网

加快推进9条疏港公路和4条铁路专用线建设，不断完善集疏运体系。加快安九客专建设，尽快启动昌九客专、昌九大道二期建设，着力打通沿江快速通道。通过动高联运方式争取更多直达城市高铁列车班次。坚持军民两用、客货并举，推进庐山机场复航，布局建设一批通航机场。积极推进高铁大道、芳兰大道、琴湖大道、城市快速路等项目建设，打通城市内部道路以及疏港公路堵点断点。

2. 协调推进港口枢纽建设

加强与上海、武汉、重庆、南京、舟山等港口联动协作，与南昌港等省内港口合作，着力打造达服务全省、辐射周边、通江达海的区域性性航运中心。落实航运中心相关配套的政策措施，巩固九江电子口岸和国际贸易“单一窗口”建设成效，全面提高通关效率。加快彭泽红光综合枢纽港、城西港区上港二期等项目建设，全面提升服务水平，快速推进航运服务中心建设，增加货物吞吐量。

3. 发展现代航运物流

完善港口物流服务配套，发展港口服务经济。引进培育航运物流龙头企业，推进港航企业兼并重组。加快推进水果、冰鲜水产品、整车等进口指定口岸申报工作和肉类进口指定口岸验收工作，积极做好综合保税区申报运营。加快中邮呼叫中心、跨境电商产业园、快递园区等项目建设，规划建设大宗物流集散中心，大力发展综合物流中心、专业物流中心和配送中心。

4. 推进区域开放合作

提升与安庆、黄冈、黄石等地联动发展，全面落实长江中游 24 城市合作共识，鼓励沿江县区先行先试，开展跨江合作。推动鄂、湘、赣三省建立城市群发展协调机制，加强与长三角都市圈、湖北武汉都市圈的合作。对接“一带一路”建设，积极开拓国际市场。

景德镇市学习型党组织建设研究

王新华　冯　涛　肖　静　王展飞　杨　璐　孙艺瑄　万华颖

【摘要】 建设学习型党组织是推进国家治理体系和治理能力现代化的必然要求，是实现“两个一百年”奋斗目标、实现中华民族伟大复兴中国梦的客观需要。建设学习型党组织的目的是让广大党员领导干部养成善于学习、终身学习的好习惯，形成科学的长效机制，永葆党的先进性和纯洁性，提升党的执政能力，为党长期执政提供强有力的保障。景德镇市高度重视学习型党组织建设，各级党组织都努力创新学习方式，自觉开展学习，以有效举措扎实推进学习型党组织建设，并取得显著成效，但仍存有一些不足，需要进一步在思想上高度重视、动力上领导带头、学习上开拓创新、经费上全面保障、机制上健全完善，建设好学习型党组织，发挥好学习型党组织作用。

党的十七届四中全会提出，要建设马克思主义学习型政党。党的十八大报告强调，要建设马克思主义学习型、服务型、创新型政党。党的十九大报告强调，必须建设好马克思主义学习型政党。建设马克思主义学习型政党，就必须从建设学习型党组织抓起，这是基础工程。学习型党组织，是指以加强党的先进性、纯洁性和执政能力建设为目的，以建设马克思主义学习型执政党为目标，按照学习型组织的相关理论，以党的各级组织为单元，以建立和完善学习制度为保障，组织广大党员善于学习、系统学习和终身学习，学习成为一种固有制度、习惯、行为的党组织。[①] 新时代建设学习型党组织的目的就是让广大党员领导干部养成善于学习、终身学习的好习惯，形成科学的长效机制，永葆党的先进性和纯洁性，提升党的执政能力，为党长期执政提供强有力的保障。其核心内涵是促使广大党员领导干部通过不断学习自觉形成与时俱进的精神，其本质特征是推进党的执政能力持续创新。

一、景德镇市学习型党组织建设的主要措施

景德镇市高度重视学习型党组织建设，各级党组织都努力创新学习方式，自觉开展学习，以有效举措扎实推进学习型党组织建设。

（一）抓好教育活动

景德镇市以习近平新时代中国特色社会主义思想为指导，以“答好时代之问，感恩奋进谱新篇”为引领，以“学好做好，用心用情落实习近平总书记殷殷嘱托”为抓手，积极履行主责主业，抓好组织领导，统筹推进“学、研、检、改”四项重点措施，推动“不忘初心、牢记使命”主题教育高质量有特色走前列，并把开展主题教育同“国家陶瓷文化传承创新试验区建设”结合起来，奋力答好“时代之问”的景德镇篇章。各级党组织根据“不忘初心、牢记使命”主题教育的总体要求，在深刻检视剖析自身思想方面存在问题的基础上，结合各自的工作内容和目标方向，制定了系统全面的学习计划，举办了专题读书班，召开了专题研讨班，开展了中心组理论学习，并要求广大党员干部认真深入学习研讨习近平新时代中国特色社会主义思想，学习《中国共产党章程》《中国共产党纪律处分条例》等党内法规，学习党史、新中国史等，不断提升党员领导干部的政治理论素养，不断引导党员领导干部自觉树牢“四个意识”、坚定“四个自信”、做到“两个维护”，以加强学习型党组织建设为基础，奋力推进景德镇市各项工作进展，描绘

①王少安，郑广华．学习型党组织建设的目标任务现实要求［J］．科学社会主义，2014（04）．

好新时代江西改革发展新画卷的景德镇华丽篇章。

景德镇市切实推动“两学一做”学习教育常态化、制度化，力争学习教育活动能够抓在经常、落在日常。仅 2018 年，景德镇市委宣传部就组织市委理论中心组学习了 23 次，均是围绕学习贯彻习近平新时代中国特色社会主义思想和党的十九大精神的主题来开展；召开了 19 次市委常委会，每次第一项议程都是学习习近平总书记重要讲话精神；举办了 8 期县级领导干部专题研讨班、15 期基层党组织书记和党员示范班、560 期各类培训班；同时，景德镇市直机关工委也在上海大学举办了“学习贯彻党的十九大精神、提升机关党组织书记工作能力专题培训班”，在古田、瑞金开展了“不忘初心，牢记使命，学习贯彻党的十九大精神，提升机关专职党务干部工作能力”专题培训班，在全市范围内分 4 期对 430 余名党支部书记进行了为期五天的“学习贯彻党的十九大精神”专题培训，在全市范围内对 16343 名党员进行了“学习贯彻党的十九大精神”专题培训，在汇景水业培训中心举办了为期三天的“市直机关事业单位优秀党员代表学习贯彻党的十九大精神培训班”，组织举行了“学习党的十九大精神知识竞赛”和“庆祝改革开放四十周年演讲比赛”等系列活动，内容丰富、形式多样，确保了政治理论学习的全覆盖、提高了政治理论学习的实效性。2019 年，景德镇市直机关工委又举办了市直机关习近平新时代中国特色社会主义思想宣讲会、市直机关党建工作信息员培训班、习近平总书记视察江西时的重要讲话精神宣讲活动等系列教育活动，邀请资深理论工作者为来自市直各单位的党务干部、党员干部，解读了习近平新时代中国特色社会主义思想和党的十九大精神，解读了新时代坚持和发展中国特色社会主义的总目标、总任务、总体布局、发展方向等内容，解读了习近平总书记视察江西时的重要讲话精神，真正推动习近平新时代中国特色社会主义思想在全市党员干部当中入脑入心，成为大家开展工作的重要指引。

（二）举办“星期六大学”

为进一步丰富创新政治理论学习的形式和内容，不断提升政治理论学习的吸引力，景德镇市委理论学习中心组制定了“星期六大学”制度，组织全市领导干部利用休息时间、工作之余来学习、充电、提高，进一步解放思想、更新观念、增长本领。景德镇市举办的"星期六大学"，形式新颖、内容丰富，涵盖政治、经济、文化、国防、社会、环境等各个方面，不仅能够帮助党员领导干部更加深入地了解党的政策、明确发展目标，同时也能够帮助党员领导干部提高能力水平、把握发展机遇。实际上，"星期六大学"每次举办都座无虚席，甚至需要提前预约才能够入场，这些也体现出景德镇市党员领导干部良好的学习态度，急切学习充电的干劲热情，迫切赶超发展的心态。归纳来说,景德镇市举办的"星期六大学"体现出"三个特点":一是"大家",来授课的都是各方面、各领域的权威专家;二是"大家"，来学习的是广大党员领导干部；三是"大学习"，就是要贯彻落实习近平总书记"在全党来一次大学习"的重要指示精神，大张旗鼓地学，通过大学习、大调研，推动大落实、大发展。[①]2018 年 9 月 29 日，景德镇市的"星期六大学"在紫晶会堂首次开讲，主讲嘉宾是来自北京大学的中国城市设计研究中心主任、中营都市设计研究院总设计师陈可石教授、博士生导师。截至撰文日，"星期六大学"已举办了 12 期。具体情况见"星期六大学学习情况表"：

① 吴绍斌 . 景德镇"星期六大学"首次开讲，景德镇日报，2018-10-08.

星期六大学学习情况表

<table>
<tr><th>次数</th><th>学习时间</th><th>学习内容</th><th>学习形式</th><th>参加人员</th></tr>
<tr><td>1</td><td>2018.09.29</td><td>《产业・环境・文化品牌——景德镇城市规划与建设的相关建议》（陈可石）</td><td rowspan="12">专家辅导（星期六大学）</td><td rowspan="12">市四套班子秘书长、副秘书长，市纪委副书记市监委副主任，市纪委常委，各县（市、区）、高新区、陶瓷工业园区、中心城昌南拓展区党政负责人，市委各部门、市直有关单位正县级领导，共500人参加。</td></tr>
<tr><td>2</td><td>2018.11.24</td><td>《我周边安全环境与软实力建设》（罗援少将）</td></tr>
<tr><td>3</td><td>2018.12.21</td><td>《立足本土的创新之路》（崔愷）</td></tr>
<tr><td>4</td><td>2019.03.08</td><td>《通过人工智能、AI 技术实现产业升级，打造智慧城市》（傅盛）</td></tr>
<tr><td>5</td><td>2019.04.13</td><td>《陶瓷审美与中国文脉》（白明）</td></tr>
<tr><td>6</td><td>2019.05.25</td><td>《景德镇陶瓷的历史地位与发展战略》（朱虹）</td></tr>
<tr><td>7</td><td>2019.06.22</td><td>《我国体育产业发展现状与趋势展望》（王莉）</td></tr>
<tr><td>8</td><td>2019.07.19</td><td>《天下之器——丝路陶瓷见证 500 年全球化》（王鲁湘）</td></tr>
<tr><td>9</td><td>2019.10.12</td><td>《守传统之正 出创新之奇——对新时期景德镇发展战略的思考》专题辅导（彭中天）</td></tr>
<tr><td>10</td><td>2019.10.31</td><td>省政协原党组副书记、副主席姚亚平做辅导报告《不忘初心是共产党人“心学”的第一课》</td></tr>
<tr><td>11</td><td>2019.11.23</td><td>上海交通大学城市科学研究院院长、首席专家，教授、博导，国家“十三五”发展规划专家委员会委员刘士林做专题报告《景德镇国家陶瓷文化传承创新试验区实施方案解读与阐释》</td></tr>
<tr><td>12</td><td>2020.01.10</td><td>中国国际经济交流中心常务理事、上海市社联主席、上海市决策咨询委员会委员王战教授做专题报告《当前国内外形势与任务》</td></tr>
</table>

（三）建设“三大重要平台”

景德镇市各级党委（党组）自觉按照中央和省委的决策部署，切实担负起政治责任，着力建设好新时代文明实践中心、县级融媒体中心和“学习强国”学习平台。这“三大重要平台”，不仅为景德镇市的广大党员领导干部开展学习活动提供了良好的资源渠道和学习途径，而且能够成为景德镇市加强基层宣传思想工作、抓好精神文明建设的重要抓手，从而促使抓学习、爱学习的风气从党员领导干部传向广大群众，让每一个瓷都人都自觉融入搞好城市建设、推动城市发展的进程中。景德镇市在学习实践中，将这“三大重要平台”建设与中心组学习、“三会一课”、主题党日、学习型党组织建设以及基层党建工作结合起来，互为补充、相互促进，充分发挥三大平台的重要作用。以“新时代文明实践中心”为例，景德镇市一方面大力建设“新时代文明实践中心”活动场所，截至目前已建成 1701 个，以群众喜闻乐见的形式和鲜活生动的地方语言，开展理论讲学活动 4 万余场；另一方面，将“新时代文明实践中心”的阵地延伸至媒体层面，在市属媒体的重要版面、黄金时段开设了“新思想引领新时代”和“学习践悟”等专栏，引导广大干部群众读原句、学原文、悟原理，撰写、发表、交流学习体会，让习近平新时代中国特色社会主义思想往深里走、往实里走、往心里走。

（四）创办讲堂讲坛讲习所

景德镇市各级党组织为建设学习型党组织，采取了灵活多样的讲习所、讲堂、讲坛、论坛等模式来满足学习的多样化，提升学习的实效性，使学员学有所获、所乐，在参与学习中强化政治意识、提高思想认识、增长知识才干。比如说，珠山讲坛、小巷讲堂、莲荷讲堂、古戏台讲堂等，既有形式也有内容，既有理论也有实践，做到了形式与内容、知识与行为的有机统一，增强了学习的趣味性、针对性和实效性，被景德镇市党员领导干部亲切地称为“景德镇的百家讲坛”。再比如说，开设在三宝村的“三宝蓬·新时代讲习所”，是珠山区委中心讲习所之一，以三宝蓬艺术部落、马鞍岭解鞍小筑为阵地，严格按照“八有”标准建设，拥有固定讲习员 7 名，每月开展集中讲习 2 次，并经常性邀请高校中青年优秀教师、社会知名学者、作家、艺术家、媒体人等进行讲习，主题涉及习近平新时代中国特色社会主义思想和党的十九大精神、艺术、历史、文学、陶瓷、乡村振兴等各个方面，讲习对象以“景漂”“景归”人才为主，深受“景漂”“景归”及青年创客喜爱。应当说，各类讲习所、讲堂、论坛、讲坛，已经成为深受景德镇市党员领导干部喜欢的学习方式和学习场所。而只要登上讲习所、讲堂、论坛、讲坛的人，不管是老师教员，还是专家学者，抑或各个领域的代表人物，都会认认真真地准备每一堂讲义，以最佳的精神状态、绝美的讲课姿态展示在听众面前，力求每次课、每次论坛都能给人们带来较多的收获，都会给人们一些新的启示，为大家的工作实践提供一些方法论和实践操作方案，从而为景德镇市经济社会发展助力。

（五）构建多种网络学习平台

景德镇市为建设学习型党组织，大力构建了多种网络学习平台，开通了学习型党组织建设专门网站，举办了多次大型网上学习活动，为广大党员领导干部提供了便捷的学习渠道，充分调动了广大党员领导干部学习的积极性、主动性，提升了学习效果。除此之外，景德镇市还根据党员领导干部学习培训个性化、差别化的需求，专门开辟了宣教系统的干部网上学堂、组工之家等“特色网上学堂”，而这些在网上担任主讲的都是一些理论专家，讲授的内容涉及面也非常广泛，向基层大力宣传着党的理论和主张，宣传着习近平新时代中国特色社会主义思想、党的十九大精神，宣传着党的十九届二中、三中和四中全会精神。应当说，网络正成为新时代党员领导干部进行学习的重要载体，其完全不受时间、空间等各种条件限制的特点，不仅极大丰富了党员领导干部的学习内容、满足了不同类型党员领导干部在学习上的差异化需求，而且使得学习变成了一件非常便捷的事情。尤其是相较于传统的集中学习模式，网络学习平台的创建，让任何年龄层次的党员干部，包括离退休党员领导干部都可以方便地通过“离退休党员支部微信群”等方式开展学习活动，开辟出“随身、随时、随地”的理论学习新天地。当前，景德镇市各级党组织都创建了属于自己的微信学习群，并积极在上面发布学习通知、转载学习文件、推送学习内容，成为了学习型党组织建设的重要平台。

二、景德镇市学习型党组织建设中存在的问题

景德镇市各级党组织高度重视学习型党组织建设,综合采取了举办“星期六大学”、打造特色讲坛、打造网络学习平台等多种有效举措，获得了

不错的反响和口碑，但对比学习型党组织建设的目标和要求，依然存有一些不足。

（一）学习主动性还不够高

课题组在调研中发现，景德镇市部分党员领导干部的主观认知依然不够深入完善，一定程度存在实用主义倾向，常常满足于已有的知识内容和结构，满足于能够应付基本工作就可以，不愿意再加强学习、深入学习，没有树立花力气、攀高峰、追求卓越的观念；有些党员领导干部虽然也意识到了学习的重要性，但是学习的积极性、主动性并不强，再加上常常忙于应付生活或者工作当中的琐事，就借以各种托词不愿学习，日常学习大多依然是靠行政命令的方式在推进，其实真正的原因还是来自于自己的惰性大、自律性不强，从而导致工作上故步自封、缺乏创新；还有些党员领导干部尤其是党组织的负责人没能正确把握学习型党组织建设的要义，对“学习”两个字积极关注、重点推进，经常组织各种学习活动，但却忽略了最重要的“型”字，也就是说对学习型党组织的打造依然停留在形式的层面，没能达到通过组织学习来促进党员领导干部思想转变、能力提升的重要目的。

（二）学习形式还不够新

课题组在调研中发现，景德镇市部分基层党组织开展的学习活动，不仅形式单一、没有变化，而且内容陈旧、缺乏创新，在组织学习时，存在请个别或者部分同志念念报纸和文件，念完就算学完；部分基层党组织虽然在组织学习活动时偶尔也会借助现代化信息技术工具，但仅仅是用投影的方式将报纸或者文件内容放映出来，依然存在“走过场”的嫌疑，并没有实质性的改变，学习效果不够理想；还有部分基层党组织虽然综合采用了集体学习、自学、专题宣讲、教育培训、考察调研等多种学习形式，但每次内容都大同小异。比如说，只要被要求开展学习实践活动，就会组织党员去同一个烈士纪念碑或者纪念馆，连续几年没有变换过地点，给人一种应付工作的感觉。这些现象的产生，实际上往往与一些基层党组织将学习活动的开展与日常工作的推动简单画上等号有关，完全按照日常工作开展的流程来组织学习活动，形成了模式化，一旦缺乏上级党组织的监督和提醒，就会流于形式，甚至是完全停止。

（三）学习联系实际还不够紧

对于学习型党组织来讲，建设它的主要目的之一，就是为了通过加强学习促进党员领导干部思维方式发生转变，让党员领导干部做到在实践中检验理论，在以行促知、以知促行的过程中实现知行合一。但是，课题组在调研中发现，景德镇市部分基层党组织在建设学习型政党的过程中，存在其组织学习的内容与本单位的工作性质、工作需求相互脱节的现象，在制定学习计划时也仅仅是根据上级党组织的要求照葫芦画瓢，甚至只是用上级党组织下发的文件换一个抬头和落款，并没有根据党组织当中党员领导干部的人员构成和实际需求来制定学习计划，导致学习效果并不好，存在流于形式的现象。比如说，一些村庄的党支部或者党小组在制定学习计划时，没有考虑到自己党支部当中农民党员较多的实际情况，完全照搬市委理论学习中心组的学习计划，导致一些农民党员要么根本听不懂、要么也是一知半解甚至南辕北辙，以至于对学习这件事情产生了反感的情绪。此外，课题组在调研中还发现，景德镇市部分党员在制定自身学习计划、选择学习内容时，并没有真正从工作的实际需求等角度出发，来思考到底要学什么样的内容、达到什么样的效果，仅仅是为了学习而学习，为了应付检查笔记而学习，为了达到积分而学习，既失去了学习的意义，从某种程度上讲还助长了形式主义的不良风气。

（四）学习投入还不够大

课题组在调研中发现，景德镇市很多基层党组织或者党员都认为，资金和资源投入不足是制约学习型党组织建设的重要因素之一。因为，要想确保学习型党组织建设取得实效，就不仅要引导党员领导干部自愿学、主动学、积极学，还要为他们提供学习场所、学习工具、学习书籍等各种物质条件保障。但是，景德镇市当前部分基层党组织对学习的重视性还没有落到实处，讲到要建设学习型党组织的意义时头头是道，一旦要落到实处就会出现各种托词和推诿的说法。究其原因，固然是多方面的，既有忙于开展和推进各种工作，能够抽出来的时间、经费和精力都有限等客观原因导致的；也有觉得学习主要是学内容，认为学习场地和学习工具的提供并不重要等主观因素导致的。可无论是客观条件限制，还是主观条件制约，其后果就是直接导致党员领导干部难以处理工学矛盾以及学习与生活之间的矛盾，难以合理化、科学化分配时间，难以协调并进，在多元博弈中出现了学习时间和内容都不够的现象。尤其是从网络学习的角度来看，当前，通过网络平台进行学习，已经成为党员领导干部的基本或者说必备学习手段之一，可是，一旦网络学习平台建设不够完善，无论是缺乏互动融合的交流功能，还是缺乏日常运营的维护监督机制，甚至是技术支持不充分导致的系统故障，都不仅会造成资源的浪费，也会从某种程度上削弱党员领导干部利用网络平台进行学习的积极性和主动性。

（五）学习机制还不够全

课题组在调研中发现，景德镇市部分党员领导干部认为，当前学习型党组织建设的制度机制还不是很完善，存在组织规范性不够、学习随意性较大、缺乏长效机制规范等制约学习型党组织长期良性发展的制度保障。对于基层党组织而言，只有将着重培养党员领导干部的政治能力、思维方式，通过体制机制的形式固定下来，才能让党员领导干部形成学习自觉，提高学习实效，才能更好地把学习成果灵活运用到工作实践中去，才能真正促进景德镇市经济社会高质量发展。比如说，“学习强国”App 的上线，本意是想为党员领导干部利用碎片时间主动开展学习提供便利条件，其积分制度也能从某个方面反映出党员领导干部学习时间和内容的多少。但是，因为没有制定切实有力的监督反馈机制，尤其是缺乏配套的考核、奖励、惩处机制，导致无法检验每个党员领导干部通过其学习所产生的学习效果，无法监督党员领导干部在这个过程当中有没有认真地看或听，大家在政治上、思想上是否发生了转变，还是仅仅为了完成党组织交代的时间任务。以上种种，如果缺乏了有力的监督反馈机制，就容易让部分党员领导干部产生思想懈怠的情绪，甚至是被动应付的情绪，使得网络学习流于形式。

三、景德镇市学习型党组织建设的对策探讨

新时代新使命、新担当新作为，新时代社会发展全面化、人民需求多元化的特征，对党员领导干部加强学习提出了更高的要求，学习能力成为党员领导干部必须具备的基本能力之一。建设学习型党组织，成了推进国家治理体系和治理能力现代化的客观需要，成了实现“两个一百年”奋斗目标、实现中华民族伟大复兴中国梦的必然要求。

课题组认为，新时代景德镇市学习型党组织建设须着力做好以下几方面：

（一）思想上高度重视

时代在发展，社会在进步，党情、国情、世情都在发生变化，国际风云变幻莫测这些都迫切要求我们广大党员领导干部加强学习，全方面了解理论前沿、信息动态、国际走向以及人民需求。而唯有学习，才能获取真知、形成灼见，才能统筹应对各种挑战、有力推进各项工作顺利开展。党的十八大以来，习近平总书记非常重视倡导全党、全社会的学习，他在一系列重要讲话中，提出形成学习型社会和建设学习型政党，认为人必须学习一辈子，并且要善于学习和善于重新学习。他多次强调，学习首先是要学习马克思主义理论，学习科学知识，同时要学习和继承中国优秀传统文化，学习国外的进步文化，等等。[①] 党员领导干部，因为身份不同、要求不同，担负的责任和重担自然与普通老百姓不一样，就更应当加强对于学习型党组织相关知识的学习、对于党史新中国史的学习，从这些学习当中加深对我们党过去来路不易的理解、对于学习型党组织建设重要性的理解。唯有如此，才能真正促使党员领导干部从思想上发生转变，认识到没时间学习的真正原因，并不是因为工作繁忙所导致的，而是因为没有树立正确的价值观念，没有从历史实践的角度去理解学习的意义。自 2019 年 6 月份以来持续开展的“不忘初心 牢记使命”主题教育，实际上就暗含着要

① 胡为雄 .“依靠学习走向未来”——习近平论学习的系列重要讲话研读体会［J］. 党的文献，2015（01）.

让大家从根本上树立学习自觉的深刻含义。所谓"不忘初心，牢记使命"，就是要从对过去经验的学习中汲取推动今天工作前进的动力，就是要在自觉树牢政治责任感和历史使命感的基础上弘扬奋勇前进、开拓创新的意识。尤其是面对"两个一百年"奋斗目标，党员领导干部必须要意识到，只有不断地加强学习、自我提高，才能在思想觉悟、道德修养、作风形象上获得更大的提升；只有把学习当成为官从政的能力素养，才能与人民群众对党员领导干部的期待越来越近；只有变被动学习为主动追求，自觉承担建设学习型党组织的历史责任，才能把能力上的差距转变成学习上的动力，从而担当起实现中华民族伟大复兴的历史使命。

（二）动力上领导带头

建设学习型党组织，关键要建设学习型领导班子。景德镇市以前的荷塘垦殖场第二任党委书记朱长福曾经指出，"领导是革命的火车头。火车头向左，列车向左；火车头向右，列车向右；火车头越轨，整个列车就要出事故。"在学习方面，领导也是学习的火车头，火车头有动力，才能牵引带动整座车厢。因此，在建设景德镇市学习型党组织的过程中，党员领导干部应争当做组织学习的"发动机"和"辐射源"，在学习上以上率下、行为示范，带头抓学习、促学习，带头提高政治素养、强化科学知识，不断营造良好的学习氛围，带动和影响广大党员干部以所学的新理念、新要求、新思维、新知识、新技能推动工作、干事创业。

一是要带头坚持学习严要求、重规范。各级党组织要在学习上严格要求、严格规范，强化"一把手"责任意识，形成主要领导亲自抓、分管领导具体抓、职能部门协助抓学习的领导机制和良好氛围。尤其是在"中心组理论学习"方面，应当进一步健全学习组织、完善学习制度、丰富学习形式，一方面，在总结以往经验的基础上，建立健全并严格执行学习考勤制度、学习档案制度和学习考核制度，并狠抓相关制度的具体落实，形成中心组学习管理的长效机制；另一方面，推动学习形式从单一向综合转变、从"封闭式"向"开放式"转变、从"讲授式"向"互动式"转变，坚持集中学习与个人自学相结合、学习理论与调查研究相结合、专家辅导和专题讨论相结合，综合采取学习研讨、学习考察、专家授课、实地调研等形式，不断拓宽学习渠道、丰富学习形式、提升学习效果。同时，要认真组织准备每一次的学习会、研讨会，在落实好规定动作的基础上，有针对性地举办一些主题讲座、讲坛，并在学习活动结束后开展问卷调查或民主测评，从而了解党员领导干部的学习需求和兴趣取向。

二是要带头坚持做好理论宣讲工作。作为党员领导干部，在建设学习型党组织的过程中，不仅要注重自身学，同时要带头引领帮助其他党员群众学。因此，广大党员领导干部应当主动通过准备讲稿、讲好党课和开展调研、发表文章等方式，做好面向广大党员群众的理论宣传解读工作，形成全社会深入学习党的理论方针政策的良好风气，以便党中央、省委、市委的指示精神和决策部署在基层得到更好的贯彻落实。

三是要带头坚持做好学习成果转化。党员领导干部进行学习，不仅要向书本学习、向同事学，还要向实践学习、向群众学习，要大力弘扬理论联系实际的马克思主义学风，带头深入群众学习那些真实的、接地气的理论实践知识，带头做好学习成果转化工作，多用理论学习的成果去指导实践、推动工作、检验实效，多从地方经济社会发展需求的角度制定调研方案，多提能够真正解决问题、推动发展的有益举措，从而真正把“学理论”与“搞调研”、“谋发展”结合起来，推动景德镇市迎来高质量跨越式大发展。

（三）学习上开拓创新

调研中，课题组发现很多基层党组织都是通过组织教育培训、外出考察调研等方式来开展集体学习，但效果显然并不太好。因此，只有从载体着手，将基层党组织作为对象，针对基层党员的实际需求来制定菜单式、点题式学习方式，才有可能真正提高党员领导干部学习的有效性，才能够发挥通过打造学习型党组织来提升基层党组织凝聚力、创造力和战斗力的重要作用。所以，为有效推动景德镇市学习型党组织建设有力开展，就必须要进一步创新学习形式，以学习形式的创新来促进学习内容的不断深化、学习效率的不断提高、学习能力和水平的不断提升。其中，网络学习为党员干部开展学习活动、基层党组织建设学习型党组织提供了一个广阔的空间和更加便利的渠道。它既活泼了学习形式、便捷了学习交流，又提高了学习效率、提升了学习实效。

未来，围绕景德镇市学习型党组织建设，一是要积极运用科技手段。尤其是积极运用信息化网络技术手段来改进党员领导干部学习的方式方法，运用迅速便捷、容量超大的网络和新媒体平台，打造起富有景德镇市特色的“网络＋课堂”“手机＋课堂”数字学习平台，从而解决好基层党组织学习活动中普遍存在的工学矛盾、形式单一、效果不好、学习教育管理和监督考核体系不完善等问题。比如说，组织党员领导干部通过学习强国、网络干部学院、人民日报微信公众号、光明日报微信公众号、宣讲家网等平台来进行学习，使党员领导干部不仅能够随时随地利用碎片化时间进行学习，而且使学习的内容不再局限于党的理论方针政策和党内法规等知识，便于大家迅速获取涵盖国内外形势与外交政策等各种领域在内的知识，拓宽学习渠道来源。再比如说，结合“社区党建平台”或者“社区党建微信群”等，搭建起能够解决职责范围内群众热点难点疑点问题的大党建平台，从而搭建起工学合一的有效渠道。二是要不断完善“网上党课”阵地。让网络教育不再局限于听党课的范畴，更能成为各级党组织开展“两学一做”等主题教育活动的有效平台。比如说，在网络党课中增加互动、提问、评议、点赞环节，在党建微信群当中建立“初心纪念馆”，并开展每位党员每天讲一个红色小故事的环节，从而发挥出新媒体不受时间、地点限制的技术优势，真正让“网上党课”永不下课，打破时间和空间的限制，提高党课学习教育的影响力。三是要继续推进学习模式创新。根据不同党员领导干部的实际需求，以中心组学习、理论研讨会、专题培训班、辅导讲座、现场教学、异地考察等学习形式为基础，综合采取互动式学习、菜单式学习、体验式学习、调研式学习、共享式学习，并辅以读书会、技能比赛、先进事迹演讲等灵活多样的学习活动形式，从而提升学习对党员领导干部的吸引力，促使党员领导干部的思想观念从“要我学”向“我要学”发生转变。比如说，菜单式学习，就是根据景德镇市经济社会发展的实际情况和“3+1+X”的城市产业结构，制订出相应的“学习专题菜单”，供学员来点题、选题；或者根据不同党员领导干部的思想实际、工作内容、兴趣爱好，来推介“阅读菜单”，提供涉及经济、军事、历史、文化、法律等领域的书籍，让学员学有兴趣、学有收获。再比如说，调研式学习，就是要求党员领导干部带着问题去学习，要求党员领导干部把调研成果转化为推动事业发展的强大动力，重点围绕工作当中面临的现实问题，深入基层开展具体调研，并根据调研掌握的信息素材，撰写成言之有物的调研报告，从而让党员领导干部既能通过调查研究进一步深化学习体会，又能找到解决实际问题的有效方案。

总而言之，建设学习型党组织，需要创新多种学习方式，采取多种有效学法，力求形成领导带学、活动促学、党员普学的格局氛围，从而真正增强党员领导干部的学习兴趣，进而达到让党员领导干部拓展视野、创新思维、提升效果的目的。

（四）经费上全面保障

开展学习活动，仅仅只有教育设施和学习制度等条件是不够的，学习活动开展的成效到底如何,往往更取决于师资力量和学习资源等因素。因此，景德镇市在建设学习型党组织时，就必须适当加大对学习型党组织建设的经费支持、人才支持和政策支持，密切关注、认真解决基层党组织的实际困难，从而保护和激发基层党组织建设学习型党组织的积极性和创造性。

一是要提供学习场所建设的所需经费。此前，珠山讲坛、小巷讲堂、莲荷讲堂、古戏台讲堂等讲座性质的学习活动都颇为成功，在景德镇市赢得了不错的口碑。虽然它们彼此之间讲述的内容和形式不太一样，但却有一个共同点，就是都拥有一个学习环境良好、投影设备齐备的讲述场所，有些甚至还有图书室、画室、乒乓球室等活动室，因此大大提升了党员群众前来听课学习的吸引力。虽然这种做法不可能在全市所有基层党组织当中铺开、全面执行，但有些基层党组织甚至连自己的党员活动室都没有，一到党员要开展学习活动就要借会议室，常常与其他的行政工作会议时间发生冲突；还有些基层党组织虽然名义上有党员活动室，但活动室里面空无一物，连一本党建读物都无法提供给党员阅读。因此，如果要打造学习型党组织，其首要条件就是至少要保障每一个基层党组织都拥有打造党员活动室的相关经费。

二是要提供师资培养引进的所需经费。如果说，党组织活动场所硬件条件的好坏是决定其能否吸引党员群众前来参加活动的先决条件，那么，授课教师的水平和学识就是决定其能否留住党员群众继续听课的决定因素。有时候，一堂生动有趣的课程，会成为一个基层党组织学习活动当中的亮点，成为其他基层党组织学习借鉴的珍贵经验。因此，各基层党组织在建设学习型党组织的过程中，应当留出充足的师资培养和引进经费，甚至特聘某位教师成为该基层党组织的特邀讲解员，并结合该基层党组织的特点和工作性质，打造出特色课程。

三是要提供数字化平台建设的所需经费。在当前的信息化社会，学习型党组织的建设只有与互联网、数字化结合好，才能够更有生命力和持久性。否则，党员领导干部所学内容只会落后于时代，甚至落后于群众，那还如何谈得上更好地服务群众、服务百姓。因此，未来在建设学习型党组织的过程中，必须加大在信息网络建设和知识传播条件方面的投入。只有通过数字化的手段来拓展学习的内容和形式，才能够在各个基层党组织之间实现知识资源共享，才能够引导党员领导干部彼此之间进行有效交流和相互促进提升，进而形成多形式、多层次、全方位的终身学习教育体系。

（五）机制上健全完善

学习型党组织的建设是一个长期持续的过程，科学完备的制度是推进学习型党组织建设的重要保障。唯有体制机制健全、执行高效有力，学习型党组织建设才具有规范性、实效性、持续性和保障性，才能发挥其应有的重要作用。

景德镇市在建设学习型党组织的进程中，一是要建立长效学习机制。建立健全一套科学完备、符合实际、行之有效的学习制度和督促检查制度，[①]制定具体计划，列明具体要求，做到学习有计划、学前有预习、学中有讨论、学后有总结，并在每月、每季度、每年等关键时间节点上进行监督检查和回顾提升。建立贯彻好一月一集中学习、一季一知识测试、一年一检查考评的长效学习制度，把学习的“软任务”变成党组织建设的“硬约束”，真正做到用制度管学习、促学习，确保各项学习制度长期坚持和有效执行。

---

① 中央建设学习型党组织工作协调小组办公室 . 以高度政治自觉推进学习型党组织建设——学习型党组织建设典型经验选编［M］. 北京：学习出版社，2011：6–7.

二是要制定完善学习激励保障机制。根据不同党组织的特点和结构，不同党员的层次、行业、工作和年龄，构建起一套以定量为主、定性为辅的考评体系，制订起具体的学习评价和反馈机制。比如说，学术研究型的可以要求其提交研究成果、研究报告等，实践操作型的要求其提出工作效率提升、工作流程优化的相关证明，并把结果作为选拔任用领导干部的重要依据，从而以完善的体制机制来促进学习型党组织建设与实践的效果。再比如说，党支部当中存在年龄层次分化较大现象的，应当构建起“老党员发挥传帮带作用 + 年轻党员开展送学上门相结合”的模式，从而形成表彰先进、鞭策后进、共同上进的良好格局。

三是要发挥制度效能。学习的效果要放到实践当中进行检验，制度的作用在于确保学习取得良好效果。只有从解决实际问题的角度来推进学习型党组织建设，统筹安排好政治理论学习和业务知识学习，促使学习、实践、研究三者有机融合，才能用学到的知识技能指导实践、推动工作，才能在工作水平和工作成效中检验学习效果，进一步激发党员干部的内在潜能；只有不断在完善成果全方位转化体系上下功夫，在成果转化的计划、跟踪、绩效评估等重要环节上花力气，才能形成“比、学、赶、帮、超”的良好学习氛围，才能促使广大党员领导干部做到知行合一、学用相长，从而促进景德镇市经济社会高质量发展，为打造好一座与世界对话的国际瓷都、描绘好新时代江西改革发展新画卷的景德镇篇章贡献智慧和力量。

基于赣湘合作试验区构建下萍乡打造“西出”跨区域合作高地问题研究

郑 锐 王志强 刘放军 李 琦 刘 琴 唐 焜

【摘要】一个国家或区域的现代化程度越高，区域合作对推动经济发展方面的作用越大。近年来，区域合作对带动区域协调发展，实现城市间的优势互补、联动发展的作用越来越明显。“西出”以建设赣湘开放合作试验区为龙头，强化赣西与长株潭腹地重点园区的联动功能。文章从“西出”跨区域合作的重要意义、优势和面临困难进行分析，基于赣湘合作试验区构建下对萍乡打造“西出”跨区域合作高地提出对策建设。

区域合作对带动区域协调发展，实现城市间的优势互补、联动发展的作用越来越明显。党的十九大提出：“发挥优势推动中部地区崛起，建立更加有效的区域协调发展新机制。”改革开放以来，长三角、珠三角、京津冀等区域合作带来的产业结构不断优化，经济质量明显提升已不言而喻；武汉城市圈、长株潭城市群、皖江城市带等新的区域增长极也在加快形成；粤港澳大湾区致力于打造具有国际竞争力的一流湾区、世界级城市群和高质量发展的典范。2015 年 4 月国务院批复的《长江中游城市群发展规划》提出：“长沙、株洲、湘潭、新余、宜春、萍乡共建赣湘边区域开放合作试验区，打造湘赣边界红色旅游带和跨省产业合作示范区。”这一规划为江西“西出”融入长江中游城市群创造了机遇，江西省提出的实施“一圈引领、两轴驱动、三区协同”、“北上、南下、东进、西出”四向发力的发展战略正是策应区域协调发展战略的。

“西出”以建设赣湘开放合作试验区为龙头，强化与长株潭腹地重点园区的联动功能。湘赣开放合作试验区规划范围包括湖南省长沙市、株洲市、湘潭市，江西省萍乡市、宜春市、新余市，总面积达到53756平方公里，目前经济总量已经超过2万亿元。试验区立足湘赣两省，依托长江中游城市群，连接长江经济带，致力于把湘赣交界地区建设成为国家省际产业合作示范区，内陆开放型经济体制机制创新区，国家生态文明建设先行区，全国重要的装备制造、文化创意、旅游休闲基地。目前，赣湘开放合作试验区被先后纳入《长江中游城市群发展规划》《长江经济带发展规划》，并作为赣南等原中央苏区振兴发展九大重要平台之一。

一、萍乡打造“西出”跨区域合作高地的重要意义

“西出”作为江西发展的发力点，无疑是撬动赣西发展的强劲支点。赣西新余、宜春、萍乡三市，山水相连、地缘相近、人缘相亲、文化相融、商贸相通，土地面积占全省18.74%，常住人口占全省18.79%，历来是江西省区域发展格局重要经济板块之一。

（一）“西出”是强化府际跨区域合作的经验探索

从全球发展来看，区域间府际合作成为全球发展趋势。“经济全球化”使世界各国、各个地区之间的联系更加紧密，不同级别的区域合作日益普遍，不同类别的区域合作组织也大量出现。各个国家、各个地区都把跨区域合作当作自身的发展优势。从我国目前的经济社会发展来看，区域合作变得日益重要，成为实现地区经济社会迅速发展的重要途径。

东部地区成为区域间合作的良好典范。20世纪90年代以来，我国部分区域经济发展有了巨大的飞跃，珠三角、长三角、京津冀等经济区一体化不断向周边城市推进,上海、杭州等沿海的“都市群”也加快了发展速度，广州与佛山、沈阳与抚顺等同城现象相继出现。政府间已经有了成熟的合作发展模式，并且不断探索跨区域间政府合作的新模式。同时，推动区域经济一体化发展，对区域性公共事务的有效治理，以及破解行政区经济的发展迷局都成为区域内政府间合作的强劲动力。从国内城市目前的发展情

况看，经济发展较为领先的地区，往往都有着很好的跨区域间合作，也具有很好的府际间合作关系网络。地方性经济的发展往往涉及周围区域，物质文化在相邻地区往往是互通的，甚至是共享的，“西出”是强化我国府际跨区域合作的一次重要探索，进一步充实和丰富我国区域经济的实践经验，对促进长株潭和新宜萍区域内经济互帮互助、共同发展具有重大意义。

（二）“西出”是赣西经济转型突围的重要契机

赣西地区是江西省重要的工业基地和粮食主产区，2018 年经济总量达 4217 亿元，占全省近 20%，在江西经济发展版图中占据重要位置。萍乡、新余和宜春山水相连，历史同源，文化同根，以沪昆铁路为纽带，骨肉相连、羽翼渐丰，产业结构上优势互补，发展模式上各具特色。

萍乡历来是江西对接湖南的“西大门”，近年来，赣湘两省交通等基础设施建设水平加速提升，随着沪昆高铁、沪昆高速、昌栗高速、萍洪高速等交通大动脉建成，萍莲高速的开工，浙赣复线贯穿醴陵，衡茶吉铁路途经莲花、永新、井冈山，厦渝高铁长赣段建成后，萍乡将成为全国高铁“八纵八横”交汇的重要节点。同时，航空方面距长沙黄花机场和明月山机场仅半小时车程，水运方面可通过醴陵渌江 500 吨级航道直达湘江，合作示范区的交通区位优势将日益明显。通过创新区域合作机制，加强协同互补，把赣西三市打造成为充满活力、特点鲜明的经济增长区域，是“一圈引领、两轴驱动、三区协同”区域协调发展战略的重要支撑，是推动经济转型、实现高质量跨越式发展的重要机遇。

（三）“西出”承担了江西省省际合作的重要任务

作为“西出”的主力，沪昆沿线的新宜萍三市承担着接受长株潭城市群的辐射，探索建立省际协作的赣湘开放合作试验区的任务。湘赣边位于湖南、江西两省交界地带，是中国革命的重要策源地和爆发地，为中国革命作出了重大贡献。湘赣两省人民群众并肩战斗，接续奋斗的生动事迹，为两地区域合作奠定了良好的基础。赣西地区与湖南省两地发展阶段和产业结构的差异性促成了彼此的经济互补性。目前在湘经商、务工的江西籍人士有 65 万余人，工商企业近 15000 家，湖南在赣投资的企业也有近万家，长江经济带战略更是把两省紧密联系在一起。

近年来，长株潭城市群落地大批国家重大基础设施项目，2018 年经济总量接近 1.6 万亿元，赣湘合作拥有广阔的提升拉动空间。通过以萍乡至长沙区域为复合中心，实现鄱阳湖生态经济区与长株潭城市群全面对接，有望在东达南昌、杭州、上海，西至贵阳、昆明的开放开发经济长廊中获得更大拓展空间。这也是四个方位的开放合作中唯一有跨省合作主题平台的战略构成，对全面提升江西省开放水平，探索区域经济协调发展的运行机制和调控体系，打造内陆开放高地举足轻重，意义深远。

二、萍乡打造“西出”跨区域合作高地的主要优势

近年来，按照省委、省政府战略部署，三市牢固树立“新宜萍”一体化发展理念，强化“同城效应”，着力打造产业转型发展样板区、新型城镇化建设先行区、生态文明建设精品区、内陆开放合作示范区。赣西在优势互补、功能融合，共同推进赣湘合作的过程中具有天然优势。

（一）赣西一体化联动效应较强

全省区域格局优化旨在促进南北两大战略呼应、东西立足比较优势竞相发展的区域发展新气象。对于赣西的发展，省委、省政府先后出台《关于支持赣西经济转型加快发展的若干意见》《新宜萍城镇群发展战略规划（2015—2030）》，赣西的发展也整体纳入《长江中游城市群发展规划》《促进中部地区崛起“十三五”规划》等国家战略层面。在基础设施互联互通、产业发展协同互补、公共服务共建共享等方面不断深化交流与合作，产业定位、产业布局、规划建设、土地利用、政策措施、社会管理等方面的资源共享合力发展水平不断提升，区域内物流、人流、资金流等生产要素的流动更加便捷畅通。目前三地均致力融入全国全省区域发展格局，经济转型发展取得了初步成效，实现了经济发展稳中向好、产业转型步伐加快、基础设施明显改善、区域合作深入推进。新余按照“一年理思路，两年打基础，三年上台阶，四年大变样，五年新辉煌”要求，坚持工业立市、工业强市方针，全面提升产业集群公共服务水平和运营效益，钢铁、光伏等主导产业加快转型，光电信息、装备制造等新兴产业快速发展，奋力再铸

新余“工小美”新辉煌。宜春紧紧围绕“三个中心、一个基地”的目标定位，加快锂电新能源、生物医药、生态工业、生态旅游、休闲农业、绿色康养等产业，提升环境四季相宜、发展亮丽如春的区域中心城市辐射力带动力。萍乡市则加快资源枯竭型城市转型，装备制造、节能环保、新材料、新能源、生物医药等新兴产业占全市主营业务收入比重达到33%，“年年有变化，三年大变样，五年新跨越”的发展质量不断提升。全面深化新宜萍多层次宽领域融合，加快创建国家产业转型升级示范区，促进赣西区域合作一体化发展的联动效应明显。

（二）赣西地区工业基础深厚，和长株潭城市群的产业融合空间较大

长株潭城市群近年来在园区建设、产业聚集、技术创新、招商引资等方面成效显著，在轨道交通、电子信息、汽车制造、工程机械等产业上有深厚的国际竞争力，具备产业规模优势、生产技术优势、人才优势、学研机构优势、市场优势和资金优势。赣西地区虽然区域面积不大，但城镇化水平较高、产业基础较好，是江西的重要工业走廊，正处在产业转型升级的重要阶段，现代商贸、智慧物流、文化创意、全域旅游等产业蓬勃发展，还有许多优质资源虚位以待。

“西出”融入长株潭城市群，赣西片区有望推进先进装备制造、陶瓷/玻璃新材料、新能源、节能环保、生物医药、陶瓷、商贸物流、烟花鞭炮、文化旅游等产业的跨区域整合，形成优势互补、分工协作、特色鲜明的产业集群，高端制造业、生态旅游、电磁陶瓷、鞭炮烟花等产业甚至有望形成世界影响。

赣西三市向西开放、合作共赢、联袂发展的决心也很大，不断创新区域合作发展路子，汇聚提升西轴动能抱团突围“西出”建功意愿明显。

2018 年试验区经济发展情况

区域	人口（万）	人均 GDP（元）	规模以上工业增加值增长率	各产业之比		
				第一产业	第二产业	第三产业
长沙市	791.81	135417	8.5	3.6	47.4	49
株洲市	401.63	—	7.4	7.1	43.7	49.2
湘潭市	286.5	75441	7.4	5.8	48.2	46
萍乡市	193.32	52307	8.6	7.3	44.5	48.2
新余市	118.67	86790	8.5	5.4	49.6	45
宜春市	557.32	39199	6.3	12.4	44.8	42.8

数据来源：各市 2018 年经济发展公报，株洲市为 2017 年经济发展数据。

（三）基础设施和公共服务一体化进程加快

赣西三市城市快速干道项目快速推进，320 国道萍乡至宜春路段改造升级为一级公路工程建设任务现已基本完成；宜春明月山和萍乡武功山景点的旅游公路已完成，万龙山大桥完工通车，武功山至明月山车程将缩短 50 公里。赣西区域循环经济试点成效明显，协同推进了新余高新区、宜春经开区、萍乡经开区循环化改造，萍乡经开区、芦溪县工业园被列入江西省园区循环化改造试点，初步形成区域循环经济联动发展新格局。萍乡武功山、宜春明月山、新余仙女湖围绕“二山一水硒温泉”成立的（赣西）旅游营销联盟，在旅游资源包装整合、联合对外推介、形成市场价格竞争优势等方面也态势强劲。赣西（新余）跨行政区转型合作试验区、三市公办高校深化合作、三市公积金异地互认和转移接续、生态文明“赣西样板”、航空服务一体化，警务深度合作、赣湘开放合作试验区建设、萍莲高速公路开工建设等合作事宜也在全面推进。三地民间组织的合作与交流平台也不断丰富，三地工商企业界、专业服务界、学术界等社会各界的交流与合作不断加强。

三、萍乡打造“西出”跨区域合作高地面临的困难

在看到成效的同时，我们也必须认识到，江西省部署的整个区域发展体系关键是为了打造内陆开放高地。所以赣西要形成步调一致铿锵有力的西轴线，还需要深化对接融合，推动战略谋划互补、基础设施互联、产业发展互动、公共服务互享，持续增强开放合作的紧密性，进一步构建全面开放新格局，提高全域发展整体效能和抱团西进的竞争实力。如何使两省跨区域合作从战略层面落地为具体的空间载体，真正成为省际合作的开放高地，目前还存在大量难点和痛点。

（一）“西出”的产业融合区域协作政策优势不明显

“一圈引领、两轴驱动、三区协同”区域发展战略全面实施以来，“北上”的首位度效应日益强化，昌九、昌抚一体化，丰樟高、鄱余万加快融入，航空科创城、中医药科创城建设、国家 VR 创新中心、赣江新区国家“双创”示范基地建设，不断夯实大南昌都市圈产业支撑和综合交通枢纽地位，“引领圈”的综合辐射力不断加强。“南下”的赣南等原中央苏区振兴发展的政策效应不断释放，电子信息、生物医药、绿色农业、大健康产业和文化旅游助推省域副中心城市和国际内陆港形成。“东进”的赣东北航空制造、“两光一车”、大数据、旅游康养、陶瓷文化产业移动物联网试点机遇，作为长三角后花园的产业融合度不断提升。“西出”的赣西在锂电新能源、中医药、智能制造、海绵城市、文旅康养等产业有一定优势，但经济总量不大，大型企业不多，就如何对接迅猛发展的长株潭地区，产业整合对外联动的机制建设及有针对性的政策体系供给尚不充分。赣湘两省共同编制了《赣湘开放合作试验区发展规划》和《湘赣边区域合作示范区发展规划》，已初步通过专家评审，并上报了国家发改委，国家层面尚未批复，地方各级分工合作建设无章可循，各自为政，难以形成发展合力。

（二）长株潭城市群的虹吸效应增加了跨区域合作的难度

江西境内的沪昆高铁、浙赣铁路、沪昆高速、319 和 320 国道都是连接赣湘两省的重要通道，随着沪昆高铁和长赣高铁的通车，将把沿线城市带入“1 小时经济圈”。毗邻的湖南长沙、株洲、湘潭凭借多年的一体化深

度融合发展，整体优势更加凸显，作为中部崛起的引擎作用更加明显，在积极承接沿海产业转移上的决心和力度十分大。进入呼啸而来的高铁时代后，湖南的整体发展势头强劲，长株潭城市群尤其迅猛。作为湖南的经济重地，长株潭的自身一体化建设机制完善不断加速。2017 年开始，长沙 GDP 破万亿，株洲、湘潭经济总量也均超 2000 亿元，三市地区生产总值达 15796 亿元，占全省比重 41.98%，核心增长极和对外辐射作用明显。三市全面推进基础设施、公共服务、环境保护、民生保障等一体化，长株潭城际铁路全线贯通，综合交通枢纽体系基本形成，以长株潭国家自主创新示范区为核心的株洲国家通用航空产业示范园、湘潭新松机器人产业园和“创新谷”“动力谷”“智造谷”“一区三谷多园”等科技创新基地先后建成。该区域自主创新策源地、科技成果转化地和高端人才集聚地的格局对周边区域产生的虹吸效应明显。随着湘赣边区域合作加速升温，宜春市喊出了“一个直接连接两个省会（南昌、长沙）的地方”口号，高位推进“锦源新区”和赣湘边区域宜春产业园建设，宜春市的后发潜力正在显现，正按照“一年拉开框架、两年粗具规模、三年明显成效”目标快速推进。因此，产业转移蛋糕面临分割摊薄和截流的考验。

（三）区域合作的各城市功能定位不够明晰

城市间产业同构现象严重，产业相似度高，民间互动和市场整合不够，互补性不强。以烟花爆竹产业为例，浏阳、醴陵、上栗、万载四地均为烟花鞭炮主产区，同质现象普遍，竞争大于合作。区域合作只有真正激发企业的主体性意识，突出市场在跨区域资源配置中的决定性作用，通过市场化运作整合区域内生产要素，才能达到提高区域内专业化分工和社会化协作水平，调整和优化经济结构。政府的作为空间，在于为主体行为的规范化提供制度环境，保护交易双方的合法权益。但目前“西出”的营商环境还存在思想不够开明、定位不够清晰、环境不够宽松等问题，政策优势和市场吸引洼地效应尚待深入挖掘。很多企业对赣西一体化和赣湘合作方面的政策知晓和参与范围还不甚清楚，产业互动交流还处自发状态。

（四）制度化合作机制尚不健全，缺少对话机制和协调平台

跨区域合作必然遭遇行政区划与市场跨界配置资源的矛盾，这是需要

不断深化改革的开创性工作。就目前而言，赣湘之间交流多、合作少，点对点多、深度统筹少，政策红利无法释放。两地管理体制机制缺乏，市县区均没有成立专门的工作机构，缺乏专业队伍、经费保障和相关制度支撑，具体项目没有专人负责对接落实，影响了合作的力度、效果。协调沟通机制不够顺畅，致使合作事项推进缓慢，如湖南株洲2015年开工建设莲易公路以来，直接封闭了G320国道出口，对两省进出通道的车辆和群众造成了影响，基层多次反映施工期间开通便道，但一直无法得到妥善解决。利益联结机制缺乏，高层重视，基层操作难，有的地市动力不强，热情不高，呈现“上热下冷”现象。主要原因在于推进层级低、进度慢，缺少统筹规划，举措乏力。目前还缺乏完善的区域竞合体制、严密的组织结构以及坚实的微观基础，满足体制机制创新所需要的人才储备和专业支撑还明显不足。所以尽管高层共识趋近，整体规划、发展定位、工作目标等已经确立，但加快省级搭台和市县唱戏步伐，将试验区建成全省经济发展新的重要增长极、省际合作的示范区还任重道远，各方观望状态明显，增加了跨区域对接的难度。

（五）重大基础设施建设标准不高

城市基础设施是城市正常运行和健康发展的物质基础，对于改善人居环境、增强城市综合承载能力、提高城市运行效率、稳步推进新型城镇化具有重要作用。相比于长株潭交通网络发展日新月异，赣西交通发展明显落后。高速公路方面，针对沪昆高速赣西出口通行日益拥堵情况，湖南已启动G60醴陵至娄底高速公路按六车道标准扩容工程，赣西仍是双向四车道。跨境国省道等方面，320国道建设标准偏低，造成区域之间主通道不够畅通；连接两省的县乡公路等级普遍较低，难以满足两地客运、货运发展要求。通用航空方面，黄花机场目前已经成为中部地区重要航空枢纽，而萍乡航空设施仍然空白。

四、萍乡打造“西出”跨区域合作高地，推进赣西与长株潭城市群融合发展的对策建议

萍乡作为江西的“西大门”，长期以来实行“对接长株潭”的发展战略，今天又承担着江西“西出”跨省合作平台建设主力的任务，把推进“赣湘开放合作实验区”建设作为萍乡加快发展的重要战略引擎，提出了“赣湘开放合作试验区建设承载着萍乡发展的梦想，事关萍乡改革发展的大业，是萍乡未来发展的命脉和生命线，势在必行、迫在眉睫。要解放思想，凝聚合力，全力推进试验区建设，努力将萍乡建设成为赣湘边际区域重要的中心城市”的理念。自觉把工作放在赣西协同发展的大局中谋划，以海绵城市建设试点、国家循环经济试点市和资源枯竭型城市转型试点市为抓手，大力推进赣湘边界区域基础设施互联共享、产业发展互补互促、资源要素交流对接和生态环境联防联控，助力萍乡实现“年年有变化、三年大变样、五年新跨越”。

按照规划，囊括长株潭、新宜萍等地市的赣湘开放合作区，被定位为国家省际产业示范合作区，内陆开放型经济体制机制创新区，国家生态文明建设先行区，全国重要的装备制造、文化创意、旅游休闲基地，成为区域发展重要增长极，并将形成“三廊三区四圈”的区域协同发展空间结构。按照总体规划、分步推进的原则，选择在萍乡市湘东区老关镇与湖南省醴陵市东富镇、上栗县金山镇与湖南省浏阳市大瑶镇的接壤地带规划一定区域作为启动区。试验区与两省“十三五”规划充分对接，并将被赋予更大的发展自主权，可依法依规在产业、土地、金融、财税等方面开展先行先试，并在五年内，初步建立跨区域合作模式，基本形成开放型经济发展格局。十年内，合作成效显著，体制机制运作成熟，开放型经济发展格局全面形成，力争成为国家级区域合作示范平台。

区域竞争，本质是创新之争；区域合作，本质上也是创新融合。在新一轮技术革命和产业变革“风口”上，在国内各区域合作战略百舸争流如火如荼的时候，要提高“西出”效率，也唯有主动搏击、创新制胜，既全力加快赣西三市一体抱团发展，更要抓住赣湘合作试验区这个省际合作探

路先锋。要摆脱传统模式和路径依赖，解放思想、深化改革找办法、求突破、开新局，严格按照五大发展理念，充分发挥市场在资源配置中的决定性作用，在促进双向投资、推动贸易便利化、构建新型合作模式、搭建多元合作平台等方面积极探索，让资本、技术、人才、信息等关键要素加速流转，真正推进赣西与长株潭城市群深度融合，走高端高质高效的创新驱动发展道路。

（一）创新合作模式，提高区域融合水平

跨区域合作的成功很大程度取决于政府力量和市场力量的有效结合。赣湘开放合作试验区作为江西省首个跨区域合作平台，没有现成的模式可用，但却有很多成功经验可供借鉴。从全国各地的发展经验来看，跨区域合作主要有三种模式：第一种是援建模式。在现有园区中划出一块园区，由一方政府提供资金、人才、信息援助，协助谋划园区发展思路，负责招商引资，参与共建园区的管理工作。第二种是股份合作模式。在现有园区中设立共建园，由合作双方成立的合资股份公司管理。公司负责园区规划、投资开发、招商引资等工作，收益按照双方股本比例分成。该模式运作规范，适合资金实力较强、园区开发经验丰富的发达地区政府、园区或大企业与具有较强园区开发经验的一方开展合作。第三种是产业招商模式。现有园区内划出一块区内园，全权委托给第三方，按照合作园的总体规划及产业规划要求开展招商。适合欠发达地区与产业集群成熟的特定地区开展合作，委托方在承接相关产业转移方面能够收到事半功倍之效。例如中关村国家自主创新示范区在河北秦皇岛、青海省海东等地区的共建科技园。

行政壁垒和体制障碍是制约跨区域合作取得更大成效的主要因素。赣湘合作试验区不该只是在固定范围封闭进行的传统园区的升级版，而是要着眼于将赣西三市与长株潭作为一个整体，跳出行政区划思维，广泛吸收国内外既有发展智慧、思想和技术，兼收并蓄综合运用上述模式，以功能建设为导向，对全区域的经济社会进行更具开放性的协作整合。我们要在行政区划和体制架构相对稳定的情况下，探索政府引导、企业参与、优势互补、园区共建、利益共享的“飞地经济”模式，促进要素自由流动和资源优化配置，尽可能减少制度成本。

1. 探索实行特殊政策

赋予合作示范区充足经济管理权限，实现“区内事务区内办理”。创造最优服务环境，全力打破各种“玻璃门”“弹簧门”“旋转门”，全力疏通政策“中梗阻”，为企业提供“店小二”式的全程代办、“经理人”式的全程跟进、“妈妈”式的全程保护。提供最优的招商政策，对合作区内的招商引资、招才引智项目，在税收、金融、公共服务等领域给予倾斜，允许各项政策叠加共享。在节能减排、土地、环保等方面给予差别化产业政策，并在规划审批、环评、用地等方面开辟绿色通道。学习发达地区先进经验做法，探索建立企业负面清单管理机制，有效解决企业发展的要素和困难。实行更加宽松更加实用的人才政策，以产业需求为导向，大力招募高端人才，吸引和培育技能型人才。就操作层面而言，两区都可以通过合作双方成立合资股份公司来共同建设，收益按股本结构分成；也可以采用产业招商的模式委托第三方开展专业的产业链招商，充分利用园区专业团队与第三方的专业服务、品牌、人才和信息方面的资源互通，加强基础设施建设和招商引资的合作共赢。按照政企分离高层协调的机制，即园区管委会 + 开发区公司 + 协调理事会的模式，引进区域内大型企业作为参与股东，以混合所有制多元化破解园区融资难题，快速形成与区域经济和产业转型升级匹配程度高、布局合理、错位发展、特色鲜明的发展新格局。

2. 科学规划合作园区布局

按照规划，江西省境内的试验区实行分区建设，北区位于萍乡市上栗县金山和浏阳大瑶镇交界处，南区位于湘东区老关镇和醴陵东富镇交界处，各 15 平方公里，体量相当于两县区的城区面积。为加快区域融合，可以考虑南区通过市内工业重镇优势互补强强整合，尽快打破条块分割，支持国家萍乡经济技术开发区以飞地或共建模式推进新的市级工业平台建设，全力推进萍乡经开区与湘东区两区融合联合共建水平。湘东区紧靠湖南醴陵市东富工业园，工业底蕴深厚，有萍钢等大中型企业为龙头的陶瓷、冶金、化工、水泥等支柱产业，其中化工陶瓷占全国市场份额 60% 以上，有工业陶瓷产业集中度最高的国家高新技术产业化基地，在传统产业方面有很大优势。交通便利，沪昆高铁、沪昆铁路、沪昆高速、320 国道、319 国道贯穿全境，拥有现代物流的良好条件，工业用地资源丰富，可以弥补经开区发展空间不足。而作为国家级经开区百强的萍乡经开区产业基础深厚，培育发展的新能源、新材料、生物医药、先进装备制造、食品、制鞋、汽车零部件、物流产业和现代服务业等新兴产业，集群发展态势明显。萍乡经济开发区和湘东区的工业产值、工业用电量、规模以上企业增加值、主营业务收入和利税总额均占萍乡全市总量的一半以上。“两区”共建，可以加快功能融合，扬长避短，优势互补，推动优秀企业跨区域兼并重组和战略联合，有效承接长株潭地区科技型、环保型转移产业，在新材料、节能环保、先进制造、现代服务、包装文化等领域延伸跨区域产业链。争取将萍乡市工业陶瓷、电瓷等一批工业项目进入国家和省重点项目支持范围，谋划推动中国先进陶瓷产业园、先进装备制造产业基地、海绵产业基地、军民融合创新产业园等建设，加快推进中材产业园、中国先进陶瓷产业园、上栗电子信息产业园等一批重点园区建设。

3. 打造开放型经济平台

试验区北区可探索跨区域联动借力打力。北区则可以考虑加大跨区域整合，由产业基础雄厚、管理经验丰富、核心动力强劲的长沙经济开发区托管，实施一体化发展。长沙方面有国家级开发区成功的开发管理优势、丰富的客户资源优势、优秀的招商团队优势、国内外认同的品牌优势；上栗有明显的地理优势和较好的工业基础，社会融合度较高。实行园区托管，既有利于长沙经开区高新技术产业辐射带动作用的发挥，在产业拉动区域配套发展方面产生重要作用，又能强化区域内产业的自主创新能力和市场吸引力，完成规模效益质量提档升级，真正实现萍乡和长株潭的深度互融。全力推进上栗、湘东两个产业园区扩区调区工作，争取升格为省级工业园，不断拓展产业平台发展空间，将两个园区打造为湘赣边区域合作示范区，承接长三角、珠三角、长株潭等地区产业转移的重要平台，争取重大产业转移项目落户萍乡。

（二）建立健全高层对话机制，提高区域协调效率

湘赣边区域合作，前提是“合作”，目的是“共赢”。一方面是理顺利益关系，形成合理的利益分配机制；另一方面是理顺工作关系，形成权责利明确的合作机制。要不断健全优化体制机制，并在实践中不断磨合、优化，构建赣湘两地政府、企业、社会多层次、宽领域共同发力的工作格局。

1. 充分利用省级层面合作机制争取支持

充分利用赣湘合作、赣西转型，特别是泛珠平台每年行政首长定期会晤机制，深化萍乡市与湘赣边城市各领域合作对接，协调解决跨省合作的重大问题，并通过省级层面的合作争取国家层面的大力支持。省际的高层沟通合作机制和信息互通机制的基础性工作亟待全面展开。例如目前区域内交通网总体布局、基础设施的建设、路桥收费站撤并、公交互联互通、空间发展、空间构成要素和功能定位等影响长远的问题牵涉规划土地融资环境等诸多方面，必须紧紧围绕两省的宏观目标、政策导向，以多地区互动多部门协作的共商模式，积极建立矛盾协调机制、信息沟通共享机制和重大项目的协商推进机制及长效管理机制，以促进要素资源自由高效流动。只有加快赣湘两省边界的产业体系构建，让试验区成为两省直管、两省优惠政策叠加共享，省际边界社会管理一体化的先行区，在路网水电气等基础设施方面无缝对接，并根据各自的特点在产业规划、产业分工布局等方面优势互补，真正密切融进产业链，才能形成稳定的合作基础。

2. 高位推进市县政府层面的合作

积极推动萍乡与湘赣边区域地市政府建立高层决策机制、专项推进机制、工作落实机制，成立相应工作机构，定期召开工作协调推进会。切实落实好《关于深化萍乡株洲两市合作的工作机制》《关于深化萍乡株洲两市合作三年行动计划》明确的各项要求及任务，推动"十四五"规划和信用体系对接，加快建设一批重点交通合作项目，共建产业配套合作园区，共同保护渌水（萍水）河，深化两市文旅合作，形成一批项目化、可实施的工作任务。湘东区、上栗县密切加强与醴陵、浏阳等地沟通对接，尽快签订全面合作的相关协议，研究制定推动两地合作的工作机制和具体行动计划，将各项具体合作任务分解落实到相关部门和责任人员，确保湘赣边区域有关合作尽快落地见效。要顺应市场经济发展的潮流，压实责任、细化举措，用详细具体的时间表、流程图，挂图作战高位推进差异化的政策配套、评价体系、考核办法，实现交通、能源、资金、人才和公共服务等方面资源配置的进一步优化。

3. 有效推进社会层面的合作

通过充分释放先行先试优势资源，促进民间互动产业融合，开创区域协调发展的良好格局。由市级政府牵头，以行业协会、商会、产业合作联盟组织等成员为主体，采取合作交流会、项目推介会、行业博览会等形式，实施产业项目、文化旅游、基础设施、社会环境治理、劳务人才合作、信息交流等一对一、点对点的对接，形成长效机制，确保湘赣边区域合作真正落地、生根、发芽。

（三）强化绿色理念治理体系，促进高循环的产业布局

江西是我国生态文明先行示范区，长株潭是我国“两型社会”综合改革实验区和自主创新示范区，赣湘开放合作实验区作为两省深度融合协作发展的重要平台，也是江西省国家生态文明试验区建设的重要部分，更要突出绿色低碳循环型的产业结构，真正提升产业体系布局和运行效率。坚持生态优先、绿色发展理念，整合湘赣边红色文旅资源，充分调动人民群众参与区域合作的积极性，让湘赣边人民在合作发展中拥有更多获得感和幸福感。

1. 打造红色旅游融合发展创新区

积极参与《湘赣边红色文化旅游融合发展创新区建设三年行动方案》编制工作，建立湘赣边文化旅游营销媒体联盟和联席会议制度，推进一批重点景区纳入赣湘精品旅游线路。整合赣湘两省“红色、绿色、古色”旅游资源，制定两地景区联合宣传营销，实现资源、信息和市场共享相关政策，实现两地游客相互流动。

2. 强化湘赣区域生态环保合作

以大气、河流同防共治为重点，建立健全赣湘边界污染防治联防联控市级合作机制，加快推进渌水流域综合治理，共同建立跨省河道联合保洁考核制度，确保出境水质稳定达标。共同争取国家山水林田湖草生态保护修复试点项目。建立健全防灾减灾合作机制和联合执法机制。抓好省界区域森林防火、植树造林、退化修复工作，重点推进高铁、高速、国省道等通道绿化和景观提升工程建设。试验区可以引导各地在排放核算、核查、核证等方面开展研究合作，启动跨区域碳排放权交易市场建设，推进排污权、碳排放权、用能权等交易试点。要积极创建国家生态工业示范园区和循环经济示范试点园区，在园区建设中大力推广低碳技术和低碳材料运用，协同推进区域内新型工业化、城镇化、信息化、农业现代化和绿色化发展，打造国际生态环保合作交流平台，深化节能环保国际合作，用市场之手推动生态资源转化为发展资本、生态优势转化为发展实力。

3. 严格制定园区建设标准

紧紧抓住政策“窗口期”，创新体制机制，制定建设标准，全面贯彻海绵发展理念，深化海绵城市建设全域合作，使之成为融海绵城市标准制定、规划设计、工程建设、运营管理、产品研发和生产制造为一体的全海绵产业链的全国示范区。

（四）营造创新创业环境，提供高效优质服务环境

区域融合是一个市场化的扩散过程，好的发展环境是生产要素流动与优化配置的根本基础。只有栽好“梧桐树”，才能引来“金凤凰”。实验区是产业转型升级、提升区域综合竞争力的主战场、主阵地和主力军，必须遵循经济发展规律，坚持“市场主导、企业主体”的发展理念，为广大企业和企业家营造更高效、更优质的创新创业环境。

1. 提高政府工作效率

要让实验区成为投资洼地，首先就要成为服务高地，从传统的产业集合型园区向产业服务型园区转变。要以开展“五型”政府建设为抓手，真正做实政府权力的减法、做足责任监管的加法、做优大众体验的乘法、做好交易成本的除法，用公开透明的市场竞争机制来代替政府指令，真心实意为企业松绑、为市场腾位。适应信息化发展，打通信息孤岛，共享数据资源，让更多事项做到“掌上办”“异地办”“随时办”，让入区企业主体不跑或少跑、最多跑一次，努力打造政策最优、成本最低、服务最好、办事最快的最优政务品牌。

2. 加快完善产业园区基础设施配套

跨区域基础设施联网工程建设要结合中远期通盘考虑，特别是重大交通基础设施，按照统筹规划、适度超前、互利共赢的原则，加大投资力度，加快交通、物流、能源基础设施建设，强化合作区域基础设施支撑保障能力。要尽快建设园区与城区间、园区与园区间的快速通道等多元交通网络建设和供水、供电、能源、排污等重大基础设施建设方面的互连对接，并分阶段逐步促成电讯、金融、养老、医疗、教育同城化。加快完善省际边界交通体系。推动长沙南北横线与江西路网无缝对接，改造提升320、319等跨省出境国省道等级水平，推动厦渝（长赣段）高铁尽快开工建设，争取东延长株潭城际铁路至萍乡项目纳入国家、省相关规划，争取尽早实施，实现萍乡与长株潭的深度融合对接，将萍乡打造成为湘赣合作对接的桥头堡。加快建设湘赣边综合物流中心。积极参与推进长江经济带交通卡“一卡通”，研究建立货运物流公共信息平台。支持整合现有商检服务、外贸口岸、物流平台等资源，充分发挥高速高铁密集、机场港口紧邻的交通优势，完善口岸功能，力促萍乡海关落地，着力在上栗打造萍乡内陆“无水港”，加快推进萍乡赣西港建设，争取纳入国家物流枢纽建设规划和全省“十四五”现代物流业规划，为赣湘开放合作试验区企业货物出口实现本地通关提供平台支撑。统筹天然气进口管道、液化天然气接收站，完善能源储备体系和输送网络建设。争取“西气东输”湘东分输站建设，接通株洲市的管道燃气，实现与东富工业园统一供应，同质同价。争取增量配电试点，为园区企业合作发展提供有力支撑。

3. 完善科技创新政策支持体系

紧紧抓住科技创新这个“牛鼻子”，进一步完善以政府投入为引导、企业投入为主体、社会投入为补充的多元化、多渠道的科技投入体系。引领入区企业与长株潭大院大所联合组建创新联合体，鼓励企业通过资本市场拓宽融资渠道，探索多层次、多形式的产权、债权交易模式，搭建包括科技研发、成果孵化、产业化制造、技术服务在内的一站式公共技术平台，促进科技成果产业化。大力发展包括金融财务、商贸服务、创意设计、现代物流、创业投资、法律咨询、会计审计、工程咨询、信用评估、广告会展、服务外包等在内的现代服务业集群，构筑有利于企业成长的现代金融环境、信息平台和市场渠道。加强产业云平台应用及互联网、大数据、人工智能与重点产业深度融合创新，打造“数字化车间”“智能工厂”“智能制造基地",形成"互联网 +"示范园区。要打破行政区划束缚,活跃技术商品交易,加快社会保障养老保险关系转移接续和异地就医即时结算平台建设，真正成为打破定势推动人才自由流动的先行者。

（五）全面落实共享理念，加快全方位建设成效

跨区域合作不是区域合并,而是按照既不争位置、也不沦为配角的"区域互补"思路，开展区域经济合作。跨区域的要素整合只有深度体现共享共建理念，充分发挥承东启西的战略枢纽及区域经济社会一体化发展的示范区定位，才有望形成与区域经济和产业转型升级匹配程度高、布局合理、错位发展、特色鲜明的发展新格局。

1. 坚持统筹兼顾的原则

全面整合国家关于江西"鄱阳湖生态经济区"和湖南"两型社会"建设的政策对"赣湘开放合作试验区"的叠加优势，加强园区规划与全市城镇体系规划、土地利用规划、生态环境规划等的衔接。要明确发展目标、空间结构和开发方向，差异化定位好区域发展子规划和交通基础设施及信息网络布局，按照地区统一配置、园区共建、投入产出与税收分成、节能减排与责任共担的方式，明确各城市的功能定位和分工、发展目标、空间结构和开发方向，并取得利益相关各方的共识，加快推进与长株潭一体化进程。

2. 凸显产业融合特色

要结合赣湘两省产业特点和各自优势，明确产业定位和发展方向，科学制定实验区产业发展总体规划，形成产业的差异化和互补性，解决好产业碎片化问题,打造和延伸产业链,避免重复建设和无序竞争。要按照"龙头企业＋配套企业＋主导产业＋产业集群"的发展模式，积极构建以技术入股等形式的企业间战略合作伙伴关系，以重大创新合作项目为先导，协作开发中高端长线产品，共同开拓新兴增量市场，形成几个具有核心竞争优势、占据产业发展高地、规模实力显著的大产业集群，使实验区真正成为功能配套完善、产业特色鲜明、龙头企业集聚、带动作用显著的产城融合现代化平台。

3. 加强公共服务共享

加强民生领域合作，推进湘赣区域公共服务平台数据对接共享，构建统一开放的就业和人才服务共享平台，尽快实现两地住房公积金互认和工伤、医保等异地定点结算，打通湘赣合作便民服务“最后一公里”。继续实施萍乡市与长沙、株洲干部交流互派制度，支持两地企业联合办学和订单式培养人才。推动湖南干部培训机构与萍乡市委党校、甘祖昌干部学院等共建红色联合培训体。

4. 探索合作共赢利益共享责任共担的管理运行机制

要紧抓国家加大基础设施领域“补短板”和《国家发改委关于培育发展现代化都市圈的指导意见》，以及两省推进高质量发展的重大政策机遇，重点围绕铁路、公路、机场、水利、能源、生态环保、城镇基础设施等领域策划包装储备一批区域重大项目，进一步增强项目建设后劲。要加快城市群交通一体化规划建设，完善综合运输通道和区级交通骨干网络，强化城市群之间交通联系，两省交通骨干网络以铁路高速公路为骨干，普通国省道为基础，与民航水路和管道交通组成四通八达辐射周边的综合立体交通运输网络。加紧畅通试验区的“三廊三区四圈”空间结构，沪昆合作廊道、长（沙）浏（阳）萍（乡）合作廊道和长（沙）—上（高）—高（安）合作廊道3条廊道；以及浏阳—上栗共建区、醴陵—湘东共建区、浏阳—铜鼓大围山大沩山共建区；构建浏阳—铜鼓—万载、浏阳—上栗—湘东—醴陵、攸县—茶陵—莲花、新余—樟树—上高4个次区域合作圈，共同优化空间开发格局，支撑区域深度融合。要建立城市间成本共担和利益共享机制，统筹交通基础设施和信息网络布局，加快城市公共交通一卡通服务平台建设，推动区域环境联防联控联治，进一步做强功能完备、品质一流、宜居宜业、精致精美的网络型城市群。

明者因时而变，知者随事而制。经济发展是一个跟随时代步伐的螺旋式上升过程，而每一次上升的起点，都是从量变到质变的“临界点”。“西出”跨区域合作，就是要迎接“更进一步”的挑战，冲破“再上一层楼”的阻力，贯彻“更高标准”的要求，切实找准赣西在全省经济社会发展全局中的方位，加快“新宜萍”一体化进程，创新驱动赣湘合作试验区建设成效，全面打造成江西经济坚强有力的西轴线，共绘新时代江西物华天宝、人杰地灵新画卷。

新宜吉六县跨行政区转型合作研究

王军琪　王乾生　陈淑贞　刘小青　李　锋　王　佳　李弘雯　张　涛

【摘要】 新宜吉六县跨行政区转型合作符合国家区域协调发展战略，是区域经济高质量发展的必然要求。合作区有着相互融合的内在基因，这是合作的逻辑起点。经过三市六县的共同努力，在项目合作、平台搭建等方面取得了明显的效果。但由于新余中心城市服务职能欠缺、各地区域发展不平衡等问题限制了跨行政区转型合作的进一步发展。文章从提升新余区域中心服务职能、提升产业合作水平等方面提出建议，力图破解当前发展难题，推动新宜吉六县跨行政区转型合作的进一步发展。

一、跨行政区转型合作研究的逻辑起点

推进新宜吉六县跨行政区转型合作试验区建设，是三市六县政府在遵循经济发展规律的前提下，发挥区域比较优势，促进区域协调发展的重要举措和有益探索，跨区域合作的模式有利于探索用经济手段来打破行政区域壁垒，推进区域战略协同、基础设施联通、优化资源要素、产业互补发展等区域合作新机制、新模式，是江西省参与跨省合作的重要依托，有利于深入推进江西省打造内陆双向开放新高地。

（一）跨行政区转型合作是实现高质量区域经济体的必然选择

全球正面临着一个新的机遇，新一轮科技革命和产业变革正在悄然改变人们的生活，人们处于二者的历史交汇期。当前，以互联网、物联网、移动智能终端等为特征的信息技术浪潮正在把人类社会推向一个崭新的、

前所未有的智能互联时代，“互联网 +”、“物联网 +”、人工智能等跨界融合发展的新技术、新产业正在不断打破人为形成的信息孤岛、行业壁垒和垂直化组织形态，全面推动经济、社会和区域关系深刻变革。万物联网化、组织扁平化、区域一体化成为难以阻挡的时代潮流，呼唤区域经济与社会变革向更广领域、更深层次、更高质量方向发展。在“一带一路”建设、京津冀协同发展、长江经济带发展三大国家战略驱动下，粤港澳大湾区加速推进，环杭州湾地区强势崛起，武汉城市圈快速发展，长株潭蓄势待发，区域空间格局加速重构，新地域分工持续推进。试验区地处多区域交汇处的赣西地区，充分发挥纵深连通、横向扩张的地位作用，将分属新余、宜春和吉安三市的六县市以更高效的市场化方式组织起来，组团构建高竞争力区域，是江西省深度参与周边大区域分工的必然选择。

（二）新宜吉六县跨行政区转型合作具有较好的战略机遇

一是地缘关系近且相亲。从地图中可更为直观地看到，三市六县地处赣西，位于赣西北山区、赣抚平原和吉泰盆地等自然地理区延伸交界地带，境内水系发达、相互贯通，依托赣江及袁河、锦江等主要支流，连接成为地域空间连绵一体的自然地理单元，地缘优势突出，资源本底条件基本相似，为推进经济一体化奠定了良好的自然基础，也为新宜吉六县加快转型合作协调发展、对接融入长江经济带、环长株潭城市群和环鄱阳湖城市群奠定了坚实基础。

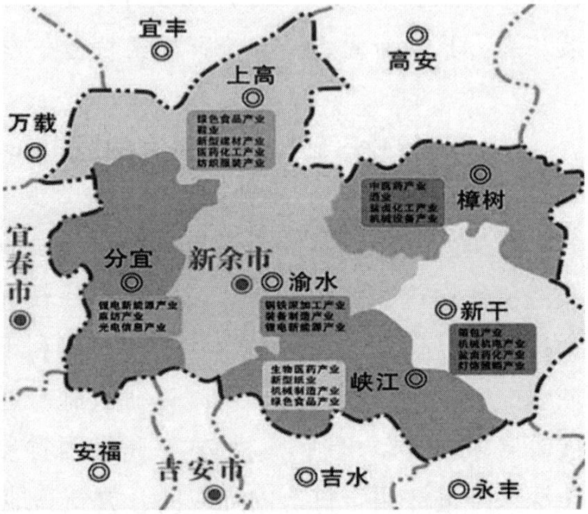

图 1　新宜吉六县区地理位置图

二是区域经济强却不均。2018 年新宜吉六县完成地区生产总值 1894.4 亿元，同比增长 8.9%；生产总值占全省的比重由 2017 年的 9.38% 上升至

2018 年的 9.81%，增长了 0.43 个百分点，经济总量不断增大。示范区总面积仅占全省 5%，人口总量占全省 5.9%，但是却创造了全省 9.81% 的经济总量，是江西区域经济发展的重要板块，但因行政分割，导致整体发展不充分、不均衡。新余市虽人口、面积全省最小，城镇化率却达 70.1%、工业化率达 56.3%，居全省前列，“两低两高”瓶颈制约，使其经济结构调整受限、资源要素配置不畅、环境承载容量不足，区域辐射力、带动力不突出。周边四县面积虽相似但实力不均，樟树是全国百强县、全省十强县，GDP 超 300 亿元，一枝独秀；上高、新干 GDP 均过百亿，实力中上；而峡江 GDP 只有 65.2 亿元，全省殿后。区域内各县以强带弱、合作发展之念长期存在。

三是产业体系和而不同。区域内产业关联度较高，既有分工也有合作，富有转型合作、配套发展基础，医药产业、光电信息、钢铁产业农产品加工等产业均具有合作的空间。上高县的鞋业、食品、矿业和机电四大支柱产业，分宜县的麻纺、新材料、光电信息、装备制造、文化旅游五大主导产业，峡江的生物医药、金属制造、新型纸业、绿色食品四大支柱产业，渝水区以特钢、钢铁深加工、现代装备制造、新能源、新材料为支撑的产业格局，新干县盐卤药化、机械机电两大强县产业和箱包皮具、灯饰照明两大富民产业，还有樟树市的药、酒、盐、金属家具制造和旅游五大支柱产业，这些产业都具有“抱团”做大做强的空间。要依托产业联盟等合作机制，实现产业集群公共服务平台示范区内共享，促进产业组团式承接和集群式发展。

新宜吉六县跨行政区转型合作既符合区域经济协调发展的战略，同时又具备地缘优势，有着相近的文化基因，经济发展关联度较高，这是推动“抱团奔跑”，主动融入国家战略的考量，也是撬动“板块崛起”，助推全省发展的需要。

二、新宜吉六县跨行政区转型合作现状

新宜吉六县跨行政区转型合作试验区建设，在遵循经济发展规律的条

件下，发挥区域比较优势，不断探索各类项目合作、资源要素优化配置、产业互补发展、基础设施联通、公共服务设施共建共享等区域合作的新机制和新模式。

（一）以项目为载体，推动合作的广度和深度

三市六县产业发展各有特色，资源禀赋各具优势，各地区之间实现产业互通、优势互补是产业合作的重要方向。本着小而实项目快速推进、中大型项目强力推进、中长期项目统筹推进的“三个推进”战术，经过三市六县共同努力,第一批谋划出了35个重点合作项目,其中小而实项目12个，大中型项目9个，中长期项目14个。

第一大类，小而实项目：一是大力发展一体化旅游圈。充分挖掘和整合示范区内的旅游资源，推行示范区内重点旅游景区面向示范区居民免费或优惠门票政策（见表1），试验区各主要旅游景区游客人数，呈井喷态势。据统计从2018年6月1日至12月20日，各景区仅仅接待六县游客人数达17万人次，相比上年同期增加约110%。二是开通渝水至新干常态化公交。据统计从2018年6月1日至12月20日，渝水至新干公交共运输乘客人数已达3.5万人次，相比上年同期增加约121%，翻了一番多。票价为7元、8元，与之前20元的票价降幅达60%~65%。三是新余高铁站至上高等地接驳站正式运营。新余高铁站至上高等地客运接驳站，经过2个多月的试运营后，于2018年12月26日正式投入运营，方便了群众集中购票和检票。四是试验区共享五定班列正式开通。2018年11月23日，试验区共享五定班列正式开通，每40英尺集装箱货物可比公路运输节约成本近40%，运输时间由原先的96小时缩短至30小时以内。同时，新余市专门设立了500万元专项扶持资金，用于支持试验区企业通关出海。

表 1 新宜吉跨行政区转型合作试验旅游联盟主要旅游景区减免门票情况统计表

序号	所属区域	景区名称	景区等级	景区门票价格	减免优惠后价格	备注
1	仙女湖区	仙女湖景区	国家 4A 级景区	120 元 / 人	免费	—
2		新余凯光新天地旅游度假区	省 5A 乡村旅游景区	80 元 / 人	30 元 / 人	—
3		昌坊旅游度假村	国家 4A 级景区	免费	免费	—
4	分宜县	中国洞都旅游区	国家 4A 级景区	150 元 / 人	75 元 / 人	—
5	渝水区	下保村	省 4A 乡村旅游景区	免费	免费	—
6		罗坊会议纪念馆	全国红色旅游经典景区	免费	免费	—
7	新干县	新干县海木源景区	省 3A 乡村旅游景区	漂流门票 198 元 / 人	漂流门票 100 元 / 人	漂流时间 6—10 月
8		新干彩虹谷	国家 3A 级景区	35 元 / 人	免费	2018 年 6 月 1 日开园
9	樟树市	中国古海旅游区	国家 4A 级景区	179 元 / 人	110 元 / 人	—
10	峡江县	玉笥山景区	国家 3A 级景区	10 元 / 人	5 元 / 人	—
11	上高县	江西五谷村丛林酒博园	国家 4A 级景区、江西省工业旅游区	60 元 / 人	30 元 / 人	景区门票可在消费、餐饮上等额抵用
12		上高白云峰大峡谷漂流	国家 3A 级景区	周末 198 元 / 人，非周末 168 元 / 人	周末 178 元 / 人，非周末 148 元 / 人	漂流时间 6—10 月
13		上高神山湖景区	省 3A 级乡村旅游点	70 元 / 人	50 元 / 人	—

第二大类，大中型项目：一是赣粤高速新干出口拓宽改造项目于2018年11月30日正式投入使用。二是分宜洞都—上高白云峰旅游公路，于2018年7月16日开工，目前正在铺设沥青，2019年1月1日正式完工。三是上高南港—分宜洞村道路提升改造项目，2018年12月8日开工建设，目前正在进行路基平整，预计2019年底建成。四是新余高铁站—绕城公路—上高快速通道项目，新余市发改委已经完成了可研批复，市公路局也完成了施工图设计，于2019年6月开工建设。五是投资108亿元的赣江货运码头项目，新钢公司与中国物流有限公司、中江国际、湖南五江集团、樟树市正式签订投资合作协议，于2019年3月开工建设。项目建成后，将为新钢公司每年节约物流成本约5亿元，并带动周边市县经济发展。

第三大类，中长期项目：袁河航道等级提升、新余至樟树、峡江道路改造等中长期项目，正在积极研究，做前期工作。

（二）以平台为依托，推动资源配置合理优化

通过发挥各地优势资源，整合各地要素，在招商、产业、医疗、食品、林业等方面打造合作共享平台。一是建立联合招商协作平台。在深圳市共同合作举办了首届试验区联合招商推介会，签约18个项目，总投资达118.9亿元，使试验区成功“走出去”，“引进来”。二是建立产业集群公共服务平台。在首届合作大会上，新余、宜春、吉安三市六县共同签订了《产业集群公共服务平台合作协议》。该协议实现了新余钢铁产业窗口服务平台、新余高新区锂电检测中心和新干的江西省箱包皮具治理监督检验中心等16个产业集群公共服务平台在示范区内资源共享，对外有力提升了产业集聚发展的吸引力，对内有效降低了现有相关企业的经营成本。在试验区《产业集群公共服务平台合作协议》框架下，发布了涵盖钢铁、锂电、LED新材料、农产品等多个领域的16个产业集群公共服务平台资源，建立平台工作机制，进一步密切试验区内企业联系，推进试验区产业集群集聚集约发展。三是共享优质会展平台。开展试验区樟树药交会、新余麻博会、新干箱包节等大型综合性展会合作，实现试验区优质会展平台共享。四是共享医疗卫生资源。落实试验区交界地120相互急救，发挥新余公立医院改革示范作用，依托医学检验、医学影像、远程会诊等医疗共享中心，向试验区内所有医疗机构开放，实现区域内检查检验结果互认，切实解决试验区老百姓看病难、看病贵的问题。五是搭建起示范区平安边界创建、森林防火联防联治等平台。建立定期巡防等工作制度，初步构建起示范区联防联治大安全工作格局。新宜吉三市山水相依、民心相连，随着示范区合作建设的不断深入，六县的271万群众实现共享发展成果的愿望将势不可挡。

（三）以产业为主体，实现区域产业合作发展

新宜吉六县转型合作中产业合作目前主要是以钢铁产业为主体。2018年4月，新宜吉六县转型合作示范区钢铁产业合作论坛在新余召开。新宜吉六县重点钢铁深加工企业、部分装备制造企业、产业集群公共服务平台共80余家参加论坛。樟树市江西金阳钢艺与新余市钢铁产业联盟等企业代表上台签订入盟协议。新钢公司代表优特带钢配送中心和新余凤翔带钢等企业代表签订分销平台购销协议。钢铁产业合作是六县跨行政区产业合作的开端。

（四）以基础设施建设为纽带，完善区域公共服务

新宜吉六县转型合作示范区自成立以来，一直重视公共基础服务领域的合作。公共基础服务是六县产业互通的基础与承载方式。第一批35个重点合作项目中就有9个设施联通项目。经过共同努力推动，其中，赣粤高速新干出口拓宽改造、分宜洞都——上高白云峰旅游公路均已建成并实现通车；上高南港——分宜洞村道路提升改造项目已开工建设，于2019年10月建成通车；新余高铁站——上高快速通道项目中，新余路段已完成前期征地拆迁工作，于2019年6月开工建设。2018年，新余还成功开通五定班列并实现区内共享，通关出海时间由原先的96小时缩短至30小时以内，且比公路运输节约成本近40%。同时，总投资108亿元赣江货运码头樟树港项目，在2019年10月前动工，为新中国成立70周年献礼。随着更多设施联通项目的建成投用，示范区内的发展壁垒正在被逐渐打破。

三、新宜吉六县跨行政区转型合作面临的突出问题

新宜吉六县跨区域合作示范区自成立以来，在推动项目建设、优化资源配资、深化产业合作、推动公共服务等方面取得了一定的进展，为三市六县经济、社会等方面发展带来了新的活力和机遇。但是，不容乐观的是，目前仍然存在着诸多因素限制新宜吉六县跨区域合作的进一步深入推进。主要集中在以下几个方面：

（一）新余服务周边县市职能的动力不足

新余长期以来受区域面积的限制，导致新余市以服务业、金融业、物流业等为基础的城市职能服务能力较弱，无法真正发挥其区域中心城市的辐射和带动作用。2014 年至 2017 年，新余渝水区第三产业产值分别为 261.44 亿元、285.17 亿元、329.35 亿元、364.87 亿元，试验区第三产业产值分别为 500.83 亿元、553.09 亿元、656.26 亿元、765.41 亿元，渝水区第三产业占试验区的比重分别为 52.21%、51.56%、50.19%、47.67%，明显呈逐年下降态势。此外，由于行政区划的影响，各地区之间经济联系存在一定局限，导致支撑城市对外服务功能发育的区域基础薄弱，服务周边区域的重大功能设施因有效需求不足而发展滞后。

（二）区域经济发展不平衡，特色产业发展不突出

一是产业规模小，辐射带动能力较弱。六县主导产业之间存在交叉重合现象，产业构成相似，产业关联性相对较弱，难以构成完整的产业链上下游。上高县绿色食品产业、鞋业、机电产业三大产平均规模接近 150 亿元，但是与先进区的相比还有不小差距。渝水区仅钢铁产业达到 100 亿元以上，其余较小。分宜县四大主导产业没有一个突破 50 亿元。樟树市四大产业平均规模是 55.6 亿元，新干四大主导产业平均规模是 55.3 亿元，峡江四大主导产业规模仅为 35.5 亿元。总体看六县的主导产业规模不大，影响力、带动力不强。

表 2　六县主导产业及主营业务收入

区域	主导产业	主营业务收入
渝水区	新能源产业、钢铁产业、光电信息产业、装备制造业	2017 年新能源产业 51.56 亿元，钢铁产业 106.83 亿元，光电信息产业 13.71 亿元，装备制造产业 41.63 亿元
分宜县	麻纺产业、光电信息、装备制造、新材料	2017 年麻纺产业 11 亿元，光电信息产业 18.2 亿元，装备制造产业 4.1 亿元，新材料产业 40.1 亿元
上高县	绿色食品产业、鞋业、机电产业	2017 年绿色食品产业 168 亿元，鞋业 150 亿元，机电产业 120 亿元
樟树市	中医药产业、酒业、盐化工产业、金属家具产业	2018 年 1—7 月中医药产业 85.65 亿元，酒业 28.22 亿元，盐化工产业 37.26 亿元，金属家具产业 74.38 亿元
新干县	箱包产业、盐卤药化产业、灯饰照明产业、机械机电产业	2017 年盐卤药化产业 77.7 亿元，箱包产业 49.6 亿元，灯饰照明产业 23 亿元，机械机电产业 71 亿元
峡江县	生物医药产业、金属制造产业、新型纸业、绿色食品产业	2017 年生物医药产业 70 亿元，金属制造产业 58.4 亿元，新型纸业 10.4 亿元，绿色食品产业 5.2 亿元

二是产业关联性弱，产业链不完整。关联性产业是指在产业发展过程中，由于主导产业发展所带动的直接配合和围绕着主导产业所发展起来的相关产业。产业关联性较弱，会对区域产业合作发展产生副作用。以钢铁产业为例，新余钢铁及钢材加工产业集群钢铁产业链短，大多就 2—3 个节点（新钢产品—企业 A—企业 B)，出来的产品还是原材料，或者是二传手，近终端产品企业不多。如带钢产业有 45 万吨产能，在华东已形成气候，但没有形成完整的产业链，下游深加工产业缺乏。

三是试验区内工业园区发展不平衡。三市六县在产业结构、区域科技创新能力、人力资本、市场开放程度等方面存在差异，导致区域内南北部经济增长速度不同。北部工业园区包括渝水区（高新技术产业开发区、新兴工业产业园和袁河经济开发区）、分宜工业园、上高工业园、樟树工业园，南部工业园区包括新干工业园和峡江工业园。根据调研，渝水区、上高、樟树工业园主营业务收入较高，分别为780亿元、580亿元、590亿元，利润率分别为6.7%、11.6%和10.8%；分宜、新干、峡江工业园区利润率都较低，分别为5.7%、8.1%和4.2%，从数据中可以看出，试验区内南北产业园区之间发展不平衡，差异较大。

（三）区域内产业发展创新和研发力度不够

一是高新技术产业整体水平不高。高新技术产业是区域经济发展的重要驱动力量。根据课题组调查，2017年渝水区、分宜县、樟树市、上高县、新干县和峡江县高新技术企业数量分别为63家、13家、49家、21家、7家和10家。数据表明，除渝水、樟树外，各县高新技术企业均在20家左右或以下，高新技术产业整体发展水平不高，总体来看，新宜吉六县高新技术企业仍较少。

二是科技要素投入不足以支撑创新发展。当前，仅仅依靠劳动、土地、资本等要素难以形成推动经济发展的要素支撑，更多是依靠科技这一要素的投入。从2017年，渝水区、分宜县、樟树市、上高县、新干县和峡江县R&D投入占全县GDP比重分别为3.4%、0.94%、0.9%、1.79%、1%（2018年）、2%（2020年预期），从数据来看，除渝水区和上高县外，各县R&D投入均低于全省平均水平1.28%。可见总体而言，六县目前开展高端研发活动的能力有限，在关键技术攻关和创新成果应用推广方面有待进一步提升。

（四）区域间经济开放性及互动性不足

一是区域内招商引资能力存在差异。2017年渝水区、分宜县、樟树市、上高县、新干县和峡江县实际利用内资分别为346.09亿元、126.33亿元、68.5亿元、50.47亿元、75.94亿元、35.01亿元，实际利用外资分别为3.36亿美元、0.99亿美元、0.93亿美元、0.87亿美元、0.36亿美元。数据表明，渝水区和分宜县开放水平相对较高，对外招商引资取得了较好的成效，上高、樟树次之，新干、峡江实际利用内外资能力有待提高，且与江西省其他地区差距较大。

二是出口依存度存在差异。2017年，渝水区、分宜县、樟树市、上高县、新干县和峡江县出口依存度分别为 7.85%、5.97%、17.39%、17.06%、3.02%、18.76%。渝水、分宜、樟树的外贸依存度较低，且低于江西省平均水平，以外贸拉动经济增长的能力有待提高；上高、新干、峡江三地的对外贸易相对发达，出口依存度均高于江西省平均水平。

（五）体制机制不畅，行政壁垒障碍有待破除

一是省级层面上支持推动力度不够。首届合作大会签署的《合作宣言》中指出，建立定期的省市县三级联席会议制度，成立常设机构试验区合作办公室，负责协调推进试验区内合作发展有关事项。但在实际操作过程中，省级层面实际参与不够，并未在政策资金方面对试验区有所倾斜，合作办公室仅仅是个无行政级别、无人事任免权和财政权的协调机构，却承担了协调推进试验区合作发展各项事宜的职责，且人员配备不足，由于缺乏所谓的“上级指令”，在与各地各部门沟通过程中，协调难度非常大，对试验区的发展造成严重阻力，实属“小马拉大车”。

二是针对县级层面的督促考核机制不严。由于试验区六县分属三个不同地市，受各地行政区划、监督体制、干部任免制度等因素影响，跨区域合作不具备任何上下级或法律的约束力，属“锦上添花”的“课外作业”，把更多的精力用于完成本市布置的“家庭作业”“分内事”，县级政府层面缺乏区域合作牢固的认同感和共同发展的主观能动性，推动工作大多限于“指挥棒拨一拨”就“动一动”，导致一些通过合作会议达成的协议或事项难以落地生效。

四、新宜吉六县跨行政区转型合作高质量发展的实现路径

（一）打造新余区域中心城市，提升服务功能

新余可从金融、物流服务、医疗服务等方面来提升其区域中心的地位，发挥其服务三市六县的职能。

1. 打造新余商业金融中心城市

三市六县要实现区域协作发展，首先需要一定的金融环境，为经济合作发展提供经济支撑。一直以来，新余市作为商业金融中心的作用和地位

都尚未显现。构建商业金融中心是加快三市六县合作的必然要求。

一是加快金融聚集区布局和建设，推进金融等要素向新余聚集。完善全市现代金融服务体系，创新金融产品，提升金融服务，提高金融企业核心竞争力、资本辐射力和经济贡献力，切实防范和化解金融风险，增强金融服务业对全市第三产业发展的支撑作用；完善新余的中心商圈、金融商务区，优化金融聚集效益，加快建设以集聚金融机构总部、新型金融机构和金融业态为重点的新城区金融集聚区。依托分宜县、樟树市、上高县的制造业优势，强化产融对接示范基地建设；新干县、峡江县立足区位优势，强化金融贸易服务基地功能；形成以渝水区为核心，各县区错位互补、辐射支撑的区域金融体系。

二是改善金融生态环境，实现三市六县金融协调发展。积极签约金融企业，吸引更多金融企业在新余金融集聚区落户。深化企业改革，完善公司治理结构。完善地方金融法制环境，建立健全地方金融法律体系。继续推进中小企业信用体系建设，完善企业和个人信用信息。综合运用法律、经济、舆论监督手段，增强企业和个人的信用观念，营造良好的社会信用氛围。推动新余农商银行、九江银行等银行业金融机构不断在试验区各县市扩大网点布局和互设分支机构，开展异地存贷、信用担保、支付清算等跨区业务，构建企业信用与金融服务一体化平台，推动银行征信体系、服务收费、信息体系、清算体系，保险售后服务，区域性股权交易市场搭建和小额贷款公司经营区域同城化。积极培育多层次资本市场，重点挖掘一批优秀企业作为优质拟上市和挂牌企业，鼓励跨区域经营的企业联合发行企业集合债券，中小企业集合票据，定向私募债券等创新型融资产品，利用多层次资本市场拓宽融资渠道。

2. 构建新余区域物流中心城市

良好的物流网络和基础设施建设不仅是新宜吉三市六县顺利实现产业合作的现实基础，也是企业自身发展中必不可少的先决条件。因此，要提升新余市服务周边的区域中心能力，区域物流中心的建设至关重要。

一是合理规划和布局物流园区。依托沪昆高铁、蒙华铁路、沪昆高速、上新公路、新峡公路与赣江黄金水道，加强试验区重要物流园区之间的协作，打通域内物流通道，实现码头、公路、铁路、航空多种运输方式、各种交通基础设施与人流物流节点互联互通。支持建设“煤、电、路”一体化综合物流园，推动新余樟树铁路货运同步物流口岸建设，加快建设新余陆路口岸查验区、上高县铁路物流产业园、峡江县现代物流园、新干河西物流园、樟树医药物流园、赣西（分宜）铁路物流园、赣中商贸物流中心等重大项目，构建以多式联运为基础，人流、物流节点流顺畅，通关运行高效便捷的多层次、立体式区域通道网络体系，打造赣西区域国际物流中心。

二是构建新宜吉物流公共信息服务平台。利用信息化技术，以中新物流信息平台为基础，构筑具有综合信息服务、业务交易支持、货物跟踪等功能的区域性、行业性第四方物流公共信息平台，推动制造、商贸、物流等企业联动发展，提升物流价值链。推广使用智慧化仓储管理系统，鼓励建设自动化立体仓库，培育一批智慧物流示范园区和企业，推进智慧物流配送体系建设，提高物流配送标准化、单元化水平。

三是不断提高物流服务水平。现代物流改变了传统物流操作和管理模式，以往传统物流依靠人工搬运、分拣和运输，而现代物流是建立在信息化技术水平之上，各个环节都涉及现代化技术。这就要求其从业人员具备一定的现代物流知识体系，能够熟练操作信息化平台和系统。因此需要加强对物流从业人员信息化服务能力的培养。另一方面，新宜吉六县合作涉及产业类别较多，也需要相应的提升物流运输和储存能力，如钢铁、医药、化学物品等产品的运输和仓储能力。

3. 构建新余区域医疗服务中心城市

一是组建大型医疗集团。依托新余中医院、人民医院、妇幼保健院等医院组建医疗集团，与吉安、宜春等地医院建立合作机制，参与一体化管理，融合临床和实验的互帮互助，通过资源共享、信息互通、优势互补，全面支持带动基层医疗卫生机构发展。具体来说，就是要打破区域边界，整合大型医疗卫生检查检验资源，依托新余市医学检验共享中心、医学影像共享中心、远程会诊中心，推进三市六县检查结果定点互认、重大疾病防控联合行动和医疗卫生设施共享机制。建立三市六县大医院和周边基层医疗机构对口支援长效机制，充分利用大医院现有优势，通过实行跨区域结对帮扶、双向转诊、慢性病管理等制度。

二是推动城乡医疗一体化发展。加强基层医疗卫生机构建设，重点完善农村三级医疗卫生服务网络。三市卫计委部门加强对医保报销政策调整的督促协调，在省卫计委的统一框架下尽快落实医保支付快捷互通。建立三县六市城乡居民合作医疗保险管理中心，统一管理城镇职工医保、城镇居民医保、新型农村合作医疗及其他城乡医疗救助保障。制定区域统一的医保核费机制。加快三县六市间医保异地结算政策的出台。

三是优化医疗资源共享机制。首先可建立医疗人才资源的共享机制。新余市人民医院、妇幼保健院等医疗服务能力和水平相对较高，周边县市来新余就医人数逐年增加。在这种情况下，三市六县之间打破区域和编制的限制，畅通人才交流渠道，有效发挥新余市医疗资源相对丰富的总体优势，加强对周边县市在医疗专业人员方面的支援帮扶。同时可邀请各地名医相互坐诊，交流疑难病例的诊治，提升试验区医疗服务均等化水平；其次可建立药材耗材联合采购机制。通过建立区域内药材耗材采购的共享机制，能够实现药品耗材统一集中配送，共享和统一药品耗材价格，方便三市六县群众就医，降低群众就医成本。

（二）坚持全局规划，完善共建共享合作机制

1. 坚持主导产业引领，提升产业合作的原动力

一是围绕主导产业，做强做大龙头企业。立足示范区的资源共享与配置，对接“一带一路”，深度融入长三角经济带等国家重大战略区域，积极承接发达地区产业转移，加快引进、培育、产业加快发展的扶持政策，通过加强要素保障，强化产学研合作，制定产业链图，大力招商引资，精准帮扶企业，着力培育壮大产业龙头企业。充分发挥技术优势、市场优势，品牌优势做强做大龙头企业；推进精品战略，提质增效，进一步做大高附加值重点品种。积极实施智能化改造和重大科技项目，大力开发新产品，提高新产品占销售收入的比重；突出特色，以创新、专利、知识产权提升竞争能力。积极整合国内市场资源，放大特色和优势，实现优势互补。在示范区内供产销等各个环节进行全方位的合作，防范化解风险。积极开拓

国际市场，防范化解国际市场风险；深入实施“四名工程”，培育一批知名企业、知名品牌、知名企业家、知名工匠。实现生产效率高，产品（服务）品质高，创新能力高，客户幸福感高的高质量发展之路，紧密对接市场需求，强化企业核心竞争力。

二是围绕主导产业，做深、做强、做精产业链。招商引资全链。围绕壮大和延伸产业链，从产业培育、财政金融、生产要素、发展环境等方面全力支持主导产业发展。全力推动产业链招商。树立“项目为王”理念，大力实施“项目攻坚年”行动，深入开展“招大引强‘百日百亿’”攻坚战，推动产业纵向集聚和横向配套。完善产业链布局，通过新项目的形式延伸到企业现有产业的上下游，对接行业前沿，针对国家产业政策和行业发展的新方向寻找合作机会，为争取未来市场获得发展机会奠定基础；公共服务平台延链，合作共享，打造公共服务平台，实现产业集群发展。围绕主导产业，充分发挥技术中心、公共检测服务平台、质量监督检验中心、分销平台等作用，实现共享开放，支持企业建设创新创业孵化园、成立投资公司、对关键共性技术投资，从而促进产业集群发展、高质量发展。借《新宜吉六县跨行政区转型合作试验区》建设的东风，推动行业龙头企业实施跨行业、跨地区、跨所有制兼并重组，形成一流特大型具有充分竞争力企业。目前在钢铁产业的上游，就可由新钢为主导，借助年300万吨庞大溶剂消耗量以及在全省溶剂及市场上的重要地位，采取合资合作的形式，整合分宜县、渝水区、上高县优质溶剂资源，为钢铁产业提供溶剂资源保障同时，打造溶剂资源“吃干榨尽”绿色循环产业链，成为赣西碳酸钙产业名片；协同发展强链，加强产园协同发展，依据区域资源优势，明确六县产业园区的发展定位，实现主导产业差异化、特色化发展，形成独具特色的产业集群。建立园区产业链、技术链、人才链、供应链等信息共享机制，实现全方位的合作与交流。进一步创新、丰富合作交流的形式，扩大与周边地区的合作与交流，支持省内外发达地区积极参与示范区开放开发，通过合作共建、托管建设等新型合作模式，发展示范区“飞地经济”。

2. 坚持市场引领，提升产业合作的效率

一是大力发展社会化中介和市场化中介。大力发展钢铁产业联盟、医药产业联盟、旅游产业联盟等社会化中介，在产业合作、招商引资、新上项目论证、产品研发、检验维修、共性技术攻关、人才培训提供服务。建立会员企业基本信息库，实现资源共享。将会员单位主要装备、产量规模、生产产品等基本信息收集整理，汇编成册，形成电子信息库，实现资源共享，便于对接市场、招商引资、企业品牌展示宣传。打破信息壁垒，进一步密切六县企业联系，筑牢产业合作基础，实现互通共享，合作共赢；大力发展现代物流、咨询服务、技术中介、工业设计、电子商务等生产性服务业集群。示范区要以现代物流业为引领，促进现代生产性服务业的全面发展。现代物流业的发展以建设“环形＋放射”公路交通网络、樟树港河西港区码头项目、铁海联运为基础，构建物流贸易平台，整合示范区的企业和资源，着力打造现代物流产业链，降低物流成本。

二是大力发展各类交易平台和专业化市场。支持钢材交易市场、矿山机械交易市场、青园农机市场、分宜竺麻、樟树中药材、新干水产品、箱包皮具、灯饰照明、上高家居建材、峡江绿色食品等大型特色专业市场发展。以渝水区食博汇，赣西商贸现代物流中心为先导，引导大型市场集群开展供应链管理，打造集商贸市场、物流仓储、电子商务、博览展示等功能于一体，线上线下结合的商贸批发市场集群平台。

三是大力发展各类要素市场。大力发展科技、人才、资金等要素市场和商品市场。目前，示范区重点培育、发展、规范人才市场，依托新余高学院和江西工程学院和新余民办职业教育优势，开展人才培养、人才教育、人才服务等方面的合作与交流，建立独具特色又具有比较优势的职业技术人才市场，统一政策促进人才在示范区的自由流动和科学配置。引导和鼓励六县发挥比较优势，互设商品批发市场，比如在新余设立上高鞋业批发市场。

四是大力发展智慧经济。依托新余大数据产业园，以浪潮集团合作建立的地理信息系统为基础，建立示范区企业数据中心。加大移动通信、互联网、物联网、人工智能等新一代信息技术的运用，积极引进企业对智慧城市产生的各类数据进行清洗、加工、包装、交易。以大数据产业的发展来推动示范区的产业合作。

（三）坚持创新引领，提升区域合作活力

一是大力发展新技术产业和高新技术企业，提升产业竞争能力。围绕钢铁及深加工、光电信息产业、绿色食品、金属家具、盐化工产业、生物医药、箱包皮具、新能源、新材料、先进制造等主导产业，积极组织实施重大科技项目，改造传统产业，提升高新技术产业，帮助企业突破和掌握一批核心关键技术。整合六县的创新资源，推动高新技术产业和企业协同发展。深入推进产学研深度融合，加速科研成果的转化和产业化。充分发挥新余学院应用研究作用，积极开展对外合作交流，依托高等院校、科研院所，通过合作共建研发中心、产业化基地、成果转化示范基地等形式，加快高新技术产业的孵化和培育。强化对高新技术企业的服务和指导，确保符合申报条件的企业“能报则报”“应报尽报”，以科技企业孵化器、产业园区为重点，组织文化创意、电子商务等新经济和商业模式创新的中小型科技企业申报。同时积极鼓励孵化器在孵科技企业申报，加大对申报企业的服务力度，为企业提供一对一的申报材料辅导，努力提高申报质量和认定通过率。

二是着力建设示范区的区域创新体系，提高企业技术创新能力。加大研发投入力度。企业要成为技术创新投入、应用、转化、决策主体。要提高研发投入占销售收入的比重，加强对关键技术、关键工艺的攻关，研发出符合市场需求的科技新产品，培育科技人才，提高企业的市场竞争力和创新能力。

三是加快建设科技创新平台。加快建设科技创新平台，逐步完善区域科技创新体系。加快建设省级工程技术研究中心（重点实验室）、省级工程技术研究中心（重点实验室）、各类研发机构的建设，在示范区这些创新平台要做到共享开放，推动示范区创新水平的整体提升。大力推进创新载体的建设。加快国家级、省级等科技企业孵化器的建设。加大对各类孵化载体的资金支持力度，建立创新载体服务创业团队，积极举办创新创业活动，开展创业教育培训，开展创业国际交流活动，提升各类创新载体的成效和影响力。

（四）提升区域经济互动水平，打造开放型经济

一是建立区域开放新模式。三市六县可主动融入“一带一路”、长江经济带、长江中游城市群等国家战略，加快推进试验区内“放管服”改革，优化流程、压缩时限。纵深推进“降成本、优环境”专项行动，提供“店小二”“保姆式”服务。大力扶持樟树全国药材药品交易会、新余中国南方农业工程机械展览会、新余国际麻纺博览会等经贸合作平台建设。建立六县联合招商机制，共同打造试验区口岸查验区，合作开通铁海联运五定班列。大力清除区域性壁垒和障碍，建设六县一体化市场，促进资金、人才、技术、能源等生产要素自由流动。

二是提高招商引资质量和水平。六县开放性经济发展水平内部不均衡，且均有较大的发展空间，必须切实发挥渝水区的带头作用，引领试验区各县市以补链强链延链为动机，通过“请进来”“走出去”“搭平台”“优环境”等措施，加快产业联合招商引资，推动国内外优强项目落户，促进试验区与周边地区互补互促，开放合作。同时，依托渝水、新干、峡江较为发达的铁海联运、水铁联运交通物流网络和贸易资源，不断拓展国内外市场，提高试验区开放经济发展水平。

（五）完善合作和监督机制，加大政府支持力度

一是完善和创新合作机制。在省委、省政府的引领下，开展试验区体制机制创新，成立由省一级为主导的协调机制，由省发改委牵头，省直单位配合，加强对新宜吉六县跨行政区转型合作发展的政策资金倾斜，进一步完善由省发改委牵头的“136”合作协调机制，充分发挥省发改委和三市政府为决策层、三市发改委为协调层、六县政府和六个项目组为执行层的作用，打通协调解决试验区重大合作问题的渠道，进一步发挥每年一次联席会议的协调作用和每年举办一次合作大会的示范作用，推动试验区社会事业的发展。

二是完善和创新监督机制。明确各个项目的责任人，按年度来制定和规划实施方案，将规划目标和重点任务进行分解，逐年逐项安排。阶段性、分步骤推进工作，并阶段性进行检查和考核。通过引入第三方评价机构和民意测评等评估方式来健全新宜吉六县跨行政区机构运行机制，做到决策、

执行和评价相互分开，相互制衡。组织编制并发布试验区一体化发展年度白皮书。鼓励广大创新创业主体和社会公众对规划实施情况进行监督。三市六县要充分发挥主体作用，用足用活用好国家和省里出台的政策，主动加强与省直有关部门的沟通对接，完善体制机制，创新工作思路，压实各方责任，推动示范区建设各项重点任务落实到位。

三是构建统一的行政协作交流机制。加强试验区内三市六县行政部门的交流与协作，构建常态化的干部异地交流、任职机制，以及与此相配套的干部晋升测评异地征求意见运行机制，推动六县市公务员待遇均衡化，深化行政互动合作。

鹰潭基层党组织“智慧党建”之路的探索与研究

邹丽华　黄建影

【摘要】 在信息技术高速发展的形势下，如何积极推进基层党建传统优势与信息技术有机融合，一些优秀的基层党建工作者在实际工作中探索出“智慧党建”模式并取得较好效果。本文综合了近年来在“智慧党建”研究的理论成果，结合鹰潭市基层党组织在“智慧党建”方面的实践探索及取得的工作成效，剖析了存在的问题，提出了下一步的对策建议，对进一步做好基层党组织“智慧党建”工作具有一定的参考价值。

习近平总书记指出，互联网是我们这个时代最具发展活力的领域，也是我们面临的最大变量。如果党过不了互联网这一关，就过不了长期执政这一关。2019 年 1 月 31 日发布的《中共中央关于加强党的政治建设的意见》明确提出：主动适应信息时代新形势和党员队伍新变化，积极运用互联网、大数据等新兴技术，创新党组织活动内容方式，推进“智慧党建”。在信息技术高速发展的今天，如何积极推进基层党建传统优势与信息技术有机融合，既是新形势下加强党的建设的一项重要任务，也是学术界、理论界重点研究的新课题。

一、"智慧党建"的理论研究

一些优秀的基层党建工作者最先在实际工作中真切感受到信息化和大数据时代给党的工作带来的现实挑战，探索出了"智慧党建"并取得了较好的效果。进一步推广这种党建新创造，必须在已有认识的基础上，深化对"智慧党建"内涵的认识。

（一）什么是"智慧党建"？

目前，对"智慧党建"概念界定尚未形成统一的看法。"智慧党建"是在信息化发展新阶段，党建信息化、数字化的时代性称谓。它是运用信息化新技术，整合各方资源，更有效地加强组织管理，提高服务群众水平，扩大党在网络世界存在感和数字化影响力，提高党的执政能力，巩固党的执政基础的新平台、新模式、新形态。

1."智慧党建"是党建数字化、在线化和智能化形态

它将党建工作通过一体化网络平台集成，将纸质内容电子化，线下党建工作及服务群众工作流程化、线上化、数字化，以解决党员、群众与党组织的时空限制，更迅速及时地获取权威的相关信息，更便捷地办理相关组织业务、参加组织活动为基础，通过数据收集整理分析，实时获取党员和群众对党的看法、需求及趋向，党员和党组织的活动状况，及时调整党的工作内容和重点，并从网上获取党员群众对调整的意见反馈，循环往复、实时协同，从而更加有效地改进自身建设、服务群众，使党的建设更具时代性、开放性、互动性、民主性，最大限度地激发网络空间的正能量。

2."智慧党建"用大数据分析产生新认识，预测新动向、提供新思路

它是运用互联网每时每刻产生的海量数据和日趋成熟的大数据分析技术、机器学习，时时、精确、动态把握党组织和党员的情况、群众的需求及党的工作的未来发展趋势，通过精准施策，主动推送，流程监督，指数评价，促进党建整体统筹、层级压缩、效率提升和自身优化，达到管理、服务和引领的定制化、精确化、个性化、智能化。

"智慧党建"代表着从新的方法、手段到新的工作平台、体系再到新的自动化、智能化党建模式和形态的迭代。"智慧党建"是约定俗成的说法，

其主体仍然是党建，重点是党建的时代转型。

（二）“智慧党建”的性质

“智慧党建”是我们党在大数据时代主动应对时代变迁的自我转型和自我革新。

1. 政治性

“智慧党建”姓党。它由党组织领导和主导，以为人民服务为中心，以提高党建科学化水平和执政能力为导向，遵循党章，践行社会主义核心价值观，贯彻落实党的理论、路线、方针、政策。

2. 革命性

主要体现在“四个革命”上。（1）开放革命。在党建一体化网络平台上，党的各项工作得以标准化、规范化、流程化、透明化，并实时在线呈现，党组织和党员、群众可以实时在线监督。（2）思维革命。它既把以往模糊定性、不可量化的党建活动及其效果系统化、数字化、指数化，变成可操作的定量分析，又促使党建工作者从聚焦因果转变到从更广阔的关联上思考定位、解决党建问题。（3）身份革命。做好“智慧党建”，领导干部不仅仅应该是党务、业务管理者、决策者，还必须是党建网络平台管理者和数据分析师。（4）方式革命。它使党建工作由事后处理转变为事中管理，甚至事前预警、引导，并由内在正向驱动转变为外在逆向驱动与内在正向驱动并行。

3. 融合性

主要体现在“三个融合”上。（1）线上和线下的融合。它并不是要取代线下党建和党的工作，而是将传统的党建的有效做法转变为党建网络系统和应用，弥补新形势下线下党建触角延伸不到的空间和领域。同时，运用大数据分析技术分析网上汇集的党员、群众的各类大数据，用分析结果指导网下党建活动，实现优势互补。（2）局部与整体的融合。包括局部探索形成的党建平台与党建一体化平台的融合，党员和党组织上下点面的融合，党建平台与物联网、移动终端、电视等的融合。（3）党务与政务、服务的融合。将党、政府和社会各方链接、优化集成在一体化党建平台上，通过数据、资源开放共享，实现信息统筹、定向传输，既能明确责任，防止互相推诿，节约执政成本，寓管理于服务中，又能实实在在地增强民众的获得感。

（三）“智慧党建”的四个建设要点

1. 党务信息数据系统建设

党务信息数据系统能为其他三个系统的运行提供基础数据，并接收其他系统的数据反馈。该系统主要是存储涵盖党员信息管理平台、人才数据库、干部信息数据库等基础数据资源，是“智慧党建”体系中的“数据基地”和交互中心。利用大数据等信息技术，增强党务信息数据系统建设，能够实现不同数据资源的信息汇总与共享，能够提升党务公开和党建信息化水平。

该系统借助大数据等信息技术，实现评价评议指标、过程、结果的公开化，通过为不同服务主体设置个性化权限、党务工作信息化单元、党组织间信息交互功能、网上评价评议平台，能够实现基本信息的实时调取、智能筛选、便捷查询，实现评价方式、载体的便捷化；能够以专题网站发布、收集客户端推送信息的方式，将党务工作最新动态、通知、新闻等呈现出来，扩展基层党建工作述职评议考核，并实时生成抓取党员之间关注量、点击量和评论情况等；能够为各级党组织之间党建工作信息交互共享、经验相互借鉴等提供网络平台，拓展民主评议党员制度落实渠道。

2. 党员组织活动系统建设

借助大数据增强党员组织活动系统建设，通过使用移动互联、智能传感等技术，能够进一步有针对性地为党员教育发展规划提供依据，使党组织活动体系进一步智能化、灵活多样化、便利个性化，解决党组织和党员个体间“最后一公里”问题。同时，运用大数据技术增强该系统建设，能够为“智慧党建”体系的组织建设等工作提供依据，从而将党员参加党组织活动和日常行为的数据信息进行集成。

该系统包括三大模块：一是组织活动网络平台模块。该模块能够使党组织的活动方式更加丰富，可以实现党员全覆盖，在线上线下，将基层党支部民主评议党员、党员志愿服务等工作衔接起来。二是党员身份动态化管理模块。该模块可以通过网上信息服务平台完成党员身份认定、签到组织活动等，提交党员思想汇报。三是党员网上虚拟社区模块。该模块有利于党组织加强党员思想政治引导，针对各区域党员特点，设置党建专题研讨、党员事迹展等，主动听取党员对党建工作的意见建议，有利于及时了解党员对时政问题的看法，能够以党建统揽网络文化建设。

3. 党员干部网络培训系统建设

党员干部网络培训系统则是对其他系统有关数据的分析处理，其以更为丰富的方式推动更为优质的培训内容，实现更为科学的培育评价。该系统能够构建党员干部远程学习培训体系，依托网上党校、微信微课党课等网络培育资源，使其方式多样化、内容订制化、效果数据化。

该系统功能分为：一是丰富“互联网+培育方式”。通过“智慧党建”体系，开发微党课、微视频等网络培育新载体，整合以往单一式、分散式、灌输式的党员干部网络模式，充分分析党员的学习倾向、兴趣能力、碎片时间段等。二是优化“互联网+培育内容”。针对党员、党员领导干部等不同群体，根据“智慧党建”体系所搜集分析的各种动态信息，推送不同的课程选择。三是量化“互联网+培育评价”。该系统能够不断提升网上学习效果，通过加载培训效果评价模块，增强网络培训系统的质量，使党员干部对课程设置、学习体验等给予评价。

4. 党群服务管理系统建设

为了促进信息互换匹配，增强党群服务管理系统建设，能够将党员志愿服务意向、服务专长等，利用大数据技术，与社会、企业等进行需求对接，能够推进党员、党组织服务群众的智慧化和效率化。

首先，线上线下党群服务相结合。为了使广大群众使用移动互联线上完成学业求助、困难帮扶、故障报修等，结合线下的教务、组织等服务平台，不断提升党群服务效率、便捷度和服务质量。其次，党群服务信息的互换匹配。为了设计服务项目，通过“智慧党建”体系搜集服务需求，将企业、社会的需求与党员的志愿服务相连接，建立完善的党员服务信息推送机制。

（四）“智慧党建”建设中存在的认识误区

在“智慧党建”推行的过程中也存在着一些值得注意的问题。在实际工作中，一些地方基层党组织出现了认识上的误区：

1. 事事依靠网络的思想

在实际工作中，一些同志寄希望于网络能够解决一切党务工作。特别是在落实党建工作规范化的过程中，很多同志想通过网络设置一劳永逸地解决党务工作实际操作过程的各种问题。一些地方把党务工作模块化、流程化，按照各种固定流程完成组织要求的规范性任务。这在许多基层党组织都有表现，这种做法导致了一些同志形成了严重依赖网络信息平台的工作习惯，机械地执行工作流程，从而忽视了对具体问题进行具体分析。

2. 用“键对键”代替“面对面”的思想

即用网络交流代替传统工作交流的思想。基层党组织在处理工作的时候，网络交流的工作比例越来越高，但这种比例的提升并不意味着网络交流可以完全取代传统工作交流。不回避现实矛盾，多跑腿、多用心、多观察是做好基层党建工作的基本功，党的宗旨是全心全意为人民服务，要面对面地了解党员群众的实际情况、倾听党员群众的反馈声音，才能全面贯彻落实党的群众路线政策，才能使全面从严治党深入基层。

3. 形式与内容相统一的问题

基层“智慧党建”推进速度很快，但发展中随之出现了重形式、轻内容的情况。有的地方的“智慧党建”平台注重形式的多样性，强调“留痕管理”，一些基层干部深受形式主义之苦。据报道，有基层干部讲，“睡觉起来微信工作群信息爆炸、每天必须签到打卡、副手每次出门都要带五部手机、每部手机24小时开机……”还有的地方只注重建立客户端，但地方上线的党政客户端存在着名实不符的现象。

4. 创新工作与凝聚力量相统一的问题

基层党的建设既强调结果，同时也强调过程，是过程和结果的有机统一。一些地方基层党组织过于注重工作创新带来的结果，特别是一些指标性的标准和要求。在工作中，把主要精力放在监督与考核管理上，反而把党的优良传统，比如，思想政治工作简单化、技术化了，这对于从事党务工作的主体——党员而言，影响是难以估量的。

要明白，“智慧党建”的建设是为提升组织力、凝聚力、战斗力为最终目的。要用好“智慧党建”新载体，以人为本，开创党建新局面。

二、鹰潭市基层党组织“智慧党建”的实践探索

鹰潭市牢牢抓住“建设国家一流智慧新城”的有利契机，从2017年年初开始，着眼把信息技术嵌入党组织工作运行、干部教育管理监督以及人才服务各个环节，大力推进智慧党建建设。

按照“全域一体”理念，把“智慧党建”纳入鹰潭“智慧新城”建设体系，充分运用现代信息技术和互联网思维构建党建工作联系、纪实、公开评价机制，精准开发针对不同主体的功能模块，推动各级组织部门落实责任，提高效率，推动基层党组织规范管理、提升能力，推动党员增强意识、发挥作用，全面提升党建工作规范化、信息化、科学化水平。

（一）以建立党建工作云数据中心为重点提升信息资源承载能力

1. 拓展整合基层党建网络资源

以全市电子政务外网和互联网为依托，搭建贯穿各级组织部门和基层党组织的“虚拟专网”，为开展非涉密管理应用提供网络和应用平台。拓展整合组织工作各类网络资源，畅通各基层党组织网络连接通道。对农村党员干部现代远程教育网络进行升级改造，拓展教育培训和互动交流用途。

2. 建立基层党建工作云数据中心

依托鹰潭云计算中心，建立全市统一的综合性党建云平台，集中为党建业务应用系统提供部署环境和硬件基础，建立党建大数据交互平台和智能分析系统，实现对数字、文字、图像、声音、视频等多种形式党建信息的广泛收集、全面分析，及时跟踪和了解基层党建工作情况，全面提升全党建信息化系统的承载能力及服务水平。

3. 建立完善各类党建信息数据库

以中组部党内统计数据为基础，建立数据规范。完善全市党员和党组织电子身份信息，建立基础信息库、组织行为库和党建知识库。拓展党建工作信息利用渠道，不断充实记录党建活动和成效的数据信息。按照国家信息安全、保密等级保护制度要求，建立各方协同配合的信息安全防范、监测、通报、响应和处置机制。

（二）以建立基层党建综合管理系统为核心推动党建工作目标落实

1. 部署中组部全国党员管理信息系统

按照中组部、省委组织部的统一安排，在大组工网、虚拟专网和互联网上部署全国党员信息库和全国党员管理信息系统。包括党组织和单位信息管理、党员信息管理、发展党员、组织关系转接、流动党员管理、党费管理、基层党组织活动管理、党内统计等8个管理子系统和网上组织生活、党员服务、基层党务公开、党代会代表在线服务、在线学习培训、在线互动论坛等6个服务子系统。

2. 建立鹰潭基层党建智慧地图

开发建设电脑网页版、手机版和电子大屏版多端同步的基层党建智慧地图，结合实体党建数字化资源，实现基层党组织信息地图分布、活动信息分布、地图搜索引擎、地图切换、地图统计、组织树形结构等地图展示，结合党建互动、服务、管理业务系统，提供直观便捷的互动服务。建立智慧党建展示中心，开发大屏展示终端应用，配套制作文字、图片、视频、音频多媒体等展示内容，为基层党建工作信息化提供综合应用展示场所。

3. 搭建基层党组织党务综合管理系统

面向领导决策、面向基层实务、面向组工业务，依托基层党建智慧地图，对接中组部全国党员管理信息系统，围绕各类党建工作主体开发不同的应用模块，建成集宣传、管理、教育、服务、分析等功能于一体，全市统一的基层党建综合管理系统。在系统中可自主建立具体的工作推进平台，通过平台发布党建工作、基本任务、临时工作等内容，督促落实工作责任制。针对党员干部建立纪实管理、交流互动模块，规范党内政治生活，强化党员教育，促进党员互动交流。

（三）以建立党建立体量化评价体系为关键实现党建与信息化融合

1. 建立党建工作立体量化评价体系

依照基层党建规范化建设“六项基本”的具体内容，明确县（市、区）党委、基层党组织和党员三级党建工作责任主体，按照“分类定责、统分结合，积分量化、多维评价”的原则，建立量化党建活动过程和成效的积分制评价办法，以信息化手段推动党建工作责任全面落实。评价办法主要着眼于两类行为，一是规范化规定的基本动作，二是创新特色的自选动作。党建责任主体的目标积分由系统线上实时统计排名，结合“四位一体”党建考核制度和基层党建督查工作机制，线下通过督促、抽查、考核、验证等方式实地了解，线上与线下相结合，形成多维度、全方位的党建工作立体量化评价体系，综合评价党组织的活动和党员行为。

2. 建立促进各类主体参与的激励机制

建立联系机制，以党员为中心，通过各类信息化模块建立相互联系的交流互动机制，通过点赞、评论、投票、推转，促进信息共享、互相激励。建立纪实机制，党组织和党员参与活动的过程如实记录，提取数据，综合分析，通过文字、图片、影音充分反映党组织工作和党员行为。建立公开机制，将各类党建活动的过程公开、成效公开、评价公开，营造创先争优的氛围。建立奖惩机制，对参与党建活动、落实党建责任的各类行为进行评价，注重结果运用，奖罚并举，促进有效激励。

3. 建立覆盖全市的基层党建信息员队伍

按照定岗、定员、定责的原则，将全市划分为市县乡村四个基本层面，建立覆盖全市的党建信息员队伍，实现评价党建活动和成效线上线下的连接枢纽。线上负责对所辖地区和部门党建工作的事项认领、分流交办、办理反馈、积分统计分析，线下负责对党组织活动和党员行为的信息采集，并通过巡查、考核等方式实地进行验证。信息管理员应由政治素质好、熟悉党务工作，并能熟练掌握计算机操作的中共党员担任。

（四）以形成互联网思维的党建活动为基础推进党建工作特色创新

1. 探索适应互联网思维的党建活动

运用平台思维和信息技术，积极组织开展开放式党组织活动，更有效地联系服务党员群众。鼓励发起集结行动，结合党员活动日，以党组织为主体发起参与度高、社会形象好、健康向上的主题实践活动，促进党建活动常态化。鼓励开展激活行动，动员区域内具备一定规模党组织，发起党建活动项目，组织区域内党组织共同参与，采取小组化的方式推进，注重发挥区域内党员志愿者、在职党员和党代表作用。鼓励参与发现行动，发现基层党组织的典型经验和普通党员中的典型人物，向信息平台推荐并展示身边的好党员，积极营造“比学赶超”的浓厚氛围。

2. 拓展党建工作新技术应用手段

积极探索云计算、大数据、物联网、人工智能等技术手段与党建工作的融合，充分利用鹰潭“智慧新城”的建设成果，建立大数据智能分析系统，物联网党员身份认证识别系统，人工智能服务系统。积极探索利用手机热门通讯软件提高党建宣传工作的效率和公众参与度。坚持正面引导，统筹微信公众号、党建网、微信群等发布平台，打造党建工作信息发布的权威窗口，同时继续提升电视栏目、党建网站的作用。

3. 推动基层党建信息化创新模式

在全市统一推进基层党建信息化建设的基础上，鼓励各地、各领域各群体围绕自身党建工作特色亮点，进一步树立“党建 +”“互联网 +”思维，做好信息技术与党建管理服务的有机结合，从服务改革、服务发展、服务民生、服务群众、服务党员等角度，探索“互联网 + 党建”的新模式。

三、鹰潭市基层党组织“智慧党建”的工作成效

鹰潭市牢牢把握“建设国家一流智慧新城”有利契机，高标准建设“智慧党建”平台，推进基层党建传统优势与信息技术高度融合，树立新理念、运用新手段、催生新成效，推动基层党建工作全面进步、全面过硬。

（一）一张地图抓党建，推进党建工作全域一体

把基层党建信息化作为落实党的一切工作到支部的主抓手，以“一张地图抓党建”为核心，围绕“健全基本组织、建强基本队伍、坚持基本制度、开展基本活动、提升基本服务、强化基本保障”的“六项基本建设”，将全市基层党建作为一个整体来打造，激活基层党建工作“一盘棋”。

在地图中，按照“全域一体”理念，将全市六个区域以及非公企业和社会组织、农村、机关、事业单位、社区、国企等各领域党建工作融汇于一张市域图上，努力将省委提出的“鹰潭要发挥地域小、好统筹的优势”要求落到实处。同时，把地图从线下拓展到线上，使全市基层党建工作在“一张图”上“全景式”可视化展现，实现全市党组织、党员信息、基层党建

各项重点工作动态行为数据应进尽进，既能完成基层党组织的地理分布、活动信息、地图搜索、动态演示、组织架构等展示，又能实时监控各区域各领域各群体基层党建工作的动态走势，及时调度推进基层党建各项重点工作任务，真正把全面从严治党的要求落实到每一个党支部和每一名党员。

“智慧党建平台”以“一图一云一标准,三网三端三平台”为主要内容，着力强化八大功能。“一图一云一标准”是指：一张智慧党建地图，一个组织工作云数据中心，一套标准规范体系；“三网三端三平台”是指：互联网、电子政务外网、大组工网等三张连接网络，移动端、电脑端、大屏端等三个进入端口，基层党建、干部管理、人才服务等三大管理应用平台。八大应用功能是指：动态感知、实时提醒、智能搜索、广泛连接、大数据分析、考核评价、众助服务、云端监测等功能。

2018 年 8 月 2 日，智慧党建平台正式上线运行。截至 2018 年 10 月，鹰潭市共有 49430 名党员通过党建 App 或“鹰潭组工微讯”微信公众号登录鹰潭智慧党建平台，单日最高登录 13041 人次，年内累计使用达到 110.84 万人次；共有 3242 个党组织通过电脑登录鹰潭智慧党建平台，年内累计使用达到 41.72 万次，单日最高登录 2289 个组织；记录年内基层党建活动 57.11 万个,单日最高开展活动 1973 个;累计活动签到 74.02 万人次，汇聚 12.07 万张基层活动照片、7718 段现场活动视频；党建 App（党员版）发布新闻资讯 735 条，浏览量超过 64.6 万人次，视频观看量 34414.03 小时。

（二）八大应用强驱动，推动党建工作信息化

依托全国党员信息管理系统，将党组织和党员信息定期同步至智慧党建平台，避免重复作业、另搞一套，在此基础上，采集和录入各类党建信息和数据，拓展八大功能应用，打造一个紧贴鹰潭市党建工作实际的综合性平台。

1. 动态感知

对隶属市委管理的 6 个县（市、区）、5 个党（工）委，2898 个基层党组织、50441 名党员，以及党建指导员、第一书记等党务队伍的重点、热点和焦点数据进行 24 小时连续感知，感知数据上图、定量、可视、可追溯。比如，针对“第一书记”监督管理难的问题，平台设计“第一书记”签到打卡功能,可随时查看“第一书记”出勤情况和工作动态,实时“在线督查”。

2. 实时提醒

对各项基层党建工作任务，提供任务时限、完成比率、缺漏预警等事项的实时提醒，解决实际工作中党组织和党员获取信息滞后、沟通不畅的问题，及时发现工作中的盲点和薄弱环节，督促工作落实。利用平台对全市民主生活会、组织生活会进行了跟踪调度，会议质量同往年相比有了大幅提升。

3. 智能搜索

支持多个维度的条件查询检索，可以按领域、区域、层级、角色，搜索基本组织、基本队伍、基本制度、基本服务、基本活动、基本保障等所有与党员和党组织相关的信息，实现对数字、文字、图像、声音、视频等多种形式党建信息的智能查询。

4. 广泛连接

实现全市所有区域、领域和层级党组织的互联互通，以及党组织、党员与群众三者之间实时点对点互动交流，系统可以按需精准连接任何一名角色,实时查看每一个党组织、党员的工作动态,实现了沟通交流“零距离、零时差”，极大地提高了工作效率。

5. 数据分析

动态聚合并关联日常党建工作中的“活数据”，多维度多角度对6大领域党建数据进行分析，实现对党建趋势和工作成效的智能分析预判，问题隐患的实时监控告警，重大事项的可视化辅助决策，为精准做好党建工作提供数据支撑和决策参考。

6. 考核评价

系统后台根据预设考核评价规则，对基层党组织、党员的工作落实和服务情况、组织活动开展情况实行积分制管理，每日动态排名，倒逼基层自我对照、比学赶超。根据要求和时间节点，将每一项日常工作完成情况进行量化评分，评分结果纳入全年基层党建目标考评体系。

7. 众助服务

发布微心愿，提供微服务，党员主动匹配认领，组织及时推送办理，搭建为民服务新渠道，激发为民服务热情和干劲。

8. 云端监测

每天 24 小时监测、评估、反馈用户使用情况。第一时间对涉组涉干舆情进行采集筛选，进行线索追踪，发现关联关系和信息爆发点，实现第一时间发现舆情，及时有效应对舆情。

（三）夯实基础传压力，提升基层党建工作整体水平

通过智慧党建平台，不仅把履行抓基层党建工作责任层层传导至党组织末梢，破解只说不抓、抓而不实、实而不优的问题，还能做到心中有数、跟踪推进、精准施策，进一步夯实基础、补齐短板，提升党建工作整体水平。

1. 传导了压力，党建工作责任进一步压紧压实

实施积分管理考核，对党组织党建工作进行动态跟踪管理、全程考评监督，将党建工作考核"软指标"变成"硬杠杆"，防止了党建工作弄虚作假、抓而不实，推进了基层党建各项工作任务落实落地。很多基层党支部书记从内心发出感慨：以前每年党建考评就看年终这一下，考评不够细也不够科学，现在每一项日常工作都纳入了考评体系，工作开展得怎么样，智慧党建平台都一一有据可循，马虎不得。

2. 摸清了家底，工作决策更加科学高效

针对基层党建工作点多面广、资料台账多、层层统计难的问题，系统平台收录了涵盖所有党组织、党员、党务干部队伍的各项基础信息。其统计、汇总、分析功能，能够从大量的零散杂乱信息中迅速获取工作需要的信息，不仅能快速高效地为工作决策提供准确参考，而且解决了以往信息采集难度大、误差大，信息零乱失实、更新速度迟缓，党务干部负担重的问题。

3. 丰富了手段，党员教育管理监督更加有力

平台支持在线考试测评、学习积分管理、在线直播教学等功能，全市党员随时随地可以利用手机进行学习教育。党员参与的每一项党内活动和服务都会记录在册、生成积分，作为民主评议党员和评先评优的重要依据。针对流动党员管理难的问题，建立全市流动党员电子信息台账，绘制流动党员迁徙图，设置活动任务实时提醒、提供多种远程活动参与渠道，让流动党员在平台安了"家"。

4. 打通了渠道，党员干部联系服务群众水平明显提升

强化“智慧党建”为民服务功能，党员可在系统上以“微服务”的形式发布服务项目，群众可在网上以“微心愿”的形式提出服务需求，并在电子地图上展示出来，党员通过手机 App 随时认领。群众随时交办，开辟了扁平化民意诉求渠道，群众反映事项得到迅速解决。党员实时提办，协助解决后，求助人进行评价，系统自动给党员积分，有效激发了党员干部为民服务的热情和干劲，打通了联系服务群众“最后一公里”。

省委书记刘奇对鹰潭智慧党建工作作出批示，“用现代化的手段丰富‘党建 +’的内涵，很有意义”。

2018 年 6 月 20 日，中央党的建设工作领导小组内刊《党建要报》第 20 期专门刊文，对鹰潭市智慧党建相关经验做法作了介绍。

四、鹰潭市基层党组织“智慧党建”存在的问题及对策

鹰潭基层党组织“智慧党建”工作经过近三年的实践，为鹰潭创新基层党建管理手段提供了有益探索，真正在服务基层组织、服务全体党员、服务人民群众上发挥了一定的作用，取得了一定的实效。但是在进一步推进基层党组织“智慧党建”工作，在落细落实上还存在一些问题，需要进一步改革创新，做优做特。

（一）存在的问题

1. 平台作用的发挥还不够，和各级领导要求存在差距

鹰潭“智慧党建”平台解决问题能力不足，服务作用发挥还不够，“能用、会用、管用”的水平较低，基层党组织运用“智慧党建”解决工作问题、提高工作效率还不够；基层党组织和党员使用效率不高，服务基层组织、服务全体党员、服务人民群众作用还不强。

2. 平台功能不够强，与基层党建业务需求存在差距

整个平台的功能框架已经基本建立起来，但在一些细节方面还不够完善，比如提醒、调度功能还比较单一，无法多维度、深层次进行工作提醒和调度。

3. 平台的体验感不够好，与用户使用需要存在差距

内容吸引力较弱、互动性不强，党员参与感、体验感不强。平台的使用界面还不够友好，部分基层老党员使用不够便捷。

（二）提高基层党组织“智慧党建”工作的对策

针对以上问题，结合鹰潭市的实际，在进一步提高“智慧党建”建设中，应该重点在以下几个方面下功夫：

1. 要在更高层面提高思想认识上下功夫

基层党建工作每走一步都必须与中央、省委、市委的总体发展思路相吻合。如2017年鹰潭市率先提出基层党建全域一体，纳入市委提出的“全域一体、改革创新、优化生态、小市大为”十六字方针，提出抓党建不仅要抓点，还要重点抓面，要做到面上过硬、点上优化。鹰潭有五万多名党员，三千多个党组织，所有的党组织在鹰潭这张地图上连起来，连成一片。有点、有线、有区、有面，这就是“全域一体”。2018年按照“全域一体、改革创新、优化生态、小市大为”总体要求、“三大四聚”发展路径和“六强四动一保障”工作思路，以新理念为引领、新技术为支撑，带动产业发展新业态、政府管理新手段、百姓生活新体验，举全市之力、汇全省之策打造全国一流智慧新城，鹰潭“智慧党建”“互联网＋政务服务”全域一体化平台上线。只有通过信息化的手段，才能做到把“党建地图”实时、完整地连起来，才能做到全域一体。为了把智慧党建做得更实，市委又提出“两化两统筹”。一个是规范化，用六项基本建设抓党建抓支部。第二是信息化，就是打造“智慧党建”，“智慧党建”是作为市里“智慧新城”三大攻坚工程之一。两统筹就是统筹各领域各群体党建，就是统筹五大领域和六个区。总而言之，做好智慧党建工作任何时候都要提高站位、统一认识，不仅仅是为党建而党建，而是要把党建工作与总体发展思路相结合，推动各项工作的落实到位。

2. 要在提高实际应用能力上下功夫

鹰潭的“智慧党建”做得很好，但是要用，如果不用，再好的东西也是摆在那里。所以要广泛地运用，各级党组织和党员都要用起来，每一项工作、每一次活动都要用。市委组织部是一个层面，各县区是一个层面，

乡镇是一个层面，村、社区是一个层面，每一个层面都要用。比如说机关工委下面的支部开展“三会一课”等,这个层级的书记到办公室把电脑打开，看每天有多少支部开展活动，哪些党费还没有交，机关哪些党员过政治生日的，不需要打电话不需要跑，打开电脑就知道了。机关工委发通知通过“智慧党建”平台发，在八大功能里面有提醒功能，如果没有回复，就发信息提醒他。“智慧党建”是一个非常好的工作平台。这个工作平台可以连接党员,也可以连接党组织。所以要把“智慧党建”这八大功能好好研究，做到在支部层面、县级层面、市级层面这八大功能实现全覆盖，真正做到能用会用管用。

3. 进一步夯实基础，在优化系统功能方面下功夫

要对现有平台功能进行优化完善，基本达到“能用会用管用”的要求，具体包括：对现有各子系统中主要功能模块，进行较为全面的功能检查，对基本信息、动态数据进行全面剖析和调整,做好底层数据支撑,夯实基础；对功能尚不健全、体验不够友好的功能逐个改版、优化，提升系统易用性、界面友好性。

4. 进一步用好数据，在深化数据交换分析方面下功夫

建立基于基层党建、干部管理、人才服务、智能办公，公务员管理系统和公务员工资审批系统数据交换平台，依托数据共享交换平台，建立较为全面、稳定的数据共享交换机制，实现不同系统间的数据共享共用。融入长文本大数据分析、图像识别等较为先进的“AI”分析手段，进行深入的数据挖掘和分析，为基层党建工作、干部管理工作和人才服务工作提供决策参考服务。

5. 进一步增强互动，在提升服务水平上下功夫

结合基层党建工作需要，强化实时提醒、工作调度功能，加强与全国党员管理信息系统、全省党员远程教育平台的对接，强化资源整合和连接水平，为全市党组织和党员提供更为丰富的连接渠道，打造实时、广泛、互动的连接方式,提升服务基层党组织、党务工作者水平。建立“突出先进、鼓励后进”的积分评价体系，提升基层党务工作者、党员的体验感和参与积极性。以“网格化服务”为切入点,强化与 12345 市长热线平台资源整合，

理顺党组织、党员服务机制，密切与群众的联系，让群众感受到鹰潭“智慧党建”服务成果，提升广大群众的获得感。

6. 要在强化制度保障全面提高使用率和普及率上下功夫

第一，做好人员保障。要发挥好三支队伍的作用。第一支队伍是认真负责的信息员队伍。要把人确定好，对现有的队伍要相应地调整或者合并。要把信息员队伍稳定下来，可以考虑有能力的党支部书记要兼任信息员，并做好信息员的培训。第二支队伍是熟悉业务的需求分析队伍。这个分析队伍要不断地去围绕工作职能，分析研究，做到优化提升，更加接地气。第三支队伍就是响应及时的技术研发队伍。这个主要是针对开发公司。对于基层提出的所有问题，都要第一时间做出反馈，能解决的，立马解决。

第二，要做好制度保障。要在制度上、流程上、规范上、安全上对平台内容进行约束，建立“智慧党建”应用标准规范和安全机制，形成可复制推广的鹰潭经验。建立“智慧党建”应用先进基层党组织和优秀信息员评选机制，定期开展评选活动，表彰一批党组织和党建信息员。要建立“智慧党建”的运行机制，通过“智慧党建”发现基层党组织的先进典型和普通党员中的先进人物。党支部实际上有很多好的东西，经过支部书记同意、审批以后也可以上传上来，内容可以尽量全面，能上传的都要上传，这样就可以通过党建地图，综合评价这个支部，你是先进支部，还是一般的，还是软弱涣散支部。鼓励企业、社会团体等社会力量依托“智慧党建”参与社会服务，形成“智慧党建”高效运行、有效服务的合力。众助服务也要尽快研发完善，要打出“有困难找鹰潭‘智慧党建’”的口号，鹰潭的群众、进入鹰潭的人，有困难找鹰潭“智慧党建”。众助服务必须发挥“服务全体党员、服务基层组织、服务人民群众”的作用。

赣州红色旅游产业发展存在的问题及对策研究

张孝忠 胡宗洪 廖 昕

【摘要】 红色旅游是指通过对革命历史文化的纪念地、标志物进行缅怀学习、浏览参观,以“红色”为内涵,以“旅游”为形式的主题性旅游活动。近年来,红色旅游以强劲的发展势头成为旅游业中的一个亮点,全国各地如延安、百色、韶山等陆续推出一批红色旅游品牌。赣州作为著名的革命老区和红色旅游胜地,发展红色旅游产业拥有着得天独厚的优势。如何加快推动红色旅游发展,是当前赣州经济社会发展实践中提出的现实问题,也是赣南苏区振兴发展必须解决的重大课题。

一、赣州红色旅游产业发展的现状

赣州地处于江西省南部和赣江上游,也是江西省面积最大的设区市,有着“江西南大门”的美称。赣州总面积 3.95 万平方千米,下辖 3 个市辖区、14 个县、代管 1 个县级市。作为中央红军二万五千里长征出发地和中华苏维埃临时中央政府诞生地,毛泽东等一系列老革命家都在这里留下了光辉灿烂的革命痕迹,赣州发展红色旅游拥有着得天独厚的优势。

(一)赣州红色旅游产业发展的背景

2004 年 12 月,中共中央办公厅、国务院办公厅印发《2004—2010 年全国红色旅游发展规划纲要》,把今后几年的旅游发展主题定为“红色旅游”。《纲要》提出 :“在今后 5 年内，我国将在 2010 年前培育 12 个 ‘重点红色旅游区’,100 个‘红色旅游经典景区’,30 条‘红色旅游精品线路’。”①

2012 年 6 月 28 日，国务院印发《国务院关于支持赣南等原中央苏区振兴发展的若干意见》,《若干意见》强调要“促进红色文化旅游产业大发展”，明确提出建设“红色文化传承创新区”战略定位，将赣南苏区红色旅游发展列入国家旅游发展战略，打造成全国著名红色旅游目的地。国家旅游局也配套出台了《关于支持赣南等原中央苏区旅游产业发展的实施意见》，从 10 个方面帮扶赣南苏区旅游发展。

《若干意见》提出后，为促进赣州红色旅游发展，市委、市政府给予高度重视。

2012 年 7 月，由市委宣传部牵头成立了赣州市红色文化传承创新区规划课题组，编制完成了《赣州市红色文化传承创新区总体规划》，并编制了赣南苏区红色旅游长廊、赣南苏区红色旅游基础设施建设项目。

2015 年出台《关于加快旅游产业发展的意见》，提出了红色旅游发展定位，即打造全国著名的红色旅游目的地，加强革命遗址保护和利用，建设以瑞金为核心，辐射兴国、于都、宁都等地的“红色故都”旅游经典。

2016 年年初，确定了全市“一核三区”的战略发展格局，即打造以章贡区、南康区、赣县为主体的宋城文化旅游核心区，重点发展东面以瑞金、兴国、于都、宁都、会昌为主体的红色旅游区，南面以龙南、定南、全南为主体的客家文化旅游区，西北面以上犹、崇义、大余为主体的生态休闲度假区。同年 6 月，印发了《赣州市旅游产业发展三年推进计划（2016—2018 年）》，目标是把赣州建设成为全国著名的红色旅游目的地、区域性文化旅游中心城市和东南沿海地区休闲度假后花园。

2018 年 10 月，印发了《关于进一步加快红色旅游发展的实施意见》，把发展红色旅游摆在更加突出位置，目的在于推动全市红色旅游跨越式发展，成为全市经济高质量发展的新增长点和赣南苏区振兴发展的有力支撑。

① 中共中央办公厅，国务院办公厅印发 .2004—2010 年全国红色旅游发展规划纲要［Z］.2004.

在国家的大力支持和政府的高度重视下，大好的发展环境给赣州红色旅游发展提供了广阔的舞台，注入了新的活力。赣州红色旅游开发力度得以加大，红色旅游得到了迅速发展，赣州红色旅游发展迎来了“黄金发展期”。

2005 年，赣州市共接待红色旅游游客 240 余万人次，实现旅游收入 40 多亿元。2011 年，赣州市接待红色旅游人数 718.6 万人次，实现旅游收入 50.7 亿元。2016 年赣州全市红色旅游接待人数为 1826 万人次，实现旅游收入 169.74 亿元。

赣州红色旅游产业发展的优势：

1. 红色旅游资源丰富，分布相对集中

赣州历史悠久、古迹众多，红色旅游资源遍布各地，但主要集中在东北部的瑞金、兴国、于都、会昌、石城和宁都六个县（市），在空间上形成了以瑞金为中心的红色旅游区。

1931 年 11 月，中华苏维埃共和国临时中央政府在瑞金成立。瑞金作为中华苏维埃政权的发源地、中华苏维埃临时政府所在地，有着“红色故都”的美誉。兴国是著名的“将军县”，毛泽东曾亲自为兴国手书“模范兴国”四个大字。于都、会昌、石城、宁都等地都是当年苏维埃政权的红色区域。

在赣州红色旅游资源中，被列为全国重点文物保护单位的有 4 处 60 多个点，列为省级文物保护单位有 20 处，革命旧址（群）、纪念建筑物共有 267 处。

表 1　赣州红色旅游资源的分布一览表

县（市）	红色旅游资源
瑞金	拥有革命旧居旧址群 180 余处，如叶坪乡革命旧址群 、沙洲坝革命旧址群等，其中有“红井”、“一苏大”、“二苏大”旧址、云石山长征第一山等。
于都	红军长征第一渡、红四军政治部、赣南省苏维埃政府暨毛泽东长征出发前夕旧居、中共赣南省委旧址等。
兴国	红军烈士陵园、兴国革命烈士纪念馆、长冈乡调查纪念馆、中央红军兵工厂、中央造币厂等。

续表

县（市）	红色旅游资源
会昌	文武坝旧址群包括中共粤赣省委、粤赣省苏维埃政府、粤赣省军区等；邓小平任会寻安中心县委书记的会寻安中心县委旧址；筠门岭旧址群等。
宁都	宁都起义总指挥部旧址、宁都县苏维埃政府旧址、宁都反围剿纪念馆等。
石城	毛泽东、朱德观下旧居、红家垄红四军军部旧址、虎尾坑红十三军军部旧址、红军秋溪整编旧址等。
寻乌	寻乌县革命烈士纪念馆、古柏烈士纪念碑、毛泽东作寻乌调查旧址等。
信丰	中央红军长征突破第一道封锁线战场遗址、赣粤边三年游击战争纪念馆、毛泽东在信丰县旧居
安远	尊三围保卫战遗址、天心镇天心整军广场
南康	陈赞贤烈士墓
崇义	思顺王尔琢烈士墓、南昌起义军上堡整训旧址、猪岭革命烈士纪念塔
上犹	毛泽东在营前旧居、营前革命烈士陵园、上犹县革命烈士纪念碑

凭借着丰富而又集中的红色旅游资源，赣州名列全国12个“重点红色旅游区”、100个“红色旅游经典景区”和30条“红色旅游精品线路”之中，《江西省红色旅游发展纲要》中推出的六条精品路线中，其中三条路线连接赣州。

2. 红色旅游资源底蕴深厚，意义重大

赣州在中国革命史上创造了诸多“第一”，这为赣州的红色旅游资源锦上添花。

1927年8月25日，南昌起义军南下途中，在瑞金壬田打了南下以来的第一个大胜战。

1931年11月7日，第一个全国性政权——中华苏维埃共和国临时中央政府定都瑞金，同日，庆祝“一苏大会”召开的红军阅兵典礼在瑞金叶坪红军广场举行。这次红军阅兵典礼是我军历史上第一次正规的阅兵典礼。

1931年12月，国民党军第26路军在中国共产党领导下在宁都举行武装起义，这是第一次大规模的武装起义。

1933年3月23日，为纪念马克思逝世50周年，中共临时中央决定将原中央苏区中央局党校改称为马克思共产主义学校，这是中国共产党历史上最早的中央党校。

1934 年 10 月，举世闻名的二万五千里长征从于都集结出发。

除此之外，中国共产党领导并制定的第一面国旗、第一个国徽、第一部宪法都在瑞金诞生。这诸多的第一，每一个都是一部厚重的历史，具有非常重要的意义，这些都是红色旅游资源里的经典。

3. 交通条件便利，区位优势明显

近年来，赣州市加大了对交通建设的投入力度，目前已初步形成由公路、铁路、水运和航空组成的立体交通网。

赣州市内 105、106、319 和 323 四条国道，泉南、大广、厦蓉和济广四条高速公路。“二纵三横二联一环”的高速公路网和“四横六纵一环”的国省道主干线公路。“干支匹配、内联外通”的开放型公路已经基本形成。

赣州境内目前有京九铁路、赣龙铁路、赣韶铁路和赣瑞铁路四条铁路线。昌吉赣深高铁 2015 年 7 月全线开工建设，全线预计 2019 年底建成通车，赣州将迎来“高铁时代”，届时，赣州北上南昌，南下深圳只需要 2 个小时。除此之外，还有七条铁路纳入全国的《中长期铁路网规划》，另一条高铁线路长赣铁路也即将建设，兴泉铁路、瑞梅铁路、赣郴永兴铁路、赣韶铁路扩能改造四条普铁也将在“十三五”期间全部开工建设，一张“四通八达”赣州铁路蓝图正徐徐展开。

赣州境内河流航里程 1103.5 公里，其中 14 个县（市、区）设有港口，产用码头 25 座，其中赣州港是江西六大港口之一，也是区域性重要港口。赣州港包括城区港区、赣县港区、南康港区、于都港区、信丰港区，目前最大靠泊能力 300 吨。

赣州黄金机场是江西第二大民用机场，占地面积 2668 亩，目前已开通航线 22 条，通航城市达 28 个，执飞航空公司 13 家。市委、市政府编制了《赣州黄金机场总体规划》，计划扩建并在 2019 年年底建成赣州黄金国际机场。

不断完善的交通运输条件彻底改变了过去游客“进不来、出不去”的尴尬局面，为实现区域合作提供了便利的条件，也为促进赣州旅游发展起着巨大的作用。

“五岭之要冲、粤闽之咽喉”，从地理位置上看，赣州是个边界城市，与多省市交界，东临福建省三明市，西靠湖南省郴州市，南接广东省梅州市、韶关市和河源市，北连江西省吉安市、抚州市。

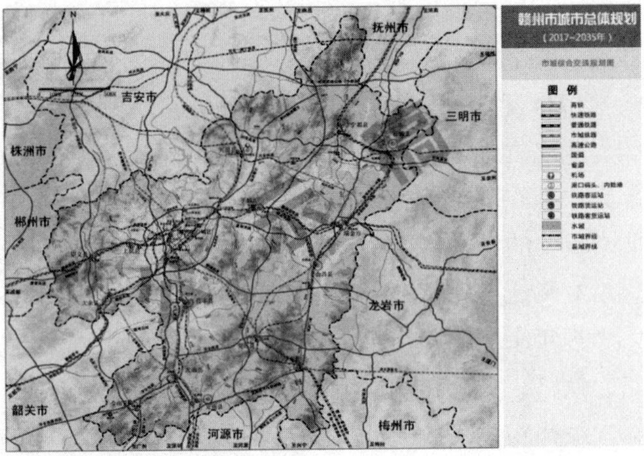

图 1　赣州市交通网络示意图

地处赣粤闽湘接壤地带，对接长珠闽地区，与广州、佛山、厦门、泉州、长沙、湘潭、武汉等大城市形成“五小时交通圈”，具有突出的区位特征。另一方面，赣州与吉安交界，距离井冈山大约 2 小时的车程，可以实现两地共同发展，具备了强强联合的区位优势。同时，与闽西、湘南红色旅游景区、广东的东江红色旅游景区的车程也都在两个小时范围内，组织红色旅游既可以自成体系，又可以与这些周边地区连线，搭建丰富多样的平台。

二、赣州红色旅游产业发展存在的问题

（一）展示形式单一，游客缺乏参与感和体验感

虽然赣州的红色旅游资源丰富，点多面广，但多数景点之间区别不大，陈设简单，基本只限于通过浏览参观纪念馆、展览馆等形式，景点同质化严重，很难给游客留下深刻的印象，导致很多游客“进门就转身”。同时，在浏览参观的过程中，如果没有讲解人员就更加难以通过现有的展示形式产生共鸣和认同，这也无形之中降低了对游客的吸引力。

当前赣州红色旅游资源的开发力度不够，导致缺乏创新、展示单一等问题。传统的观光路线并不能适应游客的实际需求，游客在整个过程中只

能听、只能看，无法参与其中，这其实是一定被动的甚至是强制的活动，缺乏沟通互动和提供人性化、个性化的服务，呈现出静态老化的观光线路使得游客不能得到一个完美的旅游体验和满足感。

（二）开发程度不够，红色旅游资源知名度不高

早在二十世纪五六十年代，小学语文课文中的“吃水不忘挖井人，时刻想念毛主席”就让瑞金被全国人民知晓，然而几十年过去了，赣州的红色旅游资源知名度并没有得到太大的提高。与赣州临近的井冈山、古田等地知名度不断提升，比起延安、遵义、西柏坡等著名红色旅游景点相距甚远。

目前，赣州的大部分红色旅游景区主要是接待公务出行的游客，以事业接待型为主，自行前往旅游的游客人数占少数。除节假日以外，大部分红色旅游景区都是门可罗雀。

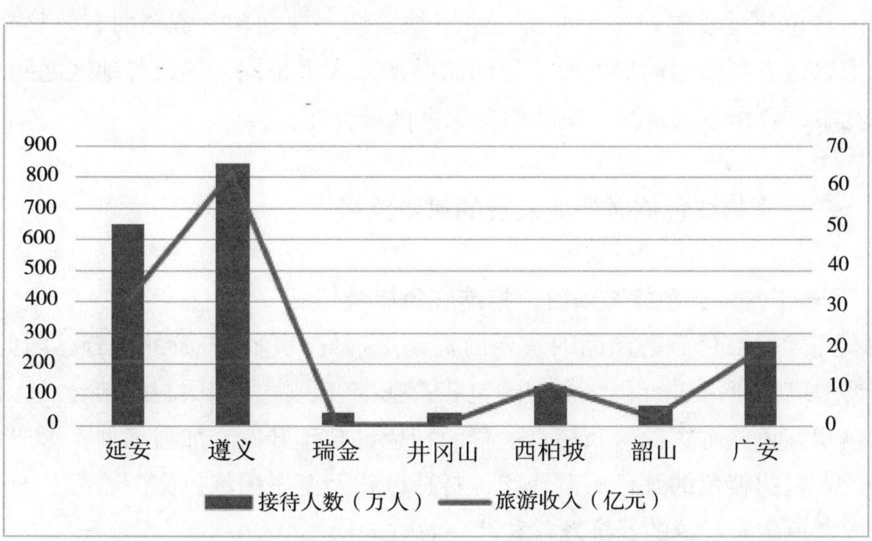

图 2　2018 年国庆长假全国八个重点红色旅游城市接待人数和旅游收入

从 2018 年国庆长假对全国八个重点红色旅游城市（县）的统计数据来看，不论是接待人数还是综合旅游收入，瑞金都与遵义、延安、广安等著名红色旅游景点差距非常大，即使与同省的井冈山比较，也是有一定的差距。

（三）资源利用率低，整合力度和区域协作有待加强

长期以来，赣州的红色旅游资源单一地集中在革命遗址和纪念馆上，主要以观光浏览为主，基本上没有带动其他旅游产品的发展。游客除了参观、照相、听讲解外没有其他的活动内容，这使得旅游时间大幅度缩减，仅需一两天就能够结束行程。赣州除了有丰富的红色资源之外，还有大量的绿色、古色和客家资源，但目前为止，区内各种旅游资源并没有起到挽留游客和拉长旅游时间的作用，除此之外，不少红色旅游资源被闲置破坏，未能充分发挥其应有的作用，使赣州的红色旅游资源产生了资源利用率低、整合力度不够的问题。

尽管赣州具有一定的区位优势，但周围的红色旅游资源如井冈山革命根据地、古田会议旧址等的知名度和成熟度都超过赣州，一定程度上对赣州的红色旅游发展产生了冲击。由于缺乏统一规划和对资源的有效整合，加上以地方利益为前提的政策导向旅游产品大多雷同，导致各地区之间恶性竞争，合作范围狭窄，更谈不上深度区域合作。

三、赣州红色旅游产业发展的对策路径

（一）整合红色旅游项目，打造红色旅游精品

开发好红色旅游产品的重要前提是把握好红色和旅游的结合。因此，需要对红色资源进行科学合理的包装，找准红色资源和旅游的结合点，根据赣州红色旅游资源分布特点、资源特色，合理开发、加强规划，形成几条独具赣州特色的红色旅游线路，打造赣州乃至全国红色旅游精品，充分发挥红色旅游资源的经济效益和社会效益。

2018 年 8 月 16 日至 20 日，市委主要领导率赣州市学习考察团一行，赴遵义市、延安市学习考察发展红色旅游的经验做法，明确提出赣州市要坚定不移突出发展红色旅游，举全市之力打造“红都瑞金”这个龙头，打响“共和国摇篮”这张品牌。为此，要围绕红色革命历史，以瑞金红色旅游为龙头，讲好“共和国从这里走来”系列故事，辐射红色旅游区各县，从而带动整个赣州红色旅游产业发展。

各县（市）要结合当地丰富资源特色，错位互补，打造精品线路。于都县要突出长征源的优势，打造“长征集结出发地”红色品牌；兴国县要着力挖掘苏区干部好作风背后的故事，利用毛泽东同志作“长冈乡调查”，打造“模范兴国”红色旅游名城；宁都县要重点围绕反围剿主题，结合翠微峰景区，打造成为特色旅游目的地；会昌县要重点突出苏区南大门，围绕文武坝、筠门岭打造“风景这边独好”品牌；寻乌县要以“寻乌调查”为基础，打造新时代践行群众路线红色体验之旅；石城县要充分利用石城阻击战、秋溪整编，做好红绿结合文章。

（二）挖掘红色旅游资源内涵，提升红色旅游吸引力

红色旅游产业发展应在挖掘红色旅游资源的内涵、提升红色旅游产品的品位上下功夫，做到深度开发与创新开发相结合。一是要进一步收集整理革命历史文献等资料，在挖掘红色文化旅游资源过程中坚持以党史研究为主线，对赣州革命历史时期的历史进行全面又细致的梳理和了解。赣州作为共和国的摇篮，从 1919 年五四运动到 1949 年赣州解放，赣州这块红土地有着革命先烈奋斗的历史足迹，每一寸土地都闪耀着历史与传统的光辉，可挖掘能挖掘的资源很多；二是要大力开发“红色旅游 +”产品，打造复合型旅游线路。随着经济水平的快速增长，游客的需求日益多元化，为了能够提升红色旅游的吸引力，需要跳出红色局限，将红色旅游同绿色、古色相结合，积极开发整合当地资源。比如瑞金市正在打造大型红色实景演艺项目，并推出了红绿结合的罗汉岩景区；宁都县打造集红色文化、茶文化和乡村休闲为一体的旅游风情小镇——宁都小布镇；大余将南方红军三年游击战争纪念馆等红色景区与梅关古驿道相结合打造梅山红色旅游景区，有效丰富了游客的选择；三是要扩大红色旅游的活动内容，增加红色旅游的趣味性和参与性。现有的旅游项目多以参观浏览博物馆和旧址的形式为主，可适当开设一些体验式、参与式的旅游项目，改变传统的图片展示和橱窗陈列文物的方式，推动红色旅游向体验型、互动型、休闲度假型转变。同时也要提高导游讲解水平，除了保证历史事实的准确性和真实性外还应适当丰富解说内容，做到寓教于乐。

（三）创新形式和载体，让红色教育“火起来”

传统意义上的观光考察型的红色旅游已经不能完全吸引游客，赣州红色旅游想要杀出重围，就需要结合党员、干部培训市场的高速发展趋势，强攻红色教育培训产业，抓住这个发展良机，把红色旅游与思想教育结合起来。井冈山在红色教育这块上就做得非常好，2018 年井冈山市开办红色培训班（期）7000 期以上，红色教育已然成为井冈山旅游的第一品牌，不仅产生了不凡的成就和效益，而且解决了“国庆黄金周”“寒暑假”外淡季无游客的问题。为此，赣州也要牢牢把握这一机遇，出台各类培训机构设立注册、做大做强的政策，鼓励各级各类机构建设红色教育培训机构，对赣州市委党校红色培训工作、瑞金干部学院予以扶持。同时，各级党政部门要加强对赣州红色培训进行全方位宣传，让红色教育真正“火起来”。

（四）加强区域旅游合作，实现红色旅游地互利共赢

红色旅游产业不能孤立发展，而是要用开放的思路，走开放型旅游业发展的路子，加强与周边省市的联合互动，积极开展跨区域、跨省红色旅游协作发展，实现资源共享、信息共用、市场共建。

2016 年，教育部等 11 部门联合印发《关于推进中小学生研学旅行的意见》，要求各地各中小学要结合当地实际，把研学旅行纳入学校教育教学计划，研学旅行的热潮已然兴起，成为未来旅游产业发展的巨大机会，这更是红色旅游产业的历史机遇。全面推进红色研学旅行产业的发展，离不开区域间的合作，要与红色旅游资源丰富的省、市进行区域协作开发，设计出针对不同对象的系列精品红色研学线路，推动线路互通、游客互送，共同发展。

2019 年 6 月 19 日，赣州、遵义、延安三地文化和旅游部门共同签订了《文化旅游合作框架协议》，联合发布了五条“新时代 新长征”红色旅游线路。让广大人民群众在休闲度假、研学旅行中零距离感受红色文化，同时，开通三地航班，进一步促进区域合作，互惠共赢。此举是走合作化道路的有效尝试，赣州还可与井冈山、南昌等红色旅游区合作，联合推出具有“党、政、军”特色的红色旅游路线，打造具有竞争力的红色旅游线路，推动红色旅游产业向更深层次、可持续发展。

宜春基层党建创新与实践研究

杨景平　金文玲　周晓红　岳远云
杨晓雯　张明明　端木玉芳　叶超群

【摘要】 加强基层党建工作，对于不断增强我们党的组织力、凝聚力、战斗力，确保我们党永葆旺盛生命力和强大战斗力具有十分重要意义。为贯彻落实党的十九大关于新时代党的建设总要求，文章通过各地走访调研，就如何提升城市基层党建工作取经问策。在对现有宜春基层党建创新成果充分研究的基础上，认真解剖依旧存在的问题和原因，并结合宜春市实际情况积极探索出适应本地特色和实际需要的方式方法，提出推动基层党建创新的四大途径和三大经验启示，以期推动宜春市基层党建工作的高质量发展。

党的十八大以来，以习近平同志为核心的党中央实事求是、与时俱进，坚持把马克思主义理论与中国实际相结合，在新时代提出了全面从严治党的理念。这是马克思主义执政党建设的理论和发展，也是全面建成小康社会、全面依法治国和全面深化改革，从而实现中华民族伟大复兴“中国梦”的必然要求。在新形势下，基层党建工作面临着很多重大课题和挑战，同时也面临着很多发展的新机遇。如何以创新的意识与时俱进，构建基层党建的新格局，将基层党建工作推向新的高度，直接关系到党的执政地位的稳固，关系到党的战略目标和中心任务的实现[①]。

宜春市坚持全面从严治党，切实履行党要管党、从严治党的政治责任，高标准严要求落实党中央全面从严治党的战略部署，把从严管党治党的要求全面落实到党的基层组织建设各个领域。为了更好地在宜春市基层党建工作方面创新的方式方法上不断创新、与时俱进，针对该研究课题，我们对上海、景德镇、贵阳、武汉等地进行调研考察，就如何提升县级城市基层党建工作进行取经问策，并结合宜春市实际情况积极探索出适应本地特色和实际的创新方式方法，来推动宜春市基层党建工作的创新发展。

一、外地基层党建工作的创新经验做法

近年来，各地纷纷响应中央号召，加强了对城市基层党的建设工作力度，探索出一些好做法、好经验，形成了各自的特色亮点。

1. 体制机制不断优化——党的领导更有力

在领导架构上，各地基本构建的是市委、区委、街道党（工）委、居委会党支部领导，社区管理机构、居委会、居民小组、楼院管理的“四级四区层”管理体制。上海、景德镇普遍建立了“区、街道、居民区”三级党建联席会议。贵阳建立了社区共治委员会制度，普遍形成了“全区域统筹、多方面联动、各领域融合”工作格局。在机构设置上，各地均通过精简部门、职能下沉，增强了街道统筹资源的能力。比如，上海的街道机构从原来“向上对口”的 15 个科室精简为“向下对应”的 8 个办公室，分别是党政、社区党建、社区管理、社区服务、社区平安、社区自治等 6 个办公室，剩下 2 个由各区灵活设置。在服务场所功能设置上，基本都设有图书馆、阅览室、舞蹈室、远教室、儿童乐园、四点钟学校、青少年活动室等多个功能室。在激励机制上，各地均出台不同政策，鼓励促进社区管理和从业队伍建设。上海，居民区书记实行“事业岗位、事业待遇”，连续任满两届、

---

① 孙健．党建引领基层治理创新研究——以珠三角地区实践探索为例［J］．中共珠海市委党校珠海市行政学院学报，2019（02）：5–9.

表现优秀、群众公认的直接进入事业编制。景德镇试行“基础工资 + 工龄工资 + 岗位补贴 + 绩效工资”阶梯式报酬机制，中心城区社区书记人均报酬达到每月 2850 元以上，社区干部人均报酬达到每月 2400 元左右。

2. 党建力量不断壮大——党的触角更深入

无论是哪里的模式，做好城市基层党建，归根结底是要把城市中各个领域党组织的力量和各个领域行业的资源调动起来，尤其是要发挥“两新”组织的作用，共同服务于城市治理和居民需求。比如上海有各类商务楼宇近 2000 栋，入驻企业 6 万家，白领超过百万人，是非公有制经济组织和社会组织的主要聚集地。贵阳观山湖区金华园社级四区结合了在职党员进社区，打造出“千名党员千面旗”志愿服务品牌，先后到社区报到的党员达到 3000 余人。此外,社会组织也发挥了重要作用。景德镇“青年创客”“帮帮团”“蓝天救援队”等一大批社会组织在党组织的引导下，积极参与社区服务管理各项工作。贵阳通过引进多彩云、朗玛等公司及社会组织入驻管理营运，逐步培育孵化社会组织党组织、党员，将党建引领作用渗透至社会治理的各个方面。

3. 平台建设不断提升——党的服务更科学

各地在打造城市基层党建服务平台化、信息化、数字化的道路上做了非常多的有益探索。在上海，街镇成立事务受理中心，长宁元丰小区打造智能安防系统，由智能身份识别、烟感报警系统、行人与非机动车道闸、智慧化信息平台等组成，着力提升党建工作精细化和智能化程度。在贵阳，观山湖区和白云区作为发展大数据的核心区和主战场，结合“数博大道”建设，探索创新大数据在高水平社会治理中的民生应用，世纪城社区以有线电视为基础，整合移动互联网技术，搭建“有线电视 + 居委会服务点 + 移动互联网”三位一体的智慧社区服务平台；泉湖社区通过接入“社会和云”系统，集成居民相关信息，融合全方位视频监控系统，通过云计算、人脸识别等手段整合资源，实现精细化网格管理，达到平台治理、依法治理、综合治理和源头治理的目标。在武汉，百步亭社区以市场化运作，打造“爱社区”为民服务 App，并在智慧门禁、智慧小区建设中也颇有建树。绿地中心党群服务中心通过“526”工作法，全面提升两新组织党建工作，推动楼宇党建创新高质量发展。

二、宜春市基层党建工作创新实践成果总结

为推动基层党建工作发展，宜春市委以部署基层党建工作为内容，相继出台了几个一号文件，并配套出台任务分解和落实方案，围绕全面提升、全面过硬目标，积极推进基层党建工作创新，进行了一系列实践，均取得了较好成效，形成了一批基层党建创新实践成果。

（一）各地基层党建创新实践成果

1. 坚持深化理念求创新

认真落实“党建 +”理念，把党建工作与中心任务结合起来，把党组织活动与党员群众需求结合起来，不断增强基层党建工作的针对性和实效性。比如，丰城市全面实施党建引领村级治理“115”工程，即 1 个党群服务中心、1 系列村级文化建设和农民讲师团、金牌调解室、村民理事会、阳光党务村务窗、群众微心愿 5 个服务平台，推动了乡村振兴，迎来了唱村歌、易旧俗的文明新风，得到了省市领导的高度肯定。高安市推行“党建 + 幸福食堂”，为农村留守、独居及生活困难老人提供日间照料、休闲娱乐、精神慰藉等服务，得到了群众的赞誉。奉新县以“党建 +”为抓手，按照“一社区一项目、一社区一品牌”要求，探索出一条以城市党建引领社区治理的新路子，在全省乃至全国打造了城市基层党建的“奉新模式”。万载县深入实施百企联百村、百家帮百户、农村党员百人解百困“三百”工程，以村企共建、结对帮扶为主要形式，助推抓党建促脱贫攻坚。

2. 坚持围绕破解难题求创新

针对村级集体经济薄弱、“两新”组织覆盖、流动党员管理等普遍性重点、难点问题，谋思路、想对策，积极探索解决问题的办法途径。我们健全了党员教育管理体系，建立了从党员入口到出口，从教育、管理到激励关爱等环节的五大常态化机制，形成了“把管理引导立在前面”制度体系。上高县推行“三资转化增值”工作法，引导农村走“资源转化为资产、资产转化为资本、资本转化为资金”的路子，发展壮大村级集体经济。奉

新县推行非公企业党建“三全四化”工作法，即组织设置健全、党务队伍健全、保障机制健全，党建工作网格化、组织生活规范化、党员作用先锋化、党群活动一体化，强力推进“两个覆盖”。袁州区为破解“干部白天找不到干活的村民、村民晚上找不着下班的干部”这一群众工作难题，推行“月光夜谈”，由镇、村党员干部到村民家去串门，拉家常、谈农事、听民意、解民忧，进一步密切了党群干群关系。宜丰县探索推行农村党员分类量化考核，对农村党员采取分类管理、分类考评、量化评分的办法，根据党员年龄、职务状况和工作特点，以支部为单位，对农村党员进行区别管理与考核。

3. 坚持狠抓落实求创新

坚持把上级的普遍性要求和自身实际相结合，探索推动工作落实的有效办法。比如，樟树市为推进基层党建工作落实落地，推行基层党建责任综合绩效“一办法三清单一规程”考评模式，建立党工委、党委、党组抓基层党建责任清单，党组织书记职责清单，年度重点工作清单，党支部工作流程，通过党建巡察、专项督查、智慧党建平台调度，推动全面从严治党落实到每个支部、每名党员。铜鼓县为深入推进“两学一做”学习教育常态化、制度化，坚持以考促学，采取闭卷答题方式，分期、分层、分类组织党员干部开展知识测试，推动党员干部学深学透。

4. 坚持尊重基层求创新

近年来，宜春市积极鼓励基层立足实际创新，经过总结提炼提升，形成了可复制、可借鉴、可推广的好经验、好做法，有些做法在全市推广。自2016年开始，宜春市在落实省委组织部推行“党员活动日”制度的过程中，立足工作实际，总结靖安县双溪村坚持47年每月上党课和宜丰县农村支部坚持每月开展“村民说事”的成功经验，把“学”“议”环节有机嫁接整合，进一步提炼形成了“党员学习议事日”的有效做法，在全市推广并抓好督促落实。该做法紧抓“学习”“议事”两个关键环节，以县为单位，每月上旬固定一天，按照“学、讲、听、评、议、定”六个步骤开展学习议事，推动“三会一课”落地落实，提高基层组织生活质量。此外，丰城市在全面推进基层党建标准化、规范化、信息化的“三化”建设过程中，落实村干部坐班值班、便民代办，让干部“多跑路”、群众“少跑腿”，确保了村（社区）范围内群众的诉求有人应、群众的问题有人管、群众的困难有人帮。这就是瞄准了基层党建工作的薄弱环节，着力在增强群众获得感上发力。从群众的实际感受来看，“三化”建设让党建工作与服务群众之间实现了同频共振。

5. 坚持压实责任求创新

近年来，宜春市不断完善县、乡党委书记抓基层党建工作述职评议考核机制，在做好县市区委书记、市直单位党组（党委）书记述职评议工作的同时，从 2014 年开始，连续 4 年从 10 个县市区各选择 1 个乡镇党委书记向市委组织部部务会述职，压紧压实乡镇党委书记基层党建责任，发挥好乡镇党委抓基层党建龙头作用，推动党建最大政绩理念在基层落地落实。同时，建立基层党建专项督查和定期巡察制度，对基层党建重点任务，采取明察暗访方式开展专项督查，对年度党建工作，开展定期巡察，通报问题，督查整改。制定了《宜春市基层党建工作问责办法（试行）》，规定了问责情形、问责方式和问责程序，对履行党建责任不力的严肃追责问责。

（二）宜春基层党建创新实践典型——“三化”建设

“三化”建设是宜春市基层党建实践探索的有益探索之一。习近平总书记明确指出，要加强支部标准化、规范化建设 。并在多个场合反复强调，过不了互联网这一关，就过不了长期执政这一关。习近平总书记的重要指示，为宜春市基层党建创新做法的“三化”建设工作指明了前进方向，提供了根本遵循。标准化、规范化是基层党建工作应有之义，信息化是实现党建工作标准化规范化的必要手段。

中央印发的《中国共产党支部工作条例（试行）》，明确要求要把党支部建设放在更加突出的位置，要加强党支部标准化、规范化建设，不断提高党支部建设质量。省委坚决贯彻落实习近平总书记重要指示精神和党中央决策部署，2019 年 9 月把“三化”建设列入第二批“不忘初心、牢记使命”主题教育重要内容。省委刘奇书记明确要求，要全面加强基层党建“三化”建设，推动基层党组织全面进步全面过硬。省委组织部刘强部长到丰城专题调研农村基层党建工作，提出要加强基层党建标准化、规范化、信息化建设这一课题，并要求宜春市和丰城市先行先试，为全省提供可借鉴、可复制的经验。此后，刘强同志多次到宜春、丰城指导调研，对进一步试点推进“三化”建设提出要求、明确重点。

宜春历来被誉为“党建试验田”，抓基层党建工作有着很好的基础。省委决定在宜春推行基层党建“三化”试点，为宜春市基层党建创新提供了难得机遇。宜春市狠狠抓住这次改革的契机，坚决贯彻落实习近平总书记重要指示精神和中央、省委的决策部署，以极端负责的态度和强烈的使命担当，坚决扛起“三化”建设政治责任，拿出对策举措，努力为宜春市全面铺开“三化”建设创造经验。

1. 宜春市“三化”建设的具体要求和主要举措

宜春市按照新时代党的建设总要求，践行新时代党的组织路线，以提升基层党组织组织力为重点，突出政治功能，强化问题导向，以“三化”建设为抓手，全力提高基层党建工作质量，为实现宜春高质量跨越式发展，不断开创区域中心城市建设新局面提供坚强组织保证。坚持先行试点、分步实施，以农村和县市两个板块为重点，统筹机关单位、国有企业、中小学校、公立医院和非公经济组织、社会组织等领域，按照“四个方面定标准、六个方面立规范、一张网络联整体”的要求，分板块、分领域、分步骤推进全市基层党建“三化”建设，实现基层党组织领导班子好、党员队伍好、发展思路好、制度机制好、工作业绩好、群众反映好的“六好”目标，使全市各领域基层党组织全面进步全面过硬，为全省开展“三化”建设提供可复制、可推广的经验。为此，宜春市“三化”建设聚焦目标，按照“六好”要求，不断扩大先进基层党组织比例，提升中间状态党组织建设水平，持续整顿软弱涣散基层党组织，推动各领域基层党组织整体提升、全面进步、全面过硬。而且，要求宜春市各级党组织在践行过程中首先做到：

一是突出政治建设。政治属性是党组织的第一属性，政治功能是党组织的基本功能。把旗帜鲜明讲政治作为“三化”建设的首要任务，把政治标准和政治要求贯穿于“三化”建设全过程，保证基层党建靶心不散、方向不偏。同时加强思想政治教育，教育引导基层党组织和广大党员严守政治纪律、政治规矩，站稳政治立场，提升政治素养，切实增强“四个意识”、坚定“四个自信”、做到“两个维护”，确保党的路线方针政策和决策部署在基层贯彻落实。要严肃党内政治生活，从严落实“三会一课”、组织生活会、民主生活会、民主评议党员、主题党日等基本制度，增强基层党内政治生活的政治性、时代性、原则性、战斗性。加强领导班子建设，围绕增强基层党组织政治功能，选优配强党组织书记，派强用好第一书记，全面推行村党组织书记通过法定程序担任村委会主任和村级集体经济组织、合作经济组织负责人，扩大“两委”成员交叉任职比例。持续整顿软弱涣散党组织，健全党员干部联系服务群众机制，充分发挥好基层党组织战斗堡垒作用和党员先锋模范作用。

二是强化制度执行。制度的生命力在于执行。党的十八大以来，以习近平同志为核心的党中央高度重视基层党建工作，构建了全面覆盖、功能齐全的基层党建工作制度体系。宜春各级党组织和党员领导干部突出抓好党支部工作条例的落实，县级党委每年专题研究党支部建设工作，党委（党组）书记带头建立党支部工作联系点，把每一个联系点建成一个个示范点。通过“三化”建设，对全市基层党建制度的落实情况进行大摸排，着力解决制度落实“最后一公里”问题，以强力的制度执行来促进基层党组织标准化、规范化落实落地。

三是补齐短板弱项。基层党建工作是一个有机统一的整体，哪个领域、哪个方面、哪个环节弱化了，都可能会引起“木桶效应”，导致功亏一篑，这不仅会直接影响党在人民群众中的形象，而且会极大地削弱党的力量。因此宜春市要求精细梳理，坚持问题导向，全面梳理各方面的短板弱项，实行台账管理，分清轻重缓急，抓住主要矛盾和矛盾的主要方面，做到紧急问题优先解决、重大问题专项整治、长远问题分步解决。

四是做好融合文章。党的建设历来是为中心大局服务的。要牢固树立“围绕发展抓党建、抓好党建促发展”理念，在“三化”建设中推动党建工作与中心工作无缝对接、深度融合、互促共进。

其次，细化了基层党建“三化”建设主要要求：

一是基层党建标准化。从四个方面定标准：组织设置标准化，重点明确设置条件、设置类型、设置调整、配套组织等方面标准。领导班子建设标准化，重点明确班子职数、骨干队伍、管理监督、教育培训、关心激励等方面标准。经费保障标准化，重点明确村（社区）“两委”干部报酬标准、各领域基层党组织工作经费和活动经费标准，以及落实经费责任主体。活动场所标准化，重点明确各领域基层党组织活动场所建设、标识制度、基本设施、管理使用等方面标准。

二是基层党建规范化。从六个方面立规范：党员队伍建设规范化，重点从发展党员、教育培训、党员管理、组织生活、党费缴纳管理、党内激励关怀等方面立规范。组织活动规范化，重点从“三会一课”、组织生活会、民主评议党员、主题党日活动等方面立规范。运行机制规范化，重点从议事决策、权责约束、党务政务厂务村（居）务公开、基层民主协商、报告评议等方面立规范。服务群众规范化，重点从服务平台、服务载体、服务创新等方面立规范。党建责任规范化，结合各板块各领域实际，对各级各有关部门的基层党建工作责任立规范。工作任务规范化，坚持党建工作与重大部署、中心工作、重点任务深入融合，明确各领域基层党建工作服务经济社会发展的重点任务。

三是基层党建信息化。在对各领域基层党建工作定标准、立规范的基础上，全面对接全省基层党建工作信息化网络平台，推进基层党建信息化软硬件建设，强化动态感知、实时提醒、智能搜索、广泛连接、数据分析、考核评价、众助服务、云端监测八大功能，构建纵向贯穿各层级、横向联通各领域的基层党建信息化网络，实现全市基层党建工作“一张图”“零距离”“透明化”。

这些主要要求对于打造上下互联、左右互通的基层党建工作信息化网络平台，推进基层党建“三化”建设提供了重要支撑。

最后，有计划有步骤地开展建设，加强组织的领导，让创新举措平安落地，开花结果。

“三化”建设于2019年9月启动，采取分步实施的方式推开。试点阶段，丰城市以农村为重点在各领域全面推开；袁州区、奉新县全面开展城市社区党建“三化”建设试点；樟树市店下镇、永泰镇、经楼镇，靖安县高湖镇、双溪镇，高安市石脑镇、八景镇、灰埠镇，上高4县南港镇、敖山镇、锦江镇，宜丰县芳溪镇、新庄镇，铜鼓县永宁镇、排埠镇，万载县马步乡、三兴镇、罗城镇等18个乡镇按照“四个方面定标准、六个方面立规范、一张网络联整体”的思路同步推进，2020年6月底基本完成。强化分类指导。各地充分考虑群体特点、工作规律和行业分布，按照精准科学的要求，分板块分领域制定“三化”建设主要指标和操作细则，细化建设标准，明确建设举措；强化经费支持。按照厉行节约、务求实效的原则，推进“三化”建设，市财政安排专项资金，对“三化”建设验收合格、运行顺畅的县市区，采取以奖代补、先建后补的方式，给予一定的经费奖励。在此基础上，各县市区、乡镇（街道）把落实本级“三化”建设经费投入主体责任，保障必要的建设经费，重点用于村级组织活动场所、社区办公服务场所标准化建设和基层党建信息化建设；强化督促检查。把基层党建“三化”建设作为各级党组织书记抓基层党建工作述职评议考核的重要内容，健全督促检查、推动落实的工作机制，加大指导和督查力度，确保各项工作任务落地见效。建立基层党建“三化”台账，实行分类管理、动态管理。强化典型带动，大力宣传“三化”建设中的好经验、好做法，发挥示范引领作用，营造良好工作氛围；建立考核奖惩机制，对进展顺利、验收合格、运行顺畅的地方和单位，予以通报表扬；对重视不够、进展缓慢、运行不畅的，及时提醒、约谈；对工作流于形式、出现严重问题、造成不良影响的，严肃追责问责。

2. 宜春市各地“三化建设”的实践成果

宜春各地按照市委统一部署，结合各自实际进行了很多有益探索，取得了不错的阶段性成效，为全市全面铺开“三化”建设积累了经验，打下了基础。

袁州区根据省市工作部署，细化了各领域“三化”建设的操作标准，起草了《村办公服务场所建设规范》，以农村为重点，根据276个行政村（含农村社区）的特点，分小型、中型、大型、特色村等类别，每个类别选取一个有代表性的行政村先行试点打造样板；樟树市各乡镇（街道）党委、市直部门单位党（工）委按照“1+N”方式，建立班子成员联系点制度，每人结对联系1个以上的党支部。市财政安排专项经费，市管党费配套一部分，用于“三化”建设经费奖励和补助。在试点基础上，分村、社区、机关、“两新”

组织等领域，分别培育3个左右示范点；丰城市督促基层党委加大对平台数据完善、党员手机App使用、系统运用管理等的工作力度，确保为全市推广信息化建设提供成熟完善的丰城模板；靖安县制定了“三化”建设责任落实与推进机制的若干意见，将农村、社区等八个领域建设主要指标、建设标准和操作细则逐一具体化、任务化、目标化，形成了8张工作清单，做到每个领域有部门负责、每项指标有单位指导、每件任务有人落实，着力构建“领导挂帅、专班主抓、整体联动、层层推进”的工作格局；奉新县在各领域开展了规范组织设置专项行动，科学调整组织设置，对所有支部逐个“过筛”，做到应建尽建、应撤尽撤，确保每个支部都能正常履行职责。组建“两新”党支部3个。分领域配套制定了“三化”建设操作细则，把基层党建的政策、规定、要求，从实践和落实的角度进行归类细化，让各领域党组织行有标尺、干有方向、评有依据；高安市以“全员发动、全力攻坚、全面完成”为工作思路，分级压实工作责任，抽调人员成立7个工作组，分乡镇分领域分职能对接督导，加强统筹协调和分类指导；各乡镇（街道、场）成立24个工作专班，由党委书记任组长，组织员具体抓、具体负责，倒排工期、挂图作战；落实一村一名党建指导员，全程指导、高效推进，形成“人人肩上有担子、人人身上有任务”的工作氛围。截至目前，全市299个村全部启动“三化”建设；上高县按照“一村一策”的思路和“先易后难、因地制宜、以点扩面、整体推进”的步骤，实行挂图作战。县委组织部结合部机关“分片联点”活动，采取部领导包片、机关干部挂点等方式，指导挂点单位根据“4+6+1”总体要求，制定具体实施方案；宜丰县充分发挥乡镇干部绩效考核、村干部专职化试点的良好基础优势，明确“先出思路、出做法，边建设、边小结，再小结、再推动，强推动、强推广”的品牌创建思路，扎扎实实推动各领域的基层党建“三化”建设，努力做到各领域基层党建“强身”，广大百姓“受益”，基层党建“宜丰品牌”名声远扬；铜鼓县完善下发《铜鼓县进一步推进基层党建“三化”建设工作方案》等文件。注重把“三化”建设与中心工作深度融合，覆盖所有乡镇场、城区社区；万载县针对农村、城市社区、机关单位、国有企业、中小学校、公立医院、非公企业、社会组织等8个领域，分门别类制定任务清单、责任清单、问题清单等3个清单，对“三化建设”实行清单式管理，分解细化具体工作任务，制定作战图，倒排时间表，逐条逐项抓落实。

三、宜春基层党建创新与实践存在的突出问题

在新形势下，面对新要求，宜春市基层党建创新仍然存在诸多不足之处，需要引起重视，深入分析原因，寻求解决对策。梳理一下，主要有以下几个方面：

1. 创新观念有偏差，问题导向不突出

有的为创新而创新，往往是热衷于喊口号、换频道，“新瓶装旧酒”，或者“做盆景”“以点代面”。有的甚至急于求成，文件刚下发，总结材料就出来了，大搞“材料美化”“搏眼球”，把主流媒体宣传报道、领导批示肯定作为最终目的。有些创新没有坚持问题导向，不是为了解决某地、某领域的重点、难点问题，与中心工作、重点任务“融合性”不强，搞成了“两张皮”。

2. 系统性创新不够，创新成果活力不足

很多基层党建创新，往往局限于某个点上、某件工作上的创新，系统性、整体性、完整链条式的创新成果比较少，只见“满天星星”，不见“皓月当空”。一些创新成果没有与时俱进，没有根据形势的变化赋予新的内容，不断完善提升，导致活力不足，真正固化成党建工作制度成果的不多。有的地方甚至把“宣传报道了”“领导批示了”当作创新的终结，画上“句号”。

3. 体制机制已不能完全适应发展需要

领导架构上我们还是“三级四层”管理体系，而其他地区的“四级四层”管理体制相对比较合理。机构设置上，其他地区给了社区自由设置权，管理上放得更灵活，相对来说我们这方面思想就没有他们开放。

4. 基础设施建设普遍滞后

在落实“新建住宅小区要配建社区用房”的政策要求上，一些职能部门检查执行不到位，一些开发商没有按照规定提供社区服务场所，城市中心没有足够大的社区党群服务场所，基础设施相对滞后。

5. 创新指导不够，共建共筑的意识参差不齐

很多创新都发轫于基层，但若缺乏指导，便有可能“胎死腹中”，或者达不到更大范围、更深层次的品牌效应。从实际情况来看，市、县党委组织部门，在基层党建创新指导上还存在不足，帮助总结提升还做得不够。此外，社区与各部门之间缺乏有效的沟通协调，少数部门单位观念上认识不够，不愿积极投身于社会管理中去，缺乏大服务理念，尚未形成服务社会管理的整体合力，在一定程度上制约了城市基层党建共建共筑的深入推进。

四、推动基层党建创新的经验启示与路径思考

推进基层党建创新，关键是贯彻落实党的十九大关于新时代党的建设总要求，以提升组织力为重点，强化政治功能，创新工作理念、工作思路、工作内容、推进手段，不断提高基层党建工作质量，推动基层党组织全面进步、全面过硬。通过对宜春市各地基层党建工作的实践分析，现将宜春市基层党建工作经验启示总结如下：

经验启示一：健全机制体制，提升党的领导力。着力推进组织设置规范化。一是强化组织机构建设。建立全市基层党建工作联席会议制度，由市委组织部牵头召集相关成员单位召开联席会议，研究解决重大问题。配强社区党工管委领导班子，优化设置社区党工委内设机构。二是加强社区党组织力量。按照“成熟一个、运行一个”的原则，推行社区“一委一居一站”模式。从牵头帮扶社区单位选派党员科级干部担任社区“第一书记”，其他帮扶社区单位选派党员科级干部担任社区兼职副书记（兼职委员），每年到社区解决实际问题不少于 2 个，并纳入年度考核。三是做强“两新”组织党组织。探索建立一批党支部，并努力打造出一批示范点。高新园区和社区党工委由党委成员担任综合党委书记，并配备 2—3 名专职工作人员，抓好“两新”组织党建工作兜底管理。

经验启示二：加大共建力度，提升各项保障水平。着力推进党建责任和基础保障标准化、规范化。一是落实齐抓共管责任。社区党工委聚焦

抓党建、抓治理、抓服务的主责主业。结对共建单位与社区分别提供资源清单和需求清单，每年签订共建协议，组织开展“双进双服务”活动，市委把共建单位开展结对共建情况作为党建考核、绩效考评的重要内容。二是大力推进服务场所建设。优先落实社区管委会办公服务平台。采取党群服务中心与服务站相结合的形式，按照“一站式办事大厅和党群活动、文体活动、兵役服务和退役军人服务、卫生服务、平安联创、社会保障、养老托幼助残等六大功能区及新时代文明实践所（站）”的“一厅七区一所”功能布局，推进社区场所标准化建设。结合机构改革旧楼新用、棚户区改造、开发商预留等，新建一批社区党群服务中心。依托园区职工之家，融合党群元素，打造党建带群建示范点。三是有效保障经费投入。前期投入侧重抓好党群服务中心、志愿服务中心、社会组织孵化中心等硬件建设，后期投入侧重通过县财政设置专项经费用于城市基层党建的软件建设。

经验启示三：增强服务功能，提升社区服务水平。着力推进服务群众标准化、规范化。一是推进公共服务全覆盖。社区党工委统一编制社区公共服务指导目录，在行政服务中心设立专门的服务窗口，在各社区推行延时错时服务。依托社区党群服务中心或社区党群服务站，设立若干个服务岗位，按照“权随责走、费随事转”的原则，推动公共服务事项在社区全覆盖。二是积极开展居民自治服务。由社区党工委牵头，住建局配合参与，引进并成立主营家政、物业的服务型公司，为居民提供公益性非营利性的优质家政服务，公司经营与社区党工委脱钩。探索组建由社区党组织牵头，物管所、物业公司、业委会、社会组织负责人共同组成的“四方议事会”，提升居民自治水平。三是抓好社区志愿服务。落实场所建设“党建 + 志愿服务”平台，分类完善志愿服务团，按照“一月一主题”的形式，常态化开展党员志愿服务，持续叫响党员志愿服务“110”品牌。发挥党员青年志愿者先锋模范带头作用，带动非党员青年志愿者积极参加所在社区志愿活动。四是促进社区党组织引领基层治理。社区党组织应通过抓好党的建设，推动城市功能与品质提升、社区环境整治、垃圾分类、老旧小区改造、城镇扶贫解困等工作在社区党组织得到落实。

经验启示四：强化“智慧”理念，提升信息化水平。参照鹰潭“智慧党建”

模式，依托智慧党建地图，整合原有的社会治理平台、远程教育平台、“天网工程”和交警指挥平台等平台资源，强化动态感知、实时提醒、智能搜索、广泛连接、数据分析、考核评价、众助服务、云端监测等“八大功能”建设，将城市基层党建作为一个整体来打造，不断提升信息化水平，实现城市基层党建工作“一张图”“零距离”“透明化”的目标。

好的经验是为了矫正方向、修正路径，更好更快地推进工作。通过以上分析，要促进宜春基层党建创新工作上新的台阶，取得更大成绩，可从以下路径进一步探索：

路径一：要树立正确的创新观。创新是引领发展的第一动力，也是破解党建难题的一大法宝。推动创新，首先要树立正确的创新观，明白为什么创新。一是要坚持问题导向。把解决问题作为基层党建创新的出发点和落脚点，瞄准本地本单位基层党建存在的突出问题或者薄弱环节，通过创新破解难题，推动基层党建工作上台阶。二是要坚持因地制宜。既要通“天线”更要接“地气”，要从本地工作实际、工作基础出发，因地制宜开展创新，坚决防止创新不切实际、照搬照抄、“水土不服”。三是要坚持久久为功。正确处理好继承与创新的关系，把好的做法坚持下去，努力做成品牌，提高党员群众的认可度，更好地推动工作落实，提高工作质量。四是要坚持注重实效。基层党建创新要注重解决问题、推动工作的实效和创新品牌的示范带动效应，创新的实效要以群众满不满意、认不认同、问题有没有得到解决来衡量。

路径二：要理清创新思路。2019 年宜春基层党建工作发展总的思路是坚持以“三强两创一整治”（即强堡垒、强保障、强责任；“两创”即创党员示范乡镇、创基层党建品牌；“一整治”即基层党建作风突出问题集中整治）为抓手，着力打造“四个党建”。一是“五星党建”，持续抓好基层支部“五星创评”工作，修订完善创建标准，力争使每个支部都坚强有力，每名党员作用充分发挥。二是“惠民党建”，落实“以人民为中心”的发展理念和“党建为民”的思想，重点抓好党建促脱贫攻坚、发展壮大村（社区）集体经济等工作，以党建工作良好成效促进经济社会各项事业发展，增加群众的获得感和认同感。三是“阳光党建”，着眼优化基层政治生态，推动基层党组织党务公开，探索开放式组织活动，加大群众参与党的工作和党的活动的力度，扩大基层党组织活动场所的开放性，提高活动场所使用效率。四是“智慧党建”，建设“互联网+党建”智慧平台，推动党建工作与经济建设、民生服务、社会治理等重点任务深度融合、互相促进，提升党建工作智能化、信息化、科学化水平。

路径三：要明确创新重点。按照全国、全省和全市组织部长精神，结合基层党建工作存在的重点、难点问题，梳理创新重点内容、努力方向，分领域、分层次、分类别精准施策。农村党建，重点是围绕促脱贫攻坚、促乡村振兴，分类施策、对症下药，打好发展壮大村级集体经济“攻坚战”。城市社区党建，重点是改革街道和社区管理体制，坚持工作下沉、做强社区，做到“三调整一整合”，即调整布局，就是要根据城市规划，合理调整社区布局；调整职能，就是要进一步理顺街道、社区职能，做实社区；调整人员，就是要根据街道、社区职能调整，合理调配工作人员；整合力量，就是要探索大工委制，街道党（工）委和社区党组织吸收驻区单位党组织负责人担任兼职副书记或兼职委员，整合各方面力量，形成工作合力。“两新”组织党建，重点是持续加大“两个覆盖”攻坚，突出精准施策，做到党建指导员精准派驻、党员精准发展、党组织精准孵化。机关党建重点是强化党组（党委）领导责任，抓实政治建设、思想建设，着力解决“灯下黑”问题。事业单位党建，重点是坚持“系统抓、抓系统”理念，发挥行业系统主管部门职能优势，分类别推进学校、医院等党建工作，既指导业务，也督促党建。国企党建，重点是按照“五同步”要求，抓实基层党组织建设。

路径四：要落实创新手段。一是开展“基层党建创新年”活动。制定实施方案，对活动开展的总体要求、重点任务、保障措施等作出规定，以创新年为抓手，确保活动取得实效。二是实施基层党建项目化管理。在市级层面，根据全市基层党建重点、难点工作，确定若干个党建创新项目，如发展村（社区）集体经济、“两新”组织党建有效覆盖、“双进双服务”活动等，在全市范围内予以推进落实。在县级层面，由每个县市区每年确定1—2项有一定的工作基础、有培植前景的党建创新项目，进行重点打造，抓牢抓实抓出特色。同时，坚持每半年一调度，年底开展创新品牌评将创基层党建品牌情况纳入基层党建述职评议考核内容，对创建效果好、可复制、可推广的党建创新项目，总结提升后在全市推广。在项目化经费中对各地党建创新项目给予一定支持，形成鼓励创新的良好工作氛围。三是加强督促检查。坚持专项督查和定期巡察，探索建立基层党建巡查员制度，每个县市区选用一定数量熟悉党建工作、责任心强、公道正派的“退居二线”党员领导干部成立基层党建指导督察组，推进基层党建工作巡察常态化。

习近平总书记指出：“各级各部门党委（党组）必须树立正确政绩观，坚持从巩固党的执政地位的大局看问题，把抓好党建作为最大的政绩。如果我们党弱了、散了、垮了，其他政绩又有什么意义呢？”这一重要论断点明了党建工作的极端重要性。所以我们在探索宜春市党建的创新和实践上，要不断学习其他城市好的经验做法，也不断探索适合本地区的工作方式方法，更好地推进宜春市党建工作的发展。

发展乡村旅游　助力乡村振兴

——以上饶市为例

张　宁　吴晓俊　汪　君　梁秀丽

【摘要】 十九大报告指出，农业农村农民问题是关系国计民生的根本性问题，必须始终把解决好“三农”问题作为全党工作的重中之重，实施乡村振兴战略。乡村旅游在乡村发展方面具有重要的推动作用，但也存在产品同质化问题，缺乏鲜明特色；文化资源挖掘不深，缺乏知名品牌；村民参与感不强，缺乏生态保护意识；服务质量不高，缺乏科学管理体系等问题。无疑选择包括构建乡村旅游发展产业体系、完善乡村旅游产品与服务质量体系、打造乡村旅游生态体系和培育乡村旅游品牌体系等合适的发展路径，有效推动乡村旅游业发展，为乡村振兴提供助力。

2019 年 5 月，习近平总书记亲临江西视察指导工作，对江西提出了“在加快革命老区高质量发展上作示范、在推动中部地区崛起上勇争先”目标定位和“推进经济高质量发展、推进改革开放走深走实、推进农业农村现代化、推进社会治理创新、推进红色基因传承”，在“五个推进”更高要求中，有两个推进与本文内容息息相关。推进经济高质量发展，习近平总书记指示我们要发挥好绿色生态这个江西最大优势。要依托生态优势，做好治山理水、显山露水的文章。要加快构建生态文明体系，繁荣绿色文化，壮大绿色经济，创新绿色制度，筑牢绿色屏障，打造美丽中国“江西样板”。推进农业农村现代化，习近平总书记指示我们要紧扣实施乡村振兴战略这个总抓手，加快推进农业农村现代化，努力推动江西从农业大省向农业强省迈进。本文以上饶市为例，调研了上饶市立足绿色生态资源优势发展乡村旅游的现状，分析其发展逻辑、存在的问题，提出对策，为乡村振兴战略的实施，让农村成为安居乐业的美丽家园提供借鉴。

一、乡村振兴与乡村旅游

（一）乡村振兴战略提出的时代背景

乡村振兴战略的实施是解决我国农村发展不平衡不充分问题和全面实现社会主义现代化建设的必然选择。改革开放 40 多年来，我国经济发展取得了举世瞩目的成就，中国的城市和发达国家城市相比，差距很小或者没有差距。但是农村的发展远远滞后于城市，城乡发展还存在很大的不平衡问题，农村的空心化和老龄化问题非常严峻，成了全面建成小康社会的最大阻力。基于此，党的十九大提出实施乡村振兴战略，这是现代化建设的必然要求。

（二）乡村振兴战略的基本内涵

十九大报告首次提出的乡村振兴战略，是习近平新时代中国特色社会主义思想在“三农”领域的集中体现，为解决当前农业农村问题指明了方向，这就要求我们要充分理解和把握其内涵。首先，在乡村发展方面，乡村振兴战略不仅要实现农业振兴、农村繁荣、农民富裕的目标，而且要实现协调与合作，向富强、民主、文明、和谐、美丽的社会主义现代化强国迈进。可见，实施乡村振兴战略，就是要使农村生产力发展与生产关系的调整和改善同步进行，加快农村经济发展和社会发展同步进行，全面兼顾。其次，就农村现代化建设方面，实现经济现代化、社会现代化和人的素质现代化都是乡村振兴的战略目标。也就是说，“工业繁荣”是指农村各类工业经济蓬勃发展，农民“钱袋子”越来越鼓；“生活繁荣”是指农村工业发展储备资金充足，而农民用于消费和享受的物质资源是充足的，“乡风文明”就是农民信仰均符合社会主流精神文化要求，农村一片祥和安宁的景象。“生态宜居”是指农民在解决物质生活之后对生活质量的要求有所提高，即转化为对美好生活的向往，也就是追求精神生活。“治理有效”是指农村社会秩序和谐稳定，农民安居乐业。最后，就乡村文明建设而言，乡村振兴战略不仅满足于物质文明和政治文明的建设，也要满足于精神文明、社会文明和生态文明的建设。可以说，“工业繁荣”等于物质文明建设，“农村文明”等于精神文明和社会文明建设，“生态宜居”等于生态文明建设，“有效治理”等于政治文明建设。总的来说，乡村振兴就是要实现“五位一体”的总体布局和目标。

（三）乡村旅游助力乡村振兴的理论依据

习近平总书记指出：“要推动乡村振兴健康有序进行，规划先行、精准施策、分类推进，科学把握各地差异和特点，注重地域特色，体现乡土风情，特别要保护好传统村落、民族村寨、传统建筑，不搞一刀切，不搞统一模式，不搞层层加码，杜绝‘形象工程’。”这为乡村旅游发展指明了方向。乡村旅游是助力乡村振兴最有力度的综合性杠杆。发展乡村旅游是实现乡村振兴的重要力量、重要途径、重要引擎。

第一，发展乡村旅游比任何产业都能给乡村带来人气。相对于旅游，其他产业是单向的，比如建材、瓷器、烟花等产业，与人气没有关系。只有发展旅游产业，才能聚集人气，人气兴旺是乡村振兴的标志之一。

第二，乡村旅游比任何产业都能带动综合性建设。一般的产业建设是就产业而建设，而乡村旅游建设可以在自身发展的条件下，拉动相关建设，达到辐射性的效果。如完善交通、通信、水电等基础设施，以及教育培训、医疗卫生、环境治理等公共基础设施。旅游辐射共振的效果是其他产业无法达到的。

第三，乡村旅游对保护和振兴优秀传统文化具有重要作用，是维护乡村文明的重要举措。注重农村文化、农村民俗和农村非物质遗产的保护、传承和推广，丰富农村旅游产品和形式，让人们体验农村文化。就其文化和社会性质而言，没有其他产业能与之相比。旅游者给乡村旅游目的地带来了很多新的理念和信息，增加了农民对外界的了解，拓宽了乡村旅游者的视野，有利于农民素质的提高和乡风文明的建设。

第四，发展乡村旅游可以加快城乡各要素的融合和发展。发展乡村旅游可以促进农民身份、职业的转变，吸引城市居民融入农村。同时，在乡村旅游中，农民和市民、乡村文化和城市文化实现了双向交流。由于乡村旅游的发展，农民的身份发生了明显变化，从过去的旅游资源所有者变成现在的旅游产品开发商和经营者，通过经营民宿、农家乐，摆小摊、加工纪念品等方式增加了收入。乡村旅游是城乡一体化发展的重要途径，发展乡村旅游有利于加快城乡之间的人流和物流信息流动。城市人到农村旅游必然带来大量的消费，包括购买当地农副产品、纪念品等，从而实现城市资金向农村的流动。发展乡村旅游必然对住宿、餐饮等方面提出新的更高要求，推动政府加大对道路改造、河道整治、水厕改造、垃圾填埋等基础设施建设的投入，加快农村地区经济社会发展。

第五，乡村旅游是县域经济发展的新亮点。乡村旅游已成为现代旅游业的主要支柱，极大地促进了县域经济的快速发展。近年来，随着改革的推进和新型城镇化进程的加快，发展乡村旅游及其相关产业成为县域经济发展的新亮点。无论从经济效益还是社会效益的角度，发展乡村旅游都是改善农村生态环境、激发县域经济发展活力的多赢之举。

第六，发展乡村旅游可以促进组织的振兴，完善乡村治理体系。近年来，乡村旅游以其独特的产业优势，成为农村党组织普遍关注和推动发展的重点产业。加强基层党组织建设，将进一步促进乡村旅游的发展。同时，乡村旅游的发展也为基层党组织建设注入了新的活力。比如，近年来，不少村成立旅游公司，探索党组织“村企共建”，有效整合党建资源，走上基层党组织建设的新路子。

二、上饶市乡村旅游发展现状及瓶颈

乡村旅游是以独具特色的乡村民族民俗文化为载体，满足人们回归大自然、享受田园风光愿望，回味乡愁的一种旅游形式，也是助推乡村振兴的重要途径。

（一）上饶乡村旅游发展的现状

1. 乡村旅游资源有优势

上饶市地处赣浙闽皖四省交界区域，山川秀丽、民风淳朴，发展乡村旅游具备得天独厚的优势和条件。一方面，上饶旅游资源特别丰富，全市拥有世界遗产地 3 个、国家 5A 级景区 3 个、4A 级景区 32 个（在全国设区市位列第一）；另一方面，上饶乡村颜值特别秀美，与上饶的绿水青山交相辉映、浑然一体、非常协调，为做好“乡村 + 旅游”这篇文章奠定了良好基础。

2. 乡村旅游发展势头好

据统计 2018 年，全市共接待旅游接待游客 1.8 亿人次，实现旅游收入 1820.6 亿元。其中，乡村旅游接待游客 9310 万人次，占全市总接待游客数的 51.7%；实现旅游收入 915 亿元，占全市旅游总收入的 50.8%。乡村旅游成为上饶市农村发展、农业转型、农民致富的一个重要渠道。

3. 乡村旅游政策到位

按照省政府办公厅《关于进一步加快发展乡村旅游的意见》要求，上饶市制定出台了《关于进一步加快发展乡村旅游的若干意见》，加大支持力度。一是人才培训。举办了“乡村振兴旅游先行”研讨培训班，对象包括各县（市、区）分管领导、乡村旅游点负责人、乡村旅游致富带头人等。二是资金支持。采取直接补助、贷款贴息、以奖代补等办法，加大资金支持力度。比如，获得 4A 乡村旅游点的奖 2 万元，获得 3A 乡村旅游点的奖 1 万元；组织一趟旅游专列（游客 500 人以上）奖 3 万元，组织一架旅游包机（游客 100 人以上）奖励 1 万元。各县（市、区）积极扶持。比如，婺源设立 2000 万元专项资金，支持鼓励民宿发展；玉山每年安排 500 万元用于乡村旅游发展的补助和奖励；余干对创建 3A、4A、5A 乡村旅游点的单位，分别奖励 10 万元、20 万元、30 万元；广丰设立 400 万元乡村旅游发展基金。三是服务保障。成立“上饶市优质旅游诚信理赔中心”，设立 1000 万元“上饶市优质旅游诚信理赔基金”，目前已受理理赔 20 余起，投诉退赔率达百分百，努力做到不让一个游客在上饶受委屈。与黄山、衢州、武夷山、鹰潭、景德镇五市联合成立闽浙皖赣区域城市优质旅游联盟，共同提升旅游服务品质。

4. 全域旅游发展规划到位

上饶从编制规划入手，明确具体发展的目标、路径和措施。将《上饶市十三五旅游规划》《全域旅游规划》《乡村旅游规划》“三规合一”编制工作完成，规划突出景区、城市、乡村、医疗旅游四大重点，形成覆盖全面、重点突出、特色鲜明、产品齐全的规划网络。一是覆盖全面，按照“以线串点、以点带面、区域联动、形成体系”的布局原则，特别突出中心城镇和交通干线，高起点谋划“一区四带四片”的乡村旅游空间布局。“一区”是指婺源国家级乡村度假试验区，“四带”是指都市近郊乡村旅游发展带、鄱阳湖滨湖乡村旅游发展带、万里茶道乡村旅游发展带、红色主题乡村旅游发展带；“四片”是指三清山—德兴道医养生乡村旅游集群片，横峰、弋阳、铅山信江河谷乡村旅游集群片，上饶、玉山、信江、广丰近郊乡村旅游集群片，鄱阳、余干、万年湖稻文化乡村旅游集群片。二是高起点高品位。高品位推出“十大乡村旅游发展模式”，引导乡村旅游特色化、差异化发展。截至2018年，全市乡村旅游十大发展模式共建320个点。其中“景区型52个、乡村度假型42个、产业带动型31个、文化村落型39个、民俗风情型21个、红色经典型17个、滨湖渔家型10个、城郊休闲型43个、医疗康养型5个、生态村寨型60个”。比如三清山、龟峰、信江河、鄱阳湖周边乡村，优先规划打造多乡村组合连线的山地型、滨湖型旅游村庄等。三是特色鲜明。紧紧把握乡村旅游发展推动乡村振兴这一根本，围绕“农业与旅游融合、农村旅游化改造、农民主动参与”，深入挖掘乡村农业资源、农耕文化、历史民俗等，打造了一系列具有特色体验感和参与度的乡村旅游产品。比如，广丰区小丰村依托古色古香、风光秀美的自然资源，对农村的杀猪饭、打麻糍粿等传统民俗进行深入挖掘打造，推出了美丽乡村考察游、户外拓展游、徒步探险游＋杀猪饭等系列乡村参与体验活动，备受游客的青睐，“杀猪饭”成了招揽客人的“头牌菜”。

5. 旅游项目带动成效突显

上饶市始终牢固树立“项目为大、项目为先、项目为王”的理念。2018年9月，上饶旅游集团成立了上饶市乡村旅游投资有限公司，负责乡村旅游项目的投资、开发、运营。一是抓示范项目。聘请规划设计团队，对全市 5327 个秀美乡村点的资源开展普查，选出 91 个具有乡村旅游发展潜力的村落进行规划设计，实施重点建设。2018 年上饶旅游集团计划投入 4.38 亿元，目前实际已投 2.01 亿元对婺源马家星江理想村、铅山鹅湖紫竹林绿乐园、三清山岭头山村百草园康养综合体 3 个乡村旅游示范项目进行建设。其中，婺源马家星江理想村项目和铅山鹅湖紫竹林绿乐园项目，引进乡伴文旅公司采取 EPC+O 合作模式进行高起点建设；三清山岭头山村百草园康养综合体项目，引进中国美院采用 EPC 模式进行高品位规划运作。二是抓提质升级。重点对一批既有看头、又有做头的秀美乡村示范点实施提质升级改造，植入旅游文化元素，丰富旅游业态，增强旅游功能，涌现出了弋阳“江廖肖国际文学村”、横峰“好客王家村”、婺源“思溪延村”等一批乡村旅游明星示范村。如弋阳依托龟峰景区，投入 1750 万元打造的江廖肖国际文学村，带动了当地农家乐、民宿、特色商品、咖啡吧等相关旅游产业发展。三是抓设施完善。按照“乡村环境景区化”的标准要求，突出车、餐、床、厕、摊位“五位”一体的标准，加强旅游服务设施建设。全市达 3 星级农家乐 776 家、达 4 星级农家乐 26 家，达 5 星级 17 家，已建成民宿 904 家；已建成旅游厕所 420 座，2016 年被国家旅游局评为“全国厕所革命先进市”。2019 年，横峰铺矿火车小镇投资 0.68 亿元、广丰区铜钹山景区鹊桥谷投资 0.8 亿元，已对外开放；婺源县水墨上河国际文化交流中心项目投资 9.3 亿元，景区及酒店已投入运营，湖区度假别墅主体工程全部完成；婺女徽艺文旅特色小镇项目投资 16 亿元，集散中心主体完成，时光隧道工程施工完成 85%，茶文化主题区完成 93%。

6. 做足品牌营销文章

上饶市委、市政府提出，“只要国际国内设置了的品牌，上饶都要努力去争创”。根据这一要求，将创建品牌牢牢抓在手上。突出“高铁枢纽大美上饶”形象定位，向世界推出都市近郊乡村环线，三清山、鄱阳湖、万里茶道、红色主题乡村游线，婺源乡村度假游线等六条精品路线，广泛开展营销推广，积极拓展客源市场，打响上饶乡村旅游营销品牌。一是主流媒体营销有声有色。在央视、央广网等主流媒体宣传“高铁枢纽大美上饶”，上饶的知名度已明显提高；在腾讯视频直播平台全程直播了在婺源举办的一场跨国中式婚礼，瞬间阅读量达100万，荣获IAI国际旅游营销奖金奖；全程直播“2017年三清山空中越野赛”、余干“鄱阳湖开渔节”，共吸引了200余万人在线观看，互动评论达近15万条，全面提升了上饶的知名美誉度。二是特色活动有板有眼。开展了2018“丰收中国·大美上饶”乡村旅游文化节系列活动，在婺源篁岭举办首届中国“乡村振兴·旅游先行”村长峰会，吸引了国内外近百名明星村长参会，成立国际乡村旅游村长联盟，秘书处就设立在婺源篁岭；举办“全民诵读《可爱的中国》”旅游推广月活动，从国际都市到田间地头，从高山峻岭到广袤平原，从北京上海到伦敦纽约，从广大居民到华人华侨，掀起了全民诵读《可爱的中国》热潮，央视《新闻联播》《晚间新闻》进行了报道，人民网、腾讯网、《人民日报》等210多家媒体相继播放，为上饶塑造了“可爱的中国”发源地的崭新IP。三是旅游节庆有模有样。开展“乡村旅游过大年”系列节日活动，丰富了乡村旅游的文化内涵；举办首届中国赣菜美食节暨第二届饶帮菜美食节，传播了“食在上饶”的餐饮文化。2018年，上饶市共举办30余个旅游节事活动，做到“有花有果就有节”，通过节事涨人气、提名气、增财气，打造具有地方特色的节庆旅游经济。2019年，旅游品牌方面。5月，广信区望仙峡谷小镇、广信区灵山工匠小镇获评国家4A级旅游景区。婺源篁岭景区创国家5A级景区已通过省专家组评审，并已上报国家文化和旅游部。婺源县被评为国家全域旅游示范区。文化品牌方面。10月，上饶五府山银铅矿遗址、官溪胡氏宗祠、十都王家大屋、玉山考棚等4处文物保护单位申报第八批全国重点文物保护单位成功，另横峰县中共闽浙赣省机关旧址并入第四批全国重点文物保护单位闽浙赣省委机关旧址。上饶“国保”总数达21处，占全省七分之一。婺源县被评为国家级文化生态保护区，全国仅七个。特色品牌方面。三清山获“2019中国旅游影响力年度文化景区”，为全省唯一获此荣誉景区。婺源县被评为“中国旅游影响力县区TOP10”、“中国旅游影响力乡村民宿TOP10”。广丰铜钹山、德兴大茅山被评为“江西省生态旅游示范区”，等等。上饶市各类世界级、国家级文化旅游品牌数量达400余个，品牌数量、质量全省第一。

7. 旅游产业融合初显成效

充分发挥旅游产业关联性强、辐射带动作用大的优势，做足“旅游 +”文章，有效推进三产带二产推一产融合发展，让村民“口袋”富起来。乡村旅游 + 电子商务。如 3A 级乡村旅游点德兴市“楼上楼”农庄，采用高端定制模式，线上订单、线下配送，建成“云管理”平台，田间地头安装摄像头，游客可通过手机 App 注册会员、认领菜地，农庄负责种养，会员可随时察看果蔬种植、禽畜水产养殖等。该平台已发展会员 220 余名，年收入达 720 万元，安排村民 70 多人就业，帮助 100 多贫困户脱贫。乡村旅游 + 特色产品。如，婺源甲路村凭借乡村旅游带来的客源市场，开发了旅游、丝绸伞等 40 余种新产品，年销售 50 万余把伞，解决 100 多村民就业；婺源大畈村大力发展砚产品，砚台厂及店铺发展到 238 家，近 2000 农民就地创业就业，带动村民年均增收 1.2 万元。乡村旅游 + 文化，突出民俗、农耕、乡土和非遗文化，抓好文化旅游产业的融合发展。如，积极推动非遗项目进乡村，弋阳腔、婺源徽剧、铅山连四纸制作技艺等 9 项国家级非物质文化遗产，铅山河红茶制作技艺、鄱阳渔歌、婺源茶艺等 48 项省级非物质文化遗产，走进了乡村旅游点，通过文化传承留住了“大美上饶”的乡愁。乡村旅游 + 扶贫，把发展乡村旅游作为精准扶贫的重要途径，2016 年国家旅游局公布上饶市 126 个旅游扶贫重点村已有 71 个脱贫。如横峰打造了 10 个乡村旅游扶贫示范村，培育旅游扶贫示范户 100 多户，带动 208 户贫困户脱贫。婺源篁岭通过发展乡村旅游，村民人均收入开发前是 3500 元，开发后是 3.5 万元，每户年均收入从 1.5 万元提到 12 万多元。旅游 + 研学。万年神农源、方志敏故居等景点打造成为研学示范点，目前已经接待了国内外研学旅游团队 30 余批，近 3 万人次。婺源熹园被评为“江西省首批中小学生研学实践教育基地”“江西省青少年传统文化教育基地”，吸引了全国各地的研学团队开展研学旅行。上饶集中营、三清山逍遥谷、铅山鹅湖书院等 40 个单位为被评为“上饶市首批中小学生研学实践教育基地”。“旅游 + 体育”。连续成功举办三清山空中越野赛、环鄱阳湖自行车赛、斯诺克世界公开赛等 20 余个体育节事活动，吸引了大量游客和国内外体育爱好者。

（二）上饶乡村旅游发展的瓶颈

在乡村旅游发展推进中还存在一些需要解决的瓶颈问题，主要表现在：

1. 规划还没做到“一张蓝图绘到底”

当前主要存在三个方面管理缺位：一是县级缺乏“一管到底”的旅游规划。总体规划形成后，县级层面各项子规划、专项规划、项目规划没有及时编制，没有形成科学详规体系，实际操作有难度。对乡村旅游没有全局性指导意见，哪些地方适合或不适合打造乡村旅游没有专业研判。有的县（市、区）政府分管秀美乡村和乡村旅游的还不是同一个领导。二是乡、村级缺乏项目规划执行意识。一些乡村旅游点普遍存在做到哪算哪、盲目开发、一哄而上、修路造房、重复建设、低层次开发等等现象，项目建设时没有规划，建好管理更缺乏专业的企业和团队。三是秀美乡村点规划不契合乡村旅游需求。大部分秀美乡村点在规划建设时，没有按照打造乡村旅游点要求进行规划布局，缺乏乡村旅游的必备元素。

2. “最后一公里”基础设施还要完善

要把秀美乡村点打造成乡村旅游点，基础设施不完善是主要限制因素，受限于土地、空间等要素制约，整改难度很大。一是“五位不全”。大部分秀美乡村点车、餐、床、厕、摊“五位不全”，秀美乡村点打造成旅游点时更多关注吃、住、景观改造，对公共厕所、停车位、旅游标识、订餐系统等旅游专用设施投入不足，乡村旅游整体环境较差，缺乏完备的接待能力，有的连一辆大巴车调头的位置都没有，导致游客团队想来没办法接待。再就是“重建设轻管理”。一些乡村旅游点“一年还好看,两年就旧了”，极度缺乏有效管理，有些点连基本的卫生保洁的资金都没有，更别说后期维护。

3. 能持续吸引游客的特色产品开发要努力

大部分乡村旅游点满足于建得漂亮、好看，但特色是什么、核心产品是什么，没有精心策划，欠缺引人眼球的东西。一是同质化现象较严重。千村一面问题成了普遍问题，在发展乡村旅游过程中对自身优势没有认真分析研究，对地方特色、民俗风情、人文内涵等要素开发不够重视，没有经过充分的市场调研就仓促建设，以至于旅游项目大同小异，无法满足游客多元化、个性化的需求，造成资源浪费，旅游收益不高。二是没有保持好乡村原味。乡村旅游出发点和立足点是“乡土、乡情、乡俗、农业、农村、农民”，一些乡村旅游点忽视保持“乡村性”，追求起城市味道，出现建筑城市化、活动商业化、产品西洋化、用材高档化等倾向，导致不乡不城。三是市场定位不准。一些乡村旅游点市场定位不明、不准，对自身的优点、卖点不了解，对产品、客户、消费群体也没有精准定位。四是从业人才缺乏。大多数从业者知识文化水平较低，没经过专门能力培训，缺乏专业知识和管理经验，经营粗放，管理不规范，服务质量不高，导致回头游客较少。

4. 乡村旅游全市“一盘棋”意识还没形成

大部分乡村旅游点还是单打独斗，各自为营，全市统一的品牌有待创建。一方面，单个乡村旅游点，普遍存在规模小，营销力度小，辐射半径小等弱点，游客仅限于本市甚至本县范围，没有好的营销团队，只有坐等游客上门，经营状况不佳。另一方面，由于没有形成全市“一盘棋”意识，没有形成你推介我，我推介你的意识，游客来了往往看完景点就走了，没有形成吃、住、娱系列消费。

三、上饶市乡村旅游经典案例分析

针对上述上饶乡村旅游在发展过程中存在的问题，笔者在调研过程中选取了几个成功的乡村旅游案例进行分析总结，意在为各地乡村旅游在开发过程中提供借鉴和启发。

（一）婺源县“篁岭模式”

1. 基本情况

篁岭村，隶属江湾镇栗木坑村委会管辖，至今已有近600年历史，是婺源具有独特风格的徽派古村落之一。受地形限制，村庄房屋建在一个陡坡上，房屋高低错落、呈半环状分布。村内可用地十分稀少，可谓“地无三尺平”，村民晒晾农作物只能使用竹簟晒在自家屋顶木架上。篁岭村的农耕生活成就了篁岭村的“晒秋”景观，但是，随着自给自足式的传统农耕生活满足不了村民对物质条件的追求时，外出务工成为村民另一条谋生出路。由于篁岭村农民的生活生产资料大部分都在山下，交通极为不便，秋冬季节村民生活严重缺水，而汛期因街巷排水不畅易发生局部山体滑坡等原因，政府鼓励、村民自发地在 1993 年、2002 年两次进行过大规模的集体搬迁。在景区开发前，村内仍有 70 多户 330 余村民居住，在住村民中大部分年轻人在外务工，平时只有老人与小孩留守村庄，整个村庄呈半空心化的萧条景象。由于村庄缺乏管理，环境卫生、教育、医疗条件极差，在住村民人心思迁，有条件的都在逐步外迁。村民搬迁后的闲置房屋，因年久失修，部分已开始腐烂，甚至有的倒塌，宝贵的晒秋景观逐渐消失，周边梯田逐步荒芜。

面对村内大量闲置房屋年久失修而腐烂倒塌，篁岭“晒秋”独特的风俗景观逐年消失，婺源县采取旅游扶贫对贫困村庄的保护性开发。2009 年引入婺源县乡村文化发展有限公司，山下新建安置新村，搬迁安置在住村民，使村民的生产生活条件得到了彻底的改善，使篁岭古村的旅游资源得到了彻底的解放、保护与利用；收购散落各地的徽派古建筑，并对民居进行改造，打造商业综合体——天街，通过休闲度假、旅游会展、民俗体验、文化演艺等综合旅游消费来取得项目收益。

2. 主要做法

政府引导。一方面是给予政策扶持。用足小产权房办证试点和地质灾害村整村搬迁的相关政策，创造性推动村庄整体性转让、整村式搬迁、市场化开发、股份制运营，并出台政策创新性支持县内异地古建在该村集中收购保护、开发运营。同时，还新建了小学、供水、供电、排污、硬化等公共基础设施，彻底改变了村民的生活条件，村民幸福指数大大提升。同时，随着篁岭旅游的兴旺，群众的住房也不断增值，搬迁安置房价值从建成时的市价每栋 10 万元，增值为现在每栋 80 万元以上。另一方面是给予推动支持。通过领导挂帅，全员上阵，推动了该景区试营业第二年就成功创建国家 4A 级景区，2018 年成立高规格创建工作领导小组，强力推进篁岭创建国家 5A 级景区工作；通过专人领衔，挂点帮扶，及时协调解决景区在发展过程中遇到的整村搬迁、征地动迁和设施配套等困难和问题，为景区建设扫障排碍，助力景区发展跑出“加速度”。

社会投入。由当地政府在出台优惠政策的基础上，将篁岭整体性开发项目规划包装、向外推介，并于2009年择优引进了有资金实力、有从旅经验、有品牌影响的婺源乡村文化发展有限公司。七年来，从景点打造、索道修建、道路修缮、古建收购修复，到地质灾害防护，以及整村搬迁投入等，该公司立足特色、坚持标准，累计投入5个多亿，将篁岭打造成为集“特色地貌、优美生态、民宿民俗、互动体验”为一体的景区，使“篁岭景区”成为婺源高端特色乡村游的窗口，成为引领婺源乡村旅游转型升级的标杆。2018年3月13日，中青旅与县政府签订了战略合作协议，篁岭也迎来了新的发展机遇，篁岭二期将继续投资9亿元，景区的影响力及年纳税将不断增长，同时将开启上市的孵化，力争早日上市。

市场运营。通过数年来的实践探索，篁岭景区形成了一套以“整村开发、生态入股、就业创业、品牌创建”为特色内核的市场运营模式。数年来，该景区以“篁岭晒秋图”为核心意象打造景区独具特色的主题品牌符号，先后获国家4A级旅游景区、中国乡村旅游模范村、中国特色景观名村、江西省首批乡村文化休闲旅游示范点、中国乡村旅游创客示范基地、全国“景区带村”旅游扶贫示范项目、篁岭晒秋美宿等殊荣。2018年，篁岭景区共接待国内外游客130万人次，日游客量最高达2.6万余人，预计2—3年内年游客量将突破200万人次，年纳税4000多万元，投资回报开始显现，生态文化效益日趋突显。

共建共享。婺源县在旅游发展过程中，一是注重依托项目和景区发展，推动村民“洗脚上岸”，让地道的农民变为旅游市场中的参与者，构建村民和景区的“利益共同体”，让广大群众共享旅游发展成果。让村民以土地、资源入股。依托当地祠堂、古树等公共资源和流转给景区的土地，拥有篁岭户籍的村民每年都可从公司旅游收益中获得分红。近几年来，群众人均年收益约450元，户均2100余元。二是让村民在景区中就业。篁岭按照“每户至少一人”标准返聘搬迁村民，共同参与景区建设，农民，特别是女性获得了“家门口”就业的机会，原本无业可就、无人可收的“篁岭大妈”转身一变成为“晒秋达人”，成为篁岭的一张名片，人均工资收入超过3.5万元。三是让村民在旅游中创业。依托景区发展，一批服从规划、懂得经营的村民，纷纷返迁回来在家门口创业，经营相关旅游业态。同时，这也带动了周边旅游产品的兴盛，周边村庄从事农家乐的达到50余家，户年均收入增收接近10万元，篁岭村原住民户年均收入由旅游开发前的1.5万元增长到10余万元，增幅巨大；有的家庭一年旅游相关收入近30万元。

（二）德兴市“楼上楼”田园综合体

德兴市“楼上楼”田园综合体是集现代农业、休闲旅游、田园社区为一体的乡村综合发展模式。位于德兴市香屯街道杨家湾村，成立于2014年12月，注册资金1000万元，现有员工200余名，交通便利，环境优美。合作社总面积12000亩，现完成了一期建设，占地面积4500余亩，山地面积1500亩，水田及旱地2000亩，生态果园500亩，鱼塘水库8个共450亩，还拥有龙虾养殖地和猪舍100亩。总体势头发展良好，其主要做法有：

先进的理念。“楼上楼”田园综合体遵循以纯为本、以鲜至上的理念，充分利用得天独厚的自然条件，采用最原始的种植方法，只做土种的时令蔬菜，不施化肥、不打农药、人工除草、人工捉虫。这里的鱼、虾、猪等都采用生态化养殖，这里的树种也丰富多样，有杉木、果树、竹林等，都是原生态的植物。

多业态综合运营。目前，“楼上楼”田园综合体正在全力打造以农业生产示范、有机配送、休闲度假、农业观光游览、农事体验、户外拓展、无公害果蔬采摘、特色养殖、花海、民宿、BBQ、亲子乐园、水上乐园、垂钓、游泳馆、卡丁车赛场、快速滑道、滑草皮、空中飞碟、手摇船等功能为一体的综合性旅游景点。未来将继续秉承永续发展、和谐共生及环境友善的设计理念，启动全新的、可持续的健康生活新模式，建设配套设施周全、绿色环绕的静态生活中心，力争打造“绿色食品之王国，农业旅游之胜地”的5A级风景区。

互联网+现代农业。“楼上楼”田园综合体利用新媒体微网站平台管理经营，现已建成“云管理”平台1个，安装摄像头54个，让每位客户都能全程监控蔬菜由苗至果的全过程；一周五次为顾客配送自选的时令蔬菜，每次3公斤，第一时间通过顺丰速递专人专送，以确保食材的新鲜。顾客也可以通过淘宝网，网站客户端，微信营销等方式订购纯天然无公害的瓜果、蔬菜、鱼虾、鲜肉。创新拓展了农业发展新模式，办理会员的顾客还可以通过手机 App 终端了解认领菜地的管理运行。同时，合作社实行抱团发展、合作经营、引导村民用土地、山林、水田，旱地以租金作为股金入股等方式成为合作社的股东。

乡村旅游 + 扶贫。“楼上楼”田园综合体致力于解决残疾人就业问题，根据残疾人自身的特点，合理安排适合的工作岗位，如种植、养殖、保洁等。一些手脚不便、视觉听力有障碍的残疾人，也会被聘请到合作社来工作，做力所能及的事情，比如拔草、扫地等，每月平均也可领到 1500 元左右工资。合作社已集中安置精准扶贫建档立卡户 6 户、残疾人 15 人，特别是自 2016 年 10 月被省残联授予“江西省阳光助残创业就业示范基地”以来，合作社视扶持贫困残疾人为已任，积极推进就业扶贫工程，取得了经济效益和社会效益的“双丰收”，合作社的影响力和凝聚力逐年提升。

“楼上楼”田园综合体先后被授予中国乡村旅游金牌农家乐、全国“合作社 + 农户”旅游扶贫示范点、江西省 AAAA 级乡村旅游点、江西省休闲农业示范点、江西省十佳休闲农庄、江西省示范性家庭农场、江西省创建放心消费示范店、上饶市五星级农家乐、上饶市农业产业化龙头企业等荣誉。江西日报、江西电视台、上饶日报、上饶电视台等媒体也多次对合作社的发展给予了高度关注。

（三）横峰好客王家

上饶横峰县的秀美乡村建设走在全省前列，其中“好客王家”脱颖而出。好客王家以经营村庄的理念，依托良好的村民自治和村风民俗，以“青少年健康成长教育基地”为平台，发展乡村旅游。在试运行的基础上，于 2018 年 2 月注册成立了“江西好客王家农旅文化发展有限公司”。经营范围包括：春游、秋游、夏令营、研学乡村旅游、拓展培训、团队聚会、农产品销售等。两年多来，实现了运营团队逐渐成熟（操作熟练、已与市场接轨，享有一定的知名度）；家家户户明显增收（通过农家乐、民宿、农产品、上岗等途径增加收入），村民福利小有成绩（60 岁以上老人享受双份养老金，妇女每年国内一次旅游，青少年每年不同程度的奖学金资助，节庆日集体开展活动）；村庄可持续发展得到保障（制定了旅游收入先确保公益水电、绿化、保洁开支的制度）。探索了一条适合本村实情的乡村旅游之路。运营管理的主要做法：

1. 有全民参与的股份形式

公司限定以户为单位每名股东投入股金额度为 1 万元至 3 万元，在顶层设计上缩小差距，避免过大的贫富悬殊。村民根据自身实际情况自由入股。目前全村每户都已入股，股金额 40 余万元。同时对管理岗位和经营区块的设定方面，在本着量才录用和市场化运作的前提下，让村民们有事做。包括无公害种植、农家乐、小吃小卖、野炊烧烤、卫生保洁等，做到人尽其才，物尽其用。

2. 有较完善的组织架构

早在 2016 年的秀美乡村建设中，王家村在成立村民理事会的同时，就设立了工程管理组、财务管理组、卫生保洁组、产业规划组、信息综合组等责任小组，便于明确任务，统分结合。成立公司后，根据运营的需要，参照公司化管理的模式，设立了“一会、三部、一室、9 岗”。即一会（股东会）、三部（策划部、运营部、财务部）、一室（办公室）、9 岗（法人兼董事长 1 名，总经理 1 名，副总经理 2 名，活动总监 1 名，办公室主任兼出纳 1 名，办公室副主任兼接待员 1 名，会计 1 名，保洁员 1 名，另有监事 3 人。

3. 有责、权、利相统一的体制机制

对管理层，每个岗位有规定的职责义务，同时又赋予相应的权利，报酬方面采用零底薪，赚提成的方法。根据脱产时间与技能强度的不同，各岗位提成,公司和集体既没有风险,一线人员又有极大的利润空间。两年来，月工资最低只有一百多元，最高领过七千多元，此举大大激发了工作人员的积极性。此外，对村理事会与公司之间的关系，按照类似“行政”与“企业”的隶属性质进行区分，财务分设，权利与义务各不相同。公司成立后，承担了村内的卫生保洁、绿化养护、公共水电等公共性支出，同时每月给村内 60 岁以上老人发放国家同等标准的养老金。村内会议，或公司会议、村民会议、“政企”联席会议。公司财务支出做到承办人签名、监事审核、负责人审批，收支情况每月结算并公布，做到财务公开，民主监督。

4. 有不断创新的旅游方式

好客王家首先从抓学习入手，先后组织了10余批次赴外学习考察，足迹遍布浙江、江苏、广东、江西各地。通过学习借鉴，与时俱进，提升内功。公司实行“开放式”与“互动式”旅游相结合的方式。其中互动式旅游是开发的重点。针对“爬爬山、看看景、吃吃饭”的一般性旅游，结合本村缺乏资源优势，且交通条件差的情况，针对不同对象、年龄、群体，按照不同的需求，设定不同的游乐方式。尤其对于亲子游、成人聚会、团队拓展等团队游，进行“量身定做”设计、组织，并给予专业摄像、制作，让游客留下美好记忆。

四、乡村振兴战略下上饶乡村旅游发展的路径

（一）完善基础设施，提升乡村旅游水平

依托秀美乡村点，加快完善游乐设施，加快乡村旅游示范点建设，健全车位、餐位、床位、厕位、摊位等功能配套，打造精品线路；乡村环卫设施应坚持数量质量升级，保证数量充足，卫生方便。乡村旅游厕所和垃圾桶需要满足“数量充足、卫生方便”的最基本要求，保证即使旺季也能满足游客需求，同时又舒适、免费，给游客良好的印象。基础设施在完善功能的基础上应进一步细化和人性化，如乡村信息服务设施应具备充足完善的导览标识，明确导向、解说和警示。在设施分布、使用材料、造型设计、字体类型上，必须与乡村环境相协调，在满足主体功能的同时兼具美感和乡村特色。乡村信息服务设施应与接待规模相匹配，满足当地村民和旅游发展对通信容量的要求。加强乡村旅游信息服务设施的智能化，引进电子触摸屏、电子导览系统等，实现乡村旅游信息服务设施的智能化；配备虚拟旅游体验设施，提供网络虚拟体验。

（二）深挖文化特色，培育乡村旅游品牌体系

上饶乡村旅游资源比较丰富，但多以农家乐为主，缺乏自身特色，同质化现象严重。近些年来，经济大发展促进了消费升级，人民群众对精神文化的需求日益增长，同质化的农家乐极少深入挖掘文化特色，没有完全

体现文化价值，已经不能适应当下的现代消费需求。深挖文化特色，培育乡村旅游品牌体系是上饶乡村旅游长远发展的必由之路，只有打造出品牌化的乡村旅游产品，才能在同质化的旅游产品中获得竞争优势脱颖而出。培育乡村旅游品牌体系可以把充分挖掘乡村文化资源的文化底蕴，创新弘扬当地传统文化和红色文化，体现乡村旅游的品牌化、特色化。政府相关部门应统筹当地的文化资源，系统进行开发，如针对当地特色民间故事民间传说等进行演绎开发，形成戏剧、小品等舞台表演，丰富旅游体验；针对特色小吃和传统手工艺，在展示售卖成品的同时，尽可能创造条件让游客亲身参与，提升游客的参与度并进行推广；针对空气质量优异，自然环境较好的乡村，打造康复疗养基地，吸引高端游客前来养生度假。

（三）促进产业融合，构建乡村旅游发展产业体系

乡村振兴战略下的产业兴旺，不仅仅指旅游业兴旺，而是多产业齐头并进下的百业兴旺。乡村旅游基本还处于原始阶段，主要依靠乡村的原生态景观和特色的民俗吸引游客。在交通便利的今天，往往以“一日游”为主，极少融合其他产业，导致乡村旅游中游客停留时间短，经营者盈利模式较为单一，制约了乡村旅游的进一步发展。乡村振兴战略背景下，要充分挖掘乡村旅游行业关联度高的优势，破解传统单一业态的原始发展模式，完善产业链条，主动融合到乡村多产业融合发展的体系构建中。要进一步丰富乡村旅游的产品形态，从简单的观光旅游转变为一体化深度休闲度假，深度挖掘地方的特色文化和自然资源，加快休闲观光园区、特色名宿、康复疗养基地等硬件建设，构建融休闲、娱乐、康复及疗养为一体的复合乡村旅游产业链。以特色民宿为例，传统的乡村旅游中住宿“短板”最为明显，如厕不便、装修简陋等问题突出，游客极少留宿，而特色民宿往往结合当地特有的文化，区别于豪华型宾馆，令游客耳目一新，吸引游客留宿，从而极大地延长了游客在景区的停留时间，进一步刺激了餐饮、购物等其他消费，极大地提升了乡村旅游的整体收入。

（四）提升环保意识，打造乡村旅游生态体系

环境保护与资源开发的协调发展是乡村旅游中要特别注意的难题，保留绿水青山的乡村环境既是乡村旅游的起点，更是乡村旅游的目标。上饶市乡村旅游应该秉承“绿水青山就是金山银山”的理念，注重“绿色、有机、环保”规划与开发乡村旅游，而不是简单地投资建设乡村旅游服务设施，应该细致探索上饶市乡村原有的社会情况、资源储备、生态价值和文化发展脉络，去糙存精，保留下上饶乡村旅游的乡村文化原真性，实现“一村一品”“一村一景”，实现乡村旅游项目与村民日常生活的和谐统一，打造宜游、宜农、宜居、宜体验的绿色旅游氛围，让乡村成为游客丰富内心、陶冶情操的理想之地。

五、结语

对从上饶市乡村旅游发展来看，乡村振兴战略的实施既是难得的机遇，也是新的要求和挑战。按照省委提出的“建设富裕美丽幸福现代化江西”的奋斗目标和“创新引领、改革攻坚、开放提升、绿色崛起、担当实干、兴赣富民”的工作方针，在乡村振兴的战略指引下，上饶市紧扣“产业兴旺、生态宜居、乡风文明、治理有效、生活富裕”，结合发展实际，并综合各乡村的区位、文化、资源、习俗等各方面条件，量身定制适宜当地发展的乡村旅游路径。这既是新时代上饶乡村旅游发展的必然选择和内在要求，也能积极推动解决农村发展中的不平衡不充分的问题，促进上饶乡村现代化，助力打造“大美上饶”。

乡村振兴背景下农村乡贤文化建设探析

——以吉安市为研究对象

贺志公　王仕国　彭小文　谢乾丰

【摘要】 乡贤文化，是我国传统农业社会在漫长的历史进程中所孕育和发展起来的一种具有浓郁地方特色与独特历史作用的传统文化。历史时期，乡贤文化对发展和繁荣乡村经济、维持乡村社会秩序正常运转、引领和培育乡风等方面，产生了不可替代的作用。在当前实施乡村振兴战略的生动实践中，要在传承和弘扬优秀传统乡贤文化的基础上，大力培育和发展具有新时代特征的新乡贤文化，为顺利推进和实现乡村振兴战略各项目标任务而凝聚起广泛的人才、文化、资金、技术等方面的资源与力量。

乡贤文化，作为中国传统文化中的一个重要文化类别，在历史时期对我国传统乡村经济社会发展、乡村精神文明建设，以及乡村社会治理和社会秩序的维护等方面，曾经产生过重要的历史性积极作用，也是维系中国传统农业文明绵延不绝的重要因素之一。时至今日，乡贤文化，仍然是维系我国农村民俗民风、家庭伦理、乡村社会秩序等方面的重要纽带。目前，全国各地正在大力实施乡村振兴战略，《中共中央、国务院关于实施乡村振兴战略的意见》强调："要切实保护好优秀农耕文化遗产，推动优秀农耕文化遗产合理适度利用。深入挖掘农耕文化蕴含的优秀思想观念、人文精神、道德规范，充分发挥其在凝聚人心、教化群众、淳化民风中的重要作用。”[①]在这一时代背景与政策要求下，如何传承与弘扬传统乡贤文化、如何培育和建设新时代乡贤文化、如何发挥新乡贤文化在乡村振兴中的重要作用……是在全面实施好乡村振兴战略具体工作实践中所应考虑的现实问题。

一、吉安市农村乡贤文化建设概述

吉安，作为庐陵文化的重要发源地，以及庐陵文化发展的集大成者，在千百年来的历史发展进程中，孕育并发展了丰厚的乡贤文化，涌现出了一大批著名的乡贤。历代乡贤及乡贤文化，对推动吉安传统农业文明的发展，乡村正常社会秩序的维系，乡风民风的教化和不断向善等方面，都产生过十分重要的作用。目前，在实施乡村振兴的生动实践中，吉安市各县（市、区）一方面大力挖掘和传承优秀传统乡贤文化，另一方面大力培育和发展新时代乡贤文化，确保乡贤文化在新时代“三农”工作中发挥新的更大的作用。

（一）发展现状及具体路径

1. 实施乡贤聚力工程，大力营造浓厚社会氛围

由各县（市、区）统战部牵头，积极搭建乡贤联谊平台载体，成立县级乡贤联谊会，把非公经济、新的社会阶层人士等各方面乡贤组织起来。建立动态的乡贤数据库，全面收集乡贤信息，制定诸如《××籍在外工作及创业人士通讯手册》并每年加以更新完善，加强同在外乡贤的沟通联系。各乡镇全面开展乡贤资源的调查摸底工作，并建立工作台账。同时，按照乡贤目前所从事的行业、拥有的技术专长以及所在的工作领域等特点进行归纳分类，对那些具有典型代表性的乡贤，分别由党委、政府班子中的相关人员进行对口联系，并在特定的时间组织开展各种走访慰问活动。同时，各县（市、区）统战部和有关部门指导各乡镇成立乡贤联谊会，设立乡贤

① 中共中央国务院关于实施乡村振兴战略的意见［M］. 北京：人民出版社，2018.

馆，对优秀乡贤事迹进行展示宣传。县电视台等主流媒体开辟专栏，集中宣传报道在全县（市、区）改革发展、招商引资、脱贫攻坚、美丽乡村建设、综治维稳、社会公益等方面涌现出来的突出乡贤代表人物，让乡贤先进事迹家喻户晓，营造重视乡贤、鼓励乡贤、崇尚乡贤的浓厚社会氛围。在市级层面，市直有关部门亦建立健全“吉安籍在外工作（创业）人员名录”数据库。同时，举办各种乡贤联谊会、恳谈会等活动，一方面加强与在外乡贤的联络联谊，另一方面凝聚各层面乡贤力量为吉安经济社会高质量跨越式发展做贡献。

2. 实施乡贤回归工程，全面助推家乡经济发展

各县（市、区）在吉安市委、市政府组织开展“三请三回”[①] 主题活动的工作部署和具体要求下，有针对性地开展“走出去、请进来”系列招商活动，一方面宣传推介新时代家乡的交通区位优势、创新创业优惠政策、优质产业发展项目等，另一方面动员在外乡贤返乡创业，为家乡招商引资牵线搭桥，推动产业、资金、技术回归，促进信息、文化、人气回流，吸引广大在外乡贤积极投身家乡经济社会发展。例如 2019 年 5 月 23 日，泰和县在广东省东莞市举办重点产业招商推介会暨“三请三回”恳谈会，共签约项目 16 个，签约资金达 101 亿元。江西邦力达科技公司是泰和县沙村镇在外乡贤罗良林返乡创办的一家高新技术企业，短短几年时间，公司营业收入从 1000 多万元增长到 1 亿多元，税收从 100 多万元增长到 835 万元，解决 200 多人就业，公司于 2017 年 12 月 16 日在“新三板”成功挂牌。2019 年 7 月 27 日，吉安市委、市政府在上海成功举办“吉安·长三角地区‘三请三回’恳谈会”。这是吉安近年来在上海举办的规模最大的一次乡友、校友、战友恳谈会和招商推介会，也是把省委、省政府推进“三请三回”行动落到实处，汇聚庐陵英才智慧力量，推动吉安可持续高质量跨越式发展的具体行动。

---

①“三请三回”即“请乡友回家乡、请校友回母校、请战友回驻地”，这也是江西省委、省政府研究部署并在全省推行的一项旨在凝聚与号召江西籍在外乡贤回乡创业、建设家乡的工作决策。

3. 实施乡贤文化工程，有效提升乡村文明建设

在发展乡贤文化的实践中，各县（市、区）把践行和弘扬社会主义核心价值观作为建设乡贤文化的统领，一方面加强针对乡贤文化而开展的各种研究等阵地建设，例如整理和挖掘历代先贤在思想道德观念、优良家风家训、造福桑梓的典型事迹，整理和宣传新时代乡贤们的先进事迹。另一方面，各乡镇、村在推进农村精神文明建设的实践中，与做好乡贤的统战工作密切结合，充分利用农村现有的祠堂等场所，通过建设乡贤纪念馆或乡贤墙等方式，全面展示乡贤的优秀事迹，引领广大群众向乡贤学习。同时，大力推进乡贤文化进家庭、进校园等活动，传承弘扬耕读文化、慈孝文化等优秀传统文化，大力培育文明乡风、良好家风、淳朴民风，发挥乡贤文化在乡村文明建设中的独特优势和作用，有力提升了乡村文明建设水平。例如泰和县马市镇江滨村在推进乡村文明建设中，注重发挥当地贤士名人的示范引领作用，探索出农味十足的“江滨做法”，使全村精神文明建设呈现出繁荣活跃的生动局面，《江西宣传》、《井冈山报》、吉安电视台、泰和电视台等多家媒体对此事进行了翔实的宣传报道，产生了良好的社会效应[①]。

4. 实施乡贤治理工程，有序促进农村和谐稳定

通过探索建立“村两委 + 乡贤”等乡村治理议事制度，构建基层协商民主新途径，支持乡贤参与基层社会治理，发挥乡贤在组织化引领、网格化服务、集成化联系中的积极作用。通过乡情恳谈会、专题议事会、座谈交流会等形式，向乡贤通报当地经济社会发展情况，鼓励乡贤积极建言献策。发挥乡贤的影响力优势，以乡贤“和事组”为平台，帮助村“两委”调处化解基层矛盾纠纷。支持有意愿的乡贤依法依规参与村（居）“两委”选举，优先推荐村（居）支部委员中的优秀乡贤担任支部负责人，鼓励村（居）聘请优秀乡贤担任乡村治理顾问。充分发挥乡贤模范带头作用，深入宣讲道德风尚、法律法规、村规民约，增强村民德治、法治、自治意识。泰和

① 实施“五大工程”助力乡村振兴 ——泰和县创新乡贤统战工作助力乡村振兴发展 _ 吉安统一战线 http：//www.jatyzx.org.cn/columndetail.aspx?id=1563

县以全国模范人民调解员钟义灿命名的“钟义灿说理说法室”，注重吸纳在当地群众中威信高、口碑好的乡贤能人担任调解员，在工作中坚持法理与情理、乡俗相结合，做到以法晓人、以理服人、以情感人，有效提升矛盾纠纷化解能力水平。目前，“钟义灿说理说法室”成员已由最初的11名扩展到现在的200多名，调解矛盾纠纷392起，成功化解率达98%，成为全省乃至全国人民调解工作的知名品牌。①“新乡贤拥有德高望重的内生权威和卓越精英的学识素养，能站在超越于纠纷各方的中立立场，以协调者与建议者的身份与不同视角和利益的人们进行理性分析，权衡各方，调控冲突，最终消除分歧达成和解。”②

5. 实施乡贤反哺工程，全面助力打赢脱贫攻坚战

弘扬“义利兼顾、以义为先”的传统美德，大力开展“回报社会、携手共进”“传承红色基因、勇担社会责任”“百企帮百村”等主题活动，组织引导乡贤以各种形式参与扶贫开发、美丽乡村建设和生态文明建设等活动，着力改善农村发展环境，帮助困难群众解决实际问题，为贫困地区早日脱贫贡献力量。泰和县江西宏标集团董事长林洪彪致富不忘乡亲，积极回报反哺社会，近年来在精准扶贫、美丽乡村建设等方面捐款捐物380多万元，成为泰和县家喻户晓的知名人物。江西井冈山生力泰集团董事长莫小毛积极参与精准扶贫，采取“公司+基地+农户”的模式，在泰和、井冈山、遂川、万安等县市建立灵芝种植合作社，为种植户提供菌苗、技术和启动资金，发展灵芝种植1000多亩，带动1600多户农户脱贫致富。

6. 实施乡贤公益工程，有力夯实社会建设基础

针对乡村中存在的贫困现象与政府救助保障机制方面的张力问题，吉安市各县（市、区）充分发挥乡贤在捐资助学、关爱孤寡老人、扶弱济困、自然灾害救助等方面的爱心奉献作用，凝聚社会正能量，弘扬善行善举，

①实施“五大工程”助力乡村振兴——泰和县创新乡贤统战工作助力乡村振兴发展_吉安统一战线 http://www.jatyzx.org.cn/columndetail.aspx?id=1563

②孙丽珍.新乡贤参与乡村治理探析——以浙江省为例［J］.江西社会科学，2019（8）：225-233.

帮助社会弱势群体走出困境，共享经济社会发展新成果。安福县统战部把组织在外乡贤助力教育事业作为该县乡贤统战工作的一个主攻点。2019年，全县各地乡贤积极返乡开展捐资助学活动10余场，捐赠资金达70余万元。他们以实际行动传承和发扬了中华民族的传统美德，用拳拳之心关心和支持全县的教育事业,在全县营造了捐资助学的良好氛围,形成了“扶贫济困、助学兴教”的时代新风尚。其他诸如吉水县、泰和县等乡贤，在当地统战部门的组织和指导下，也开展了类似的奖教助学活动，一方面对当地的优秀教师进行奖励，另一方面也对优秀的学生进行奖励，形成了人人关爱教育、奉献教育的良好社会氛围。吉安市新联会在市委统战部的组织和指导下，常规性地开展“进敬老院献爱心”主题活动，受到了社会各界人士的普遍赞誉。

（二）存在的问题

就吉安市目前乡贤文化的发展现状及取得的成效来看，泰和县、安福县与吉水县是其中的突出典型。这几个县所推行的培育和发展乡贤文化的工作模式和具体措施，为助推本县乡村振兴战略的深入实施和良好发展，注入了强大活力，乡贤及乡贤文化，成为当地经济社会发展的重要力量和重要资源。但是，毋庸讳言，就吉安市乡贤文化的培育和发展的总体情况而言，仍存在一些亟须解决的问题。一是工作发展进度不一致。除了泰和县、安福县和吉水县三个县之外，其他县（市、区）的乡贤文化培育和发展工作还处于起步阶段，在一定程度上制约了凝聚各方面力量致力于乡村振兴的工作步伐，影响了乡村振兴某些战略目标所应达到的成效。二是聚焦助推乡村精神明建设力度不够。由于打赢脱贫攻坚战是当前各地区的主要任务，就当前各县（市、区）发挥乡贤文化作用的主阵地而言，主要是强调乡贤在助推农村经济发展这一重要领域，对于乡村精神文明建设方面则强调得还不够。三是挖掘和传承传统乡贤文化力度不够。吉安市各县（市、区）都拥有较为丰富的乡贤文化，这是目前各地培育和发展新时代乡贤文化的重要资源，也是振兴乡村文化的重要方面，但是目前对于这一方面的工作做得还不够。四是培育和发展本地乡贤力度不够。部分县（市、区）在培育和发展新乡贤文化的过程中，更多的是强调和突出个人的经济实力，实力，而且把遴选的目光主要投入在那些在外的成功人士身上——例如在外经商创业的成功人士、在某地任职的党政领导等名人，但是对于本地人群中那些德高望重的人士关注度则较低，例如离退休公务人员、在家务农的老人、乡村（离退休）教师等。“从乡贤类别来看，受重经济轻文化发展道路的影响，乡贤文化建设中蕴含着重‘富乡贤’‘官乡贤’、轻‘文德乡贤’的现实误区。”①

二、建设农村乡贤文化的对策与建议

（一）进一步提高培育和发展乡贤文化重要性的认识

作为一种上层建筑，文化对经济社会发展所将产生的作用——不论是积极作用抑或是消极作用，需要历经较长时间的积淀才能产生效应，而且这种效应是一种潜移默化式的作用——“润物细无声”。也正因为如此，人们一般把文化称作“软实力”、“软环境”、“软生产力”等，毕竟文化不像科技或劳动工具一样，能产生直接的看得见的推动作用。但是，正如一枚硬币有正反两个面一样，社会生产力与发展环境，也有软、硬两方面之分，只有这两者之间相互协调、相互配合，同频共振、同步发展，才能对经济社会的发展产生重要的推动作用，否则，软、硬失调，则会对经济社会的发展产生较大的阻碍作用。因此，就乡村振兴战略而言，要把振兴乡贤文化作为其中的重要一极来加以对待和实施。

第一，乡贤文化是培育良好乡风民风的重要基础。乡风民风的养成，离不开历代乡贤（群体）在生产生活中通过诸如主持制定乡规民约、自身嘉言懿行的示范引领、乡村治理的主动参与、乡村公益事业的发起和襄助等手段，以促进乡村经济社会发展的漫长历史进程中逐步累积并历经时间的洗礼而传承下来的。新时代乡风民风的养成，既离不开政府的大力宣传和推动，例如社会主义核心价值观的倡导等，也离不开新乡贤（群体）的

①刘传俊，姚科艳．乡村振兴背景下乡贤文化的时代价值与建设路径［J］．华中农业大学学报（社会科学版），2019（6）：14–20.

善的善举、大公无私的胸怀、感恩社会的情怀等，在一定程度上考量比较，后者所发挥的作用更直接、更有效，因为身边人、身边事，更容易引起周边村民的共鸣和效仿。

第二，乡贤文化是乡村健康发展的重要基础。中国特色社会主义事业是经济、政治、文化、社会和生态文明建设“五位一体”统筹推进的伟大事业，就某个具体乡村的经济社会健康发展而言，同样需要这五个方面的同步建设、同步发展。随着农业科技的不断进步以及国家富民政策的不断出台和实施，广大农村经济社会得到了飞跃性发展，村容村貌得以极大改善，不少乡村成为城市居民艳羡的诗意栖居之地。社会主义新农村的“新”除了随着经济快速发展之后农村住房、生态、民主政治等方面得到极大改善和提高之外，还“新”在新时代农村农民精神文化生活的极大改善和提高，各种高尚的充满社会正能量的文化生活方式正在广大农村兴起、流布、发展和繁荣，彻底改变了以前人们思维定式中“愚昧、落后”的旧式农村的看法。而在这种新时代社会主义新农村精神文明建设过程中，乡贤（群体）在其中发挥了重要作用。正因为农村物质文明与精神文明建设互促互融，同频共振，才确保了广大农村经济社会的发展在健康的道路上不断前进。“在乡村振兴过程中，我们必须重视乡贤文化的建设，大力传颂‘古贤’，用乡贤文化促进乡村文明、推动乡村发展、繁荣乡村文化，不断挖掘和发挥乡贤文化的巨大潜力与积极作用。”①

（二）进一步建立健全培育和发展乡贤文化体制机制

乡贤文化的培育和发展，需要建构一套完善的体制机制来加以推动。但是，就课题组所调研的情况来看，目前，大多数地方尚且缺乏相应的体制机制，许多地方的工作都是由当地统战部门在推动、在落实——主要是通过做好新的社会阶层人士的统战工作而推动乡贤文化的培育和发展，吉水县、安福县和泰和县等均是如此。但作为乡村文化振兴的一个重要方面，为切实做好乡贤（文化）的培育和发展工作，并产生常态化效应，应当加

① 王国灿，金洁霞. 乡贤文化是乡村振兴的重要软实力［J］. 统计科学与实践，2018（6）：61–63.

为切实做好乡贤（文化）的培育和发展工作，并产生常态化效应，应当加强相应的体制机制建设。

第一，建立健全体制机制是培育和发展乡贤文化的重要保障。用制度管人管事促发展，是社会治理的题中应有之义。目前，为培育和发展乡贤文化，应建立起一套县、乡、村三级协调配合的体制机制：要有专门的职能单位牵头负责、专门的科室具体落实、专门的人员具体完成、专门的经费加以保障等，就目前相关机构的性质和职能来看，应当由当地的文化职能部门进行牵头负责，形成文化局（县）、文化站（镇）和文化室（村）三级机构建制，确保相关工作顺利推进。当然，与此相关的部门，例如统战部、文明委、民政局等，要从自身工作职能和职责范畴出发，辅助性做好乡贤文化的培育和发展工作，进而形成工作合力。要通过建立健全相应的体制机制，解决“由谁来做”的问题。

第二，制定出台具体措施是培育和发展乡贤文化的重要基础。怎样才能做好乡贤文化的培育和发展工作，是大多数地方在工作中面临的实际问题。因此，要在学习借鉴其他地区成功经验的基础上，立足当地乡贤文化资源和经济社会发展实际，在乡贤的甄选、乡贤队伍建设、乡贤组织的建立、具体的工作要求与职责等方面，制定出台具体的工作措施，确保乡贤文化的培育和发展工作有章可循、有规可依，助推乡贤（文化）的培育和发展工作在正确的轨道上不断前进。要通过制定出台具体措施，解决“怎么做”的问题。

（三）进一步挖掘整理和传承弘扬优秀传统乡贤文化

培育和发展乡贤文化，要正确处理好传统乡贤文化和新时代乡贤文化之间的辩证关系，确保传统与现代之间保持一定的张力，既要古为今用、推陈出新，又要以今衬古、丰富创新。

第一，挖掘整理和传承弘扬优秀传统乡贤文化，是培育和发展新时代乡贤文化的前提。忘记历史，意味着背叛。新时代乡贤的产生，其优秀品行，除了是其在“后天”读书与工作中慢慢学习并积累而成之外，更重要的是其在孩童时代由父母的教诲、乡村文明的熏陶、村中杰出人士的动人故事等多种因素综合作用的结果，即村中历代先贤群体的无声教诲。只有具备这种优秀基因的人士，才会自觉地富而思源，感恩时代，感恩社会，才会自觉地践行心中早已生根发芽的要成为历代先贤那样的先进人物的意识。同时，通过挖掘和整理历代先贤所流传下来的诗文著作，既是传承和弘扬优秀祖国文化遗产的需要，也是用作教育当代青少年乃至所有人积极向善的最好课本。

第二，挖掘整理和传承弘扬优秀传统乡贤文化，是培育和发展新时代乡贤文化的重要内容。培育和发展新时代乡贤文化，不仅仅是要培育和发展具有新时代特征的新乡贤队伍（群体），通过他们的引领示范以及主动参与助推乡村经济社会发展各方面的工作，进而为建设新时代农村做贡献；还需要通过挖掘和整理当地历代先贤的典型事迹、高尚品行、感人故事、伟大壮举等嘉言懿行，一方面丰富乡村文化乃至中华文化宝库，另一方面通过建设诸如历史人物长廊、主题公园、文化节等形式，为乡村振兴增加经济社会发展的着力点。2017 年 10 月 29 日，吉水县隆重举行杨万里诞辰 800 周年系列主题庆祝活动，一方面进一步大力弘扬与传承先贤文化，另一方面亦借此而掀起凝聚新乡贤力量的新高潮。

（四）进一步发挥乡贤文化在乡村振兴中的重要作用

乡村振兴之路怎么走，习近平总书记指出了正确的方向，即要走乡村产业振兴、乡村文化振兴、乡村人才振兴、乡村生态振兴和乡村组织振兴之路。毫无疑问，乡贤文化的培育和发展属于乡村振兴的重要范畴，这一方面意味着我们要从文化的范畴挖掘整理和传承弘扬历代乡贤们所留存下来的优秀乡贤文化，另一方面，要充分发挥乡贤文化（群体）在乡村振兴实践中的现实作用。

第一，通过宣传和倡导乡贤文化，进一步助推乡村精神文明建设。新时代农村精神文明建设（包括乡风民风的培育），除了需要政府相关部门的政策引导和大力建设之外，更需要利用好本土乡贤们的典型事迹来教育引导村民，通过不断的宣传、教育与熏陶，引领更多的村民向乡贤群体靠拢集聚，进而引领乡风民风不断向善向好，不断深化农村社会主义精神文明建设，培育主动践行社会主义核心价值观的新时代农民。“新乡贤既是‘尚贤敬德、奋进向上、造福桑梓’这些传统美德与传统优秀文化的传承者，仿的榜样，从而使村民加深对社会主义核心价值观的认同。”①

第二，通过组织和引导新乡贤，进一步助推乡村经济社会高质量发展。新时代的乡贤群体，既有经济界的成功人士，也有文化界和科技界的精英，是一个人才荟萃、各竞风流的群体，是乡村产业振兴、文化振兴、人才振兴、生态振兴和组织振兴的力量源泉。例如，目前各地新的社会阶层人士在当地政府的号召和组织下，通过发展各种农业产业，以“合作社＋产业＋贫困户”、“产业基地＋贫困户”或者是“公司＋贫困户”等方式，带动周边贫困户脱贫致富，既振兴了乡村产业，也为当地打赢脱贫攻坚战做出了重要贡献。因此，各地党委政府一定要从政策措施、宣传引导、组织协调等方面做好发挥新乡贤在乡村振兴中重要作用的各项工作，让新乡贤在“五大振兴”中大展身手，各显神通，确保乡村振兴战略各项目标顺利推进与完成。

乡贤和乡贤文化，作为我国历史进程中农耕文明和乡村文化相互融合的产物，对我国传统乡村经济社会的发展和繁荣、社会秩序的维护和稳定、乡风民风的培育和敦厚等方面，发挥了十分重要且不可替代的历史性作用，成为我国乡村记忆和乡愁中的重要基因。吉安市各县（市、区）紧紧围绕乡村振兴这一主题，以“六大工程”为抓手，立足当地经济社会发展实际和乡村文化发展特色，大力培育、发展和发挥新乡贤与乡贤文化在乡村振兴各领域、各方面的独特作用，做出了可贵的探索，取得了明显的成效，进而为顺利推动和实现乡村振兴各项战略目标奠定了坚实的方法论基础和实践基础。

① 祁红亭．新乡贤助力乡村振兴的实践与思考——以浙江省海宁市为例［J］．贵阳市委党校学报，2018（6）：34-38.

关于推进抚州民营经济高质量发展的思考

邹志坚 李 娟 吴志强 黄鹰西

【摘要】 新中国成立 70 年来，我国民营经济经历了从无到有、从有到优的发展历程演变，① 抚州民营经济也始终与全国经济发展大局同频共振。民营经济发展的历史和经验，使我们更加清醒地认识到推进民营经济高质量发展的重要性。抚州民营经济在发展基础、产业结构、盈利能力、创新能力等方面与发达地区都存在明显差距，本文建议从以下六方面着力来实现民营经济的高质量发展：提升产业发展层次，推动产业结构升级；降低生产运营成本，提升民企盈利水平；实施创新驱动战略，增强民企竞争实力；畅通融资绿色渠道，破解民企融资壁垒；制定人才培养计划，打造财智招引平台；解放思想更新观念，优化民企营商环境。

新中国成立 70 年来，尤其是改革开放 40 年来，民营经济为国民经济的发展作出了突出贡献，这种历史贡献是不可磨灭的，民营经济的地位作用是不容置疑的。随着我国经济转向高质量发展阶段，一些民营企业遭遇了市场的冰山、融资的高山和转型的火山“三座大山”。2018 年 11 月 1 日，习近平总书记在民营企业座谈会上充分肯定了民营经济在我国经济发展中

---

①邢中先．新中国成立 70 年来民营经济发展：历程、经验和启示［J］．企业经济，2019（01）：13.

的地位和作用，并对支持民营企业发展作出了重要部署，给处于困难时期的民营企业和民营企业家吃下了“定心丸”。2018 年 11 月 8 日，省委书记刘奇主持召开全省民营企业座谈会，他强调要全面落实党中央关于发展民营经济的各项决策部署，坚定发展信心，保持战略定力，深化改革创新，营造更优环境，齐心协力推动全省民营经济持续健康发展，为实现江西高质量跨越式发展提供更强劲的动力和活力。①2019 年 1 月 7 日，抚州召开了促进非公经济民间投资推进会暨民营企业座谈会，市委书记肖毅强调要坚定民营经济发展信心，永葆创新活力，为民营经济发展营造良好环境，不断推动全市民营经济高质量发展。

一、抚州民营经济发展亮点纷呈

近年来，抚州市委、市政府高度重视民营经济发展，始终坚持把发展民营经济摆在突出位置，主要从着力打造“四最”营商环境、着力提升平台支撑能力、着力引导资金投向重点领域、着力实施创新驱动战略、着力开展“双返双创”活动、着力完善非公企业工作机制六个方面采取了一系列措施，发展成效显著，推进了抚州经济高质量跨越式发展。尤其是在 2018 年 11 月习近平总书记召开民营企业座谈会之后，抚州各部门深入贯彻落实座谈会精神，全市民营经济发展呈现出三个明显特点：

（一）吸纳就业能力持续增强，进一步优化了劳动力资源配置

全市大众创业万众创新热潮进一步促进了民营经济吸纳就业人数的增加，有效缓解了社会就业压力。2018 年 11 月以来，全市新开业民营企业达 5790 户，同比增长 9.68%；新开业民营企业吸纳就业人员 40321 人，同比增长 27.02%，户均吸纳 7 人就业。

（二）资本投入大幅增加，进一步激发了市场主体活力

截至 2019 年 5 月份，全市个私企业注册资本 2080.56 亿元，同比增

① 刘勇 . 刘奇主持召开民营企业座谈会强调，坚定信心保持定力，深化改革优化环境，齐心协力推动全省民营经济持续健康发展［N］. 江西日报，2018–11–9（1）.

长 19.15%。全市注册资本 100 万元以上的民营企业达 21607 户，同比增长 17.96%；其中注册资本 100 万—500 万元的 13662 户，同比增长 18.27%；500 万—1000 万元的 3401 户，同比增长 19.42%；1000 万元以上的 4544 户，同比增长 16.01%。

（三）产业布局有所调整，进一步拓展了经营领域

截至 2019 年 5 月份，民营企业的第一、第二、第三产业比为 10.62 : 26.72 : 62.66，其中第二产业中制造业发展较快，企业数量达 5743 户，为加快抚州工业化、城市化进程，作出了应有的贡献。

二、抚州民营经济发展存在的差距

近年来，抚州民营经济虽取得了长足进展，但是与省内其他地市相比，还存在较大差距。

（一）发展基础相对薄弱，产业结构层次较低

抚州民营经济这几年得到了快速发展，但由于经济基础较薄弱，民营企业依然存在整体数量少、规模小、产业层次较低等问题。2018 年抚州民营企业户数在全省各设区市中排名第七，仅高于景德镇、鹰潭、新余、萍乡；其中大部分都是初创和小微企业，2018 年全市民营企业总数为 34482 户，规模以上民营企业 1524 户，占比低于 5%；80% 以上的民营企业仍为劳动密集型，主要从事粗放式、低水平的生产加工，产品附加值低，市场竞争力弱；行业结构分布欠佳，如在服务业领域，抚州民营企业主要集中在传统服务业，金融、社会事业、公共服务等行业占比较小。另据问卷数据[①]，受访企业认为制约抚州未来产业发展最重要的因素排在前三位的分别

---

①课题组在市本级开展调研，围绕民营企业发展情况与工业企业及政府职能部门座谈，并发放问卷 98 份，回收 98 份，其中 94 份为有效问卷。问卷主要是围绕民营企业基本情况、经营运行情况及政务环境方面情况展开调查，课题组在进行问卷统计分析时，把企业分为汽车及零配件（含零售）、生物医药、新能源新材料、以纺织为代表的轻工业加工、机械设备、数字经济、建筑业七大类。从 2018 年主营业务收入看，受访企业中，规模以上企业占比为 68.09%；从企业规模看，中小企业占比为 78.72%。

是："资金、人才等要素条件"占比 58.5%、"相关产业链配套建设"占比 43.6%、"综合产业政策改革配套"占比 32.9%，说明抚州在这些方面发展基础相对薄弱，一定程度上制约了民营经济发展。

（二）民企经营成本上升，盈利能力有所减弱

抚州民营企业盈利能力和抗风险能力偏弱，从生产和运营成本来看，主要受能源和原材料价格、劳动力成本、税负、融资成本、物流成本上涨等因素影响，全市民营企业的盈利能力有所减弱。一是民企盈利能力参差不齐。据问卷数据，2018 年利润为负的民营企业数量占比达到 37.2%，利润较高的民营企业集中在数字经济、生物医药、建筑业、机械设备等行业。二是部分行业亏损严重。据问卷数据，2018 年亏损严重的民营企业主要集中在以纺织业为代表的轻工业；从 2018 年 1—2 月统计数据来看，全市 819 户规模以上工业企业中亏损企业户数为 146 户，占比达到 17.8%，亏损企业亏损总额 1.74 亿元，同比增长 75%，其中不乏很多民营企业。通过与企业家座谈了解到，目前税负依然是制约很多企业发展的关键成本因素；另外，机械设备和汽车零配件行业民营企业的物流成本普遍较高，据问卷数据，物流成本占总成本比重"0~10%"的分别为 66.7%、60%，"10%~20%"的分别为 33.3%、40%。由于上下游产业链条不完整，除汽车零配件、新能源新材料、建筑业外，其他行业绝大多数民营企业的原材料来源地和销往地均为外地，这无疑大大增加了民营企业的物流成本。

（三）创新研发投入不足，产业转型相对困难

从表 1 中 R&D 经费和 R&D 经费投入强度两个指标来看：与 2017 年相比，2018 年抚州 R&D 经费投入强度有所上升。但是与全省其他设区市相比，还存在一定的差距。如 2018 年抚州 R&D 经费投入 13.90 亿元，而江西省排名第一的设区市南昌为 89.65 亿元；2018 年抚州 R&D 经费投入强度为 1.01%，而江西省排名第一的设区市鹰潭市为 3.88%。从以上数据来看，抚州与江西省创新研发强市、全国平均水平相比，差距明显。

表 1　2017/2018 年抚州市与全省、全国 R&D 经费投入强度数据比较（单位：%）

年份	抚州	全省	全国
2017	0.79	1.28	2.13
2018	1.01	1.40	2.18

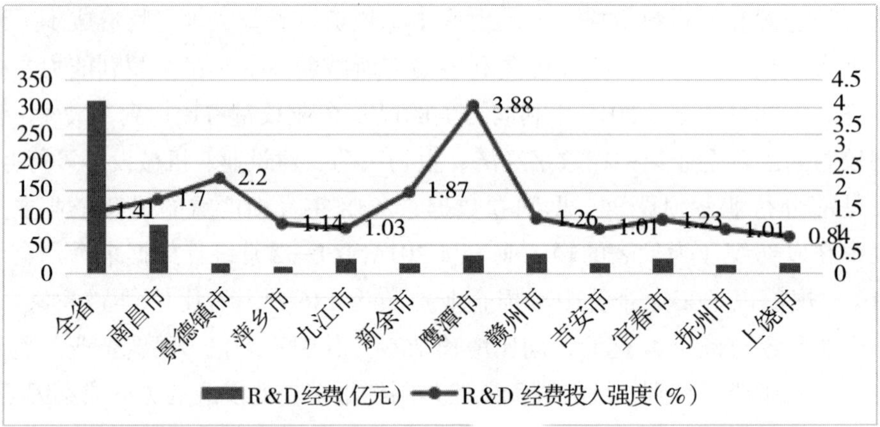

图 1　2018 年江西省各设区市研究与试验发展（R&D）经费情况

资料来源：根据江西省统计局官方网站数据进行整理

根据问卷数据，不同行业企业类型对创新的需求强弱不一样，同时也暴露出一些问题。第一，在制造业领域，虽然整体上研发投入不足，但汽车及零配件、新能源新材料、生物医药企业研发投入相对高些，而以纺织为代表的传统轻工业很低，“<1%”的样本占比 66.7%，“1%~3%”占比 33.3%，说明抚州高新技术企业数量上较为缺乏。第二，大部分企业已经意识到创新的重要性，如制造业创新方向主要集中在工业流程创新和基础科研创新、信息化和智能化转型，数字经济主要是服务化和信息化转型；相比之下，少数企业没有认识到创新的重要性，产业转型相对困难，如纺织行业“认为暂无创新计划”的样本数据占比达到 55.6%。第三，在问卷中设置的“企业目前创新最大困难”的这一问题的回答中，样本数据暴露出部分企业对创新的认知不够，有些企业有较强的创新意识，但在资金、人才等要素上受限，导致缺乏一定的创新能力。

（四）融资渠道不够畅通，融资矛盾相对突出

近年来，抚州积极贯彻落实金融支持民营企业发展政策，融资满足率稳步提升，但全市民营企业融资矛盾依然相对突出。据问卷数据，48.8%的受访企业认为企业目前面临的主要问题是资金不足以及融资难，难在融资渠道不畅，难在可供企业选择的融资方式不多。一是向金融机构贷款受限。金融机构慎贷、惜贷、压贷倾向明显，尤其抚州民营企业大多是小微企业，企业发展不稳定，财务制度不健全，贷款抵押担保能力不足，难以达到金融机构的贷款要求。二是民间借贷利息高且不规范。抚州民营企业大多都存在资金不足的问题，虽然政府及金融机构出台了一些政策支持，比如印发了《抚州市人民政府关于金融支持实体经济发展的若干措施》（抚府发〔2018〕33号），采取20条含金量高的举措对金融服务实体经济精准发力，但对于一些民营企业来说这仅仅是杯水车薪，难以达到他们的资金需求，所以民间借贷这种方便快捷的方式得到了他们的青睐。而这种方式需要承担高额的利息，无形中增加了企业的运行成本，同时民间借贷还未纳入正规监管体系，借贷纠纷也会使民营企业陷入经营困境。三是直接融资渠道不畅。与全省其他地市相比，抚州民营企业直接融资比例依然较低，一方面是由于民营企业自身规模小、效益较差等，另一方面是由于资本市场体制机制不健全，缺乏以民营企业为主体的直接融资项目。

（五）人才资源严重匮乏，民企经营发展受限

人才制约是影响民营企业发展的核心竞争因素之一，在问卷中设置的“企业目前面临的主要问题”这一问题的回答中，样本数据最多选项为“用工难”，占比达到58.5%，说明“用工难”是抚州民营企业面临的共性问题之一。具体表现在：一是人才供应定时、定点与企业的个性化需求不匹配。一方面，不同类型企业对招工和人才有普遍性和个性的需求，如劳动密集型企业总体上缺乏各种层次的人才，但对普工的需求更为迫切，而高新技术企业较缺乏高技术人才和高层次管理人才。另一方面，受招工信息渠道限制容易出现信息不对称的情形，这样一来，人社部门的招聘计划和一揽子招聘活动有时较难以满足企业真实的用工需求。二是人才引进和留住较难，尤其是以领导型、高层次人才为代表的高端优秀人才。原因有多种，从宏观层面来看，城乡劳动力跨省市务工仍是主流，返乡创业就业的大环境还未形成；市县园区就业薪酬偏低，人才发展空间受限；政府虽然出台了很多招才引智的政策，但与全省其他地市相比激励机制的优势并不明显，如抚州城市配套服务功能相对滞后、高层次人才引进政策兑现不够等，导致缺乏对优秀人才的选择权。从微观层面来看，一是用工成本增加，导致企业因国内经济下行压力大、效益下滑的情况下还要承受雪上加霜的困境；二是企业用工强度偏大，如铜博科技、汇晶铜业、龙兴电子、益昕电子等企业主要实行12小时两班倒工作制，工作时间较长；三是企业文化建设滞后，企业的凝聚力、向心力、亲和力不够，如一些民营企业“人治”替代了“制治”，缺乏普遍性的人文关怀，导致员工没有归属感和企业认同感，难以在精神和情感上留住员工。

（六）思想观念解放不够，营商环境有待优化

近年来，抚州出台了一系列支持民营经济发展的政策，如《抚州市清理规范投资项目报建审批事项工作方案》《抚州市推进“多证合一”改革的实施意见》等，其中抚州市率先出台的《关于进一步优化营商环境的实施意见》围绕着力营造充满活力的创新环境等八个方面的内容，制定了26项举措，为促进民营经济发展、活跃民间投资提供了政策保障。但效果与预期有差距，主要是因为依然存在部分干部思想解放不够、制度流程设计优化不够、办事效率低等问题。如在与企业家座谈会上，某安保公司反映个别窗口办事效率低，企业要来来回回准备好多材料，最终花了1个多月的时间才把事办成。另据问卷数据，受访企业认为政府应该在以下三方面继续改进的占比排在前三位分别是：“为企业推荐人才，为人才引进提供补助”占比53.2%、“减税降费”占比52.1%、“提高政府服务水平和行政效率”占比41.5%，说明企业对抚州在这三方面的服务满意度还不是特别高，这就需要政府进一步解放思想，不断优化营商环境。

三、推进抚州民营经济高质量发展的思考

民营经济的发展质量直接决定了抚州经济的发展质量，政府要毫不犹

豫的鼓励、支持和引导民营经济发展，把民营经济发展放在重中之重、优先考虑的突出位置。抚州提出的“四大主导产业”和“四大战略性新兴产业”的发展定位是符合国家经济发展方向，切合抚州实际的。因此，无论是政府还是民营企业都要坚定不移地围绕着抚州的发展定位，发挥好各自的主体作用，共同推进抚州民营经济高质量发展。

（一）提升产业发展层次，推动产业结构升级

抚州既要推动生物医药、汽车及零配件、新能源新材料、现代信息四大主导产业加速迈向中高端，也要谋划文化旅游、中医药、大健康、数字经济四大战略性新兴产业茁壮成长的路线图，培育形成一批具有较强竞争力的产业集群。

一是实现主导产业规模发展。生物医药产业要明确发展路线图，充分利用抚州现有的生物医药产业基础和优势，着力推动转型升级，厚植产业发展新优势，并大力推进生物医药产业园区建设，做大做强已有的产业集群，提升产业核心竞争力。汽车及零配件产业作为抚州传统的主导产业，要积极引导向低碳、电动、智能化方向转型发展，完善汽车产业链的建设，特别是要借助大乘汽车全产业链带动链上其他产业的发展。新能源新材料产业要突出抓项目，通过引进一批技术领先、规模较大的项目，形成一批拥有自主知识产权和品牌的企业。现代信息产业是抚州构建绿色产业体系的重要板块，重点要加快现代信息产业关键技术、前沿技术的研发，助力人工智能、大数据等现代信息技术和实体经济的深度融合，提升制造业的质量和效率。

二是实现新兴产业跨越发展。文化旅游产业是最能体现抚州生态和文化优势的产业，要继续深度挖掘文化旅游资源，通过举办如汤显祖国际戏剧节等节庆活动，充分展示深厚的文化底蕴，进一步扩大知名度。加快旅游景区建设市场化步伐，有目的地引入民营专业旅游公司等运营载体，推动文化旅游走向产业化、市场化、标准化发展。中医药产业要充分发挥中医药资源优势，成为江西乃至全国中医药发展的排头兵，并形成中医药产业发展的抚州模式，即“中医药＋旅游＋文化”。政府要制定相关的优惠政策，吸引民营企业家来投资中医药产业，促进中医药产业与其他产业融合发展。

大健康产业要与中医药、文化旅游产业深度融合，加快中药材种植观光、中医药文化展览等中医药健康旅游示范基地建设，同时依托大健康产业园吸引企业落户。数字经济产业要以创世纪科技、卓朗大数据中心和信息技术产业园为引领，激发抚州经济增长的新动能。引导传统制造业企业运用数字化改造和智能生产，有效提高产能和竞争力，发挥民营企业在战略性新兴产业发展的引领和带动作用。

（二）降低生产运营成本，提升民企盈利水平

一是稳步落实各项政策，进一步降低生产成本。在减税降费方面：在问卷中设置的“企业认为政府应该在哪些方面改进”这一问题的回答中，选项“减税降费”占样本数据为65.6%，可见抚州民营企业对减税降费的需求和呼声很高。因此，政府要继续让各级减税降费政策不折不扣地落到实处，深入推进“降成本、优环境”专项行动，降低民营企业制度性交易成本，尤其是针对制造业和中小微企业，不断激发民营经济发展活力；税收政策更新快，国家税务人员要加强业务能力，不仅要深入学习不断变化的各级税收政策，还要提高其服务水平，比如，开通微信、支付宝等常见支付软件实现缴税方式多元化、便民化，打好政策惠民和服务便民的“组合拳”，让纳税人真正享受到政策红利和办税便利的双重获得感；民营企业自身也要建立科学的现代财务制度，健全企业账目，提高自身会计核算水平。在其他生产成本方面：要加强抚州与重要城市的物流建设，不断完善上下游产业链条等，从而降低民营企业的生产和运营成本。

二是培育壮大民营经济市场主体，提升盈利水平和抗风险能力。实施龙头企业带动战略，积极培育一批发展前景好、带动力和竞争力强的龙头企业，发挥其产业辐射作用。促进和引导有实力的大企业跨区域、跨行业集群发展，提高产业集中度，逐步形成以大型企业为龙头、中型企业为支撑、小微企业为基础的产业集群发展新格局，不断壮大抚州民营企业的整体实力。

（三）实施创新驱动战略，增强民企竞争实力

一是深化科技体制改革，营造科技创新氛围。深入实施首位产业集群、重大技改“三百计划”、智能制造“千百十个”工程、百亿企业培育工程，实施科技型企业培育计划，建立覆盖县区的科技型中小企业培育库，培育发展更多数量的独角兽企业、瞪羚企业和瞪羚潜在企业。

二是加大创新研发投入，引导民企自主创新。继续在全市范围内推动实施“加大全社会研发投入攻坚行动”，强化企业创新主体地位，鼓励企业加大技改投入，支持企业转型升级。瞄准中国制造2025计划，提高抚州专利技术的成果转化率，实现科技同经济对接、创新成果同产业对接[①]。企业要自觉提高创新意识，让产品不断走向更高端，增强自身的市场竞争力和可持续力。

三是加快技术创新平台建设，完善科技服务体系。积极推动产学研一体化建设，开展校企科技合作。鼓励并支持符合条件的民营企业积极申报国家企业技术中心、国家地方联合工程研究中心、省级工程研究中心、省级“双创”示范基地等国家和省里的高科技平台，从而争取更多的政策、项目和资金扶持。

四是破解创新要素制约瓶颈，打造科技创新高地。加强科技金融支持，深入推动市县科技局与金融机构的合作，鼓励开发科技金融产品，发挥好“科贷通”等现有科技银行产品服务科技型企业的作用。引进技术创新人才，培养一批由科技人员、技术人员组成的技术创新群体，推动科技创新与大众创业、万众创新的有机结合。

（四）畅通融资绿色渠道，破解民企融资壁垒

一是金融机构要创新金融产品与业务模式。金融机构要创新服务渠道，推出适合民营企业发展的金融产品和业务模式，如抚州银行业机构2019年4月召开了“无还本续贷”工作推进会，目的是进一步扩大“无还本续贷”试点，支持对民营企业推广“无还本续贷”业务。政府要引导金融机构全面推进金融改革，不断利用资金补充和融资担保为民营企业提供更有效、更全面的金融服务。同时要建立地方投融资平台，积极探索与政府提供公共产品相适应的金融工具和长效机制。

二是防范民间借贷风险和建立完善风险补偿机制。一方面，政府要防

① 张文明.民营经济发展对策研究［J］.焦作大学学报，2018，12（4）：59-63.

范和处置非法集资力度，推动非法集资陈案风险有序化解，完善“赣金鹰眼”非法集资监测预警平台功能，多举措防范和化解民间借贷风险；另一方面，政府要出台企业贷款风险补偿的具体办法，建立专项基金用于民营企业贷款贴息和风险补偿，并加快建立为民营企业融资服务的担保机构，降低金融机构的信贷风险，提高银行业金融机构发放民营企业贷款的积极性。

三是支持民营企业上市融资和债务融资。抚州要进一步强化政策扶持，通过财政奖励和税收返还等手段，支持民营企业挂牌上市和债务融资。如四川省出台了《关于促进民营经济健康发展的意见》，针对民营企业融资难融资贵问题明确提出鼓励开展直接融资；在境内外主要资本市场首次公开发行股票上市融资的企业，给予100万元费用补助；民营企业发行企业债、公司债、银行间市场债务融资工具、中小企业私募债、可转债，每年给予企业最高500万元贴息；对中小微企业通过债券融资工具实现融资的给予20万元补助。

（五）制定人才培养计划，打造财智招引平台

基于政府角度，一是畅通招工信息渠道。人社部门要摸清各类企业的用工需求，因企施策，多途径多形式开展招聘活动，建立解决用工难的长效工作机制，为抚州企业和求职者搭建好用工对接平台。如定期和不定期组织定向招聘会、建立专门的企业招工信息平台、加大精准招聘宣传力度、通过定向培训有针对性地提高企业员工整体或某一方面的技能素质、帮助企业与学校建立长期稳定的人才合作关系等。二是继续开展“三请三回”（“双返双创”）活动。千方百计“引凤还巢”，吸引和感召在外创业人才返乡创业，尤其要重视引进和培养青年企业家和高素质创新型人才两大高层次人才群体。三是完善城市配套服务设施。进一步提升城市建设品质，提高城市公共服务水平，满足企业员工的文化生活需求，打造更加具有城市体验感的宜居环境。四是提升招才引智政策的优势。加大人才政策的制定力度，缩小与省内其他地市的差距，同时还要不折不扣落实现有的高层次人才引进政策，如解决好返乡就业人才的子女入学优先权。

基于企业角度，一是坚持用“财”、“情”、“智”来吸引和留住人才。既要提高薪酬待遇，又要制定人才培养计划，提升人才发展空间，营造尊重人才、重视人才、爱惜人才的发展环境，真正做到用待遇、事业、情感留人。二是加强企业文化建设。要自觉增强文化建设对企业发展的重要性认知，科学合理制定用工制度，坚持“以人为本”的用工理念，不断提升员工的归属感和企业认同感。

（六）解放思想更新观念，优化民企营商环境

作为欠发达地区，抚州市需解放思想，破解民营经济发展的瓶颈，着力打造政策最优、成本最低、服务最好、办事最快的“四最”营商环境，助推民营企业持续健康发展。一是打造“政策高地”。政府有关部门要针对民营企业的发展情况展开调研，切实了解他们面临的困难和问题，继而有针对性地出台相应的政策，特别是针对小微企业要多一些创新举措，在符合国家政策的前提条件下要勇于先行先试。二是打造“投资高地”。要紧紧围绕四大主导产业和四大战略性新兴产业打造一批创新力强、发展潜力足、市场竞争力强的新兴产业集群，吸引相关企业来抚州进行投资。并通过发展会展经济，举办招商推介会等活动，扩大抚州产业的知名度，“筑巢引凤”打造投资高地。三是打造“公平高地”。对各种所有制经济要一视同仁，防止出现“玻璃门”“卷帘门”等不公平的现象。政府无论是从政策供应、服务优化、发展诉求等都要给予民营企业最大的支持，进一步坚定抚州民营企业家的发展信心。

后 记

党的十九大以来，中共江西省委党校紧密结合江西经济社会发展实际，坚持以习近平新时代中国特色社会主义思想为指导，大力推进新时代党校智库建设，着眼于围绕中心服务大局，坚持用学术讲政治，突出理论研究、强化决策咨询，在充分发挥党校思想库、智囊团作用上展现新气象、新作为。2019 年，我们通过组织省情省策课题、全省党校系统协作调研课题，重点加强对事关全省经济社会发展重大现实问题及江西体制机制创新等方面的研究，经过各课题组教研人员的辛勤耕耘和不懈努力，产生了一批对策性的研究成果。本书择优收录了一些研究成果，它们是全省党校系统广大教研人员智慧的结晶和硕果。科研管理部徐祖荣、邓爱秀、杨和明、柳臻、元勋、黄云等参与了本书的编校。由于我们掌握的原始资料有限，对省情的把握也可能不太全面，因此报告中的个别数据缺失，提出的建议对策可能存在片面性，欠妥与不足之处在所难免，在此深表歉意。欢迎大家批评指正。

编者

2020 年 5 月